삶과 온생명

삶과 온생명

초판 1쇄 발행 | 2014년 12월 12일

지은이 | 장회익
펴낸이 | 조미현

편집주간 | 김수한
교정교열 | 최미연
디자인 | 정재완

펴낸곳 | (주)현암사
등록 | 1951년 12월 24일 · 제10-126호
주소 | 121-839 서울시 마포구 동교로12안길 35
전화 | 365-5051 · 팩스 | 313-2729
전자우편 | editor@hyeonamsa.com
홈페이지 | www.hyeonamsa.com

＊이 도서의 국립중앙도서관 출판시도서목록(CIP)은
   e-CIP 홈페이지(http://www.nl.go.kr/ecip)에서 이용하실 수 있습니다.
  (CIP제어번호: CIP2014032446)

삶과 온생명

새 과학 문화의 모색

장회익

현암사

『삶과 온생명』이 처음 출간된 지도 이미 16년이 넘었다. 이 책은 당시까지도 무척 낯설었던 '온생명'이란 용어를 제호에 달고 나온 첫 번째 책이라는 점에서 철부지 아이를 물가에 내보내는 심정으로 세상에 내보낸 것인데, 그런대로 독자들의 환영을 받았으며 다분히 오랜 기간 동안 학문적 저술로 자리를 지켜왔음을 무척 다행스럽게 생각한다. 나 자신으로서도 이 책에 많은 애착을 느껴왔고, 그러한 점에서는 지금도 변함이 없다.

그러다가 이번에 개정신판을 내게 된 것은 내용상의 문제보다는 출판사의 사정에 따른 면이 크다. 하지만 일단 개정신판을 내기로 한 이상 필요하다면 본격적인 개정도 고려하면서 다시 한번 내용을 검토해보았다. 가능하다면 이 책 이후에 전개된 내용들을 추가해볼 생각도 해보았다.

그러나 다음과 같은 이유에서 최대한 이 책의 원형을 보존하기로 했다. 첫째는 이 책 자체가 나 자신에게는 물론이고 독자들에게도 하나의 지적 이정표가 되리라는 생각에서

이다. 즉 이 책 이후에 전개된 내용들을 파악하기 위해서도 이 책을 거치는 것이 매우 유용할 것이며, 그러한 점에서 하나의 입문서로서 가치를 지니고 있다는 점이다. 그리고 둘째로는 이미 이 책을 인용한 많은 문헌들이 있기에 학문적 논의를 위해서도 이 책의 원형을 지켜줄 필요가 있다는 점이다. 단지 판본이 바뀌는 과정에서 기존 판본의 쪽수를 그대로 유지할 수 없게 된 것은 부득이한 일이며, 이 점에 대한 양해를 구하고 싶다.

실제로 개정 과정에서 사소한 자구 수정 이외에 내용상 손댈 곳은 거의 없었으나, 중요한 용어상의 수정 하나는 초간본에 사용되었던 '개체생명'을 '낱생명'으로 바꾸었다는 점이다. 사실 이 책의 초간본이 발간된 직후부터 필자는 다른 글에서 '개체생명' 대신에 '낱생명'이란 용어를 주로 써왔는데, 이번에 이 책에서 이를 개정하게 된 것을 다행스럽게 생각한다.

이번 개정신판의 출간과 함께 과학의 시각으로 본 동아시아 사상과, 생명을 바라보는 새로운 시각 등 이 책이 담고 있는 독특한 내용들이 독자들에게 좀 더 가까이 다가가고 이에 대한 논의들이 좀 더 활발히 이루어지기를 기원해본다.

마지막으로 이 책의 개정신판을 기꺼이 출간해주신 현암사에 사의를 표한다.

2014년 11월
장회익

우리는 지금 엄청난 변화의 시대에 살고 있다. 놀라운 속도로 변모하고 있는 과학기술의 와중에서 우리가 과연 이대로 이끌리어 살아가도 좋은 것인가 하는 우려를 금할 수 없다. 이는 마치 엄청난 급류에 휩쓸리듯이 그 어느 방향으로 달려가고 있는 배를 타고 불안해하는 정황과 흡사하다.

여기서 우리에게 요청되는 것이 진정한 의미의 과학문화이다. 과학과 기술의 막강한 영향에 압도되어 몰비판적으로 이루어진 '유사' 과학문화가 아닌, 진정 과학과 기술의 시대를 이끌어갈 혜안이 넘치는 과학문화가 우리에게 요청되는 것이다. 그렇다면 이러한 과학문화는 어디에서 찾아볼 것인가?

이는 간단히 말해서 기존에 우리가 가지고 있는 모든 지혜와 함께 과학을 통해 얻게 된 새로운 깨달음을 의미 있게 결합함으로써 얻어질 수 있으리라 생각된다. 이를 위해서는 한편으로 기왕에 우리에게 전수된 문화 전통을 점검하여 이것이 오늘의 상황에서도 여전히 유효한가를 살펴나가야 할 것이며, 다른 한편으로는 과학이 마련해주는 새로운 시각을 통해 우리가 어떻게 살아가고 있는지, 그리고 이러한 삶이 과연 바른 삶이라고 할 수 있는지를 살펴나가야 할 것이다. 그리고 다시 이 두 시각을 통해 얻은 내용들을 서로 비교해봄으로써 이들 사이에 의미 있는 결합이 가능한지를 살펴보아야 할 것이다.

더구나 과학을 자신의 문화 풍토 속에서 자생적으로 배양해내지 못한 동양 문화권에 있는 우리들에게는 우리가 전수받은 문화 전통 자체가 과학과는 크게 이질적인 것일 수밖에 없다. 이러한 경우 우리에게 의미 있는 하나의 과학문화를 이루어내기 위해서는 우선 우리가 전수받고 있는 문화 전통의 내용이 무엇인지부터 밝혀내고, 이를 과학적 이해를 바탕에 둔 현대의 시각에서 어떻게 수용할 수 있을 것인지를 검토하는 작업이 선행되어야 할 것이다.

이 책에서는 대략 이러한 맥락에 따라 우선 제1부에서 우리의 전통 학문을 어떻게 이해할 것인가를 살펴보고, 제2부에서는 오늘의 과학이 말해주는 우리와 그 주변의 모습, 좀 더 구체적으로는 지구 상의 생명과 인간 그리고 문명이 어떻게 이해될 수 있는가를 살핀 다음, 제3부에서 그간 논의의 쟁점이 되어온 몇몇 주제들을 중심으로 이 모든 것들이 하나의 의미 있는 문화로 어떻게 융합될 것인가를 살피기로 한다.

그러나 여기에 게재된 글들이 처음부터 이러한 구도 아래 계획되고 집필된 것은 아니다. 이들은 대부분 다양한 계기를 맞아 다양한 매체에 독립적으로 발표된 글이다. 오직 이들을 위에 언급한 구도에 따라 재편집하고 부분적으로 재정리하여 내놓은 것이라고 보는 것이 옳다. 따라서 이 글들 사이에는 연계가 뚜렷하지 않고 내용에 따라서는 중복이 불가피했던 부분들이 적지 않다. 다만 이러한 체제가 가지는 한 가지 이점이 있다면, 독자들이 시간과 관심이 허락하는 대로 거의 어느 부분이나 무작위로 선택하여 읽을 수 있으며, 이것만으로도 나름대로 완결된 사유 및 비판을 수행할 수 있으리라는 점이다. 이와 함께 필자로서는 미처 성숙되지 않은 이런 글들을 내보냄으로써 오히려 독자들의 좀 더 많은 논의를 이끌어내고, 앞으로의 좀 더 성숙된 작업을 위한 조언을 구하고 싶은 마음 또한 감추고 싶지 않다.

무엇보다도 이 책이 체계적인 계획 아래 집필된 것이 아닌 만큼 전체적인 균형과 논의에 철저함을 기하지 못한 아쉬움이 남는다. 그러나 이러한 결함에도 불구하고 이 글들을 모아 일단 하나의 단행본으로 엮는 것은 보다 완벽한 검토를 거친 체계적 저술을 기다리기에는 사정이 그만큼 급박하다고 느끼기 때문이다. 우리가 진정한 과학문화를 이루어내기 이전에 '유사' 과학문화가 만연하고 있으며, 이에 대한 비판적 목소리들 또한 확고한 기반 위에 서 있지 못함으로써 의미 있는 견제의 기능을 다하지 못하고 있는 것으로 보인다. 이러한 실정에서 설익은 목소리나마 하나 더 보탬으로써 위험스런 우리 문화의 향방에 작은 지침이 되었으면 하는 것이 이 책을 서둘러 펴내게 된 동기라고 하겠다.

책의 구체적 내용에 대해 간결히 소개하자면 이러하다. 우선 제1부에서는 우리의 전통 학문, 특히 성리학이 지닌 여러 성격들을 주로 현대 과학이라고 하는 배경 지식을 토대로 살펴보았다. 이러한 고찰의 결과 필자가 얻은 중요한 결론은 동양의 학문들은 원천적으로 '삶'의 지향이라고 하는 전제를 그 바닥에 깊숙이 깔고 전개된다고 하는 사실이다. 이는 특히 가치중립을 지향하는 서구 과학 정신과는 극히 대조되는 관점이라 아니할 수 없다.

다음, 제2부에서는 역시 현대 과학의 주요 성과들을 바탕으로 생명과 인간 그리고 문명이라는 것이 어떠한 성격을 지니는 것인가를 살펴보았다. 여기서 얻는 가장 중요한 결과는 이것이 '온생명'이라고 하는 하나의 큰 틀 속에서 이루어지는 부분적인 현상들이라는 점이다. 그러므로 보다 근원적 생명체로서의 온생명을 이해하지 않고 낱생명들간의 상대적 이해만을 살필 때 현대 문명은 파멸에 이르지 않을 수 없다는 무서운 경고를 받게 된다.

제3부에서는 우리의 뿌리 깊은 문화 전통이 그간 걸러내어 전해준 삶의 지혜를 현대 과학이 새로 밝혀낸 주요 사실들과 어떻게 융합시킴으로써 새 과학문화를 이룰 것인가 하는 주제를 다루었다. 이는 특히 앞 논의들의 결과에 비추어 볼 때, 우리의 전통 학문이 말해주는 '삶'의 지향과 서구 과학을 통해 본 '온생명'이 어떻게 조화될 것인가 하는 점으로 좁혀질 수 있다. 이는 물론 여기서 제시하는 잠정적 결론에 만족할 성질의 것이 아니라 앞으로 두고두고 숙고해야 할 과제이기도 하다.

대략 이러한 내용 소개를 통해 이 책의 제호인 '삶과 온생명: 새 과학문화의 모색'이 의미하는 바가 무엇인지 밝혀졌으리라 생각된다. 우리의 전통 학문이 말해주는 '삶'의 지혜와 현대 과학이 보여주는 '온생명' 개념을 어떠한 방식으로 우리의 새 문화 속에 수용할 것인가 하는 과제의 표현이라 말할 수 있다.

끝으로 이 책의 출간을 위해 오래전부터 관심을 가져주시고 또 최근 어려운 재정적 여건 아래서도 흔쾌히 이 작업을 맡아주신 솔출판사 임우기 사장님께 감사를 드린다. 또 편집작업에 애써주신 이유경 씨를 비롯한 솔출판사 편집진에게도 깊은 감사의 뜻을 전한다.

1998년 8월
장회익

차례

1부

'삶'과 동양의 학문 세계

1장
동서양의 학문 세계, 어떻게 서로 다른가
―동서양 학문의 연원적 특성

원초적 경험과 원초적 지식

동서양 학문의 연원적 특성을 고찰하기 위해 일단 인간 지식의 기원이 무엇인가를 살펴볼 필요가 있다. 지금 우리가 지식이라고 부르는 것 속에는 서구 전통에서 나온 서구적인 지식이 있고, 동양의 전통에서 엮어진 동양적인 지식이 있다. 그러나 이들이 모두 인간의 의미 있는 지식이기 위해서는 이들 사이에 그어떤 공통점이 있을 것이고 또 그 형성 과정의 차이에서 연유한 불가피한 상이점이 있을 것이다. 이러한 점들을 근원적으로 살펴 나가기 위해서 먼저 도대체 지식이라고 하는 것은 원초적으로 어디서부터 어떻게 출발하는 것인가를 생각해보기로 하자.

이러한 고찰을 위해 우리가 전제하려고 하는 것은 인간의 지식이 기본적으로 인간의 원초적인 경험에서 출발할 수밖에 없다고 하는 사실이다. 여기에 대해서도 물론 반론이 있을 수 있다. 우선 인간이 지닌 정말로 중요한 지식은 인간이 아닌 그 어떤 신령한 존재로부터 전수되었다고 하는 믿음이 그것이다. 예컨대, 서양에서는 선지자先知者들에게 내린 신의 계시에 의해 지식이 전수되었다고 하는 믿음이 오랫동안 지속되어 왔으며, 동양에서도 하늘의 뜻을 받아 읽을 수 있는 이른바 성인聖人들이 대부분의 중요한 지식을 알려주었다는 생각이 오랜 기간 유지되어왔다. 그러나 지구 상에서의 생명과 인류가 어떻게 존재하게 되었는가 하는 점에 대한 과학적 이해가 심화되면서 이러한 믿음들은 오직 믿음에 그칠 뿐 그 어떤 신빙할 만한 근거를 지니지 않았음이 분명해졌다. 이제는 오직 인간이 겪어온 개별적 그리고 집합적 경험에 의해서만이 이러한 지식이 형성되었고 또 전해졌으리라는 점에 거의 의심의 여지가 없게 되었다.

이러한 점을 인정한다면 우리는 지식의 경험적 연원을 살피기 위해 우리가 겪게 되는 가장 원초적인 경험이 어떤 것인가를 살피지 않을 수 없다. 이를 위해 우리는 우리가 출생 이후 겪게 되는 경험들을 크게 세 부류로 나누어볼 수 있다. 그 하나는 태어나자마자 겪게 되는 가장 친숙한 경험으로서 부모를 포함한 주변 사람들을 접하는 경험, 즉 대인對人 경험이 된다. 설혹 분명한 의식을 가지고 경험하는 것은 아니더라도, "이 세상에는 사람이라는 것이 있고, 사람이라는 것은 기분이 좋아질 수도 있고 나빠질 수도 있다. 기분이 좋을 때는 나에게 잘해주고 나쁠 때는 나를 때리기도 한다. 이 사람은 성품이 이러하고 저 사람은 성품이 저러하다"고 하는 내용의 경험을 해나가게 된다. 그리고 사람을 접하는 이러한 경험은 누구나 예외 없이 겪게 되는 것이고, 또 생애의 가장 초기부터 이루어지는 것이어서 하나의 원초적 경험이라 아니할 수 없다.

이와 함께 지니게 되는 또 하나의 원초적 경험은 사람 이외의 물체들을 접하게 되는 경험, 즉 대물對物 경험이다. "이 세상에는 사람만 있는 것이 아니라, 사람하고는 그 성격이 이 다른, 물건이라는 것들이 있다. 이것들은 가만히 두면 그저 제자리에 움직이지 않고 가만히 있다가 내가 만일 건드리거나 집어 던지거나 하면 수동적으로 움직이게 되는 그러한 종류의 대상들이다"라는 인식에 도달하게 된다. 가령 가구들을 만진다든가 문지방에 걸려 넘어진다든가 하는 것들이 이러한 경험에 속한다. 이것 이외에 주변의 가축이라든가 여타 동식물들에 관한 경험을 하게 되며 이것 또한 원초적 경험에 속하는 것이기는 하나 이들은 이 두 경험의 연장선에서 이해될 수 있는 것이므로 여기서는 별도의 분류 목록으로 삼지 않는다.

그러나 이러한 외부 대상에 대한 경험과는 별도로 자신의 삶 그 자체를 직접 체험하는 종류의 경험이 있다. 예컨대, 목이 마르다거나 배가 고픈 경험들이 그러한 것인데, 이러한 경험은 곧 그에 따르는 대처 방안과 함께 익혀나가게 된다. 가령 목이 마를 때 어떻게 하면 갈증을 풀 수 있고 배가 고플 때 어떻게 하면 먹을 것을 얻을 수 있다고 하는 경험적 지식들이 바로 그것이다. 이는 물론 대인 경험이나 대물 경험과 밀접한 관련을 가지는 것이 사실이다. 이러한 경험의 바탕이 되는 욕구를 충족하기 위해 우리는 대인 경험 또는 대물 경험을 통해 얻어진 지식들을 활용할 수 있다. 그러나 이처럼 간접적인 통로를 활용하는 경우에도 여기서 특징적인 점은 이들에 '대한' 경험이라기보다는 이들을 통한 '나의 문제' 해결에 초점이 놓인다는 점에서 앞의 경험들과 구별되는 양상을 지닌다는 것이다. 이는 말하자면, 자신의 삶이 어떻게 이루어지고 있는가 하는 점에 대한 직접적인 경험으로서 굳이 이름을 붙이자면 대생對生 경험이라 할 수 있다. 이는 우리가 어떤 삶의 장場 안에 놓여 있으며 이 안에서 성공적인 삶을 이루어내기 위해서는 어떻게 해야 할 것인가 하는 삶의 원초적 관심을 충족시키는 경험으로서, 구체적 대상에 대한 경험들인 대인 또는 대물 경험과 구분되는 측면을 지닌다.

일단 우리의 경험이 이렇게 세 가지 원초적인 것으로 나누어진다고 할 때, 우리가 이들을 겪으면서 쌓아 나가는 지식들도 그 각각에 해당하는 경험에 따라 대인 지식, 즉 인간이라는 것이 어떤 존재인지를 아는 지식과 대물 지식, 즉 인간이 아닌 물건, 다시 말해 물리적인 대상에 대해 아는 지식, 그리고 대생 지식, 즉 삶의 장과 삶의 양상에 대해 아는 지식, 이렇게 세 가지 종류의 지식으로 나누어질 수 있다. 이 세 가지 지식은 물론 서로 간에 일정한 연관성을 지니는 것이 사실이지만, 또 나름대로의 독자적 영역을 견지하면서 우리의 모든 지식을 쌓아 올리게 될 받침대의 구실을 하는 것이라 말할 수 있다.

동서양 지식 체계의 연원적 차이

한편 인간은 "이 지식은 이것에만 적용되고, 저 지식은 저것에만 적용된다"는 식으로 이러한 지식들을 모두 병립시켜 상황에 따라 그 해당 지식을 별도로 적용하기보다는 이 모든 지식들을 가능하면 하나의 지식 체계 속에 통합하여 단일한 방식으로 이해하고자 하는 성향을 가진다. 즉, 세 가지 지식 체계를 모두 독립된 것으로만 보지 않고 그 가운데 어느 하나를 가장 기본적인 것으로 보아 모든 경험 내용들을 이를 통해 이해해보려는 시도를 하게 되는 것이다. 인간은 세 가지의 원초적 경험을 하고 있으면서도 이것을 어느 하나의 주도적 관점 아래 파악하려는 성향을 보이는데, 이러한 성향은 특히 성장하는 어린아이들에게서 잘 드러난다. 어린아이들은 종종 대물 지식의 대상이 되는 사물에 대해서도 이를 의인擬人적으로 파악하여 대인 지식의 대상처럼 여기는 경향을 보이는데, 이 경향이 바로 이러한 점을 말해준다.

인간이 지닌 이러한 지적 성향은 개별 인간의 성장 과정에서만 나타나는 것이 아니라 인류의 문명사, 즉 인간 지식의 발전 과정에서도 나타난다. 원시시대原始時代, 즉 인류 문명의 초기 단계에서는 만물을 대인 지식의 연장선에서 파악하려는 경향이 강하게 보인다. 산천이라든가 나무라든가 바위 등 자연적인 대상물들이 마치 사람이 가진 것과 유사한 어떤 성품을 가지고 있는 것처럼 생각한다. 그래서 이들에게 소원을 빌기도 하고 이들이 노할 때는 달래보기도 한다. 이는 동서양을 막론하고 보편적으로 나타나는 경향인데, 이러한 경향을 지녔던 시기를 우리는 신화시대神話時代라 부르기도 한다.

그러나 인간의 경험 영역이 넓어지고 사회를 통한 지식의 교류가 활발해짐에 따라 이러한 성격의 사고, 즉 대인 지식의 연장선에서 모든 사물을 이해하려는 시도가 그리 신뢰할 만한 것이 아니라는 점이 점차 밝혀지게 되었다. 인간 이외의 여타 사물들이 모두 인성과 비슷한 어떤 성격을 가졌다고 하는 전제 자체가 그리 적절한 것이 아니며, 이렇게 하여 얻어진 지식이 현실에 잘 적용되거나 우리에게 유익한 것이 아니라는 사실을 점차 깨닫게 된 것이다. 그러나 초기의 이러한 관념이 완전히 제거되는 것은 아니고, 여러 가지 변형된 모습으로 오랫동안 우리의 사고 체계 안에 남아 있게 되는 것 또한 사실이다.

결국 이러한 신화적 단계를 벗어남에 따라 비교적 사소한 사물에 부여되었던 의인적 사고는 쉽게 그 효능을 소실하게 되나, 우리가 손쉽게 접할 수 없는 대상, 예컨대 인간보다 높은 수준의 존재로 상정되는 그 어떤 성스러운 대상에 대해서는 여전히 인성人性의 연장선에서 이해하려는 성향이 지속적으로 나타난다. 인성의 연장선에서, 어느 의미에서는 인성의 이상적 형태로 부여한 이러한 성품을 우리는 신성神性이라 부른다. 이는 동서양을 막론하고 대부분의 문화 속에서 나타나는 공통된 현상인데, 이러한 지고한 존재가 구체적으로 어떠한 형태를 띠게 되는가 하는 것은 문명에 따라 그 성격을 달리한다. 서구 문명의 경우에는 처음에 다분히 다신교적多神敎的인 입장을 보이던 신앙 체계가 점차 유일신唯一神 쪽으로 기울면서 여전히 비교적 강한 유사 인성의 흔적을 남기게 되는데, 이 점은 특히 기독교와 이슬람교 전통에서 그 모습을 잘 들여다볼 수 있다. 그리고 동양에서는, 한편에서 초기의 다신교적인 성향이 서서히 감퇴되어가면서, 이러한 지고의 존재를 '하늘(天)'이라는 개념 속으로 승화시켜 나가는데, 이 속에서는 인성의 경향이 상대적으로 빠른 감퇴를 보인다.

그런데 대인 지식이 그 주도적인 위치를 점차 상실하면서 불가파르게 새로운 지식의 구도가 나타나는데, 이러한 지식 구도의 개편 모습은 서구적인 지식의 경우와 동양적인 지식의 경우에 커다란 차이를 드러내게 된다. 서구적 지식의 경우에는 대인 지식이 약화됨과 더불어 체계적인 대물 지식이 등장함으로써 궁극적으로는 대인 지식과 대물 지식의 양립 구도를 형성해 나감에 반해, 동양적 지식의 경우에는 체계적인 대물 지식의 형성이 이루어지기 전에 이 모든 것이 대생 지식을 중심으로 개편되어가는 구도를 보여주고 있다.

서양의 경우 대인 지식은 비록 그 초기의 독점적 지위가 약화되기는 했으나, 대인 지식이 포괄할 수 없는 여타의 영역에서는 이와 완전히 독립적인 대물 지식이 지배하는 모습을 보여주고 있다. 이러한 모습은 결국 데카르트의 이원론二元論에서 그 절정을 이루는데, 여기에 이르면 우리 경험의 대상이 되는 모든 것, 심지어 사람에 대해서까지도, 그 가운데 인격을 부여할 대상이 되는 부분, 즉 마음의 세계는 대인 지식의 영역에 속하며, 사람의 신체를 포함한 나머지 모든 것은 대물 지식의 영역에 속하는 것으로 구분한다. 이 구분에 의하면 인간의 마음 이외의 모든 현상 세계는 물질적 대상, 즉 대물 지식의 관장 아래 속하게 되며, 따라서 이 세계에는 인간의 마음과 무관한 독자적 질서가 존재하여 그 질서를 통해 이를 이해하고 통제할 수 있다는 근대적 사고가 싹트게 된다. 한편 대인 지식의 영역에서는 인간의 마음과 인간이 이루어내는 문화 그리고 인간과 교유하는 신의 세계까지를 관장하게 되는데, 이것은 넓은 의미의 인문학적 전통을 이으면서 인간을 중심에 둔 인문주의의 맥을 이어가게 된다.

이에 비해 동양의 지식, 동양의 문화 전통은 상당히 다른 전개 양식을 지닌다. 동양에서는 일찍부터 제삼의 경험, 즉 대생 경험에 바탕을 둔 대생 지식의 관점에서 학문과 문화를 전개시켜온 것이 아니냐 하는 강한 의혹을 느끼게 한다. 물론 동양이라고 해서 돌을 하나 들고 있다가 던지면 어디에 가서 떨어진다든가 하는 그런 종류의 대물 경험과 또 거기에 맞는 대물 지식이 전혀 없을 수는 없었을 것이다. 그러나 적어도 동양에서는 그러한 지식에 대해 그다지 중요한 의미를 부여하지 않았으며, 따라서 이들이 진지한 학문적 관심의 대상으로 받아들여지지 않았다. 동양에서는, 우리에게 중요한 것은 우리가 인식한 사물이 우리 삶에 대해 어떠한 연관을 가지느냐, 그것이 우리의 사람다운 삶을 이루어 나가는 데 어떻게 기여하느냐 하는 것이지, 내가 돌을 던지면 돌이 어디에 가서 떨어지느냐 따위의 현상 자체에 대한 지식이 아니었다.

이는 물론 동양적 사고가 물질을 떠난 순수한 사변 속에 매몰되었다거나 자연 속에 있는 대상물들에 대체로 무관심했다는 것을 의미하는 것은 아니다. 오히려 자연 속의 대상물들에 놀랄 만한 관심을 지녔으나, 이는 대체로 대생 지식의 관점에서 이루어진 것이고 독자적인 대물 지식을 발전시키는 일과는 아무런 관련이 없었다. 대상을 대단히 중시하고 대상 속에서 무엇을 얻으려고 하는 진지한 자세를 가졌음에도 불구하고, 그 지향하는 바는 물체가 어떻게 떨어지느냐 하는 대물 지식적인 관심이 아니라, 우리와 어떻게 관계되느냐, 삶의 의미 추구에 어떻게 기여하느냐 하는 대생 지식적 관심사였던 것이다. 이것은 사람을 보는 관점에서도 마찬가지이다. 즉, 이들은 인간에 대해 관심을 가졌으나 순수한 인간성 그 자체에 대해 관심을 가졌다기보다는 삶의 지향성에 관련된 측면에 그 초점을 맞추었던 것이다. 이것이 바로 동양 문화가 서구 문화에 비해 인간의 개성이라든가 자유의 문제에 관심을 적게 보이는 반면, 그 도덕성과 사회적 측면에 더 큰 관심을 보이고 있는 연유이기도 하다.

일반적으로 말해, 서구에서 사람을 보는 관점이 대체로 대인 지식의 연장선에 놓여 있다고 한다면 동양에서는 이것 또한 대생 지식의 영역 안에 포섭되어 있다고 할 수 있다. 물론 대인 지식과 대생 지식 사이에는 상당히 많은 공통점이 있으며 이를 날카롭게 구분하기 쉽지 않은 측면이 있다. 그리고 우리는 흔히 이들을 아울러 인문학이라는 이름으로 부르기도 한다. 그러나 서구의 인문학과 동양의 학문들이 지닌 특성을 구분하는 데에 가장 유용한 하나의 기준은 역시 그 지식의 원형에 대한 이러한 구분에서 찾아볼 수 있지 않을까 생각된다. 이제 이러한 점들을 좀 더 구체적으로 밝혀보기 위해 먼저 서구의 인문학과 자연과학의 역사적 전개 과정을 살피고, 다시 동양 사상이 지닌 대생 지식적 성격을 좀 더 구체적으로 살펴나가기로 한다.

서구의 인문학과 자연과학

가장 넓은 의미에서 인간의 인문적 활동이란 물질적 활동에 대비되는 제반 활동이라고 규정할 수 있다. 사람이 삶을 영위해

나가기 위해서는 이를 위해 요구되는 물질적 여건과 함께 정신적 여건을 마련해야 하며, 인간의 문명은 바로 이 두 여건을 역사 속에 구현하기 위한 방식이라고 말할 수 있다. 따라서 문명은 기본적으로 이 두 가지 과제로 구성된다. 문명은 우선 우리의 생존을 위한 물질적 여건을 끊임없이 조정해나가며 재구성해나간다. 그리고 이를 위해서 필요로 하는 지식을 축적해 나간다. 문명은 또한 인간의 정신적·사회적 차원의 생활을 뒷받침하며 이를 개선해나간다. 개인과 사회 그리고 인류의 삶에 대한 주체적 의미를 파악하려 하며 이를 위해 여러 가지 활동을 전개해나가는 것이다.

그러나 근대 과학이 대두되기 전까지는 사람들의 주된 관심사가 현대 과학의 주된 대상인 자연에 있었다기보다는 사람의 사람됨과 사람과 사람 사이의 관계에 있었음이 사실이다. 대체로 자연에 대한 지식은 우리의 일상적 경험에서 얻어지는 것 이상 심오한 것이 별로 없다고 보았거나 설혹 그러한 것이 있다고 하더라도 그것이 우리의 삶과 직접적인 연관을 가지지 않으리라고 생각하는 것이 보통이었다. 물론 기술에 연관된 특별한 지식들은 존재하며 또 필요한 것이 사실이나 이는 전문인에게 맡겨버리면 될 일이라고 생각한 것이다. 중요한 것은 사람이 사람답게 사는 일인데 그것을 위한 소양이 곧 인문적 관심사였던 것이다.

이러한 점에서 동서양을 막론한 고대 문명에서 문화의 주된 관심사가 인문학에 치우쳤던 것은 이상한 일이 아니다. 고대 희랍 문명의 경우, 아카데모스 숲에 있던 플라톤의 학당을 비롯하여 당시의 많은 학교들은 모두 학예를 상징하는 뮤즈Muse 신에게 바쳐져 있었으며, 방대한 도서관으로 유명한 알렉산드리아의 학문 전당도 바로 뮤즈의 전당이라는 의미에서 뮤지움이라 불려오게 되었다. 뮤즈는 본래 아홉 여신을 말하는데, 그 각각이 상징하는 바에 대해 키케로는 오늘날 대체로 인문학과 예술의 여러 장르에 해당하는 해석을 붙였다.[1] 키케로는 다시 이러한 내용을 휴마니타스humanitas, 즉 '인문학'이라 명명했다. 이는 희랍어 파이데이아paideia의 번역어였는데, 파이데이아는 전문적인 과학 지식을 지칭하는 에피스테메episteme에 대치되는 말로서 일반학 또는 옳고 그른 것을 가려낼 수 있는 비판적 학문을 의미하는 것이다.

사실상 희랍의 지적 활동 속에는 이러한 인문학 영역 이외에 논리학, 기하학, 물리학, 생물학, 형이상학 등이 중요한 비중을 지니고 포함된다. 그럼에도 불구하고 키케로 등 고대의 인문주의자들은 추상적이거나 물질을 대상으로 하는 학문 내용들보다는 어문학적 성격이 강하거나 직감적인 성격이 짙은 영역들을 골라내어 인문학으로 규정하고 있다. 실제로 키케로는 소크라테스의 철학을 비판하면서 이것이 지나치게 추상적이어서 사람의 마음을 움직이기에 미흡하다는 점을 지적하고 있다. 이들은 말과 글이 그 담고 있는 내용으로서뿐 아니라 그 표현 자체로서도 사람을 움직이는 힘을 지녀야 한다고 보며, 만일 그렇지 못하다면 현실적인 효용이 부족한 것으로 보는 것이다. 이것이 바로 인문학에서 논변과 수사학이 중요한 위치를 점유하고 있는 이유이기도 하다.

여기서 우리는 고대 유럽의 학문적 경향이 지닌 중요한 맥락을 짚어볼 수 있다. 우선 인문학, 즉 파이데이아가 전문 지식을 말하는 에피스테메와 결별함으로써 지적 탐구가 두 개의 흐름으로 갈라짐을 알 수 있는데, 이것은 곧 대인 지식에서 대물 지식이 분화되어나가는 한 징후를 나타낸다고 말할 수 있다. 물론 여기서 말하는 에피스테메와 파이데이아를 각각 우리의 대물 지식과 대인 지식에 연계시키는 데는 문제가 없지 않겠으나, 큰 흐름으로 보아 이들이 대략 이러한 성격의 학문임에는 틀림이 없다. 특히 우리는 여기서 고전 인문학이 지닌 짙은 어문학적 성격에 유의할 필요가 있다. 결국 서구 인문학은 단순한 사리만을 따져서가 아니라 예술적 감흥을 포함하여 깊은 인성에 바탕을 둔 전면적인 방식으로 사람들의 공감을 불러일으키는 성격을 지녀야 한다는 것인데, 서구 인문학이 지닌 이러한 성격은 대인 경험에 바탕을 둔 그 연원적 특성을 잘 간직한 것이라 할 수 있다.

한편 인문학의 주류에서 갈라져 나온 자연학은 플라톤과 아리스토텔레스에서 그 연원을 찾을 수 있는데, 이들은 그 방법론상의 상당한 차이에도 불구하고[2] 그 자연관에서 하나의 커다란 공통점을 가지고 있다. 즉, 이들은 모두 서양 세계에서 특이한 목적론적 자연관을 제시했던 것이다. 이 관점에 따르면 이 세계에 존재하는 모든 개체나 사물은 고유의 존재 의의와 구조 및 기능을 가지며, 모든 현상은 일정한 목적을 향하여 일어난다는 것이다. 이는 서양의 자연학이 아직 대인 지식적 관점에서 완전히 벗어나지 못하고 있던 상황을 잘 보여주는 것이다. 아리스토텔레스 이래 대략 2천 년이나 서구 사상을 지배한 이러한 목적론적 자연관은 중세에 들어 기독교적 세계관과 일시 결합되었다가 서구 근대 과학의 대두라 할 수 있는 17세기 과학 혁명기에 이르러서야 체계적인 대물 지식적 관점에 의해 그 자리에서 밀려나게 된다.

이와 아울러 서구 인문학과 종교의 관계를 살필 필요가 있다. 앞서 소개한 학문 명칭들이 각각의 신들에 연계되는 데서도 볼 수 있는 바와 같이, 초기의 인문학은 종교적 색채를 강하게 띨 수밖에 없었다. 인간 관심사의 총체로부터 종교적 내용을 분리해내기는 쉽지 않을 것이기 때문이다. 인문학이 표현해주는 말과 글 속에는 다분히 신화적인 내용들이 담겨 있으며 이러한 것들이 종교적 감흥을 일으키게 됨은 당연한 일이다. 그러나 희랍 철학자들이 이러한 인문학 속에서 신화적 요소들을 가려내기 시작하면서 미토스mythos는 정통 인문학의 영역에서 분리되어 나와 종교라는 형태를 띠고 독자적인 방식으로 인간의 심성에 호소해오게 되었다. 그리고 이러한 종교는 급기야 기독교라는 특정 종교의 형태로 서구의 중심 문화권을 장악하면서 서구적인 정신세계에서 지배적인 위치를 점유하기에 이르렀고 서구의 정통 인문학이 오히려 이로 인해 중세 암흑기라 불리는 긴 침체의 늪으로 빠져들게 된 것은 이미 잘 알려진 사실이다. 그러나 좀 더 넓은 시각에서 보면 신성神性과 인성人性의 이해를 바탕에 둔 서구의 종교와 인문학은 모두가 기본적으로 대인적 경험, 그리고 대인 지식에 뿌리를 둔 상황의 전개라고 이해할 수 있다. 이는 특히 뒤에 고찰할 동양 지식들과의 대비에서 더욱 분명히 드러날 것인데, 서구 종교의 신성 가운데는 인성의 흔적이 짙게 배어 있음이 그 하나의 증상이라 할 수 있다.

한편 종교의 막강한 힘 아래 한때 종교의 시녀로까지 전락했던 서구 인문학은 긴 굴종의 시기를 지나 다시 스스로 자신의 위치를 되찾으려는 움직임을 보이게 된다. 이것이 바로 14세기 이후 이탈리아에서 발원한 인문주의humanism 운동이며, 곧이어 커다란 지적 물결을 이루면서 유럽 전역으로 퍼져 나간 르네상스이다. 여기서 우리가 다시 주목하게 되는 것은 이것이 좀 더 분명한 인간중심적 사고에 바탕을 둔 인문주의 정신의 맥을 이어받고 있다는 점이다. 이 운동은 특히 고전에 대한 철저한 연구에서 싹트게 되었는데, 이는 바로 고전들이야말로 서구 인문학 본연의 모습을 지니고 있던 고대 희랍과 로마의 문화를 반영하는 것이었기 때문이다. 이러한 고전의 연구를 통해 실추된 인문적 전통의 맥을 이었음은 물론 인간과 윤리의 문제에 대해서도 종교라고 하는 프리즘을 거치지 않은 신선한 시각을 얻게 된 것이다.

인문주의의 이러한 역사적 경험은 또한 그 어떤 관념적 굴레에도 예속될 수 없다는 자유주의의 정신을 되찾는 계기가 되었다. 이는 어느 특정 시기, 특정 관념으로부터의 자유만을 의미하는 것이 아니라 그 어느 시기를 막론하고 그때그때의 지배적 이데올로기에 대해 비판을 가하고 그 속박으로부터 벗어나려는 정신을 의미하게 된다. 그러므로 인문주의는 고전적 가치로의 복귀와 함께 구속으로부터의 탈출이라는 양면성을 지니게 되는 것이다. 그러나 인문주의가 복원한 고전적 가치 가운데 무엇보다도 두드러진 특징은 인간성의 회복이다. 이는 인간에 대한 관심인 동시에 인간에 의한 창조를 의미한다. 인간의 창조적 정신은 항상 인간으로서의 자신을 성찰하고 표현하려 하였으며, 문학이라든가 미술, 음악, 철학 등이 모두 이러한 인간의 자기 성찰에 의한 창조적 성과들이라고 말할 수 있다. 현실에 대한 지속적인 비판 정신과 함께 이러한 창조 정신의 뛰어난 성취들을 계승하면서 끊임없는 재창조의 길을 모색해나가는 것이 바로 르네상스 인문주의에 나타난 정신적 자세였다고 말할 수 있다.

르네상스 인문주의의 이러한 정신적 자세는 단순히 대인적 관심의 복원뿐 아니라 대물적 관심의 복원을 함께 가져왔다. 이는 인간 그 자체뿐 아니라 인간이 놓여 있는 객관적 상황, 즉 자연에 대한 새로운 관심을 불러일으킨 것이다. 르네상스 학자들은 희랍 고전, 특히 아리스토텔레스의 저술들을 통해 물리학과 생물학에 대한 새로운 관심을 가지게 되었고, 곧이어 이들 고전이 지닌 한계를 극복함으로써 자연 탐구에 대한 새 방법론을 개발하기에 이르렀다. 이러한 새 방법론은 다시 갈릴레이와 뉴턴의 업적을 거치면서 근대 과학의 형성이라는 지성사상의 커다란 한 획을 그릴 초석이 되었음은 너무도 잘 알려진 사실이다.

이러한 근대 과학의 대두는 이제 대물 지식이 확고한 독립적 체계를 갖추어 강력한 문화 전통으로 자리 잡았음을 의미한다. 이제 인간의 심성을 제외한 그 모든 자연물에 대해서는 이들이 가지고 있는 성질과 이것을 지배하는 법칙을 알면 이를 통해 자연계의 모든 것을 이해하고 예측할 수 있다고 하는 확고한 대물 지식적 사고 체계가 뿌리를 내리게 되었으며, 이로써 인문학을 중심으로 하는 대인 지식과 근대 자연과학을 근간으로 하는 대물 지식의 양립 체계가 서구 지성계에 확고한 기반을 마련한 것이다.[3]

한편 인문적 관심사에 비해 저급한 활동으로 취급되었던 기술이라는 활동 분야는 인간의 개인적 생존이나 사회적 발전을 위해 필요 불가결한 것이었음에도 불구하고 오랫동안 인간의 창조적 노력을 동원해야 할 만큼 충분히 의미 있는 과업이라고 여겨지지 않았다. 그러나 이러한 기술이 급속히 성장해온 과학과 손잡게 됨으로써 사태는 달라지기 시작했다. 자연에 대한 단순한 관찰에 그치지 않고 이른바 '실험'이라고 하는 적극적인 탐구 방법론을 개발한 근대 자연과학은 그때그때의 최첨단 기술의 지원을 필요로 하였고, 또한 과학이 밝혀낸 새로운 지식이나 연구 방법론을 채용하기 시작한 산업 기술은 이를 통해 그 발전의 기틀을 서서히 다져나가기 시작했다.

그러다가 19세기 말에 이르러 이들 사이의 제휴가 본격적으로 가동되면서 이러한 양상은 지수함수적 발전을 보이게 되었다. 17세기의 혁명적 전환 이후 무서운 기세로 발전을 거듭해오면서 이미 인간 지성의 정상에 서게 되었던 근대 자연과학이 역시 독자적인 발전 경로에 따라 이른바 산업혁명까지 이룩하게 된 산업 기술과 손을 잡아, 과학이 기술을 낳고 기술이 다시 과학을 낳는 보강적 상승 작용이 맹렬하게 전개되면서 이전에는 상상조차 할 수 없었던 새로운 사태, 즉 오늘의 과학기술 문명을 낳게 된 것이다.

이러한 고찰을 통해 볼 때, 서구의 종교와 인문학, 그리고 자연과학과 그 산물인 과학기술이 곧바로 대인 지식과 대물 지식의 연장선상에서 이해될 수 있는 성격의 것은 아니며, 또 대인 지식과 대물 지식이라는 소박한 원초적 지식의 틀이 이 모든 복잡한 지적 전개를 담아낼 수 있는 그릇이 아님은 확실하나, 여전히 그 커다란 흐름에서 본다면 이러한 연원적 특징들이 서구 지성사의 전개 과정을 통해 면면히 이어져오고 있는 것은 부정할 수 없다. 이러한 점에서 우리가 만일 인문학과 자연과학으로 대표되는 서구 문명의 큰 물줄기를 인성人性과 물성物性이라는 두 개의 주제어를 통해 엮어본다고 하더라도, 그 굵은 줄기에서는 실제의 모습으로부터 그리 많이 벗어나지 않으리라 생각된다.

동양 학문의 대생 지식적 성격

서구 학문의 이러한 상황 전개와는 대조적으로 동양의 경우에는 초기의 대인 지식 중심으로 이루어지던 사상 체계가 심화되면서 대인 지식과 대물 지식의 대립 상황으로의 분화를 거침이 없이 곧 대생 지식 중심의 체제로 옮겨간 듯하다. 바로 이러한 점이 서구 사상 체계에 먼저 접했던 사람들이 동양 사상을 다시 접할 때에 겪는 어려움이기도 하다. 동양 사상의 주요 내용들은 대인 지식과 대물 지식이라는 이원적 구도로서는 도저히 담아내기 어려운 성격을 너무도 많이 지니고 있다. 예를 들어, 동양 전통 학문의 대표적인 방법론이라고 할 만한 격물치지格物致知를 생각해보면 적어도 외형적으로는 실험과 관찰을 중시하는 서구 과학적 방법론과 흡사한 것으로 보이나 사실에서는 이와 크게 다른 것임을 알 수 있다. 의미 있는 앎에 이르기 위해서는 사물을 철저히 통찰하라, 그러기 전에는 앎에 대해 이렇다 저렇다 이야기하지 말라, 하는 데까지는 서구 과학의 정신과 똑같다고 하겠으나, 다시 대상에 대해 철저히 관찰하고 깊이 숙고하여 투철한 이해를 얻은 후 이를 현실의 삶 속에서 행동으로 옮기는 데까지 이르러야 한다는 것이 동양 학문이 말하는 바인데, 이는 적어도 서구 과학에서의 자세와 엄청난 차이를 가진다.

분명히 동양의 학문에서도 자연에 대한 깊은 관심을 가지며 이를 위해서는 관념적 사고를 넘어서 자연의 현상 하나하나를 분명히 살피고 거기서 이치를 따라 사물을 이해해야 한다는 것을 중시하고 있다. 그런데 여기서 놀라운 점은 이와 같은 논의를 통해서, 우리가 어떻게 살아가야 되는가, 어떻게 사는 것이 옳은 삶인가 하는 논의로 매우 자연스럽게 넘어간다는 점이다. 서구 철학적인 입장에서 보면 우리의 가치관이나 윤리관은 사실적인 지식에서 비롯될 수 있는 것이 아니다. 아무리 사실이 이렇다 또는 저렇다 하더라도 이러한 사실들로부터 "그러니까 우리는 이래야 한다"라고 하는 논리는 나올 수 없다. 이것이 바로 윤리철학자 조지 무어G. E. Moore가 이미 오래전에 지적한 '자연주의적 오류'에 해당하는 것인데,[5] 동양적 사고에서는 이러한 논리적 전이가 무척 자연스럽게 일어나고 있다.

바로 이 점에서 서구 사상과 동양 사상의 차이를 발견하게 된다. 즉, 동양적인 관점에서는 그 무엇을 볼 때에, "저것이 사물이다, 사물이니까 사물의 운동 법칙에 따라서 이러저러하게 움직일 것이다" 하는 방식으로 보는 것이 아니고, "이것은 내 삶과 이러저러한 관련 아래 있다. 내 삶과 이렇게 관련된 것이 현재 이러저러한 상황에 있으니, 나는 이러저러하게 해야 한다"는 방식으로 사물을 이해하는 것이다. 그렇다고 하여 여기서 말한 '내 삶과의 관련'이 항상 명시적으로 나타나는 것은 아니다. 대부분의 경우 오직 암묵적 전제로 바탕에 깔려 있어서 표면적으로만 보자면 서구적인 서술과 무척 흡사해 보이기도 한다. 그러나 동양적 사고에서는 자연自然 그 자체가 이미 내 삶과의 연관 아래 개념화되어 있기 때문에, "자연이 이렇다"고 하면, "그러니까 나는 이래야 된다"는 것이 곧 파생되어 나오는 것이다. 이것이 바로 동양적 자연관이 서구적인 대물 지식의 성격과 기본적으로 다른 점이다. 이는 곧 삶의 장, 삶의 체계 안에서 자연을 보는 관점이며, 이 관점 안에서 개념화된 '사실'은 이미 '당위'와의 사이에 논리적 단절이 없는 대생 지식이라는 새로운 지평 위에 떠오르는 개념이 되는 것이다.

　이러한 관점은 서양 의학과 동양 의학의 차이를 살피는 데도 적용될 수 있다. 서양 의학이 인체를 일단 대물 지식의 관점에서 이해한 후, 이것의 정상적 기능을 정의하고, 이를 상실했을 경우 이것의 회복을 위해 노력하는 시도라고 한다면, 동양 의학은 물질로서 인체가 어떠하다는 데에 대한 관심을 일단 넘어서서, 삶이 유지되기 위해 이것은 이렇게 되어 있고 저것은 저렇게 되어 있다고 하는 것을 원초적 관념으로 삼는다. 흥미로운 것은 동양 의학에서 말하는 오장五臟과 육부六腑가 해부학적 의미의 장기가 지닌 모습과 직접 일치하지 않는다는 것이며, 경락經絡과 같은 일부 개념들은 그 해부학적 실체를 파악하기도 어렵다는 점이다. 그럼에도 불구하고 이들이 기능적으로 효험을 가지는 것은 바로 대물 지식으로서는 적절하지 않더라도 대생 지식으로서 적절성을 지니고 있기 때문이다.

이제 이러한 시각을 바탕에 두고 동양의 학문 속에 등장하는 주요 개념들의 성격을 검토해보자. 이들 가운데는 서구적인 관점에서 볼 때 도저히 이해되지 않는 것들이 적지 않다. 이미 잘 알려진 바와 같이 동양 학문의 몇몇 핵심 개념은 서구적인 용어나 개념으로의 번역이 아예 불가능하다. 그 가운데 몇몇 주요 개념들을 추려보면 다음과 같다.

음양陰陽

동양의 전통 사상 가운데 가장 빈번히 등장하는 개념이 아마도 음양일 것이다. 어원적으로는 양지陽地 쪽과 음지陰地 쪽에서 온 것이라고 하나, 이 개념을 굳이 서구적인 개념으로 옮겨보자면 가장 가깝다고 할 만한 것이 수학적 표현에서의 양positive의 개념과 음negative의 개념이 될 것이다. 그런데 수학에서의 양과 음의 개념은 좌표 원점을 어떻게 설정하느냐 하는 데에 따라 결정되는, 완전히 규약적인 의미밖에 지니지 않는 개념이다. 한편 동양 사상에서의 음양 개념은 음과 양 서로 간에 상대적인 성질을 지니는 것은 사실이나 그렇다고 그 원점에 해당하는 '기준'을 임의롭게 정할 수 있는 규약적 의미의 개념이 아니다. 여기에는 암암리에 '삶의 장場'이라고 하는 하나의 기준이 전제되어 그 바탕에 깔려 있는 것이다.

'삶의 장'이라고 하는 것은 바로 우리가 살아가기 위한 여건이라고 할 수 있고, 이러한 여건 가운데는 당연히 최적의 여건이라고 하는 것을 상정할 수 있다. 그러할 경우, 실제의 상황은 이 최적의 여건을 중심으로 이쪽으로 치우칠 수도 있고 저쪽으로 치우칠 수도 있다. 이때 만일 이쪽으로 치우칠 경우를 양陽이라고 한다면 저쪽으로 치우칠 경우가 음陰이 되는 것이다. 이것은 개인의 신체 건강 상태에 대해서도 말할 수 있고, 사회의 존재 양상에 대해서도 말할 수 있으며, 우리가 사는 일반 환경 여건에 대해서도 말할 수 있다. 요컨대 '삶'이라는 것을 기준으로 한다면, 이를 위해 가장 적절한 여건이라는 것이 반드시 하나 존재할 수 있으며, 이에서 벗어나는 대립되는 두 가지 성격이 존재할 수 있는 것이다.[5]

흥미로운 점은 순수한 물리적 세계 안에는 최적最適이라는 말 자체가 존재하지 않는다는 사실이다. 최대最大나 최소最小라는 말은 있을 수 있으나 최적이라는 말은 있을 수 없다. 도대체 무엇을 기준으로 최적이란 말인가? '사실'이란 있는 그대로를 말하는 것뿐이므로, 더 적합하고 덜 적합하다는 말은 사실의 세계에서는 있을 수 없는 것이다. 한편 우리가 삶을 살아나간다고 할 경우에는 우리에게 더 적절한 여건도 있고 그렇지 못한 여건도 있다. 그리고 이 여건들은 고정된 것이 아니고 시간에 따라 이리 변하기도 하고 저리 변하기도 한다.

일반적으로 생명 그 자체는 정지된 여건 아래서는 아예 가능하지가 않다. 생명이라는 것은 오직 동적인 자유에너지의 흐름 속에서만 가능한 것인데, 그렇게 되기 위해서는 태양과 지구 사이에 그 어떤 동적인 평형이 유지되어야 하는 것이다. 이러한 상황을 직관에 의해 파악한 것이 동양 사상이라고 한다면, 이 속에 나타나는 자연계는 계속 변하고 순환하고 움직이는 그 무엇이다. 이 속에서 다시 한 생명체의 생존을 염두에 둔다면 이를 위한 모든 여건 또한 그 어떤 순환적 운동 속에 놓일 수밖에 없다. 이때 한 평균적 여건을 중심으로 이쪽으로 치우쳤느냐, 저쪽으로 치우쳤느냐 하는 것은 결정적인 중요성을 지닌다. 그럴 때 이쪽을 가리켜 양이라고 한다면 저쪽은 음이라고 할 수 있다. 일단 양으로 치우치면 다시 음의 방향으로 반전하게 되는데, 그렇다고 그 중앙에 와서 딱 멈추어 서는 것이 아니다. 운동이란 관성이 있어서 딱 멈추어 설 수가 없는 것이다. 추가 움직일 때 이리로 갔으면, 다시 되돌아오다가 가운데로 와서 딱 멈추어 서는 것이 아니라 반대쪽으로 넘어간다. 이는 매우 흔히 관찰되는 자연의 한 보편적 속성이라 할 수 있는데, 특히 생명이라는 것은 바로 자연계의 이러한 순환과의 조화 속에서 태어나고 번영하는 것이다.[6]

오행五行

음양의 개념과 함께 동양 사상 속에 깊숙이 묻혀 있는 또 하나의 특징적 개념이 오행 개념이다. 잘 알려진 바와 같이 오행이라는 것은 만물을 형성하는 수水, 목木, 화火, 토土, 금金의 다섯 가지 요소를 말해주는 것인데, 얼핏 서구적인 기본 원소들과 흡사한 개념으로 보이기도 하나, 사실은 이들과 크게 다른 성격을 지닌다. 오행 개념에서 중시되는 것은 개별 요소들의 특성 그 자체보다는 이들이 서로 관련짓고 있는 이른바 상생상극相生相剋 관계의 체계라 할 수 있다. 잘 알려진 바와 같이

$$\text{수}_水 \rightarrow \text{목}_木 \rightarrow \text{화}_火 \rightarrow \text{토}_土 \rightarrow \text{금}_金 \rightarrow \text{수}_水$$

로 연결되는 순환은 이른바 상생相生 구도이다.

그렇다면 여기서 상생 또는 상극이라 함을 무엇을 기준으로 상생이며 무엇을 기준으로 상극이란 말인가? 여기에도 암묵적으로 그 어떤 생명 체계의 삶이라고 하는 전제가 깔려 있다. 신체의 건강을 유지시킨다든가, 사회의 기능을 유지시킨다든가, 자연 생태계의 조화를 유지시킨다든가 하는 기본적으로 유지시켜주어야 할 그 어떤 생生을 바탕에 깔고 있는 것이다. 이 점은 서구의 원소 개념과 대비된다. 서구의 원소들도 서로간에 '상호작용相互作用'을 하는 것이 인정되고 있으나, 이 상호작용은 어디까지나 물리적 상호작용이지 이것이 그 어떤 생을 위한 기능 또는 역기능으로서의 상호작용이 아니라는 점에서 크게 다르다. 여기서 분명해지는 바와 같이 오행이라는 개념은 서로 상호작용을 하는 다섯 가지의 독립적 원소를 지칭하는 것이 아니라, 그 어떤 삶을 위한 기능으로서의 의미를 지니는 대생 지식적 개념인 것이다.

이기理氣

음양오행과 더불어 동양의 사상 체계에서 많이 등장하는 개념이 이理와 기氣의 개념이다. 음양오행 개념과는 달리 이기 개념은 적어도 외형상 서구적인 개념과의 친화성이 비교적 클 것이라는 느낌을 준다. 어떤 의미에서는 현대 과학을 이해하는 데이기 개념을 상당히 활용할 수 있는 것이 사실이다. 예컨대, 이理라고 하는 것은 자연과학에서의 '법칙' 또는 '원리' 등과 연결지어볼 수 있으며, 기氣는 '물질' 또는 '대상의 상태' 혹은 '에너지' 등과 관련지어 생각해볼 수 있다. 자연과학, 특히 동역학이물체와 그것의 현재 상태를 알고 이 상태가 어떤 법칙에 의해서어떻게 변해나갈 것인가를 추구하는 학문이라고 하면, 이러한법칙을 이理로, 그리고 물체와 그 상태를 기氣로 표현함으로써서구적인 자연과학이 지닌 이러한 구도를 서술해내기에 적절한 개념적 장치를 이룰 수도 있다.[7]

그러나 이것은 이기 개념의 일면적 성격일 뿐이다. 이기 개념속에는 이보다 훨씬 깊고 포괄적인 의미가 담겨 있다. 예를 들어, 이理 개념 속에는 우리가 바르게 살아갈 길은 무엇인가 하는것을 말하는 '도리道理'의 개념이 담겨 있는데, 사실상 이理 개념의 주축을 이루고 있는 것은 바로 이러한 당위적 측면이라고 말할 수 있다. 이理를 법칙이라고 보는 것 자체는 무리가 없으나,이것이 물체와 물체 사이에서만 작용하는 물리법칙物理法則이라기보다는, 우리가 삶을 좀 더 의미 있게 영위하기 위해서 따라야 할 법칙, 즉 인도人道라는 측면이 훨씬 더 강하게 부각되어 있는 것이다. 기氣에 대해서도 비슷한 이야기를 할 수 있다. 기氣라고 하는 것은 물질 혹은 물질의 상태라는 측면뿐 아니라 삶을 유지하는 데 필수적인, 삶의 시스템 안에서 순환되고 있는 그 어떤 물질적, 정신적 기운이라는 뜻을 강하게 담고 있다.

흥미로운 것은 이러한 이理와 기氣의 개념이 물질의 세계와 정신의 세계 그리고 사실의 세계와 당위의 세계를 종횡무진 넘나든다는 사실인데, 그러면서도 이들 개념이 그 어떤 특징적 내용을 지칭하는 개념이 될 수 있는 것은 이들이 오직 제삼의 기준, 즉 생生을 가능하게 해주는 기본적인 기능을 가진다는 점에서만 이해 가능한 일이다. 위에 언급한 바와 같이 이들이 자연현상 그 자체를 지칭 또는 설명하는 의미를 함축하고 있음이 사실이지만, 이는 오직 대물 경험의 내용 그 자체도 동양의 사고 체계 안에서는 이기 개념으로 대표되는 대생 지식을 근간으로 하여 수용되고 있음을 말해주는 것이라 할 수 있다.

천지天地

다음에 우리는 동양 사상에 나오는 천지의 개념을 살펴볼 수 있다. 외형적으로는 이것이 문자 그대로 하늘天과 땅地을 말하는 것이 틀림없지만, 그 '하늘'과 그 '땅'이 허공과 천체로서의 하늘과 한 덩어리 물체로서의 땅을 의미한다기보다는 역시 우리 삶의 장, 그리고 우리 삶을 가능하게 해주는 외적 여건들을 총칭하는 개념으로서의 의미를 더 강하게 풍기고 있다. 서구 과학의 입장에서 보면, 하늘과 땅 안의 여러 현상들은 빈 공간과 그 안에 존재하는 각종 물체들의 운동에 의해 설명되는 중립적인 사건들로 구성되는 것이지만, 동양에서는 이 모두가 하나의 유기적 전체로 묶여 우리 삶의 여건을 형성해주는 그 무엇으로 파악되고 있다. 이러한 천지는 때로 우리가 바른 삶의 길에서 벗어날 때 우리를 징벌하거나 혹은 그 어떤 징후를 보여주어 바른 길을 찾게 해주기도 하는 그 무엇으로도 이해된다. 이러한 점에서, 천문학은 단지 천체의 운동을 합법칙적으로 이해하고 예측하자는 지적 욕구보다는 이를 통해 하늘이 보여주는 그 어떤 전조를 읽음으로써 우리의 삶을 보다 나은 방향으로 조정해보고자 하는 동기에 더 강하게 의존했던 것이며, 사계절에 대한 이해 또한 태양과 지구의 상대적인 운동에 의한 물리적 현상이라는 관점보다는 우리가 거기에 맞추어 살아나가야 할 자연의 한 도리라는 관점에 맞추어졌던 것이다.

이와 관련하여 특히 주목해야 할 점은 이 가운데에 존재하는 인간의 위상이다. 동양에서는 인간을 천지와 떨어져 별개로 존재하는 그 무엇으로 본 것이 아니라 이른바 천天·지地·인人 삼재三才라 하여 하나의 더 큰 유기적 전체에 속하는 한 요소로 보아왔다. 그리하여 인간의 위치와 역할은 바로 이러한 우주적 상황에 대한 이해에 따라 규정되고 있다. 삶의 장으로서의 천지와 삶의 양상으로서의 삼재를 이렇게 이해할 때, 인간이 당연히 해야 될 역할과 따라야 할 도리는 곧 이러한 천지 만물에 대한 '참찬화육參贊化育'이 되는 것이다. 여기서 참찬화육이라는 것이 의미하는 바는, 우리는 삶을 가능하게 하고 삶을 보살펴주는 이 우주 내에서 바로 이러한 중심적 위치를 점유하고 있는 존재이기에, 우리 인간뿐 아니라 여타의 모든 삶을 보살펴 육성해 나가는 일에 동참해야 한다는 것이다.[8] 이것이 바로 윤리의 대강령이 이끌어져 나올 수 있는 관념적 바탕이다. 삶의 구현이라는 본원적 요청을 바탕에 깔고 있을 때, 우주가 이러하고 인간이 이러하기 때문에, 인간이 해야 될 가장 중요한 도리는 나뿐만이 아니고, 내 주변에 살아 있는 모든 것을 보살피면서 내가 속해 있는 삶의 체계를 더 좋은 삶의 장으로, 더 향상된 삶의 터전으로 가꾸어 나가는 데 기여하는 것이며, 이것이 바로 우리가 지녀야 할 가장 중요한 덕목이라는 말을 할 수 있게 되는 것이다.

바로 이 점에서 동양 사상 안에 나타나는 '사실'과 '당위'의 관련을 다시 한 번 점검할 수 있다. 이미 언급한 바와 같이 동양 사상의 바탕이 되는 본원적 개념들 자체가 단순한 '사실' 차원의 의미를 지니는 것이 아니라 '삶'으로의 강한 지향성을 지닌 개념들이므로, 이 개념들로 엮어지는 언술들 또한 그 지향성을 반영하지 않을 수 없는 것이다. 이 점은 아무리 풍부한 지식을 얻더라도 이 지식으로부터 어떻게 해야 된다고 하는 당위성을 도출해낼 수 없는 서구 학문 체계의 논리와 흥미로운 대조를 이룬다. 기독교로 대표되는 서구적 관점에서는 도덕과 윤리의 강령을 얻기 위하여 사람이 이를 지적으로 추구하는 것이 아니라 하느님이 내려주는 명령을 받아야 하는 형태를 취하게 되나, 동양에서는 우리가 자연을 깊이 탐색하고 이해하는 이른바 격물치지, 즉 우리의 공부 그 자체를 통해 삶의 바른 도리와 윤리가 얻어지는 것이다.

이와 관련하여 우리가 관심을 기울여볼 구체적인 하나의 학문 체계는 흔히 동양 학문의 정수가 담겨 있다고도 일컬어지는 주역이다. 사실상 주역이 과연 학문인가 하는 데에 대해서는 논란이 없지 않다. 이것이 심오한 학문이라는 사람들이 있는가 하면, 한갓 점서占筮에 불과하다는 의견도 있다. 그러나 주역을 일단 학문으로 보고 이것이 학문으로서 갖추어야 할 구조적 여건을 과연 지니고 있는지, 그리고 이것이 현대 과학, 예컨대 양자역학量子力學과 비교할 때 어떤 공통점과 차이점을 가지고 있는지를 살펴보는 것도 주역에 대한 이해를 넓혀나가는 데 적지 않은 도움을 줄 것으로 생각된다.

　이 책의 다른 부분에서 수행한 고찰[9]에 따르면 주역은 그 구조적 측면에서 양자역학과 매우 유사한 성격을 지닌다. 이들은 우선 현재의 상태를 알고 미래에 일어날 일을 예측하고자 한다는 데서 공통점을 지닌다. 사실 어느 면에서는 물리학도 일종의 점占인데, 단지 좀 더 신뢰할 만한 점이라고 말할 수 있다. 이 두 이론이 모두 미래 예측에 관계되는 것이라 할 때, 그 예측의 신뢰성을 어떻게 확보하느냐 하는 것이 물론 중요한 문제이겠으나, 그 논의는 잠깐 뒤로 미루고 여기서는 주역과 서구 과학이 각각 관심을 두고 있는 주요 관심사가 어디에 놓여 있느냐 하는 점을 살피기로 한다.

　먼저 양자역학의 관심사를 말해보면, 현재 이런 일이 일어났다고 할 때 앞으로 어떤 일이 일어날 것인가 하는 점이다. 이는 양자역학에서뿐만 아니라 고전역학을 비롯한 여타 동역학에서도 마찬가지이다. 그런데 주역에서는 현재 내가 이러저러한 여건 아래 있는데, 내가 이런 일을 하면 나한테 좋은 결과가 올 것인가, 나쁜 결과가 올 것인가 하는 것을 묻고 있다. 이들은 모두 미래를 묻고 있다는 점에서는 동일하나, 미래에 대해 주관자가 가지는 관심사는 서로 다르다. 즉, 양자역학이 대물 지식의 전형이라고 할 대상의 상태 혹은 대상이 일으킬 사건에 관심을 기울인다면, 주역은 대생 지식의 성격을 지닌 내용, 즉 사람이나 국가의 길흉吉凶에 관심을 가지는 것이다.

물론 주역이 제시하는 이러한 예측의 신빙성에 문제가 없지 않다. 특히 점占으로서의 효능을 인정하는 데는 의식 또는 무의식적으로 그 어떤 주저가 따르게 된다. 그리하여 이미 오래전부터 주역을 단순한 점술로서 미래를 예측하는 수단으로 보기보다는 인간 삶의 가능한 정황들을 구분해내고 그 각각의 정황에 적절히 대처할 지혜의 책으로 보는 것이 더 일반적인 관점이 되었다. 흥미로운 점은 역대의 선학先學들이 주역 자체가 지닌 예측의 신빙성에 의혹을 느끼면서도 인간사의 길흉에 대한 관심을 포기하지 않고 이를 어떻게든지 주역이라고 하는 관념의 틀 안에서 이루어내고자 하는 부단한 노력을 지속해왔다는 사실이다. 그 결과 이른바 '해석'이라는 형태로 각각의 정황에 대처할 많은 지혜가 주역이라는 학문 테두리 안에 쌓이고 걸러져 오늘까지 전해지게 된 것이다. 이는 오직 역대의 학자들이 처음부터 대생적 관심사에 집착하여, 이에 도움을 줄 그 어떤 체계적 이론을 성취하려는 노력의 성과물이라고 보지 않을 수 없다. 다만 한 가지 재미있는 점은 그들이 이를 오직 대생적 관심사에 대한 지혜만이 들어 있는 것으로 보지 않고 대물적 관심사에 대한 해답도 함께 제공하는 것으로 보았다는 점인데, 이것 또한 동양의 학자들이 대물 지식의 내용마저 대생 지식의 틀 안에서 통합하려는 시도를 해온 것이라고 해석할 수 있다.[10]

맺는 말

이제 우리는 인간의 경험이 가지는 세 가지 원초적 유형과 이에 따르는 지식의 세 가지 원초적 형태를 살펴보았으며, 이러한 원초적 지식 형태들은 모든 문명권에서 반드시 병존하는 것이 아니라 그 하나 또는 둘이 지배적 형태를 띠면서 나머지 지식을 주도해가는 양상을 지니게 됨을 보았다. 이러한 관점에서 고찰할 때, 특히 동양과 서양에서의 지식 전개 방식이 서로 다른 양상을 지녔으며, 이것이 동서양 사이의 학문 소통을 어렵게 하는 한 요인이 되고 있음도 쉽게 납득할 수 있다.

　그렇다면 이제 이렇게 서로 상이한 학문 전통을 융합하여 하나의 보다 완전한 학문으로 승화시킬 방법은 없을까? 혹은 최소한 이들의 장점과 약점을 서로 조정하여 보완할 방법은 없을까? 이것이 바로 이 문제를 고찰해온 우리가 앞으로 생각해보지 않으면 안 될 현실적인 관심사이다.[11] 이러한 고찰을 위하여 우리는 우선 두 가지 기본적인 사항을 인정하기로 한다. 그 첫째는 이러한 세 가지 유형의 지식들이 나름대로 모두 의미 있는 성과를 도출해낸다는 사실이다. 즉, 어느 유형은 의미 있는 지식이고 어느 유형은 그렇지 못하다는 주장을 하지 않는다는 것이다. 그리고 둘째로는 이들이 서로 간에 보이지 않는 내적 관련성을 지닐 수 있다는 사실이다. 예컨대, 동양적 지식 유형은 직접적으로 서구적 지식 유형으로 번역될 수 없는 성격을 가짐은 사실이나 최소한 우회적으로라도 서구적 지식 유형에 의해 파악될 수 있는 성격을 지니고 있는 것이다.

우리가 만일 이러한 점을 인정한다면, 우리는 다시 다음의 몇 가지 사실을 도출해낼 수 있다. 우선 동양 문화권에서 이루어내지 못한 대물 지식의 성과를 인정하고 계승해야 한다는 사실이다. 물론 동양의 대생 지식적 틀 안에서 이를 모두 이해하거나 수용해낼 방법은 없다. 그러나 대생 지식을 통해 얻은 기왕의 성과와 함께 대생 지식의 바탕이 되어온 강력한 지향성을 활용하여 서구 과학의 성과를 재해석하고 재구성하는 작업은 가능히리라고 본다. 즉, 현대 과학의 성과를 묶어 우리 삶의 주된 관심사들을 재구성해낸다면 우리의 삶이 어떠한 모습으로 보이는지, 그리고 이것이 다시 우리 삶의 장 안에서 어떠한 의미로 해석될 수 있는지를 살펴나갈 수 있을 것이다.

이와 아울러 동양 사상을 통해 얻어낸 삶의 지혜가 과연 어떠한 것인지를 서구적 관점의 시각을 통해 새롭게 조명해봄으로써 동양적 지혜의 성과를 재확인할 수 있을 것이며, 이를 통해 다시 서구적 이해가 지닌 약점을 보완할 수도 있으리라 생각된다. 이를 위해서는 서구 인문학 전통이 빚어낸 날카로운 비판적 지성과 함께 서구 과학이 제공하는 냉철한 학문 방법론이 적용될 수 있을 것이다. 그리하여 서구의 기존 관점과 방식으로는 포착되지 않는 또 다른 차원의 지적 성과물을 이해하고 수용하는 데에 성공한다면, 이는 곧 우리의 학문적 시각을 크게 넓히는 것을 의미하며, 아울러 현대가 요구하는 폭 넓은 새 문화를 구축하는 데에 기여하는 결과가 될 것이다.[12]

2장
주역과 양자역학의 비교 검토

주역周易은 여러 의미에서 현대 과학, 특히 양자역학과 커다란 대조를 이룬다. 시간적으로 보면 주역이 수천 년에 걸쳐 많은 변천을 겪으면서 형성되어온 것임에 반해, 양자역학은 불과 한 세기도 되지 않는 짧은 기간 내에 만들어져 이미 거의 완성 단계에 접어들고 있는 학문이다. 문화적으로 주역이 동아시아 문화의 산물로서 동양의 지혜를 집약적으로 표현하고 있다고 한다면, 양자역학은 서구 학문의 한 대표적 형태로서 서구적 사고의 결집이라고 말할 수 있다. 주역이 인간사, 특히 그 길흉을 살피는 일을 주된 관심사로 삼는다고 하면, 양자역학은 물질의 세계, 그것도 극히 미세한 원자의 세계를 서술하는 데 관심을 가진다. 한마디로 주역과 양자역학은 인간이 이룩한 대표적인 문화적 성취로서 서로 간에 더 이상 다를 수 없는 극과 극의 대비를 이룬다고 할 수 있다.

그럼에도 불구하고 우리는 이 두 학문 사이에 어떤 구조적 유사성이 존재하리라는 점을 상정해볼 수 있다. 이는 인간이 이룩해낸 학문 체계들이 필연적으로 지닐 수밖에 없는 그 어떤 공통적 구조가 있으리라는 생각에서이며, 반대로 우리가 만일 이들이 지닐 이러한 공통점들을 성공적으로 추출해낼 수 있다면 이는 바로 인간 지식이 가지는 그 어떤 본질적 요인들을 밝혀내는 결과가 될 수도 있으리라 생각된다. 그리고 만일 이러한 공통점을 찾아낸 후 이를 중심으로 주역과 양자역학이 지닌 각각의 특성을 재점검해본다면 이를 통해 우리는 동양 학문과 서구 학문 사이의 기본적인 차이를 인식하는 데 도움을 얻을 수도 있을 것이다.

그간 동양의 학문은 서구 과학의 위력에 밀려 힘을 잃고 그 진정한 가치를 인정받지 못하다가 최근에 이르러 서구 기술 문명의 여러 문제점들이 노정됨과 함께 다시 새로운 관심의 대상으로 떠오르고 있다. 그러나 동양의 정신문화가 서구 기술 문명의 문제점을 치유하고 미래 인류 문화의 진정한 대안으로 고려되기 위해서는 넘어서야 할 중요한 고비가 있다. 그것은 바로 현대 과학적 시각에 의해 엄격한 검토를 받아야 한다는 점이다. 이는 현대 과학의 시각을 통해 이것이 지닌 긍정적 성격에 대한 확인을 받음과 동시에 그 부정적 측면에 대한 비판을 수행함으로써 기존의 동양 문명에 의한 서구 문명의 단순한 교체가 아니라 이들을 융합한 보다 우월한 새 문명 형성의 계기로 삼아야 할 것이기 때문이다.

그러나 여기서 조심할 일은 현대 과학의 성과 자체를 기준으로 하여 이에 합치되느냐 아니냐 하는 것만으로 판단의 준거를 삼아서는 안 된다는 것이다. 이는 비단 동양 학문을 현대 과학의 결과에 합치되지 않는다고 하여 '비과학적'이라고 매도해서는 안 된다는 측면 이외에도 이것이 우연히 현대 과학의 결과와 일치하는 성격을 지녔다고 하여 천고의 진리라고 치켜세워도 안 된다는 점을 뜻한다. 여기서 현대 과학적 시각에 의한 검토라 함은 현대 과학 속에 담긴 비판적 학문 자세, 즉 엄격한 비판 정신을 견지함으로써 서구 학문을 현대 과학으로 이끌어온 바로 그 과학적 태도에 의한 검토를 의미한다. 흔히 동양 학문은 서구 과학의 분석적 시각으로는 이해될 수 없다는 주장을 듣는다. 이 주장 속에도 물론 음미해볼 내용이 담긴 것은 사실이나, 또 다른 한편 서구 학문 전통의 엄격한 비판 앞에 일거에 무너져 내리는 학문이라면 적어도 현대 문명을 위한 의미 있는 대안으로 성립될 수 없는 것이다. 서구 문명이 그 자체로서 불완전성을 노정하고 있다는 사실이 곧 서구의 비판적 안목이 힘을 잃었다는 것을 의미하지는 않는다. 이러한 비판적 안목이 올바른 문화 창조를 위한 충분조건이 되지 못함은 사실이나 여전히 하나의 필요조건을 형성하고 있음을 명심해야 한다.

이 글에서는 바로 이러한 점들을 염두에 두고 주역과 양자역학의 구조적 성격을 하나의 동일한 메타적 지평 위에서 살펴나가려 한다. 여기서 말하는 메타적 지평은 양자역학의 인식론적, 존재론적 성격을 구김살 없이 담아낼 관념적 틀이 되어야 함과 동시에 주역의 성격마저도 그 본질에 대한 왜곡 없이 함께 포용할 수 있는 폭 넓은 이해의 틀을 의미한다. 물론 이러한 이해의 틀이 이미 구성되어 있는가 하는 점에 대해서는 의혹의 여지가 있다. 그러나 이는 선험적으로 판단할 성격의 것이 아니라 오히려 주역과 양자역학을 하나의 관념 체계 안에 수용해보려는 이러한 노력이 무리 없이 펼쳐지고 있느냐 하는 결과를 놓고 판정할 일이다. 그리고 만일 주역과 양자역학이라는 극과 극에 해당하는 두 학문 분야가 이러한 관념 체계 안에 충분히 수용되지 못한다고 느낀다면 우리는 언제나 한 발짝 물러서면서 보다 넓은 시야를 확보하려는 노력을 지속해나가야 할 것이다.

주역과 양자역학의 성격적 특성

이제 주역과 양자역학이라는 두 학문 체계를 동시에 담아낼 시야를 확보하기 위하여 먼저 이들이 무엇을 겨냥하는 어떠한 학문인가에 대해 살펴보기로 하자.

주역에 대해 우리가 인정해야 할 가장 기본적인 사항은 이것이 이른바 '과학'과는 정면에서 배치되는 '점서占筮'의 성격을 지닌다는 점이다. 또한 이것이 추구하는 바도 그 어떤 사실 자체를 밝히고 예측하려는 것이 아니라 지정된 사람 또는 사회의 길흉을 살피고 가능하다면 이를 보다 나은 방향으로 이끌어나갈 처방을 얻으려 한다는 점이다. 그리고 이러한 추구의 결과 그 안에는 심오한 철학과 사상이 담기게 되었으며, 바로 이 점으로 인해 긴 역사를 통해 가히 동양 정신의 지주라 할 만한 엄청난 문화적 기여를 해오게 된 것이다.

이에 반해 양자역학은 동역학動力學이라는 하나의 전형적인 과학 이론 체계를 형성하고 있다. 자연계의 임의의 한 대상, 예컨대 원자 내의 한 전자를 설정하여 그것이 현실적으로 지닐 상태를 서술하고, 이를 통해 여기에 어떤 관측 장치를 들이댈 때 어떠한 결과가 나타날 것인가에 대한 예측을 가능하게 하는 구조를 지니는 것이다. 그러나 양자역학은, 가령 고전역학과 같은 보다 단순한 동역학 체계와는 달리, 대상의 위치라든가 운동량과 같은 물리량들을 '실재론적'으로 설정할 수 없으며, 대상의 물리적 서술 양식에서도 이른바 '비라플라스적non-Laplacian' 서술이라는 새로운 형태의 서술을 채용한다는 특징을 지닌다.[1] 이러한 점은 양자역학의 인식론적, 존재론적 성격 이해를 위해 매우 중요한 것이기는 하나 그 자세한 내용은 다른 곳에서 논의하였으므로,[2] 여기서는 오직 주역 이론과의 관계 속에서 필요에 따라 관련된 점들만 언급해나가기로 한다.

얼핏 보면 주역과 양자역학 사이에 그 어떤 공통점도 찾아낼 수 없는 듯하다. 그러나 가만히 생각해보면 이들은 적어도 하나의 '물음'을 지니며 이에 답하기 위한 그 어떤 체계적 '이론'을 채용한다는 면에서 공통점을 지닌다. 주역에서는 예컨대 "내가 어떤 일을 시작하려 하는데 그 결과가 좋을 것인가?" 하는 물음을 제기하며,[3] 양자역학에서는 예를 들어 "얇은 금속막金屬膜과 그 뒤 어느 위치에 감지판感知板을 설치해놓고 한 전자를 금속막에 쬐면 이 전자가 감지판 위의 어느 위치에 와닿는 것으로 감지될 것인가?" 하는 물음을 묻는다. 또 이에 대한 대답을 추구함에 있어서 이들 각각이 지정된 방식의 '이론'에 의존한다. 주역에서는 지정된 방식으로 그 상황에 대한 괘상卦象을 얻고 이를 또 지정된 방식으로 해석함으로써 원하는 답을 얻는다. 마찬가지로 양자역학에서는 지정된 방식에 따라 그 전자의 상태함

수狀態函數를 얻고 이를 또 지정된 방식에 따라 해석함으로써 원하는 답을 얻는다.

이제 주역과 양자역학 사이의 이러한 공통점과 함께 이들이 지닌 차이점을 좀 더 구체적으로 파악하기 위해 이들 '물음'의 성격과 이를 얻어내는 '이론'의 구조에 대해 좀 더 자세히 살펴보기로 하자.

먼저 주역에서의 '물음'은 과학에서의 '물음'과 몇 가지 점에서 본질적인 차이를 지닌다. 우선 주역에서는 설문자設問者를 제외한 객관적 상황을 서술 대상으로 삼는 것이 아니라 설문자를 포함한 상황 전체를 서술의 대상으로 설정한다. 한편 양자역학에서는 관측자觀測者를 제외한 그 어떤 물리적 실체(위에 언급한 예에서는 전자와 그 주변 상황)를 서술의 대상으로 삼는다. 물론 양자역학에서도 결과적으로 관측자의 관측망 위에 어떠한 결과가 나타날 것인가에 관심을 가지게 되나 서술의 명목상 주어는 관측자가 제외된 대상 실체가 된다. 그리고 더욱 중요한 차이점은 주역에서는 양자역학에서와는 달리 어떠한 사건이 일어날 것인가 아닌가를 묻는 것이 아니라 이것이 결국 좋은 결과를 초래할 것인가 나쁜 결과를 초래할 것인가 하는, 이른바 길흉에 관한 물음을 던진다는 것이다. 물론 좋은 결과 혹은 나쁜 결과도 결국은 구체적 사건들을 통해서 나타날 것은 틀림없으나 이들 사건 자체에 관심을 가지는 것이 아니라 이들이 삶의 현장에서 삶의 바람직한 지향에 도움이 되는 것인가 혹은 이에 역행하는 것인가 하는 최종적인 결과에만 관심을 가진다는 것이다.

주역과 양자역학이 각각 제기하는 물음이 이와 같이 서로 크게 다름에도 불구하고 이들 사이에는 하나의 중요한 공통점이 존재한다. 즉, 이들은 그 어떤 단순한 사변적 철학 체계를 형성하는 것으로 그치는 것이 아니라 현실 세계에서 우리의 행동 결정에 도움을 줄 구체적인 물음을 제기하고 또 이에 대한 구체적 예측을 통해 의미 있는 해답을 추구한다는 점이다. 주역에서는 현재 자신이 어떠한 행동을 수행하려 할 때 이 행동이 과연 좋은 결과를 줄 것인가 혹은 나쁜 결과를 줄 것인가를 결정할 구체적 답을 요구하는 것이며, 양자역학에서는 특정 대상 물체에 대해 특정의 관측 장치를 가할 때 이것이 그 관측 장치에 어떠한 관측 결과를 줄 것인가에 대해 구체적 답을 찾아내려는 것이다.

그러나 이러한 해답은 막연한 상상으로 주어지는 것이 아니라 특정한 활동 양식과 추리 과정을 통해서만 가능한 것이며, 이러한 활동 양식과 추리 과정을 체계적으로 지정해주는 일련의 관념적 장치들을 '이론'이라 부를 수 있다. 이러한 의미에서 주역과 양자역학은 각각 자신들이 제기하는 물음에 대한 구체적 해답에 이르게 할 특징적인 이론을 지니고 있으며, 주역과 양자역학 사이의 공통점과 차이점도 바로 이들 이론의 구조와 성격을 통해 나타난다고 할 수 있다.

주역과 양자역학의 이론 구조

이제 '이론'이라는 것을 특정의 활동 양식과 추리 과정을 통해 그 어떤 '물음'에 대한 해답을 체계적으로 지정해주는 일련의

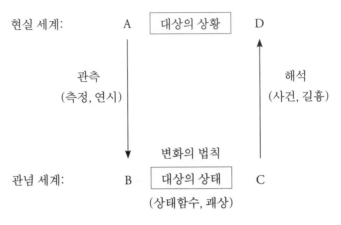

〈그림 1〉양자역학과 주역이 지닌 공통된 이론 구조

관념적 장치들이라고 규정한다면, 이러한 이론은 그 물음의 성격과 무관하게 그 어떤 공통된 구조를 지니리라는 예상을 해볼 수 있다. 사실상 가장 체계적인 과학 이론이라 불릴 양자역학으로부터 통상적 의미에서 과학과는 가장 거리가 멀다고 할 수 있는 주역에 이르기까지 이러한 이론들의 구조 속에는 놀랄 만한 유사성이 존재함을 확인할 수 있다.

이제 이론 구조가 지닌 이러한 공통점을 〈그림 1〉에 제시한 간단한 도식을 통해 살펴나가기로 하자. 먼저 물음의 성격에 따라 특정된 '대상'을 설정하기로 하고 이 대상이 '현실 세계'에서 현재 처한 상황을 A로 지칭하기로 하자. 우리의 물음은 "이 대상이 미래의 어느 시점에서 취하게 될 상황 D가 무엇인가?" 하는 것이다. 이러한 물음에 대한 해답을 체계적으로 추구하기 위해 우리가 취하는 전략은 이 물음을 우리가 의미 있게 다룰 수 있는 '관념 세계'로 옮겨놓는 일이다. 즉, 만일 우리의 관념 속에 상황 A를 대표하는 상태 B가 있고 상황 D를 대표하는 상태 C가 있으며 상태 B를 알면 상태 C를 추출해낼 수 있는 법칙이 갖추어졌다고 한다면, 그리고 우리가 상황 A를 상태 B로 옮겨놓고 다시 상태 C를 상황 D로 옮겨놓을 수만 있다면 원하는 답을 얻게 되는 것이다.[4]

그러므로 어떤 의미 있는 '이론'이 갖추어야 할 조건은 첫째로 현재 주어진 상황 A로부터 필요한 모든 정보를 수집하여 이에 해당하는 상태 B에 연관시킬 '관측'의 방법이 마련되어야 하고, 둘째로 상태 B에서 상태 C를 추출하기 위하여 활용할 신뢰할 만한 '변화의 법칙'이 마련되어야 하며, 셋째로 상태 C로부터 상황 D를 해석해낼 '해석'의 방법이 마련되어야 한다. 즉, '현실 세계'에서 하나의 상황이 전개되어 나갈 때, 우리는 이를 '관념 세계'로 옮겨 이에 병행하게 재현시켜 나가되 변화의 법칙을 미리 알아 '현실 세계'의 결과를 앞질러 예측해내게 되는 구도를 지니는 것이다.

여기서 만일 현실 세계의 상황을 직접 다루지 않고 왜 굳이 관념 세계로 옮기느냐는 질문을 한다면 이는 우리의 사고 과정을 잘못 파악하고 있는 것이다. 의식 속에서 그 어떤 판단이 이루어진다면 그것은 이미 우리의 관념 세계에서 발생하는 것이며, 그 어떤 예측적 사고를 한다는 것은 의식하든 의식하지 않든 간에 이미 우리가 현실 세계와 관념 세계 사이의 이러한 전이를 수행하고 있음을 의미한다. 오직 주역이나 양자역학에서는 이를 매우 특징적이고 체계적인 방식으로 수행한다는 차이를 가질 뿐이다.

주역이나 양자역학에서 이를 특징적으로 수행한다는 말은 이들이 관념 세계에 설정하는 '상태' 개념이 우리가 일상적으로 사용하는 개념과 크게 다르다는 데서 나타난다. 이미 앞에서 언급한 바와 같이 주역과 양자역학에서는 이러한 '상태'로서 일상 경험 세계에서는 거의 사용하지 않는 '괘상'과 '상태함수'라는 개념을 채용한다. 그러므로 주역과 양자역학에서는 현실 세계의 현재 상황으로부터 이에 대응하는 '괘상'과 '상태함수'를 얻는 일, 그리고 '괘상'과 '상태함수'에 대한 변화의 법칙, 다시 이를 통해 추출한 미래의 '괘상'과 '상태함수'로부터 현실 세계의 상황을 해석해내는 일이 관심의 초점을 이루게 된다.

이제 주역에서 이러한 작업이 어떻게 수행되는가를 살피기 위해 먼저 몇 가지 용어부터 정리해보자. 가오화이민高懷民은 그의 저서 『중국고대역학사中國古代易學史』에서 역학의 내용을 역도易道, 역상易象, 역술易術, 역문易文, 역수易數의 다섯 가지로 나누어 설명하고 있다.[5] 역도라 함은 역易이 지닌 법칙성을 대표하는 말로 위에 언급한 용어를 빌리면 역에서 채용하는 '변화의 법칙'에 해당한다. 한편 역상이라 함은 괘卦와 효爻를 말하는 것으로 위에 언급한 '상태', 즉 괘상을 의미한다. 역술은 역의 점서적인 측면을 대표하는 것으로 점占으로서의 역을 수행하는 구체적 방식을 의미하는데, 현실 세계의 상황을 괘상에 연결시켜주는 연시법演蓍法이 여기에 해당한다. 역문은 역상, 즉 '상태'를 해석하는 규칙과 설명들로, 역상의 의미를 설명하는 괘사卦辭와 효사爻辭, 그리고 십익十翼이라 불리는 열 가지 부가적인 설명서를 의미한다. 역수는 홀수와 짝수 기타 몇 가지 중요한 자연수에 의미를 부과하는 것으로 역상 해석을 위한 보조적 기능을 담당한다.

주역에서는 원하는 결과를 얻기 위하여 우선 설문자와 그가 놓인 상황을 관심의 대상으로 삼은 후, 역술이 말해주는 적절한 방법을 통해 이 상황을 대표하는 '상태', 즉 역상을 얻게 된다. 그리고 역도를 활용하여 이 역상에 대한 가능한 변화를 추적한 후, 역수 및 역문을 활용하여 이것이 말해주는 결과, 즉 길흉에 대한 구체적 답을 얻게 된다. 이는 마치 양자역학에서 그 어떤 대상 물체를 설정한 후, 직접적 측정 혹은 기타 방식을 동원하여 대상에 대한 현재의 상태함수를 얻어내며 여기에 다시 슈뢰딩거Erwin Schrödinger 방정식을 적용하여 미래 임의의 시각에서의 '상태함수'를 산출한 후 여기에 보른Max Born의 해석 규칙을 적용함으로써 이것이 일으킬 사건에 대한 예측을 얻는 경우와 흡사하다.[6]

주역과 양자역학이 지닌 이러한 구조적 유사점에도 불구하고 이들 사이에 나타내는 매우 대조적인 측면은 현실 상황으로부터 초기 '상태'를 얻어내는 '관측'의 과정이라 할 수 있다. 양자역학에서는 대상에 대한 직접적인 '측정'을 수행함으로써 이를 설정함을 원칙으로 삼고 있음에 비해 주역에서는 본래 시초蓍草로 불리는 특수한 초본류 식물의 가지들을 채집해 마련한 50개의 '산가지'들을 조작하여 역괘를 얻게 되는 연시의 방식을 채택해왔다. 그런데 여기서 우리의 관심을 끄는 것은 주역이 채용하고 있는 이러한 연시가 어떻게 주어진 '상황'을 해당 '상태'

에 연결해줄 신뢰할 만한 방식이 될 수 있는가 하는 점이다. 주역 자체에서도 물론 이에 대한 많은 논란이 있으며, 또 이에 대해 상당한 융통성이 허용되고 있지만, 일단 가장 원형적 형태의 주역을 이해한다는 입장에서 연시 자체에 대해 좀 더 자세히 살펴볼 필요가 있다.

주역의 연시법과 그 해석

주역의 연시법에 관한 고전적 서술은 십익十翼의 하나인 『주역』 「계사전繫辭傳」에 서술되어 있으나[7] 이것만으로는 명확하지 않은 면이 있어서 송대宋代에 이르러 주희朱熹가 옛 방법들을 참작하고 자신의 견해를 덧붙여 이른바 「서의筮儀」를 마련하였다.[8] 이 글에 보면

> 깨끗한 남향의 방을 골라 서실筮室로 정하고 방 한가운데에 상을 놓는다. 산가지(蓍) 50줄기를 분홍색 비단으로 싸서 검은 비단 주머니에 넣어 궤에 담은 후 이것을 상의 북쪽에 둔다. 나무로 격자를 만들어 궤의 남쪽, 상의 북쪽에 설치한다.

는 말로 시작하여 연시를 시작하기 위한 심정적, 물질적 준비 과정을 상세히 설명한다.

두 손으로 궤를 받들고 뚜껑을 열어 격자의 남쪽, 향로의 북쪽에 놓는다. 궤에서 산가지를 꺼내 주머니를 벗기고 비단을 풀어 궤의 동쪽에 놓는다. 모두 50개의 산가지를 두 손으로 잡고 향훈을 쬔다. 그리고는 '태서泰筮의 유상有常을 빌고자 합니다. 태서의 유상을 빌고자 합니다. 어떤 일을 하는 아무개는 무슨 일을 하고자 하는데 이 일의 성패 여부를 알 수 없으므로 의심나는 것을 신의 영험에 묻습니다. 원컨대 길흉득실吉凶得失과 회린우우悔吝憂虞를 오직 신만이 아시니 밝게 알려주십시오' 라고 말한다. 그리고 오른손으로 산가지 하나를 들어 궤 속에 도로 넣는다. 두 손으로 나머지 49개의 산가지를 나누어 들고 격자의 좌우 양 대각大刻에 놓는다.

그러고는 산가지들을 이리저리 나누어 쥐면서 음과 양의 괘상을 얻어내는 과정을 자세히 서술하고 있다. 여기서 자세한 과정을 생략하고 오직 결과적으로 괘상을 결정하는 데 현실적으로 영향을 미치는 행위만을 요약해보면 대략 다음과 같이 정리된다.

1. 49개의 산가지에서 임의로 대략 절반을 취한 후 그 수를 세어 이를 N_1이라 하자. N_1을 4로 나누어 그 나머지가 1, 2 혹은 3이 되면 49에서 5를 빼고 나머지가 0이면 9를 빼어 그 수를 M_1이라 하자. (M_1은 44 혹은 40이 되는데, 44가 될 확률은 3/4이고 40이 될 확률은 1/4이다.)

2. M_1-1개의 산가지에서 임의로 대략 절반을 취한 후 그

수를 세어 이를 N_2라 하자. N_2를 4로 나누어 그 나머지가 1 혹은 2가 되면 M_1에서 4를 빼고 나머지가 3 혹은 0이면 8을 빼어 그 수를 M_2라 하자. (M₂는 40, 36, 혹은 32가 되는데, 40이 될 확률은 6/16, 36이 될 확률은 8/16, 32가 될 확률은 2/16이다.)

3. M_2–1개의 산가지에서 임의로 대략 절반을 취한 후 그 수를 세어 이를 N_3라 하자. N_3를 4로 나누어 그 나머지가 1 혹은 2가 되면 M_2에서 4를 빼고 나머지가 3 혹은 0이면 8을 빼어 그 수를 M_3라 하자. (M₃는 36, 32, 28 혹은 24가 되는데, 36이 될 확률은 12/64, 32가 될 확률은 28/64, 28이 될 확률은 20/64, 24가 될 확률은 4/64이다.)

4. M_3(36, 32, 28, 24)를 4로 나누어 얻은 값(9, 8, 7, 6)이 홀수인 9 또는 7이면 양효陽爻를 얻은 것으로 보고, 짝수인 8 또는 6이면 음효陰爻를 얻은 것으로 본다. 다시 양효 가운데 9인 경우를 노양老陽, 7인 경우를 소양少陽이라 하고, 음효 가운데 6인 경우를 노음老陰, 8인 경우를 소음少陰이라 한다.

5. 이러한 과정을 6번 되풀이하여 하나의 괘卦, 즉 6개의 효爻를 얻는다. 이때 각 효에는 노양, 노음, 소양, 소음 가운데 어느 하나가 지정된다.

물론 「계사전」이나 주희의 연시법 설명문에는 이러한 조작 및 여기서 생략한 조작 하나하나에 대한 우주론적 이유가 함께 서술되어 있다. 예를 들면, 산가지 한 묶음을 둘로 나누어 쥐는 것은 하늘과 땅을 상징하는 것이며, 다시 한 가지를 따로 떼어 놓는 것(위의 조작 과정에서는 생략됨)은 하늘, 땅, 사람의 삼재三才를 상징하며, 4개씩 덜어내는 것(위의 조작에서 4로 나누는 행위)은 네 계절을 상징한다는 것 등이다. 그러나 이는 어디까지나 상징적 행위에 불과한 것이며 결과에 그 어떤 실질적 영향을 미치는 것으로 보기는 어렵다. 오늘날 우리가 현실적으로 의미를 부여할 수 있는 부분은 오직 이러한 과정을 통해 노양, 소양, 노음, 소음 등 효상爻象이 각각 일정한 확률로 결정되리라는 점이다. 위의 확률 계산에 따르면 이들의 확률은 각각 18.75%, 31.25%, 6.25%, 43.75%의 비율로 나타나게 된다.

하나의 괘가 결정되기 위해서는 각 효의 효상은 각각 음 또는 양으로만 주어지면 충분하다. 그럼에도 불구하고 여기서 노양, 소양 그리고 노음, 소음으로 음효와 양효를 다시 구분하는 것은 이른바 변효變爻를 설정하기 위해서이다. 변효라 함은 변화하는 효라는 뜻인데, 사물이 극한에 도달하면 변화한다는 사상에 의존하여 노양은 음효로, 노음은 양효로 변화하게 된다고 해석한다. 이렇게 효가 변했다고 할 때 얻어지는 새로운 괘를 본괘本卦에 대해 지괘之卦라 한다. 지괘가 있을 때는 본괘의 괘상이 장차 지괘의 괘상으로 변화할 운세에 있다는 것을 암시하는 것이 된다. 이럴 때는 본괘와 지괘 그리고 처음에 얻은 효와 변효의 괘사와 효사 따위를 대조, 음미하여 길흉과 장차의 변화를 판단하는 것이 관례이다.

그러나 이러한 변효가 나타낼 때 이를 해석하는 엄격한 법칙은 없는 듯하며 오직 주희가 변점법이라 하여 일부 서례筮例를 생각하여 정리한 내용이 있으며, 참고로 이를 소개하면 다음과 같다.

한 괘를 이루는 각각의 효는 모두 변효로 이루어질 가능성이 있으므로 한 괘는 원칙적으로 64개의 다른 괘로 바뀔 수 있다. 이때 한 괘 안에 나타나는 변효의 수와 이로 인해 발생할 수 있는 지괘의 수, 그리고 이러한 상황에서 점에 사용될 단사彖辭 및 효사爻辭를 주희는 다음과 같이 정리해놓고 있다.[9]

변효의 수	지괘의 수	점에 사용될 단사 및 효과
0효변	1	본괘의 단사로 점침
1효변	6	본괘 변효의 효사로 점침
2효변	15	본괘 2변효의 효사로 점침(상효 위주)
3효변	20	본괘와 지괘의 단사로 점침
4효변	15	지괘 2불변효의 효사로 점침(하효 위주)
5효변	6	지괘 불변효의 효사로 점침
6효변	1	지괘의 단사로 점침(건, 곤일 경우 두 괘 단사 모두 사용)

그러나 이 표에서는 변효가 있는 경우 본괘와 지괘 사이의 관계를 어떻게 설정할 것인가 하는 점이 명료하게 밝혀져 있지 않다. 사실상 이러한 규칙들은 고정된 형태로 주어진 것이 아니라 시간과 학풍에 따라 지속적으로 변해온 것으로 보아야 한다.

또한 서술筮術로 점괘를 구해 길흉을 결정할 때는 이러한 고정된 규칙 이외에 다른 여러 요소들이 함께 고려되고 있다. 가오화이민은 이를 위해 대략 다음의 세 가지를 참작해야 한다고 주장한다. 첫째는 괘상과 괘효사가 말해주는 계시이며, 둘째는 점을 구하는 사람, 즉 설문자의 주·객관적 상황이며, 셋째는 주역의 점을 대행해주는 복사卜史의 식견이라 한다. 복사는 결국 점단占斷을 할 때, 처한 상황과 유기적으로 연계되는 여러 사항들을 함께 검토하고 추리해냄으로써 그 어떤 종합적 판단에 이르게 된다는 것이다.[10]

주역의 가정과 그 정당화 문제

그렇다면 주역에서 채용하는 이와 같은 절차들은 어떻게 정당화될 수 있는가? 즉, 주역은 그 이론적 기반을 어디에 두고 있는가? 우선 가장 간단한 대답은 모든 점술이 주장하고 있듯이 그 안에는 어떤 신비적인 요소가 있어서 이를 활용한다는 것이며, 이를 받아들이고 받아들이지 않는 것은 오직 당사자의 믿음에 달려 있을 뿐 이를 별도로 정당화할 필요가 없다는 것이다. 그러나 이러한 대답이야말로 과학이 가장 크게 의혹을 두는 측면이며, 바로 이런 자세를 넘어서자는 것이 과학적 방법론의 출발이라 할 수 있다. 설혹 주역의 서술筮術 속에 그 어떤 신비스런 요소가 담겨 있어서 현실적인 효험을 발휘한다고 하더라도 우리는 먼저 이를 보다 합리적인 측면에서 고찰해보아, 진정 신비 그 자체 이외에 다른 어떤 이해의 가능성이 없을 것인지를 확인하고 난 후에 이를 받아들이는 것이 옳을 것이다. 사실상 수천년에 걸쳐 동양 문화의 정수로 인정되어온 주역에 그 어떤 인정할 만한 효험이 전혀 없었으리라는 것은 상상하기 어렵다. 그러므로 우리가 만일 이것이 지닌 이론적 근거를 그 어떤 신비적요인에 돌려버리려 하지 않는다면, 우리는 마땅히 이것이 지닌 이론적 정당성을 합리적인 방식으로 이해하려는 노력을 기울여야 할 것이다.

이제 이러한 논의를 위해 우선 주역이 그 이론적 바탕에 설정하는 기본 가정들을 살펴보면 대략 다음 세 가지로 요약될 수 있다. 특히 과학에서의 가정 및 그 정당화의 논리와 비교하기 위하여 이들 각각을 양자역학의 경우와 대비시켜본다.

1. 주역이 관심사로 삼게 되는 모든 상황은 유한한 몇 가지 괘상, 즉 64개의 괘 및 이들의 연합(본괘 및 지괘)으로 의미 있게 표현된다. 이는 본질적으로 우주 안에서 인간의 삶이 처한 모든 양상들이 바로 이러한 괘상들에 의해 대표되리라는 가정에 기초한다. 이는 인간이 서술하는 물리적 대상의 상태가 특정 성격을 지닌 '상태함수'로 표현된다고 하는 양자역학의 전제와 흡사한 성격의 것이며, 따라서 주역과 양자역학에서 이들 가정을 정당화하는 문제 또한 동일한 성격을 지닌다고 말할 수 있다.

2. 지정된 방식의 연시, 예컨대 주희의 「서의」가 말해주는 연시를 수행하면 처해진 현재의 상황이 어떠한 괘상에 해당하는가를 판정할 수 있다. 이는 양자역학에서 지정된 방식의 측정 혹은 '상태준비'를 수행함으로써 대상의 현 상태를 설정할 수 있다는 사실에 해당하는 일이다. 사실상 과학에서는 이 부분이 초기 상태의 정의에 해당하는 것으로 거의 별도의 정당화가 요구되지 않는 부분이다. 그러나 주역에서는 이 부분이 적어도 정당화의 측면에서 가장 취약한 부분이며, 사실상

이를 대치할 좀 더 의미 있는 대안들이 강구되고 있다.

3. 괘상이 무엇을 의미하는가 하는 것은 일정한 해석 규칙과 이를 구체적으로 서술한 역문 및 이의 해석에 의존한다. 이는 상태함수가 무엇을 의미하는 것인가 하는 것이 양자역학이 설정하는 일정한 해석 규칙, 즉 보른의 해석 규칙에 의존하는 것에 해당한다. 양자역학에서 해석 규칙이 하나의 임의로운 가정에 해당되는 것과 같이 주역에서도 이는 원칙적으로 임의로운 가정이라고 보아야 한다.

이러한 가정들을 포함한 전 이론 체계의 정당성은 궁극적으로 이 이론의 시행상의 성공 즉 이것이 목적으로 하는 결과를 성공적으로 성취해내느냐에 따라 결정된다. 그리고 과학의 경우에는 이러한 성취 여부를 조직적으로 검증함으로써 이론의 신빙성을 높여나가는 방법을 사용하고 있다. 물론 이미 칼 포퍼Karl Popper에 의해서 강조되었다시피 오직 유한한 회수밖에 시행할 수 없는 이러한 검증을 통해 어느 과학 이론이 '진리'로 입증될 수는 없으나, 이러한 검증을 통해 지속적인 자체 점검을 조직적으로 수행해 나간다는 데 과학적 방법의 우월성이 있는 것이다.

주역의 경우에는 이것이 오랜 역사 과정을 거쳐 의미 있게 전수되어왔다는 점에서 어느 정도 역사적 검증을 거친 것이라는 주장이 가능하나, 이것의 성취도에 대한 조직적인 검토는 없었으며 또 이것의 성격상 이러한 검토가 매우 어려우리라는 점에서 과학에 필적할 검증이 이루어졌다고 보기는 어렵다. 따라서 위에 제시한 가정들의 정당성 여부에 대해서는 이제라도 새로운 시각을 통해 살펴나가지 않을 수 없다. 그러나 이 과정에 과학적 방식을 직접 적용시키기보다는 이들이 어떠한 이유 때문에 지금까지 유의미한 것으로 인정될 수 있을 것인지를 역시 양자역학의 경우에 견주어 살펴 나가기로 한다.

첫 번째 가정, 즉 주역의 괘상이 인간의 삶이 처한 모든 양상들을 나타내주리라는 가정에 대해서는 주역 자체 내에서 흥미로운 설명이 주어지고 있다. 즉, 주역의 철학적 해설서라고 할 만한 「계사전」에는

성인이 천하의 심오한 이치를 보아 그 모양새를 본뜨고 사물의 바른 모습을 그려내었으니 이것이 바로 상象이다. 성인이 천하의 움직임을 보고 그 바른길을 살펴 옳은 법도를 행하며 글귀를 달아 길흉을 판단하게 되었으니 이것이 바로 효爻이다.[11]

라는 설명이 있다. 주역의 상과 효는 이른바 성인聖人이 천하의 바른 모습과 바른길을 살펴 표현하였으며, 또 글귀를 달아 해석까지 할 수 있게 해주었다는 것이다.

문제는 이를 어떻게 입증하느냐 하는 점이다. 과연 성인이란 사람이 이러한 것을 할 수 있는 것인지, 그리고 이러한 것을 했다는 사실을 「계사전」의 필자가 어떻게 알아내었는지에 대해 신빙할 만한 아무런 논거가 없다. 오직 이 주장에서 합리적으로 받아들일 수 있는 내용은 성인으로 지칭되는 그 어느 뛰어난 인물(들)이 인간 행위에 따른 길흉 판단에 활용할 목적으로 인간

삶의 여러 양상들을 상과 효라는 상징적 부호를 통해 표현해보려는 시도를 했던 것이며,「계사전」필자의 견해에 의하면 이 작업이 매우 성공적으로 이루어졌다는 것이다.

이것은 그 후 체계적인 과학적 검증의 과정을 거치는 대신 긴 역사의 과정을 통해 문화적 인준의 과정을 거쳐왔다고 말할 수 있다. 이리하여 주역의 상징체계 속에는 그만큼의 역사의 무게가 실리게 되었고 또 그러한 의미에서 결코 가볍게 보아 넘길 수 없는 의미가 담기게 되었으나, 이러한 점이 이를 과학적 시각에 따라 검증해서는 안 된다는 이유는 될 수 없다. 사실상 지금이야말로 이러한 검증을 수행해보아야 할 시기이며 또 이러한 검증을 거치고 살아남을 때에만 이것이 살아 있는 문화로 기능할 수 있으리라 생각된다.

다음 더욱 중요한 점으로 주역의 가장 약한 고리를 형성하는 연시법에 대해 고찰해보자. 역사적으로 보면 이는 분명히 고대로부터 전수된 복서卜筮의 한 형태로서 오늘의 입장에서는 그 어떤 타당한 근거도 부여할 수 없는 부분이다. 그러나 이것이 지녔던 현실적 기능을 부정적으로만 평가할 수는 없다. 가부간에 결정을 지어야 함에도 객관적 정황만으로는 판단이 어려운 입장에서 설혹 무작위적인 방법을 통해서라도 결정을 내리는 것이 유익한 경우는 많이 있다. 특히 이때 신령에 기탁한 복서의 형태를 취함으로써 그 사실성 여부에는 무관하게 사회적 그리고 심리적으로 유용한 결과를 얻을 수 있으리라는 것은 충분히 가능하다. 여기에 더하여 괘상의 해석에 상황에 따라 조정할 수 있는 상당한 융통성이 부여되고, 또 각각의 괘상 및 그 해석들에 상당한 정도의 도덕적 지혜가 담겨 있으므로, 설혹 그 괘상이 무작위적으로 정해진 것이라 하더라도 이를 진지하게 받아들일 경우 잃는 것보다는 얻는 것이 많으리라는 생각을 해볼 수 있다.

그러나 주역을 하나의 의미 있는 이론 체계로 볼 때 연시법이 지닌 이러한 측면들은 모두 이론 외적 요인들이다. 이론 자체를 엄격히 가다듬고 본다면 결국 여기서 남는 것은 초기 상태를 무작위적으로 결정한다는 것밖에 없으며, 이는 적어도 과학적 측면에서 주역의 이론적 가치를 영으로 수렴시키는 것밖에 되지 않는다. 그러나 이론 구조상 '관측'에 해당하는 이 과정을 좀 더 긍정적으로 연결시키는 것은 방법적으로 가능하다. 괘상을 얻기 위해 무작위적 결정에 의존하는 연시의 방법과는 달리, 상황 자체를 관찰, 음미하여 현재의 상황이 어떠한 괘상에 해당할 것인지를 직접 판단해내는 방법을 활용할 수 있는 것이다. 이렇게 할 경우 자신이 처한 상황을 눈먼 확률에 의해 결정하는 것이 아니라 적어도 자신의 수중에 들어오는 최선의 정보와 지식에 의존하는 결과가 되므로 그만큼 신뢰도가 있는 '상태' 결정 방식이 된다. 이것이 바로 과학에서 현재의 상태를 직접적인 관찰에 의해 설정하는 경우에 해당된다. 단지 과학에서와는 달리 특별한 측정 방법이라든가 기구에 의존할 수 없으며 오직 경험을 통해 길러낸 그 어떤 직관력에 의존해야 한다는 차이점이 있다.

주역 자체에서도 이러한 작업의 가능성을 암시하는 언급들이 없지 않다. 흔히 이러한 성격의 지각을 '감통感通'이라 하는데 이는 「계사전」의 "느낌을 통해 천하의 조짐을 감지한다(感而遂通

天下之故)"는 문구에서 나온 말이다. 즉, 주어진 상황을 음미하여 직접적인 판단에 이른다는 것이다.[12] 그리고 특히 이러한 지각에 이르기 위해서는 여분의 선입감들에서 벗어나야 하므로 「계사전」에서는 이에 앞서 "역은 생각함이 없으며 행위함이 없이 고요한 마음으로 움직이지 않아야 함"을 강조한다.[13]

물론 「계사전」의 이러한 언급은 굳이 연시와 감통을 대비시켜 감통 쪽을 강조하는 것으로 해석할 수는 없다. 그러나 후세로 가면서 특히 유가儒家를 중심으로 서술筮術로서의 역보다는 의리義理로서의 역을 강조하는 경향이 나타나며, 특히 역학자들 가운데 점서로서의 역을 몹시 경계하는 사례들을 많이 볼 수 있는데, 이는 모두 그 근거를 정당화하기 어려운 연시보다는 감통에 의한 역의 활용을 강조하는 입장이라고 해석할 수 있다.

마지막으로 세 번째 가정, 즉 일단 괘상이 얻어졌을 때 이를 해석해내는 문제에 대해 생각해보자. 이는 원칙적으로 단사, 효사 등의 역문易文이 그 의미를 지정해준다고 말할 수 있다. 그러나 여기에도 몇 가지 문제가 있다. 우선 단사, 효사 등의 역문을 어떻게 신뢰할 수 있는가 하는 점이다. 그런데 이 문제는 독립적으로 다룰 성질의 것이 아니다. 사실상 첫 번째 가정에 해당하는 내용, 즉 역의 괘상이 인간 삶의 여러 양상들을 나타낸다는 말은 이에 대한 해석이 주어지지 않고는 불완전한 주장이 된다. 그러므로 역문에 의한 해석의 정당성은 괘상이 삶의 여러 양상을 표상한다는 주장의 정당성과 분리시켜 생각할 수 없으며 만일 이 첫 번째 가정의 정당성을 그 어떤 검증의 방식을 통해 인정한다면 이는 이미 그 속에 그 해석의 방법까지 인정하는 셈이 된다. 그러므로 여기서 다시 해석의 문제에 대한 정당성을 독립적으로 논의할 필요는 없다.

그러나 이와 관련된 문제로서 이러한 역문이 그것만으로 일의적인 해석을 가능하게 해주는가 하는 점을 고찰해볼 필요가 있다. 괘상의 해석에서 가장 중심적인 의미를 지니는 개념들은 길吉, 흉凶, 회悔, 인吝, 무구无咎 등 설문자의 가상 행위에 대한 결과 평가에 해당하는 것들인데, 이들이 대체로 조건부적으로 주어지는 성격을 지닐 뿐 아니라 그 함축하는 의미에서도 불명료한 측면들이 적지 않다. 그러므로 결국 이러한 괘효사卦爻辭 이외에 설문자 또는 이를 대행하는 복사卜史의 양식에 의해 판정할 여지가 크게 남아 있는 것이다. 이는 양자역학에서 여기에 해당하는 보른의 해석이 지니는 일의성과 구체성에 대비되는 측면인데, 이러한 일의성과 구체성이 떨어질수록 이론의 기능적 측면이 약화될 것임은 말할 나위도 없다.

주역과 양자역학에서 '상태'의 성격

주역이 지닌 이러한 이론적 취약성에도 불구하고 주역과 양자역학 사이에는 이론 구조 면에서 많은 공통점이 있음을 보았다. 특히 이들 사이의 매우 중요한 유사점은 이들이 지닌 '상태'의 성격에 있다. 다른 어느 학문과도 달리 '상태'를 설정함에 있어서 이들은 일상적 개념을 뛰어넘은 다분히 인위적인 개념을 도입한다는 것이다. 주역에서의 괘상과 양자역학의 상태함수들은 일상적 개념으로 구성된 언어 속에서는 찾아보기 어려운 매우 독특한 것들이다. 더욱 흥미로운 것은 이 개념들이 단순한 특정 용어들의 집합이 아니라 일정한 구조를 지닌 '수학적' 체계를 형성한다는 점이다. 양자역학에서는 이것이 '힐버트 공간에서의 벡터'라는 특별한 수학적 성격을 지니게 되며,[14] 주역에서는 음양 두 성분으로 구성된 2진법적 체계의 일부를 형성하고 있다.

주역과 양자역학에서의 '상태'가 지닌 이러한 수학적 성격은 나름대로 중요한 함축을 지닐 수 있다. 사실 양자역학이 이론적 체계를 구비한 것은 상태함수가 지닌 이러한 수학적 성격의 발견 이후라 할 수 있으며 주역이 여타의 관념적 철학과 차이를 가지는 것도 괘상이 형성하는 이러한 수학적 구조에 의존하는 바가 크다. 그러나 어째서 양자역학에서의 '상태'가 힐버트 공간의 벡터를 형성하여야 하고 어째서 주역에서의 '상태'가 2진법적 체계를 이루어야 하는지에 대해서는 근원적인 설명이 없다. 중요한 점은 이러한 수학적 성격을 지나치게 신뢰하고 신비화해서는 안 된다는 점이다. 주역의 역사에서 한대漢代 이후 송宋의 소옹邵雍에 이르기까지 번성했던 이른바 상수역象數易이 이러한 방향의 편향이었던 것이라 할 수 있다. 상수역에서는 괘상이 지닌 이러한 수학적 성격을 더욱 정교화하고 여기에 음양 오행 및 천인감응天人感應 사상을 가미하여 복잡한 서술筮術 및 해석의 체계를 시도하였으나 오직 번잡성만 더했을 뿐 별다른 진전을 이루지 못했다.[15]

이와 아울러 우리의 관심을 끄는 문제는 주역과 양자역학에 나타나는 이러한 '상태' 개념에 그 어떤 '실재성reality'을 부여할 수 있을 것인가 하는 점이다. 이미 양자역학의 해석에서는 이러한 상태 개념에 통상적 의미의 실재성을 부여하기 어렵다는 점이 밝혀지고 있다.[16] 사실상 실재성이라는 개념은 우리의 경험 세계 속에 너무도 깊숙이 침투해 있는 것이어서 이를 원칙적으로 배제한 개념 체계를 형성하는 것은 쉬운 일이 아니다. 서구 과학의 긴 역사적 과정에서도 양자역학 이전까지는 '실재성'을 원리적으로 배제하는 서술을 상상할 수 없었으며, 양자역학에서 이 문제가 처음으로 대두되자 많은 논란을 불러일으켰던 것이 주지의 사실이다. 그러므로 그 어떤 '실재성'을 부여하지 않고 주역에서의 '괘상'을 이해할 수 있는가 하는 문제는 서구 과학과는 다른 학문 전통과 관념 체계에서 출발한 주역이 처음부터 '실재성'이란 관념적 구속에서 벗어날 수 있었던 것일까 하는 점에서 우리의 커다란 관심사가 될 수 있다.

그러나 현재 주역에서 이 문제를 엄격히 다루기는 쉽지 않다. 양자역학에서는 이러한 문제를 논의하는 데 '벨Bell의 부등식'이라든가,[17] 측정에 의한 '상태함수의 붕괴' 등 매우 구체적인 이론적 근거들을 동원하고 있음에 반해 주역에서는 여기에 필적할 만한 이론적 기구가 마련되어 있지 않기 때문이다. 그러므로 여기서는 주역에서의 괘상에 실재성을 부여할 경우 나타날 논리적 모순을 지적하는 방식으로 논의를 진행하기보다는 실제 역을 활용했던 사람들이 '실재'와 관련하여 어떠한 관념을 지녔을 것인가 하는 점만을 간단히 살펴보기로 한다.

이미 언급한 바와 같이 괘상이 나타내고 있는 것은 설문자의 주체적 행위와 연관되어 나타날 결과들의 길흉에 관한 것이며, 따라서 통상적 의미의 '물리적' 실재와는 다르다. 그러나 이 경우에도 설문자의 의식이나 의지마저도 포함하는 그 어떤 우주적 실재가 있다고 보고 '괘상'으로 표상된 그 어떤 상황이 바로 이 우주적 실재의 일부라고 보는 관점을 취할 수도 있다. 만일 역을 이해하고 활용했던 사람들이 이러한 관점을 취하여 괘상 자체를 객관적으로 주어진 그 어떤 대상처럼 생각했다면 실재성을 부여한 것이 되고 길흉 판단과 행위 결정을 위한 단순한 비방秘方 정도로만 생각했다면 실재성을 부여하지 않은 것으로 해석해볼 수 있다. 그러나 현실적으로는 역을 이해하려던 사람 대부분이 이 가운데 어느 하나의 관점을 부담 없이 지정하여 선택하기는 어려웠으리라 생각된다. 역의 괘상이 지닌 여러 성격으로 보아 이를 실재성을 지닌 대상으로 보기는 어려웠을 것이고, 그렇다고 하여 실재성이 부여되지 않는 그 무엇을 추가로 상정한다는 것도 쉽지 않은 관념적 작업이 되기 때문이다.

이 점과 관련하여 주역에 나타나는 신神 또는 귀신鬼神 개념에 주목할 필요가 있다. 대체로 동양의 신 개념은 우리의 일상적 지식과 예컨대 주역에 의한 상황의 이해 사이에 나타난 격차를 메우기 위해 활용되는 개념이라 말할 수 있다. 사람들은 하나의 고차적 이해의 틀인 주역의 상황 이해 방식을 그들의 소박한 실재성 개념과 이에 입각한 일상적인 상황 이해 방식 안에 수용하기 위해 신 또는 귀신이라는 개념을 도입하고 그 사이의 모든 격차를 의인화된 그 어떤 가상적 존재의 작용으로 돌리고 있는 것이다. 주역『역전易傳』에 나타나는 신과 귀신 개념을 대략 정리해보면, 다가올 일을 알거나 기미를 아는 오묘한 길흉화복을 주재하는 신령 등으로 볼 수 있는데,[18] 이는 결국 주역이 파악했다고 믿는 상황의 합법칙성, 그리고 주역 괘상이 나타내는 '비실재적' 성격을 실재적 세계 안에 있는 신의 작용으로 돌리는 이해의 방식이 아닌가 해석된다.

만일 이러한 관점이 허용된다면 역을 이용하고 활용했던 사람들은 신 또는 귀신의 개념을 활용하여 주역의 괘상이 지닌 '비실재적' 성격을 일상의 실재론적 사물 이해 방식과 연결시킴으로써 이를 받아들임에서 오는 관념적 난관을 돌파하려 한 것이라고 볼 수 있다. 만약 그러하다면 동양적 사고에서는 '비실재적' 관념을 처음부터 수용하여 이론 체계를 구성해내기는 하였으나 '실재성'의 관념적 속박에 대해서는 이를 과감히 넘어섰다기보다는 '귀신'이라는 개념을 매개로 절충한 것이라고 이해할 수 있다.[19]

이와 관련하여 한 가지 특기할 점은 양자역학의 경우와 마찬가지로 주역 또한 라플라스적 서술이 아닌 비라플라스적 서술을 취하는 학문 구조를 가진다는 점이다. 양자역학이 대상의 상태에 대한 실재성을 포기함으로써 부득이 비라플라스적 서술을 취하게 됨과는 대조적으로 주역에서는 처음부터 실재성 개념을 택하지 않음으로써 자연스럽게 비라플라스적 서술의 한 본보기를 만든다고 말할 수 있다.

주역과 '삶' 중심의 세계관

주역과 양자역학이 취하고 있는 '상태'들은 이들 이론이 취급하는 '물음'의 성격이 다른 만큼 그 의미하는 바도 달라지지 않을 수 없다. 양자역학에서는 주어진 관측 장치에 대해 대상이 어떠한 관측치를 유발할 것인가, 즉 어떠한 '사건'을 유발할 것인가에 관심을 갖게 되며 따라서 이러한 물음에 대한 해답을 함축하는 '상태'는 '사건 유발적' 의미를 지닌다고 할 수 있으며, 반대로 주역에서는 설문자가 지정된 행위를 취할 때 좋은 결과를 유발할 것인가 아닌가 하는 길흉 자체에 관심을 갖게 되므로 이를 나타낼 '상태'는 '길흉 유발적' 의미를 지닌다고 보아야 한다.

그런데 주역과 양자역학 사이에 나타나는 이러한 차이는 비단 '상태' 개념에만 아니라 우주 또는 세계를 보는 일반적 관점에도 반영된다고 말할 수 있다. 즉, 주역 그리고 더 일반적으로 동양 사상의 시각에서는 우주 또는 세계를 객관적 현상으로서의 '사건'들이 나타나는 무대로서가 아니라 '길흉', 즉 생명의 번영 혹은 쇠망에 연계된 여건들의 총체로 파악하게 되는 것이다.[20] 그리고 바로 이 점에서 주역 그리고 더 넓은 의미에서의 동양 사상이 말하는 우주와 서구 과학이 말하는 우주 사이에 나타나는 많은 차이들을 이해할 수 있다.[21]

이제 주역이 보여주는 이러한 세계관의 구체적인 예를 살펴보기로 하자. 주역의 괘상 가운데 가장 기본적인 것이 바로 건괘乾卦와 곤괘坤卦이다. 그런데 하늘과 땅을 지칭하는 것으로 흔히 이해되는 이 건乾과 곤坤이라는 개념은 물리적 의미의 하늘과 땅을 지칭한다기보다는 생명의 생성과 보존 그리고 번영이라는 관점에서 이들이 각각 기여하고 있는 측면을 표상하는 것이다. 사실상 생명의 측면에서 하늘이란 햇빛으로 대변되는 자유 에너지의 공급원이라는 점이 가장 중요하며, 이에 반해 땅의 기능은 낮은 온도를 유지하면서 이 자유 에너지를 활용하여 유용한 각종 물질적 여건을 빚어내는 것이 중요하다. 이러한 상황을 일상 경험 세계에서 살피자면 높은 온도를 유지하면서 에너지를 적극적으로 뿜어내는 이미지의 '햇빛'과 낮은 온도를 유지하면서 소극적으로 에너지를 받아들여 활용하는 이미지의 '그늘'로 상징될 수 있으며, 이러한 점에서 건을 햇빛을 뜻하는 양효들만으로 표상하고 곤을 그늘을 뜻하는 음효들만으로 표상한 것은 의미 깊은 일이라 할 수 있다.[22]

　일반적으로 생명의 보존 및 번영을 위해서는 이러한 의미의 '햇빛'과 '그늘' 뿐 아니라 이들의 적절한 배합과 조화 그리고 순환이 요청된다. 주역의 흥미로운 점은 삶의 다양한 여건 가운데 나타나는 적극적-소극적, 능동적-수동적, 남성적-여성적 성향 등 다양한 대대적對待的 성향들을 모두 양과 음이라는 두 개념으로 추상해낸 후 이들의 다양한 배합, 조화 및 순환의 관계를 통해 삶의 모든 특징적 양상들을 표상하고 있다는 점이다.[23] 즉, 양효와 음효 및 이들의 배합으로 나타낸 괘상은 그 자체로서 이미 생명의 보존과 번영이라는 동양적 관심사의 특성을 잘 나타내는 것이라 말할 수 있다. 이는 사실 서구 과학은 물론이고 서구적 사상 일반에서도 그 유례가 없는 독특한 사고 체계에 해당한다.

이를 특히 서구 과학의 관점과 비교해보면, 서구 과학에서는 일차적으로 인간 삶과 무관하게 있는 그대로의 자연을 "있는 그대로" 탐색하려는 데에 비해 주역에서는 바르고 복된 삶을 영위하려는 인간의 눈에 보이는 자연을 "보이는 그대로" 채색해 나가는 입장이라고 말할 수 있다. 그러므로 설혹 같은 생명 중심의 관점을 취한다 하더라도 서구 과학에서 말하는 생명 중심의 관점과는 다른 입장이 된다. 서구 과학에서도 생명을 주요 대상으로 삼고 있으며 이 점에서 매우 큰 성과를 얻고 있는 것이 사실이다. 서구에서도 최근에는 생명을 가장 중요한 관심사로 여기는 생명 중심의 자세를 취하는 사람들이 적지 않다. 그러나 이들은 동양에서의 관점과는 달리 그 무엇이 생명을 위해 좋다 나쁘다거나 길하다 흉하다고 하는 것을 기준으로 사물을 개념화하지는 않는다. 일단 있는 그대로의 존재를 파악한 후 다시 이것이 생명을 위해 어떠한 의미를 가질 것인가를 생각해 나가는 것이다. 이에 비해 동양적 사고는 생명이라고 하는 실체적 관념을 거치기 이전에 삶 그 자체를 바닥에 놓고 있는 삶 중심의 관점이라고 함이 더 적절한 것이다.[24] 이와 함께 동양적 사고에서는 사실과 당위를 분리시키지 않음에 반해 서구에서는 사실과 당위를 엄격히 구분하는 것이다.

그렇다면 사물 이해의 이 두 가지 관점 사이에 어떠한 장단점을 말할 수 있을 것인가? 우선 동양의 방식은 구체적 현실 상황에서 현명하게 대처할 방법들에 대한 직접적 지식을 추구하는 만큼 그 이론의 타당성만 보증된다면 우리에게 가장 요긴한 지혜를 제공할 수 있다. 그러나 많은 내용들을 압축시켜 필요한 지혜만을 추구하는 과정에서 지식 자체의 정치성과 검증성을 떨어뜨려 결국 그 신뢰도 및 현실 적용에 많은 문제를 야기한다. 반면 서구 과학의 입장은 그 활용 여부와 무관하게 있는 그대로의 사실 규명에 치중함으로써 사실 자체에 대한 정치성과 신뢰성을 높일 수 있으나, 이를 삶의 가장 중요한 관심사에 적용하기에는 지나치는 파편적 지식에 머무를 가능성이 크다.

맺는 말

이 글에서는 긴 역사의 과정을 거쳐오는 동안 주역 둘레에 자연스럽게 둘러쳐진 신비적 외피를 일단 젖혀버리고 현대 과학을 비판해온 것과 동일한 비판적 시각에서 체계적 지식으로서의 주역을 현대 과학, 특히 양자역학에 견주어 살펴보았다. 이러한 고찰을 통해 우리가 발견하는 것은 첫째로 주역 자체가 하나의 체계적 지식으로서 골격을 지닌다는 점과 특히 이 골격은 과학의 가장 발전된 형태인 양자역학과 매우 흡사한 구조를 지닌다는 점이다. 특히 양자역학이 대상의 상태에 대한 실재성을 포기하고 비라플라스적 서술을 취함과 마찬가지로 주역 또한 이러한 실재성을 취하지 않음으로써 비라플라스적 서술을 취하는 또 하나의 예를 구성하게 되는 점이 흥미롭다.

한편 주역은 그것이 취하는 '물음'의 포괄성으로 인해 과학이 택하는 것과 같은 엄격한 지식의 검증 기준을 적용하기가 어려우며, 따라서 역사적 인준 이외에 학문적 검증은 아직 이루어지지 않은 상태로 보지 않을 수 없다. 그러나 주역이 현재 검증을 통한 학문적 기반에 있어서 매우 취약한 상황에 놓여 있다 하더라도 이것이 택하는 '물음'의 성격과 상황을 인식하는 방식 그 자체는 매우 유용할 수 있으며, 좀 더 정교한 학문적 방법의 도입에 따라 보다 엄격한 이론 체계로 발전할 가능성은 얼마든지 있다. 특히 주역 및 동양 사상 일반이 지닌 생명 중심적 관점은 매우 독특한 것으로서 이미 그 안에 긴 역사의 과정을 통한 많은 지혜가 함축되어 있다고 말할 수 있으며, 학문적 발전에 따라 더욱 심화 발전시킬 여지를 가지고 있다.

이에 반해 서구 과학은 지식 그 자체의 측면에서 많은 성취를 이루어냈음에도 불구하고 그 활용에서 인간의 긴 장래에 대한 '길흉화복'을 살피는 일에 적용되지 못하고 목전의 기술적 활용에만 이용됨으로써 엄청난 부작용을 빚은 것이 사실이다. 그러므로 주역이 더 이상 자체 충족적인 발전에만 관심을 기울일 것이 아니라 서구적 학문의 이러한 성취를 스스로 이룩한 사고의 틀 속에 폭넓게 수용함으로써 더욱 심오하고 절실한 지혜를 추구해 나갈 수도 있지 않을까 생각된다.[25]

3장
동양 사상에서의 시공 개념
—신유학자들의 문헌에 나타난 사상을 중심으로

갈릴레이와 뉴턴을 통한 근대 과학의 형성 과정에서 시공 개념이 결정적인 역할을 했음은 재론의 여지가 없다. 뿐만 아니라 20세기 들어서면서 시공 개념은 또 한 차례 혁명적 전환을 하였으며 이와 함께 물리학에서 혁명적 진전이 이루어졌음 또한 이미 잘 알려진 사실이다. 이러한 사실들이 강력하게 시사해주는 점은 적어도 근대적 의미의 과학 사상이 발전하기 위해서는 이를 담아낼 틀로서 시공 개념이 적절히 구축되어야 했다는 사실이다.

이러한 점을 염두에 둘 때 자생적인 과학을 이룩해내지 못한 동양 사상 속에는 어떠한 시공 개념이 담겨 있었던 것인지, 그리고 이러한 개념적 성격이 동양 사상을 성격짓는 데 어떻게 관련되고 있는지에 대한 관심은 의미 있는 일이 아닐 수 없다. 아울러 이러한 동양적 시공 개념은 과연 이를 바탕으로 합리적 자연상을 구축하기에 적절한 것인지, 그리고 오늘날에도 여기에 그 어떤 의미를 부여할 수 있을 것인지가 관심의 대상으로 떠오른다.

한 가지 분명한 사실은 동양의 전통 사상, 특히 오랫동안 동양의 지배적 사상으로 군림해온 유학 사상에서는 서구의 철학적 전통에 비해 시공 개념 자체에 대한 의식적 관심이 적었으며, 따라서 동양의 철학적 논의에서 시공 개념 자체를 대상으로 명시적 논의를 전개한 사례가 많지 않다는 점이다. 이는 물론 동양 사상에서 시공 개념이 차지하는 비중이 상대적으로 작다거나 동양 사상이 대체로 시공 개념에 무관하게 전개되어왔음을 의미하는 것은 아니다. 오직 시공 개념 자체를 여타의 사상에서 분리하여 독립적인 논의의 주제로 삼는 일이 많지 않았다는 뜻이다. 동양 사상이 지닌 이러한 특성은 결과적으로 동양 사상에서 시공 개념이 차지하는 비중이 결코 작지 않음에도 불구하고 여기에 대한 연구자들의 충분한 관심을 불러일으키지 못하였다.

동양 사상에 관련된 이러한 점들은 동양의 시공 개념을 진지하게 추구해보려는 연구자들에게 이중의 어려움을 준다. 그 하나는 기존의 연구들이 많지 않음으로 인하여 처음부터 일정 수준의 연구를 시도하기 위해 디디고 올라설 발판을 마련하기 어렵다는 점이며, 다른 하나는 일차적인 문헌 자료들 속에서도 시공 개념에 대한 직접적 언급이 많지 않으므로 불가피하게 시공 개념에 대한 간접적 표현들에서 그 개념의 요소들을 가려내는 어려움을 겪어야 한다는 점이다. 다행히 동양적 시공 개념과는 몹시 대조적인 서구적 시공 개념이 근대 과학과 더불어 많이 밝혀져 있으므로 이를 유용한 준거로 삼아볼 수는 있겠으나, 이러한 경우에도 이것 자체가 하나의 부당한 편견으로 작용하여 자칫 동양적 시공 개념이 지닌 참뜻을 왜곡시킬 위험을 안게 된다.

이러한 어려움과 위험에도 불구하고 이 글에서 동양의 시공 개념에 대한 일차적 논의를 시도하는 것은 동양의 사상을 현대에 되살려내고 특히 현대 과학과의 의미 있는 접목을 가능케 하기 위해서는 이러한 위험을 감수하지 않을 수 없다고 생각하기 때문이다. 그러나 연구의 일천함과 자료의 미비로 인하여 이 글의 논의는 매우 제한된 범위에 국한하지 않을 수 없다. 이 글에서는 고대『묵자墨子』속에 나타난 몇 가지 기록과『회남자淮南子』에 나타난 단편적 언급들에서 동양 시공 개념의 기원을 찾은 후, 이것이 특히 신유학新儒學의 주창자들이 의식적·무의식적으로 사용하는 시공 개념 속으로 어떻게 변형되어갔는지를 나름대로 살펴봄으로써 동양 시공 개념의 특성을 추구해보고자 하는 것이다. 그러나 논의의 이러한 제한성에도 불구하고 몇 가지 일반적인 결론에는 이를 수 있을 것으로 생각되며, 이러한 결론이 앞으로의 연구를 위한 하나의 디딤돌이 될 수 있을 뿐 아니라 현대 과학과의 관련 아래 동양 사상을 좀 더 깊이 이해하는 데 작은 안내자 구실을 할 수 있을 것으로 기대한다.

시공 개념의 '공백성'과 '적재성'

일반적으로 시공 개념은 그 자체가 의식적 관심의 대상이 아니라 이를 바탕으로 여타의 관심사들을 서술하게 될 의미 기반에 속하는 개념이므로[1] 이것 자체에 대한 비판적 검토가 의식의 표면에 떠오르기는 쉽지 않다. 더구나 서로 다른 문화권에 속하는 상이한 사상 체계의 바탕에 놓인 시공 개념을 직접 비교하여 파악하기란 대단히 어렵다. 이러한 비교를 위해서도 논의의 주체가 되는 사람은 필연적으로 자신이 지닌 기존 개념을 바탕으로 삼지 않을 수 없기 때문이다. 그러므로 특히 근대적 시공 개념에 이미 익숙한 우리들은 다른 시대 또는 다른 문화권의 시공 개념을 이해하기 위하여 시공 개념 자체가 지닐 수 있는 다양성에 대해 폭넓은 수용의 자세부터 취하지 않으면 안 된다.

막스 야머M. Jammer가 말하는 바에 의하면, 근대 물리학에서 말하는 시공의 속성들, 즉 연속성, 등방성, 균질성 등은 직접적 감각지각의 소산이 아니라 오랜 기간의 지속적인 추상화 과정을 거쳐 얻어진 산물이라는 것이다. 언어학적, 고고학적, 인류학적 연구들에 따르면 시공의 경험으로부터 시공의 개념을 추상해내는 것은 원시 사고에서는 가능하지 않았다고 한다. 공간이란 말하자면 우연적인 방향과 장소들의 단순한 집합일 뿐이며, 이 속에 나타나는 방향이라든가 장소라고 하는 것들도 모두 일정한 감정적 정서를 함유하고 있는 어떤 대상물들에 가까운 것이었다.[2]

만일 인간이 직접적 경험으로부터 얻게 되는 원시 시공 개념이 이와 같이 갖가지 사물에 연관된 감정적 정서들로 채색되는 것이라면, 이것의 추상화 과정 또한 단일한 형태를 취하지 않을 것임을 쉽게 짐작해볼 수 있다. 특히 이것이 근대 자연과학의 바탕에 깔린 시공 개념, 즉 연속적이고 등방적이며 균질한 그 어떤 형태만으로 추상되어야 할 이유는 없다. 이것은 근대적 시공 개념과는 전혀 다른 형태로 추상되어나갈 수 있으며, 이러한 점은 우리가 이제 동양의 시공 개념을 살펴 나가면서 더욱 극명하게 느낄 수 있을 것이다.

그렇다면 이러한 다양한 시공 개념을 어떠한 방식으로 분별하여 정리해볼 수 있을 것인가? 이를 위하여 우리는 이들 사이의 차이점을 명료하게 드러내 보일 수 있는 하나의 준거 틀을 마련할 필요가 생긴다. 이러한 목적을 위한 하나의 유용한 관념적 준거의 틀이 바로 '공백성blankness'과 '적재성loadedness'이라는 대비되는 두 극을 연결하는 하나의 좌표축이다. 시공 개념의 성격에 대한 이러한 관념적 장치를 일단 설정하고 나면, 다양한 시공 개념들이 지닌 매우 중요한 하나의 특성이 이 좌표축상의 위치를 통해 표현될 수 있다. 여기서 시공 개념의 '공백성'이란 이것이 시공 위에서 나타나는 여타의 현상들과 얼마나 철저히 분리 가능한 개념을 이루는가 하는 것이다. 즉, 자연현상을 봄에 있어서 마치 백지와 같은 순수 형태의 시공 개념을 얼마나 잘 추출해내고 이를 바탕으로 사물을 이것과 얼마나 잘 대비시켜 이해하려 하느냐 하는 점이다. 반대로 '적재성'은 시공 개념 그 자체 속에 이미 현상의 많은 속성이 부여되어 있는 것으로 보아 이것이 얼마나 많은 사물의 다양성을 함축하고 있는가 하는 정도를 의미한다. 이는 본질적으로 사물 속성의 주요 부분이 사물 자체 속에 있는 것이 아니라 시공 속에 실려 있는 것이라고 보는 관점이다.

여기서 한 가지 전제로 삼아야 할 것은 이것이 시공 개념에 대한 과학성의 표준이 되는 것은 아니라는 점이다. 현대 과학이 대체로 정련된 '공백' 형태의 시공 개념에 바탕을 두고 이론을 전개해나가는 것이 사실이지만, 일반상대성이론에 이르면 오히려 상황이 역전되어 시공 개념 속에 중력의 효과를 본질적으로 삽입하는 형태로 발전한다. 그러므로 단순히 '공백' 형태의 시공 개념만이 최선의 과학성을 지닌다고 하는 주장은 현대 과학에 의해서도 그 정당성을 보장받지 못한다.

특히 동양 사상에 나타난 시공 개념은 일반적으로 '공백성'을 지니기보다는 매우 복합적인 형태의 '적재성'을 지닌 경우가 많다. 그러나 현대 과학으로 발전 과정에서 공백 형태로서 시간과 공간의 개념이 기여한 공적은 지대하며, 더구나 일반상대성이론에서와 같이 다시 적재 형태의 개념으로 복귀하는 경우라 하더라도 일단 공백 형태를 거쳐서 의미 있는 복귀가 가능한 만큼, 먼저 시공 개념을 공백성 형성의 관점에서 살펴본 후, 다시 이러한 기준으로부터 어떻게 벗어나고 있는가를 살펴보는 것이 문제에 대한 하나의 의미 있는 접근이 될 것이다.

『묵자』와 『회남자』에 나타난 시공 사상

이러한 관점에서 동양 고전에 나타난 시공 개념을 추적해보면 이미 춘추전국시대의 『묵자』에 이르러 상당한 공백성을 띤 시공 개념이 형성되고 있음을 알 수 있다. 『묵자』의 「경經」 상上에는 시각時刻의 집합 개념으로서의 시간, 즉 구久와, 장소場所의 집합 개념으로서의 공간, 즉 우宇의 개념을 명백히 정의하고 있

다.[3] 「경」상에는

‘구久’라 함은 서로 다른 시각時刻에 두루 걸친 것이다.[4]

‘우宇’라 함은 서로 다른 장소에 두루 걸친 것이다.[5]

라 하여 자못 추상화된 시간과 공간, 즉 ‘구’와 ‘우’의 정의를 명확히 하고 있으며, 다시 「경설經說」상上에서 이 개념들을 구체적 개념들과 연결하여 다음과 같이 설명한다.

‘구’라 함은 예와 오늘, 아침과 저녁을 말한다.[6]

‘우’라 함은 동서남북을 말한다.[7]

한편 이러한 시공 개념을 바탕으로 하여 운동과 속도의 개념을 설정하려는 시도도 찾아볼 수 있다. 즉,

먼 거리를 가는 데 시간이 오래 걸리는 것은 선후가 있기 때문이다.[8]

멀고 가까운 것을 ‘거리(循)’라 하고 처음과 나중을 ‘시간(久)’이라 하니, 사람이 간다는 것은 반드시 시간을 들여 거리를 이루는 것이다.[9]

라고 하여 이동한 거리와 경과된 시간 관계에서 운동을 보려 한 흔적이 보인다. 그리고 현재로는 그 해석상에 모호한 점이 있기는 하나, 가령

'우'는 움직이기도 한다.[10]

라고 하는 것은 천체들을 그 안에 싣고 움직이는 천구를 염두에 둔 것으로 이해할 수 있으며, 이는 아마도 천체들이 공간 내에서 회전하는 것을 따로 설명하기보다는 공간 전체의 움직임으로 해석하는 것이 간편하기 때문에 취한 관점이 아닌가 생각된다. 만일 이러한 해석이 옳다면 이것 역시 공간 개념 속에 움직임을 담은 '적재성'의 한 예로 이해되어야 한다.[11] 또한 『묵자』에는

'우'는 가까이 나가지 않는다(혹은, 끝이 없다).[12]

는 것과 같은 주장도 있으며, 흥미로운 것으로

오감五感으로 파악하지 못하는 것이 있으니 이것이 '시간(久)'이다.[13]

라는 주장도 있어서 시간에 대한 칸트의 내감설을 상기시키기도 한다.[14]

이러한 주장들은 모두 상당한 수준의 추상화가 이루어진 '공

백' 개념으로서의 시공 개념에 어느 정도 접근했음을 말해주는 것이기는 하나, 두 가지 점에서 근대 과학적 개념에는 이르지 못하고 있다. 그 하나는 시간 또는 공간 개념을 '실수實數 공간'에 대응되는 정량적定量的 개념으로 파악했다는 증거를 찾을 수 없으며, 특히 이들 개념을 변수로 한 대수학적代數學的 조작의 단계에 이르지 못하고 있다는 점이다. '오래다(久)'라든가 '멀다(脩)'는 표현을 쓰고는 있으나 이들의 비比를 명시적으로 파악하여 양적量的 개념으로서 속도 개념에는 이르지 못하고 있는 듯하다. 둘째로는 차원 개념에서 3차원적 공간 개념에 이르지 못하고 2차원 개념, 즉 동서남북의 개념에 머무르고 있다는 느낌을 준다. 그리고 시간 개념에서도 고금古今을 말하면서 미래를 명확히 포함시키지 않는 아쉬움이 있다.

흥미로운 것은 이러한 차원의 문제가 『묵경』보다 시기적으로 좀 더 후에 정리된 것으로 보이는 『회남자』에서 곧 보완되고 있다는 점이다. 『회남자』「제속훈齊俗訓」에는

지나간 옛날과 다가올 지금을 주宙라 하고 사방과 상하를 우宇라 한다.[15]

라는 말이 나타나는데, 이것은 몇 가지 점에서 『묵자』의 기록보다 진전된 시공 개념을 담고 있다. 위에서 본 바와 같이 『묵자』에서는 '구久'라는 하나의 용어로 '총체적 시간'으로서 시간 개념과 '시간 간격'으로서 시간 개념을 구분 없이 사용하고 있으나, 『회남자』에서는 이러한 구분을 위해서인지 총체적 시간 개

념의 표현으로서 '구' 대신에 '주宙'라는 새 용어를 도입하고 있으며, 또한 시간 개념 속에 과거, 현재뿐 아니라 미래까지도 포함시키고 있다. 그리고 공간 개념 속에도 동서남북의 사방四方뿐 아니라 상하上下 개념을 포함시킴으로써 3차원적 개념에 도달하고 있다. 뿐만 아니라 여기서는 시간과 공간 개념을 더욱 가깝게 연결하여 하나의 시공 결합체인 '우주' 개념을 탄생시키고 있는 것도 추상화로의 일보 전진을 의미하는 흥미로운 측면이다.

이러한 점들을 고려할 때 고대 동양의 시공 개념은 상당한 정도의 추상화 과정을 거쳐 적어도 하나의 소박한 공백 개념에 이르렀다고 정리해볼 수 있다. 그러나 이후의 시공 개념은 이러한 공백성을 지향하는 방향으로 발전하지 않고 오히려 적재성을 지향하는 방향으로 발전하고 있음을 살펴볼 수 있다. 이러한 점은 동양 사상 가운데서도 가장 학문적 체계가 뚜렷하고 합리적 성향을 강하게 지녔다고 볼 수 있는 신유학 사상에 잘 나타나고 있다. 이제 이러한 시공 개념이 신유학에 들어오면서 어떻게 바뀌어나가는가를 살펴보자.

소옹의 상수 이론

앞에서 본 바와 같이 『묵자』에 나타난 시간과 공간 개념은 실수實數 공간에 대응하는 정량화定量化를 통해 대수적代數的 조작의 대상이 되는 단계로까지 발전하지 못하였으며, 이러한 점은 『회남자』에서도 별로 달라진 바가 없다. 그런데 11세기 신유학의 발흥기에 이르러서 동양의 시간 개념은 매우 특이한 형태로 정량화되어 강한 '적재성'을 지닌 동양 고유의 개념으로 발전하게 되는데, 이것이 바로 소옹邵雍, 1011~1077의 상수象數 이론을 통한 원회운세설元會運世說이다.[16] 대단한 합리주의자였던 소옹은 일체의 사물은 모두 이理를 갖추고 있으며 그 이理를 상수학象數學을 통해 구명할 수 있다고 보았다. 그는

> 유類를 추리하는 것은 생生을 근본으로 삼아야 하며 체體를 판단하는 것은 상象을 말미암아야 한다. 생은 아직 오지 않은 것이니 역추逆推하고 상은 이미 이루어졌으니 순관順觀하면 된다 (……) 이렇게 추리해가는데 사물이 어디로 도망가겠는가?[17]

라고 하여 사물의 본질을 파악하기 위해서는 현상 속에 나타나는 그 어떤 표상을 파악하여 이로부터 합리적 방식으로 추리함으로써 가능한 것으로 보았다. 이와 같이 표상을 통해 본질을 추리해낼 하나의 합리적 이론 체계가 그의 이른바 상수학이다.

그의 시간 개념은 이러한 상수학적 관념을 바탕으로 구성된 수數의 체계와 연결되어 있다. 근대의 시간 개념이 '공백성'을 띤 실수實數 공간에 대응되는 단순한 양적量的 개념이라고 한다면, 소옹의 시간 개념은 '적재성'을 띤 그 어떤 '정수整數 체계'에 대응되는 질적質的 특성을 지닌 개념이다. 여기서 말하는 '정수 체계'는 일종의 진법進法 체계의 형태를 지니는 것인데, 외형상

으로는 30진법과 12진법이 교대로 적용되는 하나의 복합 진법의 모습을 띠고 있다. 이것은 기본적으로 음양 사상에 바탕을 둔 것으로, 30이라는 양수陽數와 12라는 음수陰數를 교대로 적용하는 하나의 진법 체계를 구성하고 있으며, 이러한 진법에 따라 정해지는 하나하나의 정수들은 단순한 실수 공간상의 구획을 나타내는 것이 아니라 그 하나하나가 일정한 음양의 농도로 채색된 질적 특성을 가지는 것이다. 소옹은 음양의 농도에 따라 채색된 이러한 '정수 체계'에 시간의 개념을 대응시킴으로써, 수의 체계가 지닌 이러한 '적재성'을 시간 개념에 그대로 넘겨주고 있다. 즉, 그는 시간의 단위를 설정함에 있어서 30일日을 1월月로 하고, 12월을 1세歲로, 다시 30세歲를 1세世로, 12세世를 1운運으로, 30운을 1회會로, 12회를 1원元으로 규정해나간다.

이른바 원회운세설이라 불리는 그의 이러한 시간 개념을 단지 하나의 특이한 진법 체계를 채용한 시간의 단위 설정 방식으로만 본다면 그것은 큰 잘못이다. 오늘날에도 시간에 관한 한 우리는 종종 특이한 진법을 활용하고 있다. 우리는 60초를 1분으로 규정하며, 다시 60분을 1시간으로, 24시간을 1일로, 대략 30일을 1달로, 12달을 1년으로 규정한다. 그러나 이것은 오직 편의에 따른 시간 단위 및 진법 규정일 뿐 그 내부에 시간에 대한 그 어떤 성격 규정을 본질적으로 전제하고 있지 않다. 한편 소옹의 원회운세설에 나타난 시간 구분법은 이와 외형상의 유사성을 지니기는 하나 그 성격에서는 근본적으로 다르다. 즉, 지구에서 본 태양의 일일주기 운동이 30일을 요하므로 하루를 유용한 시간 단위로 삼으며 다시 태양의 일년주기 운동이 12달을 요하므로 12달을 다시 하나의 시간 단위로 삼는 것이 아니라, 시간의 기본 성격이 하루라는 기본 단위를 지니는 것이므로 태양의 일일주기 운동이 이에 맞추어 일어나며, 시간의 기본 성격이 30일이라는 또 하나의 기본 단위를 가지므로 달이 이에 맞추어 주기 운동을 하고 다시 시간의 기본 성격이 12달이란 기본 단위를 가지므로 이에 맞추어 태양의 일년주기 운동이 이루어진다고 하는 관점인 것이다. 뿐만 아니라 소옹은 한 걸음 나아가 12배와 30배로 나타나는 자연주기의 이러한 성격을 일반화하여 다시 30년을 1세世로, 12세를 1운運으로, 30운을 1회會로, 12회를 1원元으로 규정해나가면서 이들 각 단위마다 여기에 대응하는 그 어떤 주기적 현상이 나타날 것으로 기대했던 것이다.

이러한 관점은 시공 개념의 '적재성'을 나타내는 전형적인 예라고 볼 수 있다. 그리고 만일 이것이 현실에 의해 뒷받침될 수 있는 대념이라고 한다면 이것은 대단한 설명력을 지니는 이론 체계로 기능할 수 있게 된다. 즉, 주기 운동의 형태를 지닌 모든 현상들의 발생 원인을 시간의 이러한 본원적 특성을 통해 설명할 수 있는 것이다. 이는 마치 중력장 안에서 발생하는 물체의 운동을 공간 자체의 굴곡에 의해 설명하는 일반상대성이론과 흡사한 성격을 가지는 것이다. 그러나 불행히도 시간의 성격에 대한 이러한 엄청난 가설은 실험적 검증에 의해 뒷받침되지 않는다. 잘 알려진 바와 같이 동양의 학문 전통 속에는 실험적 방식이 자리를 잡지 못하였다.

반면에 이러한 관점은 일상 생활 속에서 지지받는 측면을 지니고 있다. 시간에 대한 이러한 관념은 불가피하게 생활 철학에 막대한 영향을 미치지 않을 수 없다. 즉, 사물이 성취되는 것은 때에 따라 이루어지는 것이므로 때를 기다려야 한다는 사상이 바로 그것이다. 그리고 많은 경우 이러한 철학적 지혜는 삶의 현장에서 좋은 방향으로 보상받았을 수 있으며, 이러한 의미에서 이것은 경험적 지지를 받아온 일면이 있는 것이다.

한편 공간 개념에 대한 소옹의 입장은 그다지 명확하지 않다. 그러나 그가 하늘과 땅 전체의 존재 양상에 대해서 깊이 사색하였던 것은 틀림없으며, 이러한 존재 양상은 간접적으로 그가 지녔던 공간 개념에 의존하였으리라는 생각을 해볼 수 있다. 그는

하늘은 땅을 덮고 땅은 하늘을 싣는다. 하늘과 땅은 상자처럼 덮어씌워져 있기 때문에 하늘 위에 땅이 있고 땅 위에 하늘이 있다.[18]

하늘은 땅에 의존하고 땅은 하늘에 부착한다. 하늘과 땅은 서로 의존하고 부착한다. 하늘은 형形, 즉 땅에 부착하고 땅은 기氣, 즉 하늘에 부착한다.[19]

라고 하였다. 여기서 흥미로운 점은 하늘 위에 땅이 있고 땅 위에 하늘이 있다고 본 점이다. 이 말만으로는 땅이 가운데 있고 그 아래위로 하늘이 둘러싸였다는 현대적 관점으로 해석할 수도 있으나, 하늘과 땅은 서로 덮고 싣는다고 하는 문맥으로 보아 그러한 관점에서 말한 것은 아닌 듯하다. 오히려 하늘과 땅의 존재 양상을 생각할 때는 아래와 위가 구분되는 통상적 공간

안에서 파악할 것이 아니라, 통상적 공간 개념을 초월해서 생각해야 한다는 관점을 지닌 것이 아닌가 생각된다. 만일 이러한 해석이 옳다면 그는 역시 공간 개념에 대해서도 사물과 유리된 공백성을 인정하지 않으려는 입장을 취한다고 말할 수 있다. 이러한 점은 그와 같은 시대 사람인 장재張載, 1020~1077의 경우 더욱 명확해진다.

장재의 기氣 이론

장재는 『정몽正夢』 「태화太和」 편에서 다음과 같이 말하고 있다.

> 태허가 곧 기氣라는 것을 안다면 없음이란 없다.[20]

본래 '태허太虛'라는 말은 중국 고대부터 사용된 것으로 광막한 우주 공간을 의미하는 말이다.[21] 그러나 이것은 『묵자』나 『회남자』에서 사용된 '우宇'의 개념과는 달리 단순한 장소의 집합을 나타내는 개념이라기보다 광대 무변한 우주 공간을 하나의 실체로 보아 그 속에 어떤 우주론적 의미를 부여하고 있는 개념이라고 생각된다. 그러면서도 이것은 '허虛'라는 말이 함축하는 바와 같이 우리가 말하는 공간 개념과 어느 정도 유사한 의미를 내포하고 있으며, 이러한 점에서 동양적 공간 개념을 대표하는 표현이라고 말할 수도 있다. 그런데 장재는 바로 이러한 '태허'가 그 어떤 '공백성'을 지닌 빈 공간이 아니라 '기氣'라고 주장한다. 그리고 만일 이러한 사실을 인정한다면 '없음', 즉 빈 공간이란 있을 수 없다고 주장한다.

이는 공간 개념에 대한 극단적인 '적재성'을 나타내는 말이 된다. '태허'라는 말로 대표되는 공간의 개념 속에는 이미 만물 형성의 소재와 생성 소멸의 요인이 함축되어 있는 것이다. 장재는 또 다음과 같이 말한다.

태허는 모양이 없으며 기의 본체이다. 그것이 모이고 그것이 흩어지는 것이 변화의 용형容形일 뿐이다.[22]

태허에는 기가 없을 수 없고 기는 모여 만물이 되지 않을 수 없으며 만물은 흩어져 태허가 되지 않을 수 없다. 이렇게 드나드니 이것은 부득이 그러한 것이다.[23]

그리고 장재는 공간, 즉 '허虛'와 사물, 즉 '기氣'를 구분할 경우, 외형과 본성이 서로 연관되지 않고 따로 놀아 현실 세계의 조화를 설명할 수 없다고 주장한다.

만약 '허'가 '기'를 낳을 수 있다고 한다면, '허'는 무한하고 '기'는 유한하며 체體와 용用으로 단절된다. (이는) 유무가 하나로 되는 상常을 알지 못하는 소치이다. 만약 만상이 태허 중에 보이는 물物이라면, 물과 허는 서로의 자재資材가 되지 않는다. 외형은 외형대로, 본성은 본성대로 각각 떨어져 외형과 본성, 하늘과 사람은 서로 기대하며 존재할 수 없다.[24]

그렇다면 공간과 기를 동일한 것으로 일체화하는 관념을 우리는 어떻게 이해해야 할 것인가? 이는 아마도 공간과 물의 관계에서 오는 관점이라고 생각된다. 물이 차 있는 공간에는 빈 곳이 없다. 만일 모든 공간이 물로 채워져 있다면 물과 공간을 굳이 구분할 필요가 없다. 그런데 물과 기 사이의 유사성은 이미 한漢의 동중서董仲舒나 육조六朝 말기의 『침중서枕中書』 등에 의해 많이 거론되고 있었다. 예컨대, 동중서는 "물이 물고기를 기르는 것처럼 음양의 기가 사람을 기른다. 물과 기의 차이는 보이는 것과 보이지 않는 것의 차이에 지나지 않는다"라고 말하고 있으며, 또 『침중서』에는 "원기는 넓고 넓어서 물의 형태와 비슷하다"는 말이 나온다.[25] 따라서 물의 개념을 기의 개념으로 대치할 경우 모든 공간에 보이지 않는 기가 차 있다는 생각을 쉽게 할 수 있으며 따라서 공간과 기가 동일 실체라는 생각을 쉽게 해낼 수 있는 것이다. 더욱이 만물의 생성 소멸을 물의 얼고 녹음에 비유하여 이해할 수 있으며 실제로 장재는 기의 모이고 흩어짐을 얼음이 얼고 녹음에 비유하였다.[26]

주돈이의 「태극도설」

신유학자들이 내세우는 우주관은 대체로 주돈이周敦頤의 「태극도太極圖」 및 「태극도설太極圖說」에 바탕을 두고 있다. 그런데 주돈이의 이 「태극도설」 속에는 운동에 관한 주목할 만한 표현이 있다. 「태극도설」은 다음과 같은 말로 시작된다.

무극無極이면서 태극太極이다.[27] 태극이 동動하여 양陽을 낳고, 동이 극極하면 정靜하여지며 정하여지면 음陰을 낳는다. 정이 극하면 다시 동하고 이와 같이 한 번 동하고 한 번 정하는 것이 서로 원인이 된다.[28]

여기서 말하는 동動과 정靜은 단순한 운동 개념만으로는 해석할 수 없다. 우선 이 말의 주어가 되는 태극 자체가 그 어떤 위치를 지니는 물체가 아니다. 그러나 이 속에는 일상적 의미의 운동 개념 또한 함유되어 있음을 인정해야 한다. 이는 아마도 천체의 순환 운동에 의한 계절 변화의 이미지를 일반화한 것으로 여겨지나, 그러한 변화의 모형을 단진자單振子의 흔들림 운동에서 찾고 있는 것이 아닌가 생각된다. 즉, 단진자의 흔들림과 같은 단순한 운동 현상을 추상화 또는 일반화하여 더욱 보편적인 일반 원리에 적용하려 한 것이다. 그렇다고 한다면 이 속에는 운동 개념의 기반이 되는 시공 개념이 잠재적으로 깔려 있다고 보아야 할 것이며, 이것이 일정한 주기를 가진다는 의미에서 소옹의 시간 개념과도 간접적인 연관이 있는 것으로 판단된다. 한가지 아쉬운 점은 만일 이러한 단진자의 운동에 대해 소옹의 이론과 연관하여 실험적 검증을 시도했더라면 시간의 주기성에 대한 새로운 이해와 함께 물리적 현상 일반에 대한 깊은 이해에도 이를 수 있었으리라는 사실이다.[29]

그러나 동양 철학에서는 이러한 과학적 성찰을 깊이 수행함 없이 이를 형이상학적으로 일반화하여 사물의 보편 원리로 삼고자 했던 것이다. 그리하여 그 바탕에 깔린 시공 개념조차도 이러한 일반화와 함께 형이상학적인 그 어떤 것으로 추상화됨으로써 과학적 이해를 위한 개념적 바탕으로 작용하기가 더욱 어렵게 되었다. 이러한 형이상학적 일반화 경향은 또한 운동 개념으로부터 순수한 공백적 시공 개념을 추출해내기 어려운 상황을 조성하며, 기왕의 시공 개념을 한 발짝 더 적재성이 강한 쪽으로 옮기는 결과를 낳게 되는 것이다.

주희의 종합

한편 신유학 창시자들의 이러한 사상을 종합하여 하나의 체계적인 사상으로 발전시킨 주희朱熹, 1130~1200는 사물을 이해함에 있어서 형이상학적인 일반화에만 관심을 기울이지 않고, 그 자신 하나의 자연학자라고 할 만큼 많은 과학적 관심을 표명하고 사물을 그 자체의 합법칙성에 따라 이해하기 위해 노력하였다. 이러한 점은 공간 문제에 대한 그의 진지한 고민을 통해서도 잘 드러난다. 그는 다음과 같이 말한 일이 있다.

나는 대여섯 살 때 하늘과 땅 그리고 사방의 바깥이라는 것은 어떤 것일까 하고 골똘히 생각했다. 사람들이 사방은 끝이 없다고 말하는 것을 듣고서 나는 그래도 끝간 곳이 있을 것이라고 생각했다. 이 벽처럼 벽의 저쪽 편에도 반드시 무언가 사물이 있으리라고. 그 당시에는 너무 생각에 골몰한 나머지 병이 날 정도였다. 지금도 아직 저 벽 너머에 무엇이 있는가

를 알지 못한다.[30]

공간의 한계에 관한 이러한 고민 외에 또 한 가지 그를 괴롭힌 어려운 문제는 아마도 이 무거운 땅이 어떻게 공중에 떠서 추락하지 않는가 하는 점이었을 것이다. 당시 주희가 가졌던 우주관은 대략 다음의 말 속에 담겨 있다.

하늘은 모여서 쌓인 기氣이며 위쪽은 딱딱하고 중앙은 비어 있어서 해와 달이 왔다 갔다 한다. 땅은 하늘의 중심에 있어서 그렇게 크지 않으며 주위는 비어 있다.[31]

이러한 우주관을 받아들일 경우 땅 아래에도 허공이 있게 되는데, 그러면서도 추락하지 않고 떠 있을 수 있는 이유를 제시해야 하는 것이다. 여기에서 그는 하늘과 땅이 서로 의지한다는 소옹의 설을 일단 받아들이면서도 그 모호함에 대해 만족할 수 없었다. 그리하여 그는 이를 해설하면서 다음과 같이 말하고 있다.

하늘과 땅에는 바깥이 없다. 이른바 그 형形은 끝이 있지만 그 기氣는 끝이 없는 것이다. 그 기는 매우 강하게 끌어당기고 있으므로 땅을 그대로 들어 올리고 있다. 그렇지 않으면 떨어지고 말 것이다. 기의 바깥에 필시 매우 두꺼운 껍질이 있음에 틀림없다. 그것이 기를 굳게 해주고 있는 것이다.[32]

즉, 그는 하늘이 기로 구성되어 끝없이 퍼져 있으면서 서로 인력을 미쳐 땅을 들어올릴 수 있다고 이해하려 하였다. 그러나 두 가지 점에서 이는 적절하지 못하다. 첫째는 두 물체(이 경우에는 땅과 기)가 서로 끌어당긴다고 하여 이들이 허공에 떠 있을 수는 없다는 점이며, 둘째는 옅은 밀도를 지닌 것으로 상정되는 기가 어떻게 땅과 같이 무거운 것을 떠받치고 있을 수 있는지 납득하기 어렵다는 점이다. 그리하여 그는 기의 바깥에 그 어떤 두꺼운 껍질이 있을 것으로 가정한다. 그러나 이것만으로도 부족한 듯하여 그는 다시 기의 회전 개념을 넣는다. 정지한 기보다는 빠른 속력으로 회전하는 기가 좀 더 힘이 강하리라는 생각에서이다. 말하자면 회오리바람이 물체를 들어 올리는 상황을 연상한 것이다. 그는 다음과 같이 말한다.

땅은 기의 찌꺼기가 모여서 형질이 된 것이다. 다만 강한 바람의 회전 속에 묶여 있기 때문에 공중에 둥둥 떠서 오랫동안 떨어지지 않고 머물러 있게 된다.[33]

사실상 주희에게 기의 이러한 회전은 단순히 땅을 들어 올리는 힘만을 제공하는 것이 아니다. 그는 기의 회전 운동에 의해 무거운 것과 가벼운 것이 갈라져 나오고 그 찌꺼기인 땅을 비롯해 만물이 생겨나는 것으로 보았다. 그는 이러한 것을 마치 맷돌이 돌아 곡식의 가루를 빚어내듯이 기가 회전하여 만물을 빚어낸다고 하는 비유를 통해 설명하고 있다.

조화의 운행은 맷돌과 같은 것으로서 위쪽이 언제나 쉴새 없이 회전하고 있다.[34]

내가 늘 말하지만 마치 밀가루를 가는 맷돌과 같은 것이다. 밀가루는 그 주위에 계속해서 나오게 된다. 이것이 바로 하늘과 땅의 기가 쉬지 않고 회전하여 계속해서 사람과 사물을 만들어내는 것과 같은 것이다. 그 속에는 거친 것도 있고 고운 것도 있다. 그래서 사람이나 사물에는 편벽된 것도 있고 바른 것도 있으며 정치한 것도 있고 성근 것도 있다.[35]

이와 같이 주희는 태허를 기로 보는 장재의 존재론에 회전 운동의 개념을 첨부하여 만물 생성론을 구성할 뿐 아니라 같은 방식을 써서 땅이 공중에 떠 있는 이유를 설명한다. 한마디로 그는 소옹, 장재, 주돈이 등에 의해 마련된 우주관과 시공관을 종합하여 하나의 통일된 자연상을 구축하려 했다고 말할 수 있다.[36]

우리가 여기서 특별히 관심을 가지려 하는 점은 이러한 주희의 자연상 속에 시공 개념이 어떻게 반영되고 있느냐 하는 점이다. 그는 표면적으로 장재가 주장하는 기와 태허 사이의 일체관을 받아들이고는 있으나, 내면적으로는 역시 기 자체를 공간과 일치시키기보다는 공간 내에 두루 퍼져 있는 어떤 물질 같은 것으로 받아들인다. 이러한 점은 다음과 같은 그의 문답에 잘 나타나 있다.

묻기를, 하늘과 땅 사이가 가득 차 있다는 것은 무엇입니까?[37] 답하기를, 하늘과 땅의 기가 그 어디에나 이르고 어디에나 뚫고 들어가는 것은 기가 강하기 때문이며 금속이나 돌도 뚫고 들어간다.[38]

즉, 그는 기가 공간 그 자체여서 어디에나 존재하는 것이 아니라 매우 강하여 어디에나 침투해 들어가는 에테르 비슷한 이미지로 보고 있다. 뿐만 아니라 공간의 한계에 대한 그의 관심이나 땅이 허공 속에 떠 있다는 사실에 대해 설명의 필요성을 강하게 느끼는 점 등으로 보아 그는 상당한 정도 '공백성'을 지닌 공간 개념을 품고 있었던 것으로 생각된다.

그러나 그가 지녔던 '공백성'에는 명백한 한계가 존재한다. 땅이 허공에 떠 있는 사실에 대해 설명의 필요성을 느꼈다는 그 자체가 이미 "낙하하려는 성질"이 공간의 속성에 부여된 것으로 보는 관점이다. 이것은 즉, 공간 자체가 지닌 상하 방향의 특수성을 인정하고 들어가는 것이 되어, 중력마저 제외된 순수 3차원 공간의 개념에는 접근하지 못하고 있는 것이다. 뿐만 아니라 그는 공간과 기 사이의 개념적 분리가 가능했음에도 불구하고 모든 공간에 기가 침투하는 것으로 보아 이 두 개념을 사실적으로 등치시켜버린다. 이것은 그가 구성하려던 정합적 자연상을 위하여 시공 개념에 대한 장재와 소옹의 '적재성'을 그대로 이어받는 것이 무척 편리했기 때문이라 생각된다. 사실상 그는 공간 개념에 대한 장재의 존재론을 그대로 채택했을 뿐 아니라, 시간 개념에 대해서도 소옹의 원회운세설을 비판 없이 수용하고 있다.[39] 그는 한편 운동의 개념에 있어서 특히 회전 운동의 성질에 대한 구체적 관심에서 나타나는 바와 같이 주돈이의 형이상학적 운동 개념에서 많이 벗어나 어느 정도 물리적인 개념에 접근하고 있었음이 사실이나, 역시 그 운동의 주체를 현실적으로 감지하기 어려운 기 자체에 둠으로써 실증적 과학과의 연결 통로를 스스로 봉쇄하고 말았다.

시공 개념과 동양 사상

이미 본 바와 같이 동양의 사상가 가운데 사물의 과학적 이해에 대해 가장 적극적이었다고 볼 수 있는 주희의 경우에도 그 시공 개념에서 그 어떤 '적재성'의 한계를 넘어서지 못했다. 그런데 이러한 측면은 본질적으로 동양의 학문적 전통과 밀접한 관련을 지니는 듯하다. 이 점을 이해하기 위하여 다시 『회남자』의 시공 개념을 접한 신유학자의 한 반응으로 육구연陸九淵, 1139~1192의 경우를 생각해보자.

> 어느 날 고서를 읽다가 그 속에서 우주宇宙라는 두 글자를 접하게 되었다. 그 책의 해석에 따르면 사방상하四方上下를 우宇라 하고 왕고금래往古今來를 주宙라 한다고 하였는데, 이를 보고 크게 깨달아 우주 안의 모든 일은 내 본분의 모든 것이요, 내 본분의 모든 것은 우주 내의 모든 것이라 하였다.[40]

이 구절에서 보는 바와 같이 육구연은 시공에 대한 매우 순수한 공백 개념으로 정의되고 있는 '우주' 속에서 결국 '우주 내의 모든 것'이라고 하는 그 어떤 '장엄한 전체' 개념을 받아들임으로써, 그의 새로운 학문적 사명을 발견한 것이다. 우리는 여기서 과연 순수한 공백 개념으로서 시공 개념이 동양적 사고 속에서 얼마나 받아들이기 어려운가를 찾아볼 수 있다.

그렇다면 동양 사상의 어떠한 점이 공백 개념으로서의 시공 개념을 이토록 받아들이기 어렵게 하는가? 이는 말할 것도 없이 동양의 사상가들이 추구하는 학문적 지향점이, 예컨대 서구의 그것과 크게 달랐기 때문이다. 이미 이 책의 1장에서 논의한 바와 같이 동양에서의 학문적 지향은 사실 그 자체에 대한 객관적 이해에 있기보다는 그것이 삶에서 어떠한 의미를 지니느냐 하는 데에 있었던 것이며, 이렇게 될 경우 삶의 의미와 연관된 그 어떤 함축적 내용도 담지 않는 순수한 개념 요소들은 받아들이기가 어렵게 된다. 그런데 시공 개념의 경우, 우리가 만일 순수 공백 개념을 취한다고 하면 이는 여타의 현상과 법칙에 대한 충분한 고려가 있은 후에야 전체적인 현상 이해에 도움을 주게 될 것이므로, 이 모든 과정을 한꺼번에 취할 수 없을 바에는 차라리 그 어떤 적재적 개념을 취해 전체적 우주관을 손쉽게 파악하는 것이 유리하리라는 생각을 해볼 수 있다. 예컨대, 우리가 만일 소옹의 원회운세설을 취할 경우 일일 변화, 연간 변화뿐 아니라 한 생물의 수명, 한 나라의 흥망성쇠 등 많은 사실들을 일거에 설명해낼 수 있다. 그러나 만일 우리가 시간에 대해 공백 개념을 취할 경우 이 모든 현상들을 별도의 이론에 의해 설명해야 한다는 부담을 안게 되며, 이러한 다양한 이론을 시도할 경우 우리는 부분적인 문제에 사로잡혀 전체를 파악할 능력을 상실하기가 쉬운 것이다.

시공 개념과 관련하여 동양 사상이 지닌 또 하나의 특성은 동양의 자연관이 오늘의 용어로 말하자면 사물에 대한 열역학적 관점을 취한다는 것이다. 이는 특히 장재와 주희의 우주관에 잘 나타나 있는 것으로, 우주 공간과 일체화되는 기氣 개념 속에는 에너지뿐 아니라 엔트로피적 개념이 포함되어 있는 것이다. 이는 서양 사상에서 일찍이 싹트기 시작한 동역학적 관점과 대조적이다. 같은 운동을 말하더라도 서양에서는 분명한 위치를 지니는 물체의 위치 이동으로서 운동을 생각하였으나 동양에서는 전체적인 성질의 변화에 역점을 두고 있는 것이다. 이는 특히 농경 사회의 주요 관심사가 되는 계절의 변화라든가 시기의 도래와 같은 거시적 현상들과 밀접히 관련되는 것이며, 이러한 현상들의 이해를 위해서는 역시 시공 개념에서 사물과 시공을 엄격히 분리시키는 공백 개념보다는 많은 상황을 시공 개념 속에 적절히 배치하고 살펴나가는 적재 개념이 더 선호될 것은 당연한 일이다.

맺는 말

이제 마지막으로 이러한 동양적 시공 개념이 지니는 현대적 의미를 살펴보기로 하자. 이를 위하여 우리는 이와는 대조적인 서구의 근대적 시공간의 특성과 비교해봄이 편리하다. 서구에서는 일찍이 시공 개념에 대한 의식적 관심과 함께 실수實數 좌표계에 대응되는 대단히 공백적인 개념이 형성되었고, 이를 바탕으로 자연에 대한 동역학적 이해가 성공적으로 수립되었다. 그리고 다시 통계역학이란 이론 체계를 매개로 하여 자연에 대한 열역학적 이해가 이루어지고 있다. 그러나 자연에 대한 이러한 과학적 이해에 이르기 위해서는 오랜 기간에 걸친 작고 힘겨운 부분적 이해들이 요청되었으며, 많은 진척이 이루어진 오늘날에도 이를 통해 자연 전체를 꿰뚫는 하나의 통합적인 자연상自然像을 찾아내기는 힘든 일이다.

한편 동양 사상에서는 처음부터 한 손에 잡히는 하나의 통합적인 자연상을 추구하였으며, 설혹 불완전하나마 이렇게 얻어진 자연상을 바탕으로 삶의 의미와 방향을 추구하려 시도하였다. 그러나 만일 이러한 시도가 서구에서와 같이 순수한 공백적인 시공 개념을 바탕으로 시도되었더라면 역시 서구에서와 같이 부분적인 이해에서 벗어나기 어려웠을 가능성이 크다. 그러므로 동양에서 발전시킨 다분히 적재성을 띤 시간 공간의 개념들은 의식했든 하지 않았든 간에 손쉬운 하나의 통합적 자연상을 구축하기 위한 필수적인 도구였으리란 생각을 해볼 수 있다. 그럼에도 불구하고 한 가지 명백한 사실은 적어도 현대적 개념에 비추어볼 때 이러한 동양적 시공 개념은 그 자체로서 많은 불완전성을 함축하고 있으며 따라서 이를 바탕으로 한 소박한 자연상은 더 이상 의미 있게 받아들여질 수 없는 상황이라는 점이다.

이는 물론 동양에서 추구하던 통합적인 자연상과 이를 바탕으로 한 삶의 방향 추구 노력이 폐기되어야 함을 의미하지는 않는다. 동양에서 추구하던 이러한 관심과 지향은 현대에도 여전히 유효할 뿐 아니라 오히려 더욱 절실하다고 말해야 할 측면이 있다. 그러나 이를 추구하기 위하여 과거 동양적 시공 개념이 그러했던 것처럼 우리가 현대의 지식에 바탕을 둔 또 하나의 적재성을 띤 새로운 시공 개념을 마련해야 할 것인지는 확실하지 않다. 오직 동양의 시공 개념을 통해 얻게 되는 교훈은 이러한 적재적 개념들이 유익하기는 하였으나 불완전했다는 점이다.[41]

4장
조선 성리학의 자연관
—장현광의 「우주설」을 중심으로

동양 사상에 반영된 자연관을 이해하기 위하여 16세기 조선 성리학의 내용을 살펴보는 것은 커다란 의의가 있다. 이 시기는 조선에서 신유학이 본격적으로 연구되어 독창적인 학문 발전의 경지에 이르렀던 시기이며, 또 이 시기의 자연관에 대해서는 비교적 잘 정리된 형태의 문헌들이 남아 있어서 이를 통해 동양의 전통 자연관에 대한 신유학의 영향을 살펴볼 좋은 계기를 마련해준다. 그리고 이 시기는 또한 서구의 과학 혁명기에 해당하는 시기이며 조선에 서구 문물이 본격적으로 소개되기 바로 직전이므로 동아시아 문화권의 자생적 과학 사상을 살필 수 있는 기회를 제공한다고도 할 수 있다.

이러한 연구를 본격적으로 수행하기 위해서는 당연히 당시의 문헌 자료들을 폭넓게 섭렵하고 적절한 변수들을 추려내어 이들 간의 의미 있는 상관관계를 찾아나가야 하겠으나 이는 매우 방대한 작업이므로 여기서는 당시의 자연관을 어느 정도 대표한다고 생각되는 문헌 한두 편만을 집중적으로 검토하여 이로부터 얻어지는 잠정적인 결론을 제시하기로 한다.

이러한 목적을 위해 채택될 수 있는 하나의 문헌은 여헌旅軒 장현광張顯光, 1554~1637의 「우주설宇宙說」이다.[1] 이 책은 당시의 대표적 성리학자 중의 하나였던 저자가 거의 만년에 이른 1631년에 저술한 것으로, 책이름이 말해주듯이 우주를 비롯한 자연계의 여러 측면에 관해 폭넓게 서술하고 있어서 이 시기 지식 계층이 지녔던 자연관을 비교적 잘 대변해주리라고 생각된다. 특히 이 책이 저술된 1631년은 자명종自鳴鐘, 천리경千里鏡, 서포西砲 및 천문서天文書, 천문도天文圖 등 서구 문물이 최초로 들어오던 해이며, 서구에서는 갈릴레이Galileo Galilei, 1564~1642의 종교 재판이 막 시작되려던 시기여서, 이 책이 근대 서구 사상의 영향을 받지 않은 거의 마지막 시기의 자연관을 나타낸다고 할 수 있다. 저자 장현광은 당시의 천문학이나 여타 자연과학 분야에 대해 어떤 전문적인 지식을 가진 학자는 아니었다. 그는 오히려 대표적인 성리학자 가운데 한 사람으로 인정받고 있으며, "대부분의 조선 학인들이 정주설程朱說을 금과옥조金科玉條로 삼았던 것과는 달리 정주학파의 어느 일설에 충실하려는 태도를 버리고 자주적인 입장에서 주체적으로 제설諸說을 종합함으로써 독자적인 철학을 전개"한 것으로 인정되고 있다.[2]

따라서 그의 저술을 통하여 당시의 자연과학 발전 수준이나 그 내용을 가늠하는 것은 적합지 않겠으나, 당시의 한 대표적 학자가 스스로 종합하고 이해했던 자연관의 내용을 살펴볼 수 있을 것으로 생각된다.

그러나 한 권의 문헌만으로 한 시기의 자연관을 판단하기에는 무리가 따를 뿐 아니라 시기적으로 차이를 지닌 타 문헌과의

비교를 통하지 않고는 자연관의 변천 추세에 대해 아무것도 추출해낼 수가 없을 것이다. 따라서 이 문헌과 다소 시기적 차이를 지닌 또 하나의 문헌을 채택하여 비교 검토해봄이 유익할 것이며, 이러한 취지에서 채택할 수 있는 한 유용한 문헌이 비교적 잘 알려져 있는 율곡 이이栗谷 李珥, 1536~1584의 「천도책天道策」이다.[3] 이 문헌은 1558년(명종明宗 13년)에 시행된 별시別試 시문試問의 답안으로서, 당시의 시관들을 놀라게 했을 뿐 아니라 중국에까지 전해져 높은 평을 받은 것으로 알려지고 있다. 책문策文의 저자인 이이는 당시 23세의 젊은 나이이기는 하였으나 그의 학문적 위상으로 이미 당시 학자층의 견해를 대변할 상황에 있었으며, 또 과거가 국가의 중대사였다는 점을 감안할 때 문제 자체가 당시 관변의 공인된 사상을 담고 있다고 보지 않을 수 없다. 사실상 이 시문의 시관이었던 정사룡鄭士龍, 1491~1570과 양응정梁應鼎, 1519~?은 당시 중견 학자들이었으며, 출제를 위해 신중에 신중을 기했던 것으로 전해진다. 따라서 이 글은 16세기 중엽 관변 및 학자층의 공인된 자연관이 담겨 있는 것으로 해석될 수 있으며, 이러한 의미에서 이는 위에 언급한 여헌의 「우주설」과 더불어 당시의 자연관 및 이의 변천 추세를 말해줄 좋은 준거가 될 것으로 생각된다.

「천도책」의 주요 내용

「천도책」의 내용을 개략적으로 정리해보면, 먼저 자연 질서 이해의 기본 원리에 대한 간단한 천명이 있은 후, 각종 구체적 자연현상, 특히 기상 현상들에 대한 자세한 설명이 제시되고 있다. 자연 질서의 기본 원리에 대해서는, 자연현상의 기본이 기氣이며 이것이 음陰과 양陽으로 나뉘어 현상을 일으키고, 이러한 현상을 가능하게 해주는 것이 이理라고 보는 입장을 취한다. 즉, "온갖 변화의 근본은 하나의 음양일 뿐이며 기氣가 움직이면 양陽이 되고 정지하면 음陰이 된다. 움직이고 정지하는 주체는 기氣이며 움직이게 하고 정지하게 하는 것은 이理이다[4]라고 말한다.

이러한 원칙 아래 자연계 내에서 형상을 지니는 모든 것을 일단 기라고 보나, 이들 사이에 나타나는 차이를 설명하기 위하여 기의 개념 속에 다시 질적 등급을 설정하여 가령 정기正氣라든가 사기邪氣, 괴기乖氣 등의 개념을 도입하기도 하고, 또 두 기의 상합相合 또는 상격相激 등, 기의 운동과 조화의 개념을 활용하기도 한다. 그리하여 "무릇 형상이 천지 사이에 있는 것은 혹은 오행五行의 정기正氣가 모인 것도 있고, 혹은 천지의 괴기乖氣를 받은 것도 있다. 혹은 음양이 상격하는 데서 나기도 하고, 혹은 두 기가 발산發散하는 데서 나기도 한다. 그리하여 해, 달, 별은 하늘에 걸렸고, 비, 눈, 서리, 이슬은 땅으로 내린다"[5]라고 설명한다. 그리고 다시 "바람과 구름이 일어나고 우레와 번개가 치는 모든 것은 기氣 아닌 것이 없으며, 그 하늘에 걸려 있게 하고 땅에 내리게 하며, 구름과 바람이 일어나게 하고 우레와 번개를 치게 하는 소이所以는 모두 이理 아닌 것이 없다"[6]라고 하여 기와 이의 역할을 분명히 구분한다.

「천도책」에서는 현상의 소이연所以然을 기본적으로 이理에 부합시켜 설명하려 하면서도 자연계의 현상들을 모두 동일한 이理에 의한 정상적 현상이라고 보지 않고 현상들을 크게 정상적인 것과 이변적인 것의 두 범주로 나누어 이들 각각이 이理의 상常과 이理의 변變에 의해 나타나는 것이라고 보는 입장을 취한다. 그리하여 「천도책」에서는 "두 기氣가 진실로 조화되면 저 하늘에 걸린 것은 절도를 잃지 않으며, 땅에 내리는 것은 반드시 때에 맞추게 되어 바람, 구름, 우레, 번개가 모두 화기和氣 속에 있을 것이니, 이는 이理의 상常이요, 두 기가 조화되지 못하면 그 움직여감이 절도를 잃고 그 발하는 것이 때를 잃어서 바람, 구름, 우레, 번개가 모두 괴기乖氣에서 나오게 되니 이는 이理의 변變이라"[7]라고 말한다. 그런데 이렇게 이理의 상常이 되고 변變이 되는 것은 자연 속에서 임의로 되는 것이 아니라 사람의 마음가짐을 어떻게 하느냐에 따라 결정될 것이라는 강한 암시를 한다. 즉, 「천도책」에서는 곧이어 "그러나 사람은 천지의 마음이라, 사람의 마음이 바르면 천지의 마음도 바르고 사람의 기가 순하면 천지의 기 또한 순할 것이니, 이理의 상이 되고 변이 되는 것을 어떻게 천도天道에만 맡길 것인가?"[8]라고 말하고 있다. 이는 기본적으로 한대漢代 동중서董仲舒가 체계화한 천인감응天人感應 사상을 계승한 관점이며 조선 유학에서도 초기 정도전鄭道傳 이래 16세기까지 부단히 전승되어온 중심 사상이다.[9]

특히 「천도책」의 내용 가운데 재이災異에 관한 논의가 많은 점도 이러한 맥락에서 이해될 수 있다. 시문試問 자체에서 이미 재이의 여러 사례에 관해 질문하고 있으며 이에 대해 주로 천인감응 사상에 입각한 해석, 특히 제왕의 도덕적 품성과 현상을 관련짓는 해석을 통해 논의를 펴고 있다. 재이에 관하여 「천도책」에는 "내가 일찍이 옛일을 추구해보니, 재이의 발생은 덕을 닦는 치세治世에는 나타나지 않으며, 박식薄蝕의 이변은 말세의 쇠한 정치에서 나오는 것인즉, 하늘과 사람이 서로 교여交與하게 됨을 여기서 알 수 있다"[10]라고 함으로써 천인감응의 구체적 내용을 역사의 기록을 통해 확인하려 한다. 많은 구체적 사실을 이와 같은 형태로 설명한 후 「천도책」에서는 결론적으로 "내가 듣건대, '임금은 그 마음을 바르게 함으로써 조정을 바르게 하고, 조정을 바르게 함으로써 사방을 바르게 하며, 사방이 바르게 되면 천지의 기氣 또한 바르게 된다' 하였고, 또 듣기로 '마음이 화和하면 형체가 화하고 형체가 화하면 기가 화하며 기가 화하면 천지의 화함이 응한다' 하였으니, 천지의 기가 이미 바르면 일월이 어찌 서로 침범하며(일식과 월식이 있겠으며) 별들이 어찌 그 자리를 잃겠는가? 천지의 기가 이미 화하면 우레, 번개, 벼락이 어찌 그 위력을 뽐내며 바람, 구름, 서리, 눈발이 어찌 그 때를 잃겠으며 흙비와 여기沴氣가 어찌 재앙을 짓겠는가?"[11]라고 하여 제왕의 도덕적 품성과 인간의 마음가짐이 자연현상 결정의 주요인임을 강조한다.

또 한 가지 주목할 만한 사실은 기본 원칙에 대한 천명이 끝나고 구체적 현상을 설명하는 과정에서는 이理에 대한 언급이 거의 없이 오직 기氣 개념만을 활용하고 있다는 점이다. 사실상 「천도책」 전체를 통틀어 기에 대한 언급이 67회(問: 5, 對: 62) 나옴에 비하여, 이理에 대한 언급은 오직 11회(問: 1, 對: 10)밖에 나오지 않으며 그나마도 4회의 언급은 주자학적 개념의 이理가 아닌 단순한 '이치'라는 뜻으로 쓰인 이理이다. 이러한 사실은 「천도책」의 이理 개념이 아직 현상 설명을 위한 구체적 법칙성의 개념으로 발전하고 있지 못함을 의미한다.

「우주설」의 주요 내용

「우주설」에서는 구체적인 자연현상에 대한 설명을 시도하기보다는 우주의 시간 공간적 구조와 이 가운데 존재하는 각종 사물의 생성 과정 및 존재 질서에 대해 일차적인 관심을 표명한다. 당시의 모든 성리학자들과 마찬가지로 여기서도 우주 내의 자연 질서를 원리적으로 이理와 기氣의 개념을 통해 이해하려는 입장을 취하고 있으나, 자연관에 대한 다른 문헌, 예컨대 율곡의 「천도책」과는 달리 기의 개념보다는 이의 개념을 많이 활용하고 있으며, 이는 특히 자연에 대한 이해가 이 개념보다 기 개념을 통해 이루어지게 된다는 근자의 통념을 깨트리기에 족한 것이다.

　「우주설」은 그 내용이 방대하여 이를 적절히 분류·요약하기 어려우나 여기서는 특히 그 자연관과 관련하여 주요 내용을 크게 다섯 부분, 즉 구조론, 생성론, 인식론, 인도론, 존재론으로 구분하여 고찰하기로 한다. 여기서 구조론이라 함은 주로 우주의 시간 공간적 구조에 관련된 부분을 말하며, 생성론은 천지天地와 만물萬物 그리고 사람이 생성된 과정에 관한 논의를 의미하게 되는데, 이 두 부분이 그 자연관의 주요 내용을 구성한다. 한편 일반적인 앎의 가능성과 방법에 관해 논의하는 인식론과 우주 내에서 인간이 지켜야 할 도리를 논하는 인도론, 그리고 이 모든 사상 체계의 골격을 구성하는 존재론은 그 자체로 자연관이라 할 수는 없겠으나 자연관과 불가분의 관련을 지니는 내용들이므로, 이들을 떠나서는 자연관 자체도 그 전체적인 맥락에서 이해하기 어렵게 되어 있다. 특히 인식론과 존재론은 근대 과학의 방법론과 비교해볼 중요한 내용들을 포함하고 있으며, 인도론은 이러한 자연관이 인간의 도덕 문제와 어떻게 연관되는가를 말해준다는 점에서 특별한 관심의 대상이 될 수 있다.

구조론

「우주설」에서는 제일 먼저 우주의 정의定義와 우주의 한계, 즉 유한과 무한의 문제를 다루고 있다. 먼저 『회남자淮南子』에 언급된 우주의 정의를 채용하여 "상하사방上下四方을 우宇라 하고 고왕금래古往今來를 주宙라 한다"라고 규정한 후,[12] 여기에 다시 끝(極)에서 끝까지라는 말을 부가함으로써 그 한계의 문제를 제기한다.[13] 그런데 우주의 실체적 내용이 곧 천지이며 천지는 또한 형태를 지닌 하나의 물物이므로, 그것이 아무리 크다 하더라도 그 한계가 없을 수 없다는 것이며, 따라서 우주의 밖이 존재하고 우주의 전과 후 역시 존재한다는 관점을 제시한다.[14] 이는 실체적 우주의 유한성과 함께 시간 공간의 무한성을 인정하는 입장으로 해석될 수 있겠으나, 시간 공간의 이러한 한계 문제에 대해서는 더 이상 명시적 논의가 전개되지 않는다.

그러나 「우주설」에서는 단순한 물리적 실체 또는 시공 개념으로서의 우주에만 관심을 지니는 것이 아니고 이 모든 것을 있게 하며 이를 총괄하고 함유하는 그 무엇의 존재를 생각하여 이를 태극太極의 이理라고 부르고 있다.[15] 그리고 이 이理가 태극이 되는 것은 이것이 무한한 시공 안에서 발생하는 허다한 변화를 가능하게 하는 무궁한 존재이기 때문이라고 설명하며, 이것이 곧 '무극이태극無極而太極'이라는 말 속에 담긴 의미라고 해석한다.[16] 여기서 말하는 태극의 이는 서구적 관점에서 볼 때 대체로 '제1 원인First Cause' 또는 '제1 원리First Principle'에 해당한다고 말할 수 있다.

「우주설」의 시간 개념은 근본적으로 소옹邵雍의 원회운세설元會運世說에 그 바탕을 두고 있다.[17] 이는 물론 음양 이론에서 음수陰數와 양수陽數의 배열 방식에 의해 상당히 체계적으로 설명되고 있는 내용이기는 하나, 현대적 관점에서 볼 때 본질적으로 천체의 주기적 운동에 의한 시간의 자연 단위, 즉 세歲(연年), 월月, 일日 사이의 관계를 일반화한 체계라고 이해할 수 있다. 즉, 30일이 1월이 되고 12월이 1세가 되는 관계가 우연적인 것이 아니라 30이라는 양수와 12라는 음수의 지속적 반복에 의하여 이루어지는 시간의 자연적 단위 체계의 일부라고 보는 관점을 택하는 것이다. 이리하여 30세歲를 다시 1세世로 하고, 12세世를 1운運, 30운을 1회會, 12회를 1원元이라고 명명하고 있으며, 또한 1/12일日을 1진辰, 1/30진을 1각刻, 1/12각을 1분分 등으로 그 단위를 만들어 나가고 있다.[18] 이와 같은 논의에 따르면 시간의 가장 큰 단위인 1원元은 12만 9,600년에 해당되며 가장 짧은 단위인 1몰沒은 대략 4×10^{-7}초秒에 해당한다. 이제「우주설」에 명명된 이러한 시간 단위들을 순서대로 적어보면 다음과 같다.[19]

원元 회會 운運 세世 세歲 월月 일日 진辰 각刻 분分 이釐 호毫 사絲 홀忽 묘妙 몰沒

이렇게 부과된 시간의 단위는 단순한 편의상의 단위가 아니라 그들 자체가 개체적 특성을 지니는 그 어떤 것으로 이해하고 있다. 이것은 일日, 월月, 세歲 등 자연 단위에서 나타나는 시기적, 계절적 특성들도 해와 달 등의 운동에서 비롯된 것으로 보기보다 시간 자체의 본질적 성격 때문에 나오는 것이라고 생각하고, 오히려 해와 달의 운동이 이러한 시기적 성격에 맞추어 일어난다고 보는 관점이며, 이를 더 일반화하여 원元, 회會, 운運, 세世 그리고 진辰, 각刻, 분分, 이釐 등에도 이러한 시기적 특성이 들어 있는 것으로 보려는 것이다. 특히 이러한 시간 단위들은 각각이 어떤 유기체적 특성을 지니고 있어서 실제로 천지 또는 그 안에 있는 만물들의 수명과도 대응될 뿐 아니라 이들의 생성과 소멸에 관한 많은 부분들을 운명적으로 지배하는 요인이 되는 것으로 보고 있다. 가령 오전은 양陽이 성한 시간이며 오후는 음陰이 성한 시간이 된다. 이러한 점은 특히 천지의 수명에 대응되는 1원元에 대해서 매우 명시적으로 논의하고 있다. 그는 천지의 수명을 12만 9,600년, 즉 1원으로 보며 이 안에는 다시 각각 1만 800년에 해당하는 12개의 회會가 들어가는데, 이들을 간지干

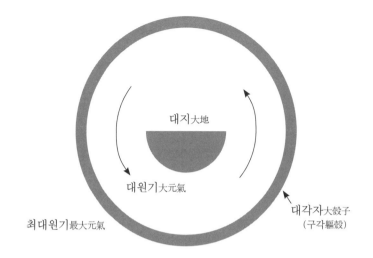

대지大地

대원기大元氣

최대원기最大元氣

대각자大殼子
(구각軀殼)

〈그림 1〉「우주설」에 암시되어 있는 천지의 모형도

支의 12지支에 따라 자회子會, 축회丑會, 인회寅會 등으로 명명하고 앞의 6회를 양, 뒤의 6회를 음으로 본다. 그리고 더욱 세분하여 자子를 양의 시始, 묘卯를 양의 중中, 사巳를 양의 극極이라 하고, 오午를 음의 시始, 유酉를 음의 중中, 해亥를 음의 극極이라 한다.[20]

「우주설」에서는 또한 천지의 공간적 구조에 대해서도 상당한 관심을 표명하고 있다. 「우주설」안에 천지의 구체적 모형이 도시圖示되어 있지는 않으나 그 서술 내용으로 보아 대체로 〈그림 1〉과 같은 모형을 생각해볼 수 있다.

「우주설」에서는 대지大地가 허공에 떠 있음을 암묵적으로 전제하고 이것이 왜 낙하하지 않는가 하는 점을 중요한 문제로 부각시키고 있다. 대지가 허공에 떠 있다고 보게 된 것은 천구가 주기적으로 대지 둘레를 순환한다는 사실을 설명하기 위한 것이라 이해되며, 왜 낙하하지 않는가를 문제 삼는 것은 모든 무거운 물체는 떠받쳐주는 힘이 없을 경우 반드시 낙하한다는 경험 사실을 일반화한 것으로 이해할 수 있다. 이는 이미 대지도 다른 물체들과 같이 보편적 자연법칙을 따르게 된다는 관점과 함께, 떠받쳐주는 힘이 없을 경우 무거운 물체는 반드시 낙하한다는 것을 하나의 보편적 법칙이라고 보는 관점을 지녔음을 말해주고 있다. 이는 중력 개념을 물체 간의 상호작용이라는 공간 외적 존재로 보지 않고 공간 자체의 속성, 즉 상하적上下的 성격에 관련된 것으로 볼 경우 피할 수 없는 상황이다.

그러면 이러한 문제에 대한 「우주설」의 해답은 무엇인가? 「우주설」에서는 공중에 떠 있는 대지가 추락하지 않는 것은 대지 주변에 대원기大元氣가 꽉 차서 쉼 없이 돌고 있기 때문이라고 하며, 다시 이러한 대원기의 흩어짐을 막아주기 위하여 단단한 껍질인 대각자大殼子(구각軀殼)가 이 전체를 둘러싸고 있어야 한다고 본다.[21] 그렇다면 이 대각자를 비롯하여 천지를 구성해주고 유지시켜주는 것은 무엇인가? 이를 위하여 「우주설」에서는 다시 천지의 밖에 최대원기最大元氣가 있어서 이것으로 천지가 구성되고 이를 사용하여 천지가 유지되는 것으로 본다.[22]

이러한 논의는 물론 「우주설」이 처음으로 제기하고 있는 것은 아니다. 우리가 이미 이 책의 3장에서 본 바와 마찬가지로 신유학 창시자의 하나인 주희는 이미 오래 전에 이 문제를 제기하고 나름대로의 흡사한 해답에 도달하고 있는 것이다. 「우주설」에서는 이를 오직 새롭게 거론하여 다시 한 번 반추의 기회를 마련한 것뿐이라고 할 수 있다. 그러나 그는 여기에 그치지 않고 한 걸음 더 나아가 천지 밖의 대원기, 즉 최대원기가 놓여 있는 극한은 어디까지인가를 추구하는 일에 부딪혀본다. 그러고는 결국 이는 너무도 막막하여 그 단서를 쫓기가 어렵다고 하며, 이를 오직 말로 표현하기 어려운 무극태극無極太極의 이리理의 소치로 돌려버리고 만다.[23]

한편 매우 흥미로운 점은 대지를 지탱하기 위하여 이 대원기 층이 쌓인 두께가 얼마나 되어야 할 것인가를 묻고 이것이 어떠한 특정된 값(상도常度)을 지녀야 할 것이라고 주장하는 점이다. 이것은 정성적定性的 논의에 그치지 않고 정량적定量的 관심을 보였다는 점에서 주목할 만한 일이나, 더 이상 깊이 그 해답을 추적하지 못하고 오직 이러한 상도를 지니는 예로서 주천周天의 도度인 365 1/4를 언급하는 것으로 그치고 있다.[24]

생성론

위에 언급한 바와 같이 「우주설」에서는 우주의 시공 구조를 무한으로 보고 그 안에 있는 실체적 우주, 즉 천지가 시간 공간적으로 유한한 것으로 보므로 당연히 천지의 시초와 종말을 생각할 수 있다. 그러나 그 시초와 종말을 언제로 볼 것인가 하는 것은 근거를 찾기가 매우 어려운 일일 수밖에 없다. 「우주설」에서는 이 점에서 일단 소옹의 설을 별 비판 없이 받아들이는 듯하다. 우선 앞에 설정한 시간 단위 가운데 가장 큰 단위인 1원元을 한 천지의 수명과 일치시키고 있다.[25] 이렇게 볼 때 현 원元만을 유일한 것으로 볼 수 없으며, 기왕의 무수한 원이 있었고 이후에도 무수한 원이 존재하리라고 보아야 할 것이다. 그리고 이러

한 전후의 원에서도 모두 그 각각에 대응하는 천지가 있었을 것이고 또 있을 것으로 본다.[26]

당연히 우리의 가장 큰 관심사는 현 천지의 생성 소멸 과정이다. 그는 이것의 생성에서 소멸까지의 기간, 즉 그 수명을 역시 12회會로 구성된 1원으로 놓고 이를 12지支에 따라 자회子會, 축회丑會, 인회寅會 등으로 구분한 후, 자회에 하늘이 열리고 축회에 땅이 이루어졌으며 인회에 사람을 비롯한 만물이 태어나는 것으로 보고 있다.[27]

그렇다면 현재는 이러한 천지의 생성과 소멸 과정 가운데 어느 시기에 해당하는가? 이는 우리의 현 역사를 이러한 일반 이론에 맞추어 설명하고 예측하기 위해 중요한 기본적 물음이 된다. 「우주설」에는 이 점에 대하여 두 곳에서 구체적 해답을 제시하고 있다. 한 곳에서는 분명한 근거의 제시 없이 "명明 홍무洪武, 1368~1398 갑자甲子(1384) 초팔初八(일日?)이 오회午會의 제11운運이라"[28]는 말이 있음을 언급하고 있으며, 다른 한 곳에서는 "금일 역시 이 1원元의 가운데 있으며 소옹의 계산에 의하면 오회에 있다"[29]고 말한다. 여기서 만일 앞의 언급과 같이 명 홍무 갑자년을 오회의 제11운 첫 해로 해석한다면 1994년은 천지창생을 기원으로 69010년에 해당한다는 계산이 나온다. 그리고 우리의 천지는 그 소멸 때까지 6만 5백 90년을 남기고 있는 셈이다. 그런데 과연 이것이 믿을 만한 것인가?

이 점에 관해 「우주설」의 저자도 이론상의 어려움을 인정하고 있는 듯하다. 즉, 최초로 간지干支를 구체적 일자에 어떻게 할당할 수 있었을까를 묻고 옛 성인은 아마 그 묘법을 알고 있었겠으나 오늘날에는 이를 알아볼 근거가 없다고 인정하고 있다.[30] 한편 어떠한 구체적 근거에 의존하지 않더라도 일단 이러한 가설을 세운 후 이를 통해 우리에게 알려진 역사적 사실들이 설명될 수 있다면, 이른바 가설연역적假說演繹的 방식에 의해 그 가설을 추인하는 결과가 된다. 사실상 우주가 시작된 이래 당우唐虞, 즉 요순堯舜 시대에 이르기까지는 대체로 방진方進의 기氣를 보이고 있음에 비하여 삼대三代 이후의 역사가 방퇴方退의 기를 보이는 것으로 보고, 이를 통해 삼대 이후가 1원의 하반기로 들어섰다고 해석하고 있다.[31] 따라서 뒤집어 해석하면, 요순 시대까지가 양의 극極, 즉 사회巳會가 되고, 삼대 이후가 음의 시始, 즉 오회午會가 된다고 하는 시기 설정 방식을 합리화하는 셈이다.

「우주설」에서는 또한 우주 내의 모든 것은 기가 모여 질質을 이룸으로써 만들어진다고 보며, 음양 이기二氣가 형태를 나누고 또 서로 배합함으로써 만물이 이루어진다고 말한다.[32] 이때 특히 천지의 정기正氣를 얻어 태어난 것이 인人이며 여타의 기를 얻어 이루어진 것이 여타의 물物이라고 한다. 기氣는 널리 퍼져 여러 조화를 지니므로 청탁淸濁, 수잡粹雜, 정조精粗, 후박厚薄을 모두 가지게 되고 따라서 다양한 물物이 생겨나게 되는데, 이 가운데 오직 사람만이 청수정후淸粹精厚한 기를 받아 만물의 우두머리로 태어났다고 하며, 이것이 곧 만물이 사람을 위해 쓰이게 되는 바라고 설명한다. 그리고 사람 중에도 최청最淸, 최수最粹, 최정最精, 최후最厚한 기를 받은 사람을 성인聖人이라고 칭한다.[33]

특히 흥미로운 점으로 「우주설」에서는 나방각螺蚌殼(소라 껍데기) 화석이 만들어진 연유에 대한 문제와 함께 우주 내의 만물이 형성된 순서에 관해서도 논의하고 있다. 나방각에 대해서는 이미 북송北宋의 심괄沈括, 1031~1093이나 주희에 의해 언급된 바 있으나,[34] 「우주설」에서는 이를 다시 거론하여 그 형성 원인에 대한 독자적인 설을 내세운다. 즉, 이를 전前 천지의 대파멸이 남긴 잔해라고 보는 천지회괴설天地會壞說을 배격하면서, 현 천지의 만물 형성 과정에서 이루어진 것이라는 주장을 펴고 있다. 소라螺蚌라는 동물은 물과 흙이 나누어지지 않은 상태의 기를 받아 생生을 이루어 살던 존재인데, 후에 물과 흙이 분리되는 과정에서 흙이 굳어져 산을 이루어 높이 솟아오를 때 함께 딸려 올라가 굳은 것이라고 설명한다.[35] 그리고 이러한 설명과 함께 만물은 모두 동일한 시기에 태어난 것이 아니라는 의견을 제시한다. 가령 물속의 생물, 땅 위의 생물 등 편기偏氣를 지닌 생물은 천지가 제 위치를 잡기 전에 이미 태어날 수 있었으나 오직 전기全氣를 얻어 태어나는 존재인 사람은 천지정위天地定位가 이루어진 후에야 태어날 수 있었다고 설명한다.[36] 이유는 다르지만 사람이 다른 동물에 비하여 가장 늦게 태어났다고 하는 이 주장을 현대 진화론에서의 출현 순서와 비교해보면 흥미로운 일면이 있다.

인식론

「우주설」에서는 자연현상 그 자체에 대한 논의 이외에 이것이 우리에게 알려질 수 있는 인식론 및 방법론에 관한 논의도 풍부하게 펼쳐지고 있다. 예를 들면, 해와 달과 별들은 언제부터

빛을 발하게 되었으며, 바람, 비, 우레는 언제부터 일어나게 되었고, 초목 등 여러 식물은 어느 시대에 처음 싹을 틔웠는가,[37] 그리고 짐승, 벌레, 물고기 등은 사람과 같은 시기에 태어났는가 혹은 사람보다 먼저 태어나서 기다리다가 사람이 태어난 후 사람에 의해 사용되게 되었는가[38] 등 여러 의문들을 제기하고 이 모든 것은 우리 몸과 마음속에 구비된 천지天地 고금古今 만물萬物 만사萬事의 이理를 성찰함으로써 알 수 있으리라[39]는 말을 하고 있다.

「우주설」에서는 또한 이러한 이理가 어떠한 것이며 이를 통해 어떻게 앎에 도달할 수 있는가를 논의한다. 특히 무극無極의 이理와 무궁無窮한 기氣를 인간이 어떻게 궁구할 수 있는가를 묻고, 그 대답으로서 이 자체가 어떤 보편성을 띠는 것이어서 모든 사물에 동일한 형태로 들어 있으며 또 인간은 기가 맑고 뛰어나서 정욕에 의해 막히지 않을 수 있으므로 이를 마땅히 밝혀 알 수 있으리라는 주장을 한다.[40] 즉, 이理가 지닌 보편성으로 인하여 현재 우리 자신에게 인지될 수 있는 이理를 통해서도 무궁한 우주의 사물 인식에 도달할 수 있다는 것이다. 이 점은 자연 질서의 합법칙성을 인정한다는 점에서 근대적 자연관과 상통하는 일면이 있다.

그러나 이러한 일반론만으로는 구체적 인식에 도달할 수 없으므로 「우주설」에서는 이러한 이理를 통해 앎에 이르게 될 구체적 과정 및 그 한계에 대해 논의하고 있다. 특히 궁리窮理라고 하는 것은 추상적인 관념의 세계에서 뛰노는 것이 아님을 경고하면서 격물치지格物致知에 대한 문자 그대로의 철저한 해석을

통해 사물에 대한 직접적 관찰의 중요성을 강조한다.[41] 그러고
는 보다 구체적으로, 하늘을 관찰하여 이를 바탕으로 하늘의 이
를 추궁하고 땅을 관찰하여 이를 바탕으로 땅의 이를 추궁해야
하며 또한 일日, 월月, 성星, 신辰, 수水, 화火, 토土, 석石, 한寒, 서暑,
주晝, 야夜, 풍風, 운雲, 뇌雷, 우雨, 산山, 악嶽, 천川, 독瀆, 비飛, 주走,
초草, 목木 등 우리 눈이 미칠 수 있는 모든 것을 관찰하여 그 본
바에 의해 그 이를 궁진해야 한다고 하면서 인식을 위한 일차적
감각소여感覺所與의 중요성을 강조하고 있다.[42] 또한 이와 같이하
여 밝힌 오늘의 일을 바탕으로 추리함으로써 지나간 만고萬古의
일과 앞으로 올 만세萬世의 일을 알아낼 수 있다는 것이다.[43] 이
는 고전역학을 활용할 경우 현재의 상태(초기 조건)를 관찰함으로
써 과거와 미래의 모든 일을 산출할 수 있다[44]고 말한 18세기의
라플라스M. P. Laplace, 1749~1827의 표현과 흡사하여 흥미롭다.

한편 「우주설」에서는 과거 또는 미래에 일어났거나 또는 일어
나게 될 사소한 일들까지 모두 알아낼 수 있다고는 보지 않는다.
일반적으로 사물을 가지자可知者, 알 수 있는 것와 불가지자不可知者, 알
수 없는 것로 구분하여 가지자는 우리의 정신혼백精神魂魄, 지각 기구이
통할 길이 열린 것으로 규정하고 불가지자는 이것이 열리지 않
는 것으로 규정한다.[45] 그리고 이와 같이 정신혼백이 통하고 통하
지 않게 되는 것은 사람의 정신혼백이 본질적으로 형기形氣 가운
데 국한되는 것이기 때문이라 설명한다. 또 궁리窮理라고 하는
것은 내 안에 있는 이理로 천지만물의 이를 비추어보아 이를 인
회득認會得하는 것을 말한다고 하면서 이것이 가능한 것은 이理
가 본질적으로 하나이기 때문이라고 한다.[46] 그러므로 설혹 성

인이라 하더라도 역시 사람이므로 사람이 지닌 형기의 통로가 차단된 그 어떤 사물에 대해서는 아무것도 알 수 없다고 주장한다.[47]

이러한 「우주설」의 인식론에 구태여 현대적 해석을 가해본다면 이理의 인회득이란 사물 속에 나타나는 보편적 법칙성의 포착을 의미하며, 형기의 통로란 물리적 상호작용에 의한 인과의 통로를 말하고, 정신혼백의 통通, 불통不通은 대상과 인식 주체 사이의 물리적 정보 통로가 열리고 닫힘을 의미한다고 보면 큰 무리가 없을 듯하다. 사실상 「우주설」에서는 가지자와 불가지자에 해당하는 많은 예를 제시하고 있는데, 가지자에 속하는 것들은 대체로 보편적 합법칙성에 의해 일어나지 않으면 안 될 현상들이며 불가지자에 속하는 것들은 우연적 요인에 의해서 발생하는 것들로서 직접 관찰하지 않고는 그 발생 여부에 대해 어떤 합리적 주장도 할 수 없는 경우에 해당한다. 예를 들어, 가볍고 맑아서 위로 올라가는 것은 하늘을 이루고 무겁고 탁해서 아래로 내려가는 것은 땅을 이룬다든지, 천지 사이에서 만물이 태어나게 되는 것 같은 여러 현상들은 모두 일정한 법칙에 따르는 것들이므로 현 원元에서나 과거 또는 미래의 다른 원에서 모두 같으리라고 말하나, 사람이 태어나 성장하는 장소라든가 태어나고 죽는 시기, 또 품수稟受받아 태어나는 생김새 등등은 현 원과 다른 원 사이에 같다고 할 수 없다는 것이다.[48] 그럼에도 불구하고 이러한 것 하나하나를 안다고 주장하는 자가 있다면 그는 미친 사람이거나 아니면 망령된 자라고 단언한다. 그러고는 다시 한 번 다른 원에서의 도리道理, 인물人物, 사변事變이 현 원의 것과 같으리라고 주장하는 것은 오직 그 이理가 보편성을 띤 하나의 태극이기 때문이며 이로부터 추리해낸 결과일 뿐이라고 강조한다.[49]

「우주설」은 또한 인식의 이러한 외적 측면, 즉 인식 주체 밖의 조건에 관해서뿐 아니라 인식의 내적 측면, 즉 인식 주체의 지각 기능 자체에 대해서도 관심을 가진다. 즉, 인식 주체가 갖추고 있는 인식 기구의 여건에 따라 인식을 할 수 있는 존재가 있고 그렇지 못한 존재가 있다는 것이다. 가령 "토석土石은 오직 형질形質만을 가지며 초목草木은 생기生氣는 가지나 지각知覺이 없고, 금수禽獸는 지각은 가지나 뜻이 통하지 않고 오직 인간만이 신령하다. 그러나 인간도 중인衆人은 그 지각이 치우치고 막히는 경우가 많으며 오직 성인만이 가장 완전하나 성인 역시 천지만물의 이理에서 벗어나지 못한다. 뿐만 아니라 이理 자체도 형기와 그 넓고 좁음을 따라야 하며 형기가 막힌 곳에는 이理 역시 통할 수 없다"[50]고 하여 인식 기구의 제한성을 지적한다.

그러나 「우주설」에서는 자연의 합법칙성과 인간이 이를 감지할 능력 등을 포괄적으로 이理라는 하나의 개념 속에 묶어놓고 있을 뿐, 이의 구체적 내용이 무엇인가에 대하여 명시적으로 밝히려는 시도를 하지 않고 있다. 따라서 자연의 기본 원리로서 이의 내용에 대하여 서술하는 바가 거의 없으며, 그 당연한 결과로서 이의 내용 자체에 대한 합리적 검증이라든가 이를 위한 실험적 방법론 등에 관한 논의에는 이르지 못하고 있다.

인도론

여타 성리학의 경우와 마찬가지로 「우주설」에서도 자연 이해의 주된 목적을 이를 통해 우주 내에서 인간이 마땅히 해야 할 사업, 즉 인도人道가 무엇인가를 추구하려는 데 두고 있음이 사실이다. 즉, 인간은 어떠한 우주 안에 살고 있으며 이 안에서 인간이 지니는 위치는 무엇인가, 그리고 이러한 위치를 점유한 존재로서 당연히 해야 할 일은 어떠한 것인가 하는 형태의 논의를 진행시키는 것이다. 이는 물론 기존의 윤리 강령들을 합리화하는 데 주로 기여하고 있음이 사실이나 이들을 무조건적인 당위로서 강요하는 것이 아니라 우주론적인 논의를 통해 도출해내려 한다는 점에서 주의를 기울여볼 일면이 있다.

「우주설」에서는 우주가 비록 크기는 하나 태극의 이理, 즉 보편적 질서 속에서 운행되며 이러한 보편적 질서를 그 전체로서 파악할 수 있는 존재는 오직 인간뿐이므로, 인간의 도道는 우주 만사에 참여하고 천지 고금을 파악하여 그 모든 것을 헤아리고 그 모든 것을 해내는 데 있다고 하여 그 사명의 방대함을 말한다.[51] 그리고는 우주의 질서가 각분刻分의 휴식이나 두서頭緒의 혼란이 없으므로 인간의 사업은 이를 승계하여 성취시키는 것이고 만사를 사려하여 만물의 화육을 돕는 일이라 한다.[52] 인간은 만물 가운데 가장 존귀하고 신령하여 참찬화육參贊化育의 사업을 주도하는 존재이므로 우주 내의 모든 주요 사업이 우리 사람 위에 놓이게 된다고 하며, 이것이 바로 옛 성현들이 우주 간의 사업을 자신에게 부과된 책임으로 알고 그 능사能事를 다했던 소치라고 한다. 그리고 그 능사라는 것은 집안과 나라에도道가 있어 그 도를 다하는 것이며 사람과 사물에 성性이 있어 그 성을 다하는 것이고, 천지 안에서 그 분명한 위치를 지키고 고금을 통해 일관된 내용을 지니는 그 무엇이 아니겠는가 하고 말한다.[53]

그러나 이러한 인간의 과업을 다하는 것은 쉬운 일이 아니라고 한다. 음양오행의 질서에 따른 우주의 운행 양상은 대단히 심오하여, 오직 성인만이 그 필연의 이에 도달하여 인사人事와 변통變通을 바르게 조정함으로써 어려움을 벗어나게 할 수 있다는 것이다. 만일 인사의 결정권을 쥔 사람이 시기를 따라 변통에 적절히 대처하지 못하고 자연상제自然相濟의 이치에 위배되는 일이 있으면 재화災禍의 요인을 부를 수 있는데, 이는 이미 지나간 치란治亂의 역사를 통해 밝히 알 수 있다는 것이다. 그러므로 1원元의 우주 안에 처한 우리 인간의 과업이 과연 크지 않겠는가 하고 인간의 경각심을 불러일으킨다.[54] 이 논의의 흐름을 정리해보면, 인간이 재화를 부를 수 있으나 이는 도덕적 과오에 의한 징벌의 형태가 아니라 자연의 이치에 대한 바른 이해에 도달하지 못하고 행동하는 데서 오는 것이며, 이해와 행동의 능력을 지닌 인간으로서는 최선의 이해와 최선의 행동을 함으로써 우주 내에서 자신에게 부과된 과업에 임할 수 있다는 것으로 요약된다.

존재론

우주설의 존재론적 구조가 지닌 특성은 형이상자形而上者 및 형이하자形而下者의 규정 방식과 이기理氣 개념의 성격에서 찾아볼 수 있다. 먼저 형이상자와 형이하자의 규정 방식을 살펴보면 "형이상자를 도道라 하고 형이하자를 기器라 한다"[55]라고 하는 『역경易經』의 표현을 채용하여 우주宇宙 이하를 형이하자라 하고 그 도道를 형이상자라고 말한다.[56] 여기서 우주라 함은 이른바 천지天地와 다른 것이 아니고, 상하로 구분하여 부를 때 천지라 하고 덮고 있는 것과 싣고 있는 것, 곧 하늘과 땅을 합하여 부를 때 우주라고 할 뿐이라고 한다.[57] 따라서 「우주설」에서 말하는 형이하자는 다름 아닌 하늘과 땅으로 구성된 물질적 세계를 의미하고 있음이 틀림없다. 이는 주역이 말하는 기器의 개념과 대체로 일치한다고 볼 수 있다.

그러나 형이상자와 형이하자를 이기理氣 개념과 연결시킬 때 「우주설」의 내용은 주희에서 비롯된 정통 성리학의 내용과 분명한 차이가 난다. 주희는 이理를 형이상形而上의 도道라 하여 만물 생성의 바탕으로 보고 기氣를 형이하形而下의 기器라 하여 만물 생성의 소재로 본다.[58] 그러나 「우주설」에서는 도道를 이理와 기氣를 합한 개념으로 보아,[59] 이와 기 사이에는 마치 날(經)과 씨(緯)의 관계와 같은 밀접한 관계가 있어서 이것들이 짜여져 도道를 형성한다고 말한다.[60] 그러므로 명시적으로 언급하지는 않으나 논의의 전개로 볼 때 「우주설」의 관점은 이와 기가 합해 형이상자가 되고 우주에 들어 있는 구체적 사물들만이 형이하자가 된다는 것이다. 「우주설」의 이러한 관계를 도식으로 나타내면 다음과 같다.

형이상자形而上者:　　　　도道　┌ 이理
　　　　　　　　　　　　　　└ 기氣

형이하자形而下者:　　　우주宇宙　┌ 천天
　　　　　　　　　　　　　　　└ 지地

　이상의 고찰을 통해 볼 때, 기氣의 개념을 형이하자로 보지 않고 이理와 대등한 의미의 형이상자로 본다는 점이 「우주설」의 존재론이 지니는 가장 특징적인 성격이라 할 수 있다. 그렇다면 이러한 관점은 특히 자연관과 관련하여 어떠한 의미를 지니는가? 주희의 해석 이후 신유학에서 기氣의 개념은 주로 실체적인 물질세계를 반영하는 개념으로 이해되어왔으며, 따라서 주리론主理論적인 학문 경향을 흔히 관념론으로, 주기론主氣論적인 학문 경향을 흔히 유물론으로 해석하는 경향이 있어왔다. 그러나 「우주설」에서는 기氣의 개념 자체를 형이상의 것으로 보고 있으므로 이러한 틀에 맞추어 이해할 수 없을 뿐 아니라 이기理氣의 개념 자체에 대한 근본적인 새로운 해석이 요청된다.

　하나의 매우 피상적인 해석 방식으로는 물질세계를 대표한다는 기氣의 개념마저 형이상의 세계로 돌리는 것으로 보아 「우주설」의 내용을 극단적인 관념주의로 돌릴 수도 있겠으나 「우주설」의 전체 논의에 비추어 그러한 해석은 타당하지 않다. 오히려 「우주설」에서의 형이하자를 구체적인 현실 세계에 국한시키고 형이상자를 이를 엮어내는 원리와 소재의 세계로 보는 해석이 타당하며, 이렇게 볼 경우 원리를 대표하는 이理와 소재를 대표하는 기氣가 종횡으로 엮어져 구체적 현상 세계를 이루어낸다고 보는 관점이라고 해석할 수 있다. 「우주설」에서는 이理를 물物이 있게 하는 원리로, 기氣를 물을 지어내는 자료로 보고 있으며 이러한 이기理氣가 있음으로써 필연적으로 천지만물, 즉 현상 세계가 있게 된다고 말한다.[61]

그렇다면 물物을 구성할 이러한 소재 또는 자료가 어찌하여 여타의 사물과 달리 형이상의 존재가 되는가? 이를 이해하기 위하여 여기서 말하는 소재를 어떻게 해석하는가 하는 점이 중요하다. 가령, 돌이 건축물의 소재가 된다고 할 때는 돌과 건축물이 동일한 범주에 속하는 존재들이며, 따라서 이들을 형이상하로 구분하는 것이 불합리하다. 그러나 건축물을 구성하는 모든 것이 원소元素로 구성되었다고 할 때 원소라는 것은 돌이나 혹은 건축물과 같이 또 하나의 물체가 아니며, 따라서 이는 여타의 사물들과 다른 어떤 새로운 범주에 속하는 것이라고 말할 수 있다. 위에 언급한 바와 같이 「우주설」의 형이상자는 통념적 의미의 형이상자가 아니라 현실 세계에 내재하는 본원적 소재와 본원적 원리를 말하고 있으며, 따라서 범주를 달리하는 의미의 소재, 즉 본원적 소재를 실재하는 사물과 구분하여 형이상에 속한다고 보는 데 하등의 무리가 없다. 단, 「우주설」에서의 기氣 개념의 용법을 면밀히 검토해보면 이러한 의미의 본원적 소재로 사용되는 것은 오직 단순 표현으로서의 '기氣'를 말할 때이고 가령 '원기元氣' 혹은 '대원기大元氣' 등으로 사용될 때는 동일 차원에서의 소재를 의미하는 것으로 이해되어야 한다.

이는 특히 근대 과학의 동역학적動力學的 서술에서 보편적 원리와 구체적 대상의 상태狀態가 결합되어 구체적 현상들이 서술되는 과정에 비추어 보면 쉽게 이해될 수 있다. 이때 보편적 원리(理)나 대상의 상태(氣)를 나타내는 개념은 물론 현상 자체(器)가 아니며 이들의 결합에 의해서 현상 세계가 서술될 수 있다고 생각되는 관념적 장치들이다. 따라서 이러한 이론적 서술의 세계는 실재하는 현상의 세계와 대비시켜 형이상하로 구별짓는다 하더라도 전혀 어색할 것이 없다. 오직 이러한 구분이 통념적 의미의 형이상하 개념과 일치하지 않음으로써 약간의 개념적 혼란이 발생할 수 있을 뿐이다. 만일「우주설」의 형이상하 개념을 이것이 취하는 독특한 의미로 해석한다면 기氣와 같은 차원에서 함께 형이상자에 속하는 이理마저도 통상적 의미의 형이상자가 아니라 현실 세계에 내재하는 자연법칙으로서의 의미로 해석하여 마땅하다는 주장을 펼 수 있게 된다.

특히 흥미로운 점은 이러한 이理와 기氣가 결합하여 도道를 형성한다는 것인데, 이는 보편적 원리(理)가 특정 부류의 현상(氣)에 적용될 때 특정 법칙(道)이 도출되어 근대 과학의 이론 구조에 견주어볼 수 있다. 예를 들어, 고전역학의 원리(理)를 지정된 상태(氣)에 있는 물체에 적용할 때 그 물체의 운동 궤도(道)가 얻어지는 것과 같은 경우이다. 물론「우주설」의 이기理氣 이론이 이러한 점을 명시하고 있지 않을 뿐 아니라 이러한 점을 의식적으로 염두에 두고 이론을 전개한 것이 아님은 분명하지만, 이러한 점에 대한 직관적 이해를 바탕에 깔고 있었을 가능성은 충분히 있다. 특히 그 도道의 개념이 구체적으로 사물의 법칙성을 말하고 있는 경우가 적지 않을 뿐 아니라,[62] 실제로 물체의 운동 궤도를 지칭하는 듯한 경우도 있다.[63]

그러나 이와 같은 도의 개념 속에는 자연법칙으로의 함의보다도 도덕적 규범 또는 당위의 의미를 지니는 경우가 많이 있으며 사실상 그 점에 강조점이 놓여 있다. 특히 자연의 여러 현상들이 단순히 합법칙적 질서만을 가지는 것이 아니라 어떤 의미 있는 목적을 지닐 것이라고 하는 관념이 짙게 깔려 있으며 이러한 것을 나타내는 개념으로 도道라는 표현이 널리 활용되고 있다. 예를 들면, "하늘이 이 도道를 얻어 위에서 덮어주어 하늘이 되니 만물을 빚어내는 것이 그의 일이며, 땅이 이 도를 얻어 아래에서 받쳐주어 땅이 되니 만물을 길러내는 것이 그의 일이고, 사람이 이 도를 얻어 그 안에 우뚝 섬으로써 사람이 되니 천지의 덕으로 성품을 삼고 사물의 이理를 모두 모아 이理를 추궁하고 성품을 다하여 (……)천지에 참찬參贊하고 만물을 화육化育하며, 옛 성인들을 계승하여 앞으로 올 학문 길을 여는 것이 그의 일이라"[64]고 말한다. 이러한 「우주설」의 도道 개념은 최소한 자연현상에 관해 사용될 경우 오늘날의 자연법칙과 흡사한 의미로 해석될 수 있다는 점에서 주목할 만한 일면을 가지고 있으며 또 이러한 도덕적 당위와 구분을 짓지 않고 있다는 점에서 오늘날의 관점과 커다란 차이를 보여주고 있다.

「천도책」과 「우주설」의 비교 검토

이제 「천도책」과 「우주설」에 나타나는 자연관을 비교함으로써 이들 사이의 공통점과 차이점을 찾아보기로 하자. 먼저 이들이 현상을 설명하는 존재론적 바탕을 살펴보면, 이들은 모두 소이연所以然으로서의 이理와 그 실체 또는 소재로서의 기氣를 인정하고, 여기에 다시 음양의 개념을 도입하여 기의 분화 및 등급에 의해 현상을 정성적定性的으로 이해하려는 입장을 취한다. 이는 물론 이 두 문헌만의 특성이 아니라 동양 자연관, 특히 신유학 전반에 흐르는 공통된 특성이라는 점에 주목해야 할 것이며, 이 두 편의 글이 지닌 여타의 많은 차이에도 불구하고 이러한 기본적 골격만은 변함없이 유지되고 있다는 점을 다시 한 번 확인할 필요가 있다.

한편 이理와 기氣의 상대적 중요성은 이 두 문헌에서 크게 달리 취급되고 있다. 이미 지적한 바와 같이 「천도책」에서는 구체적 현상의 설명에서 거의 전적으로 기氣 개념에 의존하고 있음에 비해, 「우주설」에서는 기氣에 대한 언급이 상대적으로 현저히 줄어드는 반면 이理에 대한 언급이 크게 늘어난다. 이는 본질적으로 기氣의 중요성을 낮추거나 이理에 비해 기가 저급하다는 것을 암시하는 것은 아니나, 근본적으로는 이理와 도道를 파악함으로써만 자연을 이해할 수 있다고 보는 관점이 강하게 반영된 것이다. 이는 대체로 이理의 원칙적 통제 아래 있기는 하나 실제로는 다분히 기氣 자체의 자의적 운동에 의해 현상이 발생한다고 보는 관점과 자연의 모든 현상이 철저히 합법칙적 질서 속에서 일어난다고 보는 관점의 차이라고 할 수 있다. 단지 여기서 합법칙적 질서라 함은 물질세계에만 통용되는 법칙을 의미하기보다 도덕적 질서를 포함한 삶 전체의 규제 법칙이라고 보아야 한다는 점에 유의해야 한다.

이렇게 볼 경우, 이 두 관점 가운데 어느 것이 근대 서구 과학의 관점과 더 큰 친화성을 가지는가 하는 점에 대해서는 일방적 주장을 내세우기가 어렵다. 현상의 물질적 바탕과 대상의 독자성에 강조점을 두는 입장에서 보면 기氣 중심적 관점이 근대 과학과 더 가깝다고 하겠으나, 자연의 자의성恣意性보다는 현상의 합법칙성을 강조하는 측면에서는 이理를 중시하는 관점이 과학적 사물 이해에 더 가깝다고 말할 수 있다. 이미 이 책의 1장에서 논의한 바와 같이 동양적 관념은 근본적으로 서구 과학의 시각과는 다른 관점과 전제에서 출발하는 것이므로 이러한 비교를 서구적 관점을 기준으로 수행하는 것 자체가 많은 문제점을 지닌다.

「천도책」과 「우주설」 사이에 나타나는 또 하나의 커다란 차이는 이들 각각이 보이고 있는 관심 영역과 논의 대상에서 나타난다. 동일한 자연이라 하더라도 「천도책」에서는 비교적 생활에 직결되는 기상 현상을 중심으로 한 논의가 많은 데 비해 「우주설」에서는 "허공에 떠 있는 대지가 왜 떨어지지 않는가?"라든가 "인간이 여타 생물과 함께 출현했는가, 혹은 보다 늦게 출현했는가?" 하는 보다 원리적으로 근원적인 문제에 관심을 보이고 있다. 이러한 차이는 물론 기본적으로 이해의 차이이기보다는 논의 주제를 달리 선정한 데서 오는 차이라고 볼 수 있다. 그러나 생활 주변의 일차적 관심 영역을 넘어 보다 근원적인 문제에 관심을 집중하고 이에 대한 나름대로의 합법칙적인 이해를 추구하였다는 점에서 「우주설」의 논의에 대해 진일보한 측면을 인정할 수 있다. 물론 「우주설」에서 논의한 많은 내용들이 신유학의 창시자들인 주희와 소옹 등에 의해 이미 다루어졌던 것이라는 점에서 이러한 차이에 대해 그 어떤 시대적 의의를 부여함에는 무리가 따르는 것이 사실이겠으나, 이를 다시 문제로 삼아 독자적 시각에서 검토해 나가고자 시도했다는 사실 자체가 당시로서는 의의 있는 일이었다고 하지 않을 수 없다.

이와 함께 「천도책」과 「우주설」 사이의 또 한 가지 눈에 띄는 차이는 재이災異에 관한 언급의 유무이다. 「천도책」에서는 재이와 그 해석에 관한 논의가 내용의 주요 부분을 이루고 있음에 비해 「우주설」에는 재이에 관한 언급이 거의 나타나지 않는다. 이는 물론 위에 언급한 바와 같은 주제의 차이에도 기인하는 바가 있겠으나, 당시 지배층, 특히 관변 학자들의 주된 관심이 재이 및 이의 해석에 연유하고 있었음에 비추어 주목할 만한 사실이다. 「우주설」에서도 인간과 자연의 관계를 매우 중시하고 있음이 사실이나, 이는 주로 자연계 내에서 인간이 지닐 위치를 밝히고 만물의 참찬화육이라는 인간 본연의 도덕적 당위를 논하는 맥락에서이며, 「천도책」에서 보이는 바와 같이 재이를 매개로 한 천인감응天人感應의 관점에서가 아니다. 오직 한 곳에서 인사人事의 결정권을 쥔 사람이 사물의 이理를 바로 파악하여 상황에 적절히 대처하지 못하면 재화災禍를 부를 수 있다는 언급이 있으나,[65] 이는 이미 인간의 도덕적 행위가 직접적으로 자연 속의 재이를 부른다는 전통적 재이관에서 크게 벗어나 자연의 합법칙적 질서 아래에서의 인간 행위의 결과를 말하는 근대적 관점에 매우 가까운 것이라 말할 수 있다. 앞에서 보았듯이 「천도책」에서는 이理 자체도 이의 상常과 이의 변變으로 나누어 이들 각각이 인간의 마음가짐과 밀접히 관련되는 것으로 보고 있으나, 「우주설」에서는 인간이 자연의 이理를 바르게 파악하느냐 못 하느냐에 관심을 가질 뿐 인간의 마음이 이理의 발현에 영향을 주리라는 암시는 그 어디에도 없다.

이와 관련하여 한 가지 매우 흥미로운 사실은 「우주설」의 저자 자신은 최소한 이 책이 저술되기 35년 전인 1596년까지도 전통적인 재이관을 굳게 신봉하고 있었다는 점이다. 이는 그가 1596년에 있었던 일식日蝕을 경험하고 그 경험담으로 적은 그의 「일식부日蝕賦」라는 글에 잘 나타나 있다. 특히 재미있는 것은 그와 함께 이를 경험한 친구가 이를 재이 현상으로 보지 않고 자연의 상도常度로 보고 있음에도 그 자신은 부득부득 이를 재이 현상으로 보아 천인감응설에 의해 이를 설명하려 하고 있는 점이다.[66] 이 사실에서 우리는 두 가지 점을 지적할 수 있다. 그 하나는 이 35년이라는 기간을 지나는 동안 저자 자신의 사고가 바뀌었거나 최소한 자신의 이러한 기존 관념을 신유학의 학문적 체계 속에 자연스럽게 삽입할 수 없었다는 점이며, 다른 하나는 그 친구의 예로 보아 당시 이미 전통적 재이관이 크게 흔들리고 있었다는 점이다.

그러면 「천도책」과 「우주설」의 자연관 사이에 나타나는 이러한 차이를 어떻게 해석할 것인가? 이에 대해 다음 몇 가지 가능성을 생각해볼 수 있다. 먼저 이것은 어떤 역사적 변천의 결과로 볼 것이 아니라 저자의 개인적 학문 성향의 차이나 저술의 상황 및 동기의 차이에 기인하는 것이라는 해석이 가능하다. 설혹 동시대인이라 하더라도 개인적인 견해의 차이는 있을 수 있

으며,[67] 또한 저자가 의도했던 저술의 목적이나 상황에 따라 내용도 달라질 수 있다.[68]

그러나 이러한 점을 감안하더라도 이들 사이에는 소재의 선택이나 해석의 방식에서 메우기 어려운 일정한 격차가 있으며, 이는 부분적으로 시대의 차이를 반영한다고 볼 수 있다. 특히 이 기간 동안에 한국 성리학의 전성기를 겪었으며, 미증유의 대전란인 임진란을 겪었으므로 지식층의 자연관에서도 적지 않은 변화가 있었으리라 예상할 수 있다. 이미 언급된 바와 같이 「우주설」의 소재가 된 많은 내용들은 성리학 창시자들의 문헌에 이미 나타나는 것임을 보아 「우주설」의 자연관이 한국 성리학의 심화 과정에서 나타난 것이라는 사실 또한 부정할 수 없다.

맺는 말

이러한 논의를 통하여 우리는 대체로 다음과 같은 몇 가지 잠정적인 결론을 내려볼 수 있다. 첫째로 16세기 후반에서 17세기 전반에 이르는 이 시기에 조선의 지식인들 사이에는 그 자연관에 상당한 변화가 있었으며, 이러한 변화의 한 주요 요인은 신유학, 즉 성리학의 본격적인 연구 및 심화로부터 왔다는 점이다. 이는 물론 더 깊은 연구를 요하는 문제이기는 하나, 주희로부터 비롯된 신유학의 사상 체계 속에는 이미 당시로 보아 상당히 진보적인 자연관이 담겨 있었으며, 따라서 이를 단순히 연구하는 것만으로도 기존 자연관을 넓힐 계기가 되었다고 생각된다. 특히 이러한 새 자연관은 종래의 자연관에 비해 현상 자체에 대한 표면적 관심보다는 우주의 대규모적 구조 및 그 아래 깔린 보편적 원리에 더 큰 관심을 표명한다는 점에서 주목할 만한 측면이 있다.

둘째로는 신유학 사상을 바탕으로 한 「우주설」의 인식론 및 존재론이 몇 가지 결정적인 결함을 제외하고는 자연의 이해를 위한 훌륭한 철학적 바탕을 제공할 수 있었다는 점이다. 물론 현대 서구 과학의 관점에서 볼 때, 이러한 이해 방식은 모두 '비과학적' 또는 '전과학적'이란 판정을 면하기 어렵다. 이는 지식을 얻는 과정에서 근대적 의미의 실험 과학적 방법을 채용하고 있지 않다는 점과 얻어진 지식 내용이 근대 과학을 통해 얻어진 내용과 크게 다르다는 점에서 모두 그러하다. 그러나 이는 이들 자연관이 '비합리적'이라는 의미와는 다르다. 이들은 그 자체의 체계 안에서 나름대로의 합리성을 견지하고 있으며, 기본적으로는 근대적 관점에서 보더라도 상당한 합리성이 인정될 수준의 인식론과 존재론을 그 바탕에 깔고 있는 것이다.

마지막으로 우리는 이러한 성리학의 자연관이 서구적 의미의 과학 발전에 미칠 수 있는 영향이 무엇인지에 대해 생각해 볼 필요가 있다. 필자의 생각으로는 성리학이 자연에 대한 합리적이고 근원적인 이해를 추구할 뿐 아니라 기본적으로 합당한 인식론 및 존재론적 바탕을 제공하고 있으면서도 다음과 같은 두 가지 이유 때문에 결국 서구적 의미의 과학을 이루어내기에는 실패하리라고 보인다. 첫째로 성리학이 지닌 가치 지향적 자세이다. 엄격한 의미의 몰가치적 탐구는 있을 수 없겠으나 서구 과학은 최소한 의식적으로 가치중립적 자세를 표방하고 있음에 반해 성리학을 비롯한 동양 사상은 본질적으로 가치 지향적이며, 따라서 가치중립적 언어 자체가 형성되기 어렵다. 그리고 둘째는 부분적 지식의 가치를 허용하지 않는 점이다. 아마도 누군가가 갈릴레이의 낙하 법칙을 독립적으로 이야기했다 하더라도 성리학 안에서는 중요한 대접을 받지 못했을 것이다. 이것을 격물은 하였으나 치지에는 이르지 못한 것으로 볼 것이기 때문이다. 그러므로 결국 성리학이 과학문화 속에 의미 있게 융합되기 위해서는 성리학 자체가 지닌 본질적 제약을 깨고 넘어서든가 혹은 별도로 발전된 과학과 상보적 입장을 취하는 길밖에 없을 것으로 생각된다.[69]

5장
조선 실학의 과학 사상
—정약용의 자연관을 중심으로

하나의 역사적 실체로서 오늘 우리의 과학을 말한다는 것은 여간 어려운 일이 아니다. 이것은 우리 과학을 형성하고 있는 사상적 뿌리를 그 근원을 향해 캐어 올라가면서 오늘에 이르게 된 역사적 연유를 밝혀야 하는 작업이기 때문이다. 잘 알려진 바와 같이 우리의 문화적 배경에는 유학을 비롯한 고대 동아시아의 문화 전통이 크게 자리 잡고 있었으며 이것이 근세 이후 서구 과학 사상의 영향을 받으면서 오늘에 이르게 된 것이다. 그러므로 오늘날 우리가 지니고 있는 과학에 대한 관념 속에는 알게 모르게 이러한 문화적 영향이 짙게 배어 있을 것이며, 이 영향을 올바로 가려내어 밝혀보는 것이 과학에 대한 바른 이해를 위해서도 적지 않은 중요성을 가지리라 생각된다.

적어도 외견상, 우리가 지녔던 동양의 전통 사상은 오늘 우리가 지니고 있는 자연관 혹은 과학 사상과 엄청난 차이를 보인다. 그러나 역사적 실체로서 우리 문화가 하나의 연속선상에서 이루어진 것이라고 한다면 결국 이러한 차이가 그 어떤 지성사적 과정을 거쳐 나타나게 되었을 터인데, 그 과정이 과연 무엇이었는가 하는 점이 우리의 당면 관심사로 등장하게 된다.

이에 관한 하나의 극단적 관점으로 우리의 전통 과학 사상이라 불릴 내용은 외세가 본격적으로 밀려든 19세기 말로 막을 내리고 선교사들을 통한 현대식 학교 교육과 함께 오늘의 과학 사상이 탄생했다는 시각이 존재할 수 있다. 그러나 여타의 사상과 마찬가지로 과학 사상도 백지 위에 하루아침에 그어지는 것이 아니다. 언어 속에까지 깊숙이 배어들면서 문화의 저변을 도도히 흐르는 사상적 저류를 과학 교사 몇 사람의 힘으로 바꾼다고 생각하는 것은 엄청난 과오일 수밖에 없다. 결국 외형적인 엄청난 차이에도 불구하고 문화의 바탕에 자리하고 있는 관념의 연속성은 결코 부인할 수 없으며, 오늘 우리가 지닌 과학 사상 속에도 한 줄기의 이러한 흐름이 존속하리라는 생각을 해보지 않을 수 없다.

이러한 점에서 오늘의 우리 과학 사상을 올바로 파악하기 위해서는 바로 이 흐름의 저류를 진단해내는 작업이 선행되지 않을 수 없다. 우리는 이제 근세 이전에 지녔던 우리의 사상적 뿌리는 무엇이며 이것이 어떠한 중간 과정을 거쳐 오늘에 이르게 되었는가 하는 점을 낱낱이 파헤칠 수 있어야 할 것이다. 그러나 이는 정말로 엄청난 작업이며 우리가 앞으로 부딪쳐 나가야 할 험난한 과제라 할 수 있다. 여기서는 오직 하나의 예비 작업으로 우리 전통 사상의 특징적 면모를 현대 과학 사상과 대비시켜 정리해본 후, 하나의 적절한 역사적 사례를 택해 이들 사이를 연결해줄 징검다리로서 그 의의를 살펴보려 한다.

이러한 점에서 우리가 찾아볼 수 있는 하나의 적절한 사례가 흔히 실학實學의 한 대표자로 일컬어지는 다산茶山 정약용丁若鏞, 1762~1836이다. 그는 시기적으로 근대 과학의 엄청난 충격이 우리 문화 위에 정면으로 부딪혀오던 17세기 후반부터 18세기 전반에 걸쳐 살았던 대표적 지식인으로, 전통적 사상의 바탕 위에서 이 문화적 충격을 나름대로 소화하려고 애쓴, 많지 않은 선각자 가운데 하나이기 때문이다.

잘 알려진 바와 같이 다산 정약용은 침체된 구시대적 유산과 함께 새 시대로의 전환 움직임이 엿보이는 시대적 상황 속에서 새로운 자연과학 사상뿐 아니라 정치, 경제, 사회, 기술에 이르기까지 문화 전반에 걸친 개혁 방안을 제시한 경세가이며 학자이고 사상가이다. 과학에 관련되는 업적만 살펴보더라도 그는 그동안 이해하지 못했거나 잘못 알려져 있던 많은 현상들에 대한 새로운 설명을 제시한 일급 학자임이 틀림없다.[1] 그는 우선 서해안에 나타나는 조수간만의 차가 천지 호흡天地呼吸의 과정이라고 보던, 당시 유행하던 견해를 논박하고 이것이 해와 달의 운동이 미치는 영향 때문에 발생하는 현상임을 올바로 설명하였다. 특히 동일한 삭망 가운데서도 어떤 때는 강하고 어떤 때는 약한 것이 달과 해의 운행 궤도 사이의 일정한 차이에 기인하는 것임을 정확히 지적하였다. 그는 또 기하광학의 법칙에 입각하여 원시遠視와 근시近視를 설명했고, 볼록렌즈가 태양 광선을 초점에 모아 물건을 태우는 원리, 이때 흰 것보다 검은 물건이 쉽게 타는 이유, 신기루 현상, 암실 앞에 렌즈를 끼워놓고 사진기의 효과를 얻는 방법 등을 훌륭하게 설명해냈다.

근대적 의학 이론에도 밝았던 그는 종두술種痘術을 연구하여 관련된 서적을 저술하기도 하였으며, 각종 약초의 성능을 연구하고 그 재배법까지 습득하여 소개하였다. 또 생물학적 연구와 함께 농사 기술에도 관심을 가졌으며, 농사 기술은 반드시 생물학적 법칙에 의거해야 한다고 하면서 농업 혁신론을 펴기도 하였다. 그는 근대적 의미의 지리학을 연구하고 지도 제작에서 엄격한 과학적 태도를 보여주기도 하였다. 한마디로 그는 천문, 기상, 물리, 화학, 생물, 지리 등 모든 과학 분야에서 근대적 방식을 채용하여 연구하였으며, 그 결과를 실용적인 각종 사업에 적용하는 데 서슴지 않았다.

그러나 이 글에서 관심을 가지려 하는 점은 과학에 관련된 다산의 이러한 업적 그 자체가 아니라 이러한 모든 업적들을 이루게 한 그의 관념적 기반이다. 특히 이러한 관념적 기반이 지녔던 동양 사상으로서의 특성과 제약을 현대 과학 사상에 견주어 구명함으로써 우리 역사 속에서 전통적 동양 사상이 현대적 의미의 과학 사상으로 넘어가던 사상사의 한 단면을 밝혀보려는 것이다.

동양 사상과 현대 과학 사상

우리가 물려받은 전통적 의미의 동양 사상과 현대의 과학 사상을 일의적으로 규정하기는 매우 어렵다. 그러나 이러한 역사적 전환 과정을 이해하기 위해서는 이들이 지닌 특성을 몇 가지로 정리해내고 이를 서로 대비시켜가며 고찰할 필요가 있다. 그리고 이를 위해서는 먼저 몇 가지 '기본 개념'을 설정하고 이 기본 개념들이 대조적인 두 사상 체계 속에 어떻게 반영되고 있는가를 살펴봄이 유익하리라 생각된다.

이 '기본 개념'을 설정함에 있어서 우리는 불가피하게 우리에게 좀 더 친숙한 현대적 개념에서 출발하지 않을 수 없다. 먼저 우리가 경험하는 세계를 크게 '사실'의 세계와 '가치' 혹은 '당위'의 세계로 구분하기로 한다. 그리고 사실의 세계를 구성하는 존재론적 구성 요소로서 '물체'와 '법칙'의 개념을 도입하고, 다시 이들을 알아내게 되는 인식론적인 방편으로 우리의 관측과 추리에만 의존하는 이른바 '과학적 방법'을 인정하기로 한다. 이와 함께 이에 대치되는 여러 전근대적 방법의 존재를 상정하고 이를 편의상 '초과학적 방법'이라 부르기로 한다. 이러한 개념들을 일단 설정하고 나면 우리는 현대의 과학 사상이 이들 개념을 통해 어떻게 특징지어지는가를 말할 수 있다.

현대 과학에서는 우선 사실의 세계와 가치의 세계를 엄격히 구분한다. 자연의 보편적 법칙은 사실의 세계에만 적용되며, 이로부터 그 어떤 가치 명제도 이끌어내지 못하는 것으로 보고 있다. 오직 인간의 삶이라는 구체적 상황 안에서 제삼의 기준이 부가될 때만 가치 또는 당위에 관련된 명제가 도출될 수 있는 것으로 본다. 따라서 사실의 세계에서는 그 어떤 당위의 주장도 할 수 없다. 한편 자연현상을 엮어내는 존재론적 실체로 '물체'와 '법칙'이 인정되며, 그 어떤 주어진 물체에 보편적인 법칙이 적용됨으로써 구체적 현상이 나타나는 것으로 본다. 마지막으로 사실에 관련된 인식의 문제에서는 앎의 추구에 있어서 오관을 통한 물리적 정보와 이에 바탕을 둔 합법칙적인 추리에 의한 지식만이 인정되며, 법칙 자체의 설정에서는 다시 실증에 바탕을 둔 가설연역적假說演繹的 방법이 정당한 이론 추구의 방법으로 인정된다. 따라서 이러한 이른바 '과학적 방법'을 제외한 어떤 형태의 '초과학적 방법'도 적절한 지식 추구의 방법으로 인정되지 않는다. 예컨대, '신神의 계시'라든가 주술적 비법 등은 정당한 인식의 경로로 인정되지 않는 것이다.

이제 다소 지나친 단순화 또는 왜곡의 가능성을 무릅쓰고 이러한 '기본 개념'들을 전통적인 동양 사상에 적용해보자. 전통적 동양 사상이 지닌 중요한 특성의 하나는 그 안에서 사실의 세계와 가치의 세계가 확연히 구분되지 않는다는 점이다. 성리학으로 대표되는 이러한 동양 사상에서 중요한 존재론적 위치를 점유하는 이기理氣 개념도 바로 사실과 가치가 공존하는 이러한 세계 안에서 사실의 측면과 가치의 측면을 함께 지닌 개념으로 기능하고 있다. 따라서 이들을 사실의 세계에서만 규정되고 있는 '물체'라든가 '법칙'이라는 개념과 등치시키는 것은 원칙적으로 불가능하다. 그러나 논의를 일단 사실의 세계로 국한시켜놓고 본다면 기氣와 이理의 개념은 각각 '물체'와 '법칙'의 개념과 매우 유사한 측면을 지니는 것이 사실이다. 즉, 기와 이의 개념은 그것이 물리적 세계에 적용될 경우 '물체'와 '법칙'의 개념을 최소한 그 의미의 일부로서 함축하고 있다고 보아도 크게 틀리지 않는다.

한편 앎의 추구 방식과 관련하여 동양 사상을 살펴볼 경우에도 우리는 앞에서 제시한 좁은 의미의 '과학적 방법'과 '초과학적 방법'으로 이를 갈라 보기는 어렵다. 그러나 이 또한 이러한 방식으로 일단 분해해봄으로써 그 인식론적 성격을 이해하는 데 도움을 얻을 수 있으리라 생각된다. 적어도 동양에서는 이른바 '과학적 방법'이 아닌 인식적 창구를 열어놓고 있음이 분명한데, 이것의 구체적 모습이 어떠한 것인지를 우리는 살펴 나가야 할 것이다.

이제 우리가 전통적인 동양 사상과 현대의 과학 사상이 지닌 특성들을 이러한 개념들에 입각해 정리해볼 수 있다면, 이 두 사상의 교량적 역할을 하고 있는 다산의 과학 사상은 어떠한 위치를 점유하고 있는지, 특히 그의 사상이 이들 사이에서 어떠한 전이적 형태를 취하고 있는지를 살펴보는 것이 우리의 관심사가 된다.

다산의 이기관理氣觀

시대적 상황으로 보아 다산의 사상은 성리학적 세계관을 바탕으로 근대 과학의 성과를 무리 없이 받아들이려는 노력 속에 다듬어진 결과라고 보아야 한다. 즉, 당시 조선 사회의 지식인으로서 사물을 보는 기본 시각은 성리학의 세계관에 의해 마련될 수밖에 없었으며, 그는 이를 통해 새로 전해지는 서구 과학 문물을 의미 있게 소회해내지 않으면 안 될 상황에 처해 있었던 것이다. 그러나 이것이 가능하기 위해서는 한편으로 성리학적 시각 자체에 대한 일정한 교정이 요청되었으며, 다른 한편으로는 이를 통해 수용된 과학 사상 자체도 일정 정도 굴절된 형태를 취할 수밖에 없었음이 극히 당연한 일이다.

이제 논의의 편의상 실제 역사 과정에서 일어났던 사실들을 잠깐 옆으로 제쳐놓고 오늘의 관점에서 볼 때 전통적 동양 사상을 모태로 현대 과학 사상을 수용하려 할 때 어떠한 시각 조정을 하는 것이 가장 손쉬운 일이겠는가를 생각해보기로 하자. 이는 이미 위에서 암시된 바와 같이 사실과 가치가 혼융되어 있는 전통 동양 사상으로부터 사실의 세계와 가치의 세계를 분리해내는 작업을 수행한 후, 전통 사상 속에 들어 있는 기氣와 이理의 개념들을 사실에 관한 측면과 가치에 관한 측면으로 구분하여 사실에 관한 측면을 서구 과학의 '물체' 개념과 '법칙' 개념에 각각 대응시키는 방법이라 생각할 수 있다. 그리고 물리적 관측과 합리적 추리를 통해 지식을 확보하고 과학적 탐구 방식을 통해 기氣와 이理의 내용을 새롭게 채워가는 방식이라 생각할 수 있다.

그러나 실제 진행된 역사적 과정은 이처럼 이상적인 경로를 취한 것 같지 않다. 아마도 당시의 진보적 지식인들은 서구의 과학이 가치의 세계에 비해 사실의 세계에 일차적 관심을 두는 것이라는 이해에 이르렀던 것 같으며, 이와 함께 우리의 전통 사상이 적어도 가치의 세계에 관한 한 공리공담에 흐른다는 막연한 결론에 도달한 것 같다. 그러나 이들은 여전히 사실의 세계와 가치 및 당위의 세계에 대한 명확한 구분에 도달하지 못했으며, 사실의 세계에 적용되는 서구 과학을 현실 세계의 학문으로 보고 동양 사상이 지닌 가치 세계의 측면을 관념 세계를 논하는 것으로 이해했던 것 같다. 그리하여 이들은 이기理氣 개념을 분해하여 사실 세계에 적용되는 이기 개념과 가치 혹은 당위 세계에 적용되는 이기 개념으로 구분하는 대신, 기氣의 개념을 현실 세계에 대비시키고 이理의 개념을 관념 세계에 대비시키는 양분법을 취하고 만 것이다. 이는 이들 진보적 성리학자 대부분이 주기론主氣論 혹은 기氣일원론 쪽으로 흐르게 된 것에서도 나타난다.

이제 당시의 이러한 상황을 다산의 이기관을 통해 좀 더 자세히 살펴보자. 다산은 그의 「중용강의보中庸講義補」에서 정조正祖의 물음에 대한 대답의 형식으로 이와 기에 대해 다음과 같이 언급한다.

기氣란 스스로 존재하는 것이지만 이理는 의존해서 존재하는 것이다. 의존하는 것은 이미 있는 것에 따라 존재하게 된다. 그러므로 기가 발發하는 때라야 그 이가 있게 된다. 따라서 기가 발하고 이가 그를 탄다고는 할 수 있으나 이가 발하고 기가 이를 따른다고는 할 수 없다. 왜냐하면 이는 자립할 수 있는 것이 아니어서 먼저 발할 수가 없기 때문이다. 설혹 발하기 전에 이가 있었다 하더라도 그 발함에 있어서는 기가 반드시 앞서는 것이다. 동유東儒(율곡 이이를 말한다)가 말했듯이 발하는 것이 기이고 그 발하는 소이所以가 이라는 말은 참으로 옳고 확실하다.[2]

즉, 다산에 의하면 기가 스스로 존재하는 것임에 반해 이는 의존적이고 부속적인 지위에 놓여 있으며 따라서 독립적 존재인 기에 기댐으로써만 그 활동이 가능하다. 그러나 그는 기가 발하는 소이가 이라는 사실까지 부인하지는 않는다. 그러므로 그의 이는 그 능동성이나 자발성은 부인되나 기 또한 이 없이 발할 수는 없으므로 그 존재성 자체가 부정되는 것은 아니다. 단지 기와의 관계에서 기가 발할 때에 반드시 수반하는 것이면서도 기에 명령하거나 기를 통제하는 것이 아니라 오히려 기의 속성 혹은 그 결과적 작용 양상으로 보고 있는 것이다.

그는 다시 이는 무형의 것으로 만물의 소유연所由然이 된다고 하며, 반대로 기는 유형의 것이며 만물의 체體와 질質이 된다고 말한다.[3] 그런데 그는 이러한 주장과 함께 전통적 유가 경전 속의 용례들을 열거하며 이가 "자연물에 포함된 결, 줄, 무늬 및 그것들 사이의 비교나 구분에서 드러나는 순서, 등급, 층, 관계 등을 가리키는 글자임"[4]을 밝히고 이를 한마디로 "옥석玉石의 맥리脈理"에 해당한다고 주장한다.[5] 이러한 주장들을 통해 우리는 그의 이 개념 속에 무형의 소이연所以然 혹은 소유연所由然으로서의 이와 사물의 속성으로 주어진 무늬 혹은 맥리로서의 이가 공존하고 있음을 알 수 있다.

이러한 점에서 그는 일단 성리학적 전통의 바탕 위에 서 있으면서도, 그 중심 개념인 이의 개념을 거의 무력하게 만들어버린다. 즉, 그는 기와 함께 나타나지 않는 한 이는 규정하거나 인식할 수 없는 무형의 존재여서 설혹 사물의 소이연이 된다 하더라도 인식론적으로 그 존재성이 무의미해지며, 오직 기와 함께 사물 가운데 구현될 때만 그 존재성이 드러나는데, 이 경우에는 이미 사물의 결과적인 속성일 뿐이며 사물 세계를 사전에 규제하는 법칙적 존재로서의 의의를 상실하는 것으로 보는 것이다.

여기서 우리는 하나의 역설적 상황을 본다. 근대 과학에서는 사물을 규제하는 보편 원리로서 자연법칙을 인정하고 이를 끈질기게 추구하여 자연현상에 대한 설명을 얻으려 한다. 근대 과학에서는 보편적 원리를 통해 사물을 설명할 뿐만 아니라 사전에 예측까지 하는 것을 목표로 삼는다. 그런데 이러한 근대 과학의 영향을 받아 이를 적극적으로 수용하는 선구적 사상가인 다산에게서 오히려 그 핵심 개념인 이의 규제적 법칙성이 부정되는 것을 보는 것이다. 그는 이理 개념으로부터 그러한 것을 가능하게 할 성격 자체를 제거해버림으로써 그 가능성조차 부정하는 결과를 가져오고 있다.

그렇다면 과학적 문물을 받아들이면서도 자연의 합법칙적 이해에 역행하는 사고의 틀을 만들어내는 이러한 사실을 우리는 어떻게 이해해야 할 것인가? 이는 당시 이들을 지배하던 이기 개념에 대한 의인적擬人的 이해 방식과 연관이 있는 것으로 생각된다. 주희 등 신유학 주창자들이 말한 이와 기의 개념은 다분히 추상화된 이론 틀 안에서 적용되는 개념들이었음에 반해, 이를 받아들인 대부분의 학자들은 대체로 의인적 차원에서 이를 이해했던 것 같다. 이러한 점은 무엇이 무엇을 지배하느냐 하는 방식의 논의 속에 잘 드러나고 있다. 예컨대, 이가 기를 지배한다고 할 때 이는 마치 기와 이라고 하는 의인적인 두 실체가 있어서 기라는 자가 이라는 자의 명령에 쫓는 듯한 상념을 형성한다. 이럴 경우 보이는 실체인 기가 보이지 않는 또 하나의 실체인 이의 지배를 받는다면 이는 곧 물질세계의 질서를 떠난 임의적 지배자인 이가 있어서 물질세계 자체의 독자성을 침해하는 것으로 파악될 수도 있다. 그러므로 독자적이고 자율적인 물질세계의 상像을 얻기 위해서는 일차적으로 불가사의한 이러한 이의 지배로부터 벗어날 필요가 있다고 생각할 수 있다. 그리하여 이의 존재성 자체를 부정하는 것은 아니라 하더라도 이의 성격을 물질세계인 기에 종속하는 것으로 봄으로써 물질세계 밖으로부터 임의적 지배라는 상념에서 벗어나려 했던 것이다.

이러한 점에서 과학적 자연 이해의 첫걸음으로 이의 지배로부터 벗어나는 주기적主氣的 또는 유물적唯物的 관점을 이해할 수 있으며, 이것이 바로 다산을 비롯한 당시 진보적 지식인들이 취했던 사상적 위상이었던 것이다. 그리하여 이들은 서구 과학의 사실 추구적 측면은 쉽게 납득하고 무리 없이 수용했으나, 이것이 지닌 보편 원리적 설명이나 예측의 기능은 그 시각에서 비켜나고 말았다. 결과적으로 볼 때 이러한 상황은 서구 과학을 수용하는 결정적인 시기에 자연현상을 규제하는 보편적 법칙을 탐구라는 길을 스스로 차단해버린 결과를 초래하고 만 것이다. 더구나 안타까운 일은 성리학의 이理 개념이 이러한 '원리原理'에 해당하는 의미를 지닌 것이므로 이의 이러한 의미를 조금만 긍정적으로 파악하였더라도 과학 발전에 커다란 보탬이 되지 않았을까 하는 점이다. 즉, 이를 단순히 현상을 지배하는 불가사의한 그 무엇으로 보지 말고 우리가 파악할 수 있는 내용을 지닌 그 무엇으로 보아 그 내용을 현실적으로 추구하였더라면, 설혹 독립적인 과학을 이루어내지는 못했다 하더라도 서구 과학의 이론적 기반을 좀 더 빨리 쉽게 수용할 수 있지 않았을까 하는 생각이다.

다산의 주역관

다산의 과학 사상을 엿볼 수 있는 또 하나의 의미 있는 소재가 바로 주역이다. 다산은 실학자로서는 예외적으로 주역에 대해 많은 관심을 기울였으며, 또 이에 관해 역대 조선 학자들 가운데서도 가장 많다고 할 만한 분량의 저작을 남겼다.[6] 그렇다면 다산은 어떠한 동기에서 주역에 이렇게 많은 관심을 기울였는가? 그리고 다산의 주역에 관한 이러한 자세는 그의 과학 사상과 어떠한 관련을 지니는가?

이를 생각하기 위하여 우리는 우선 그가 주역을 어떠한 시각에서 이해하고 있는가 하는 점에 관심을 기울여야 한다. 그런데이는 주역에 관한 그의 방대한 저작들을 생각할 때 결코 만만치않은 과제이다.[7] 다산은 실제로 주역 해석에 대한 자신의 체계적 이론을 제시할 뿐 아니라 『역경易經』과 『역전易傳』 전체에 대해 기존의 주석들을 소개하고 자신의 논평을 곁들이는 엄청난작업을 수행했다.[8] 그러나 여기서는 주역의 성격 자체에 관해그가 직접 논의한 몇몇 간단한 문헌들을 중심으로 그의 사상을살펴나가기로 한다.

주역의 성격에 관해 그가 직접 언급한 가장 간결한 논의는 그의 『역론易論』에 나타나 있다.[9] 여기서 그는 점서占筮로서의 주역을 기본적으로 전제하고 있다. 그러나 그는 이것을 함부로 아무 때나 하는 것이 아니라 극히 제한된 경우 특별한 목적을 지니고 행해야 함을 강조한다. 그는 다음과 같이 말한다.

주역은 무엇을 위해 만들어진 것인가? 이는 성인聖人이 하늘의 명命을 물어 그 뜻을 따르기 위함이다. 무릇 일이 공정하고 선한 목적을 지녔고 하늘의 도움에 의해 필히 이루어져 그 복福을 얻게 될 경우라면 성인이 굳이 물음을 청할 필요가 없다. 또한 일이 설혹 공정하고 선한 목적을 지녔는데도 때와 형편이 적합하지 않아 결코 성취되어 그 복을 누릴 수 없는 경우라면 이때도 성인이 굳이 물음을 청할 필요가 없다. 그리고 일이 공정하고 선한 목적을 지닌 것이 아니어서 천리天理를 그르치고 사람과 기강紀綱을 해치는 경우라면 설혹 그것이 성취되어 눈앞의 이득을 주는 것이라 하더라도 성인이 여기에 대해 물음을 청하지 않는다. 오직 일이 공정하고 선한 목적을 가졌고 그 성패와 화복을 미리 헤아릴 수 없을 때 이를 청하는 것이다.[10]

여기서 우리는 그가 한 가지 존재론적인 대전제를 취하고 있음을 보게 된다. 즉, 인간의 화복과 일의 성패 여부를 미리 아는 그 어떤 존재로서의 '하늘(天)'이 전제되고 있으며, 이 하늘과 인간(聖人) 사이에 그 어떤 뜻의 전달 가능성이 인정되고 있다. 이는 물론 동양 고래의 천인감응天人感應 사상의 연장선에서 이해할 수 있는 일이다. 그러나 그가 인정하는 이 하늘은 결코 임의롭게 인간의 일에 관여하거나 앞으로 일어날 일들을 인간에게 내키는 대로 알려주는 존재가 아니다. 다산은 성인이 비록 간절히 이를 청한다 하더라도 하늘이 이를 손쉽게 알려줄 수가 없다고 말한다. 적어도 주역이 만들어지기 전에는 하늘이 설혹 어떤 일이 성공하거나 실패할 것임을 사람에게 알려 이를 행하거나 행하지 않도록 해주고 싶어도 그 방도가 없었다고 생각하는 것이다.

그리하여 옛 성인은 이 문제를 놓고 골똘히 고민하게 된다. 머리를 들어 하늘을 살펴보고 몸을 숙여 땅을 관찰하면서 어떻게 하면 하늘의 뜻을 읽어내고 당면한 문제에 대해 그 명命을 청할 것인지를 생각한 것이다. 이를 위해서는 결국 두 가지가 해결되어야 한다. 하나는 하늘의 뜻을 읽어낼 언어를 마련하는 것이요, 다른 하나는 하늘과 의사를 소통할 통로를 마련하는 것이다. 성인은 먼저 하늘의 뜻을 읽어낼 언어를 마련했다. 다산은 이를 다음과 같이 실감 있게 서술한다. 그 성인은 "어느 날 아침 기막힌 착상을 하고 일어나면서 방법을 찾았다고 외쳤다. 그러고는 손으로 땅에 금을 그어 기우奇偶와 강유剛柔의 모양을 만들고 이것이 하늘과 땅, 물과 불, 그리고 사물의 변화와 태어남을 말해주는 상象이라고 했다. 그리고 이것을 모아 나아가고 물러서며 커지고 줄어드는 모습이 되게 하고는 이것이 네 계절의 상이라고 했다. 또 이를 취해 오르고 내리며 가고 오는 모습이 되게 하고는 이것이 만물의 상이라고 했다. 그러고는 땅에 그려진 기우와 강유의 형세를 취해 그 상을 감상하고 그 유사성을 더듬어 그 비슷한 것을 얻게 되면 여기에 이름을 붙여 '이것은 말(馬)이다 저것은 소(牛)다, 이것은 수레다 저것은 궁실宮室이다, 이것은 창과 칼(戈兵)이다 저것은 활과 화살이다'라고 했다."[11] 이른바 팔괘八卦, 육십사六十四 중괘重卦, 그리고 이를 상징물을 통해 나타내는 설괘說卦가 바로 이렇게 만들어진 언어적 서술이라는 것이다.

이는 물론 언어적 서술일 뿐 자연의 실제 상황은 아니다. 그러나 자연의 각종 현상에 대한 이러한 언어적 서술을 얻은 이상 이를 활용하여 그 어떤 유익함을 얻어낼 수 있어야 한다. 그 일차적 활용은 말할 것도 없이 이를 활용해 하늘의 뜻을 묻고 그 명命을 받는 것이다. 그러나 이것은 언어만으로는 되지 않는다. 언어를 매개로 하는 의사 표시의 행위가 필요한 것이다. 이리하여 그 성인은 다시 "들로 나가 향기 나는 풀 몇 줄기를 꺾어 자연의 이치에 맞추어 사용할 적정한 수를 취한 후 정중히 방안에 보관하면서 (필요할 때를) 기다린다."[12] 즉, 하늘과 교신할 구체적 수단을 마련한 것이다. 그러다가 하늘의 뜻을 물어야 할 상황이 발생하면 이를 들고 자연의 이치에 맞추어 지정된 방식의 조작을 수행하는 것으로 '질문의 뜻'을 표시하고, 그 결과 이른바 괘卦라 불리는 형태로 '하늘의 대답'을 얻게 되는 것이다. 이것이 바로 하늘과 교신을 이루는 구체적 방법이다. 일단 이와 같은 구체적 교신의 절차를 마치고 나면 남은 일은 오직 이것이 의미하는 바를 해석하여 본래의 의문에 대한 대답, 즉 의도한 행위에 대한 길흉을 판단하게 되는 것이다.

이것이 다산『역론』의 개략적 요지이다. 이제 우리는 이와 관련하여 몇 가지 물음을 제기할 수 있다. 첫째는 언어의 문제이다. 자연에 대한 괘상적卦象的 서술이 어떻게 하늘과 우리가 교신할 수 있는 언어가 되는가? 이에 대해 그는 물론 아무런 직접적 대답을 주지 않는다. 그러나 우리는 이것이 "하늘과 땅을 살펴 얻어진 것"이라는 주장에 주목할 필요가 있다. 이것이 암시하고 있는 것은 자연의 법칙을 읽어내어 만들었다는 것이다. 이는 곧 하늘의 이법理法이며 따라서 하늘과 통하는 언어일 수 있으리라는 생각이다. 둘째는 풀줄기(蓍草)의 조작이 어떻게 교신수단이 될 수 있는가 하는 점이다. 그런데 여기에도 이를 임의롭게 조작하는 것이 아니라 하늘의 이법에 맞추어 행함으로써하늘과 통하는 길이 된다는 생각을 해볼 수 있다. 하늘의 이법가운데에는 사람과 하늘이 소통하는 방식조차 포함될 수 있을것이며, 이를 찾아낸 것이 바로 주역의 풀줄기 조작법에 해당한다는 것이다.

이는 물론 현대인의 관점에서 볼 때 매우 납득하기 어려운 주장이다. 앞서 논의한 바와 같이 우리가 만일 의미 있는 앎에 도달하는 인식론적 방법으로 '과학적 방법'과 이에 대치되는 '초과학적 방법'을 상정한다면 이는 분명히 '초과학적 방법'에 속하는 예가 된다. 그러나 다산은 우리가 일단 하늘(天)과 사람(성인) 사이의 의사 소통 가능성을 인정한다면 이를 위한 구체적 방식이 존재해야 할 것이고, 이에 대해 성인이 각고의 노력 끝에 얻어낸 것이 바로 주역이라고 생각하는 입장이다. 따라서 이 주장도 나름대로의 내적 논리를 지니고 있음이 사실이며 이를 논리적으로 부정할 방법은 없다. 그리고 이러한 주장에 다시 무게를 실어주는 것이 주역이 지닌 역사적 권위와 효용이다. 만일 주역에 대한 역사적 권위와 효용을 거부하지 않는다면, 이에 대한 어떤 설명이 필요했을 것이고 그 설명으로서 다산이 취하게 된 논지가 바로 『역론』에 나타난 이러한 주장들이라고 보아야 할 것이다.

　그러나 다산의 이러한 논지 속에는 하나의 맹점이 있다. 즉, 주역에 관한 이러한 설명에는 다분히 임의적 요소가 들어 있으며, 이러한 임의성을 용납할 경우 신빙할 수 없는 수많은 이론들이 성립될 수 있다는 점이다. 사실상 주역을 통해 수많은 황당한 주장들이 파생되는 것도 이러한 연유에 기인한다고 말할 수 있다. 다산은 이러한 맹점을 적어도 심정적으로는 깊이 의식했던 것으로 보인다. 그리하여 그는 우선 이것의 용도를 성인이 부득이한 상황에서 오직 선한 목적만으로 활용하는 것에 한정해버린다. 그리고 이를 활용하지 않고도 결과를 판정할 수 있는 많은 경우들을 언급하고 있다. 그는 상황에 의해 성공할 것이 분명하거나 또 실패할 것이 분명할 경우가 있음을 말하고 있는데, 이는 암묵적으로 우리의 합리적인 방법을 통해 의미 있는 예측이 가능함을 말해주고 있는 것이다.

　그러면서도 다산은 주역 자체의 중요성을 매우 강조하고 있는데,[13] 이는 주역이 이러한 점서로서의 성격과는 다른 또 하나의 중요한 성격을 지니고 있기 때문이다. 그는 주역이라는 언어가 단순히 하늘과의 교신만을 위한 것이 아니라 그 안에 자연 운행의 이법이 담겨 있으므로 이를 파악함으로써 굳이 점서의 형태가 아니고도 의미 있는 많은 앎에 이를 수 있다고 본 것이다. 이 점에 관해서는 그의 「주역답객난周易答客難」 속에 나타난 다음 몇 구절을 통해 좀 더 자세히 알아볼 수 있다.

역易이 도道가 됨은, 크게는 온 천지를 두루 망라하여 두 기氣를 순탄케 하고 사계절을 어김없이 하며, 작게는 벼룩과 파리가 날고 뛰는 것까지 살펴 알게 한다. 또 높게 보면 커지고 줄어들며 굽히고 펴는 이치를 체득하여 나아가고 물러서는 근거를 제공하고, 낮게 보면 말, 소, 개, 닭의 나고 죽는 일까지 헤아리게 한다. 또 멀리는 귀신의 능력에까지 미치고 천명을 생각하는 데까지 이르며, 가까이는 부자父子, 군신君臣, 부부夫婦의 일에 대처하고 이목구비耳目口鼻 사지백체四肢百體의 움직임에 이르기까지 그 징후와 연고를 예견케 한다.[14]

즉, 주역은 괘상이라는 형태로 자연과 인간사에 관한 많은 이치들을 표현하고 있으며, 이를 또 유용하게 활용할 수 있는 여지를 담고 있다는 것이다.

이는 물론 다산만의 관점은 아니다. 그러나 우리는 이러한 주장과 관련하여 당연한 몇 가지 의문을 떠올리지 않을 수 없다. 그 하나는 이것이 자연의 질서를 제대로 나타내고 있다는 주장을 어떻게 믿을 수 있는가 하는 점이다. 우리는 물론 이와 관련된 다산의 직접적 언급을 찾아볼 수 없다. 그에게서 군이 이와 관련된 이유를 찾아보려 한다면 오직 '성인'이 하늘과 땅을 관찰하여 얻어낸 지혜라고 하는 암시 정도일 것이다. 그러나 오늘날 우리의 관점에서 군이 이것의 유효성을 말하려 한다면 우리는 이것이 오랜 역사적 과정을 거쳐오는 동안 많은 사람들에 의한 경험적 검증을 받았으리라는 점을 내세우는 길밖에 없을 것이다. 따라서 우리는 다산이 이미 그의 '성인' 개념 속에 역사 속에서 이루어진 이러한 집합적 지혜라는 의미를 암묵적으로 깔고 있지 않았을까 하는 생각을 해볼 수 있다.

그러나 위의 다산의 주장과 관련한 한층 구체적인 의문은 이 단순한 부호 체계 속에 담긴 그 많은 이치들을 어떻게 구분하여 해석해낼 수 있는가 하는 점이다. 이 점과 관련하여 그는 주역이 지닌 이러한 폭넓은 적용 가능성이 불가피하게 해석상의 어려움을 동반한다는 사실을 인정한다. 제한된 몇 개의 역괘易卦가 무수히 많은 다양한 상황에 의미 있게 적용되기 위해서는 상황에 따른 상이한 해석들이 존재하지 않을 수 없으며, 이러한 각각의 해석을 말로 표현해놓은 것이 바로 역사易詞라고 그는 말한다. 그러므로 역사를 읽을 때는 그 해당하는 상황에 국한된 특정의 의미만을 부여할 것이며 함부로 확대 해석하거나 신비스런 의미를 첨부해서는 안 된다고 강조한다. 주역을 제대로 파악하고 바르게 적용하기 위해서는 상황의 정확한 파악은 물론 하나를 듣고 열을 이해하는 직관적 적용 능력이 있어야 한다는 것이다.[15] 그런데 결국 이러한 주장을 극단으로 몰고 가면 주역을 통해 사물에 대한 앎을 얻음에 있어서 주역 없이도 사물에 통달할 경지에 이르러야 한다는 데까지 갈 수 있으며, 이러한 점에서 주역의 신통력은 결국 인간의 직관적 능력으로 환원되고 마는 것이다.

주역에 대한 다산의 주장과 함께 떠오르는 또 한 가지 질문은 그가 어째서 하나의 보편적 법칙 또는 원리原理라는 의미의 이理의 추구 가능성은 봉쇄해버리면서 오히려 이에 상응할 수 있는 이론 체계로서의 주역을 인정하고 있는가 하는 점이다. 여기에 대한 하나의 대답은 흥미롭게도 그가 소개하고 있는 자기 중형仲兄인 정약전丁若銓의 글에서 찾아볼 수 있다.[16] 이 글에서 정약전은 성인은 왜 좀 더 직접적으로 본리本理를 가르치지 않고 주역을 통한 상징적 방식으로 가르치려 하는가 하고 묻고, 여기에 대해 다음과 같은 세 가지 이유를 제시한다.[17] 첫째로 사람의 마음에는 형체가 없으나 지각은 형체를 통해서만 가능하므로 형체가 없는 이理를 직접 지각할 수 없고 형체를 지닌 상象을 통해서만 지각이 가능하다는 것이다. 이것은 자연법칙을 나타내기 위해 현상에 직결되는 언어적 법칙이 필요하며 이 언어가 곧 상이라고 보는 주장이 된다. 그리고 둘째는 역易이 많은 사물에 해당하는 보편적 진리를 포함하고 있으나 구체적인 하나하나의 괘卦와 글들은 하나하나의 구체적 사물의 표식이므로 이들을 통해서는 여러 이치를 동시에 담아낼 수 없게 된다. 그러므로 이것에 닮은 상을 나타냄으로써 이것이 어떤 것, 어떤 일에 해당하는 것인지를 알 수 있게 해준다는 것이다. 즉, 은유적 방식을 채택함으로써 그 표현의 영역을 넓힌다는 의미가 된다. 그리고 세번째는 이미 다산의 『역론』에서 논의한 바와 같이 하늘(天)과의 교신을 위한 수단으로 이것이 필요하다는 말을 한다. 그리고 결론적으로 그는 주역에 나오는 숫자라든가 음양의 이치 등으로 천지자연의 이理를 밝혔다고 함부로 떠들어대서는 안 된다는 점을 경고하고 있다.

결국 형의 글을 빌려 다산이 말하고자 하는 관점은 우리가 이 理 자체에 직접 도달할 수 없으며 주역이 이를 대신하게 된다는 것인데, 주역은 그 자체로서 완벽한 자연의 법칙이라기보다는 이를 상징적 체계에 의해 근사적으로 나타낸 것이므로 적절히 그리고 현명하게 활용함으로써 사물의 이해와 예측에 도움을 받을 수 있다는 것이다.

그런데 여기서 한 가지 주목할 점은 이러한 원리를 처음 제정하는 것이 우리의 몫이 아니라 성인의 일이라고 본다는 사실이다. 이는 물론 그가 인간의 인식 기능을 일방적으로 가르침을 받기만 하는 수동적 위치에 있는 것으로 보는 중세적 사고에서 벗어나지 못하고 있는 것이 아닌가 하는 의혹을 가지게 한다. 그러나 그의 이른바 '성인'이 형식상으로는 하나의 인물로 의인화되어 있으나 결국 인류의 긴 누적적 경험을 지칭한 것이라고 해석한다면 오늘날의 이른바 가설연역적 방법에 의한 과학 이해와 크게 다르지 않을 수 있다. 즉, 그가 '성인'에 의해 설정된 하나의 가설을 지속적인 검토와 보완을 거쳐 의미 있는 이론으로 다듬어 나간다는 자세를 지녔던 것으로 해석할 수도 있다.

특히 이러한 점은 그가 종래의 주역 해석을 비롯한 옛사람들의 글 속에 나타난 권위를 넘어설 자세를 취하고 있는 데서도 찾아볼 수 있다. 즉, 그는 전설적인 옛 성인의 권위는 인정하면서도 그 후의 모든 주석에 대해서는 비판을 서슴지 않는다. 심지어 주역의 중요한 일부로 인정되고 있는 「계사전繫辭傳」에 대해서마저도 과감한 재편집을 시도하여 그 가운데 많은 부분을 폐기해버리는 용단을 내리고 있다. 즉, 그는 주역에 대한 자신의 관점을 벗어나 다분히 신비적이며 주술적인 성격의 내용들을 대거 제기한 것이다. 특히 흥미로운 점으로 그가 폐기해버린 내용과 남겨둔 내용 속에 담긴 '신神'이라는 글자의 수를 세어보면 「계사전」 전체에 나오는 20개 '신' 자 가운데 18개가 폐기된 부분에 속한 것이며 오직 2개만이 남아 있는 부분에 들어 있는데, 이들조차도 형용사적 용법만으로 쓰인 것일 뿐 '귀신鬼神'이라든가 '신물神物'과 같은 보다 신비주의적 표현을 이루는 것들이 아니라는 점이다.[18] 이는 결국 '귀신' 등의 용어가 대표하는 비합리성 및 주술적 성격을 되도록 배제하고 오직 정도에 입각한 하늘(天)과 인간(聖人) 사이의 교신 관계만 인정하려는 그의 자세를 말해주는 것이다.

다산 사상의 위치

이제 다산의 이러한 과학 사상이 우리의 사상사에서 어떠한 위치를 점유하고 있는지를 현대적 관점과의 비교를 통해 살펴 나가기로 하자. 이미 보아온 바와 같이 다산은 그의 이기관에서 이理 개념에 비해 기氣 개념을 상대적으로 강조함으로써 현상으로서의 자연에 한층 접근해간 반면, 자연법칙으로서의 이 개념을 실질적으로 무력화함으로써 보편 원리를 추구한다는 과학의 이상으로부터는 오히려 멀어지는 결과를 초래하였다. 반면 그는 이미 설정된 주역의 보편 법칙적 효용을 인정하여 사물 이해의 기본으로 삼으려 했으며, 이로써 새로운 원리의 탐구보다는 기존 이론에 대한 해석 문제에 더욱 치중하는 자세를 보였다.

여기서 우리의 관심사가 되는 것은 다산의 이러한 사고가 자연의 보편 원리를 추구해가는 역사적 과정에서 어떠한 위치를 점유하느냐 하는 점이다. 동양 성리학에서는 일찍부터 이러한 보편적 이理의 존재성을 인정하고 이를 추구하려는 자세를 지녀왔다. 예컨대, 17세기 초 조선의 성리학자 장현광張顯光은 이러한 보편적 이理를 파악함으로써 "오늘의 일을 바탕으로 추리함으로써 지나간 만고의 일과 앞으로 올 만세의 일을 알아낼 수 있다"는 이상을 표명한 바 있다.[19] 그러나 이러한 이상이 동양의 성리학을 통해서는 구현되지 못하고 오히려 이러한 이理의 개념조차 분명히 지니지 않았던 서구에서 그 맹아적인 형태의 실현을 보게 되었다. 17세기 후반에 등장한 고전역학은 적어도 근사적인 형태로서 이러한 이상에 접근한 이론이며, 그로부터 한 세대가 지난 18세기 초에 이르러서는 고전역학이 지닌 이러한 가능성이 많은 사람들에게 널리 이해되기에 이르렀다. 특히 당시의 뛰어난 수학자이며 과학자였던 라플라스M. P. Laplace, 1749~1827는 고전역학을 활용할 경우 우리에게 충분한 계산 능력만 있다면 현재의 상태, 즉 '초기 조건'을 관찰함으로써 과거와 미래의 모든 일을 산출해낼 수 있다는 점을 명백히 밝히고 있다.[20]

한편 서구에 앞서 이러한 보편적 이理의 추구를 부르짖던 성리학의 본고장에서는 다산에게서 보는 바와 같이 서구에서 그 현실적인 가능성을 선포함과 때를 같이하여 (다산은 라플라스보다 13년 늦게 출생하여 9년 늦게 서거하였다) 그러한 이의 현실적 기능을 무력화하는 상황에 이른 것이다. 그렇다면 우리는 이러한 역설적 상황을 어떻게 이해해야 할 것인가? 과학에서 자연현상 전체에 예외 없이 적용되는 보편적 원리를 추구함은 극히 당연한 일이다. 그러나 그 방법에서는 막연한 추측이나 상상에 의존하는 것이 아니라 불완전하나마 구체적인 검증이 가능한 실험적인 이론을 만들어나가는 데서 출발하는 것이다. 이에 반해 동양에서는 더욱 높고 분명한 목표를 지니고 출발하고는 있으나 방법론적 적절성을 결여함으로써 현실에서 유리된 사변과 공론의 세계로만 치닫는 상황에 놓였던 것이다.

바로 이러한 시점에서 진보적인 사상가들의 입장은 오히려 도달 가능성이 없어 보이는 목표 그 자체를 포기하고 현실로 되돌아와 손에 잡히는 현실적 과제에 착수해야 한다고 생각한 것이다. 이것이 바로 다산을 비롯한 당시 조선 실학자들의 입장이었으며, 이러한 점에서 이들이 지니는 일정한 진보적 의의를 낮추어 평가할 수는 없다. 그러나 이러한 목표 자체의 포기는 결과적으로 값비싼 대가를 지불하게 되었다. 다산 이후에도 최한기崔漢綺 등 출중한 실학자들이 이어졌으나 어느 누구도 고전역학을 비롯한 근대 과학의 체계적 이론에 접근해간 증거를 찾을 수 없으며, 서구 과학을 오직 실용의 학으로만 이해하는 데 그치고 있는 것이다. 학문의 목표를 보편적 이理의 추구에 두었더라면 서구 과학에서 이에 가장 가까이 접근해간 고전역학의 핵심 사상에 당연히 관심을 기울였을 것이며, 다시 보다 보편적인 이의 확립을 위해 애써야 했을 것이나 애석하게도 우리의 학문 전통은 이러한 방향으로 이어지지 못하고 말았다.

그렇다고 해서 다산이 합리적 자연 이해의 길을 완전히 벗어나려 한 것은 아니다. 다산은 이러한 보편의 이를 포기하는 대신 이를 현실적으로 대체할 이론 체계로서 주역을 받아들이고 있다. 이것은 여전히 사물의 합리적 이해를 위해서는 현상 그 자체를 넘어서는 체계적 이론의 필요성을 말해주는 사실이라 해석될 수도 있다. 그러나 설혹 이 점을 인정하더라도 다산이 굳이 보편의 이를 거부하면서 오히려 이보다는 더욱 과학에서 거리가 먼 것으로 보이는 주역을 인정하게 된 데에는 그만한 사유가 있었을 것임이 틀림없다. 이 점과 관련하여 앞에서 다산 자신의 설명을 소개하였으나, 여기서는 사상사적 관점에서 다시 한 번 그 사유를 점검해보기로 한다.

다산이 이미 형의 글을 빌려 밝히고 있듯이 본리本理는 지극히 추상적이어서 특별한 접근 방법을 지니지 않고는 파악하기 어렵다. 이에 비해 주역은 괘상이라는 특별한 표현 방식을 지니고 있으므로 그것이 설혹 매우 부적절한 것이라 하더라도 그 무엇을 표현할 일차적 언어로서의 기능은 지닐 수 있다. 그리고 바로 이러한 현실적 언어를 지녔다는 점에서 추상적인 이의 추구보다는 주역을 통한 연구가 보다 현실적인 의의를 지닌다고 말할 수 있다. 사실상 성리학에서는 이理의 중요성을 강조하기는 했으나 이를 언어로 서술해낸 사례는 극히 드물며 더구나 모든 사물에 두루 통하는 보편의 이理를 하나의 명제로 표현해내는 것을 생각조차 하지 못 할 일이었다. 따라서 다산이 이러한 보편의 이를 추구하는 대신 모호한 상징체계의 형태로나마 주역을 하나의 보편 원리로 상정하고 그 의의를 파헤쳐 나가려 했음은 당시의 역사적 상황에서 피할 수 없는 길이었는지도 모른다.

다산의 자세에서 다소 의아하게 생각되는 점은 주역의 효용성에 대해 그 어떤 체계적 비판이나 타당한 근거를 제시하고 있지 않다는 점이다. 이는 근대적 의미의 비판적 사고나 과학적 방법이 아직 본격적으로 활용되지 않고 있었음을 말해주는 점이기도 하다. 이는 특히 다산이 당시의 많은 불합리한 관행에 대해서 가차 없는 비판을 가했던 점에 비추어 볼 때, 본격적인 과학적 방법의 채용이 얼마나 어려운 과제였는가를 말해주는 사례라고도 할 수 있다.

다산은 또한 인식론적 차원에서 인간의 감각적 정보와 인위적 법칙에 의해 앎에 이른다는 원칙에 철저히 서 있으면서도 이렇게 해서 이루어지는 앎 속에는 하늘이 우리에게 일러주는 명命이 포함될 수 있다는 중세적 관점을 견지하고 있다. 이는 오늘의 관점에서 무척 이상하게 보이는 것이 사실이나 당시의 그가 이러한 자세를 지녔다는 것이 곧 그의 과학 지향적 성향에 배치된다고 평가할 수는 없다. 그의 이러한 관점이 그가 이어받은 동양 사상의 뿌리 깊은 전통에 근거하고 있는 것은 사실이나 이는 비단 동양적 사상에만 국한된 일이 아니다. 뉴턴을 비롯한 서구 근대 과학의 선구자들도 '신의 계시'에 의해 알려질 수 있는 지식의 가능성을 인정하고 있으며, 심지어 과학 탐구 자체를 신이 내려줄 또 하나의 계시를 추구하는 과정이라고 보는 자세까지 취하기도 했던 것이다.

다산이 주역을 보는 관점에서 또 한 가지 언급해야 할 점은 그가 사실적 법칙으로서의 주역과 당위적 도리로서의 주역을 구분하고 있지 않다는 점이다. 예컨대, 벼룩과 파리가 뛰고 나는 이치는 사실 차원의 문제이며, 부자, 군신, 부부의 일을 대처하는 문제는 당위 차원의 문제가 된다. 그런데 하나의 법칙 속에서 이 두 가지를 동시에 찾을 수 있다고 보는 것도 문제려니와 이들의 기본적 성격을 전혀 구분하지 않고 있다는 점은 현대적 시각에서는 몹시 의아한 측면이다. 이는 다음에서 논의하는 바와 같이 동양 사상이 지닌 기본적 특성에서 우러나오는 것이며, 이러한 점에서 다산은 아직 동양 사상이 지닌 태생적 한계를 벗어나지 못하고 있음을 우리는 확인하게 된다.

요약하면 다산의 자연 이해는 엄격한 언어적 표현을 통해 자연의 합법칙적 질서를 서술할 가능성에는 미치지 못하는 대신 다소 모호한 상징적 언어를 통해 이를 나타낼 가능성을 생각하는 과도기적 단계에 놓여 있었으며, 또한 이러한 질서를 파악하는 일을 새롭게 찾아나가야 할 탐구의 과제로 보기보다 이미 이루어진 것에 대한 해석의 문제라고 보는 중세적 사고를 미처 벗어나지 않은 상황에 놓여 있다. 그리고 사실과 가치의 세계가 독립된 논리에 의해 성립한다는 서구적 관념에 이르지 않고 이들을 한 테두리 안에 묶어두는 동양적 사고에 여전히 머물러 있음을 볼 수 있다. 이러한 상황은 한편으로 동양 사상으로부터 서구 과학 사상으로 건너가는 과정에서 피할 수 없는 과도기적 과정이라 생각되면서도, 다른 한편으로 이러한 전환이 얼마나 힘겨운 일인가를 말해주는 사례라고 할 수도 있다.

맺는 말

우리가 다산의 과학 사상에 관심을 가지는 것은 단순히 우리 과학 사상사의 한 중요한 고리를 파악하자는 일에 그치는 것이 아니다. 이는 근본적으로 전통 동양 사상을 바탕으로 근대 서구 과학을 수용하려 할 경우 우리가 어떠한 사상적 전환의 과정을 겪게 되는가 하는 점에 대한 하나의 전형을 보려는 것이며, 이를 통하여 다시 오늘날 우리 자신이 지닌 사상적 위상을 점검해 보려는 것이다. 즉, 우리는 다산의 사상사적 편력을 통해 동양적 사고 기반 위에 서구 과학이 수용되기 위해서는 어떠한 어려움을 겪게 되는지, 그리고 이러한 지적 상황이 오늘날 우리에게도 해당되는 것이 아닌지를 살펴보려 하는 것이다.

이러한 점에서 우리는 다산이 봉착했던 문제점들이 상당 부분 미해결인 채로 우리의 사상 지형 속에 남아 있음을 본다. 그 가운데 하나가 사실의 세계와 관념의 세계를 기氣와 이理의 도식으로 파악하려는 소박한 자연관이다. 자연을 과학적으로 파악한다는 것이 곧 물질을 바탕으로 파악하는 것이며, 이러한 의미에서 기일원론氣—元論 혹은 주기론主氣論이 오늘의 과학관과 가장 잘 합치된다는 생각이 우리 지성계에 아직도 만연되어 있음을 본다. 서구 과학에서는 뉴턴의 고전역학적 서술 방식을 뛰어넘어 양자역학적 서술까지 이르고 있음에도 우리는 아직 고전역학의 합법칙적 서술 양식에 대한 이해에조차 이르지 못하고 있는 데서 오는 과오라고 할 수 있다. 우리는 이제 고전역학의 이理를 이해하고 다시 양자역학, 상대성이론의 이理를 이해해야 하는 것이다.

둘째로 우리는 아직도 동양 사상이 가지는 가치론적, 당위론적 성격을 사실 세계의 성격으로부터 분리해내는 작업에 성공하지 못하고 있다. 자연에 대한 이해를 바탕으로 어떻게 가치 또는 당위에 관한 명제 또는 주장을 이끌어낼 수 있는가를 이해해야 하는 것이다. 만일 이 작업에 성공하지 못하면 동양의 전통 사상을 바탕으로 현대의 과학 사상을 수용하는 일은 영구히 이루어지기 어려울 것이며, 반대로 현대 과학 사상을 바탕으로 전통 사상을 이해하는 일 또한 가능하지 않을 것이다. 이 점에 관해서는 이미 이 책의 1장과 2장에서 자세히 논의하였으므로 여기서 다시 반복하지는 않는다. 그러나 오직 한마디로 결론만 요약하면, 동양의 자연관은 근본적으로 삶(生)을 중심으로 하여 삶의 보전을 위한 기능으로서의 자연을 이해하려 하였다는 것이며, 따라서 만일 이러한 기능을 이해하고 이에 맞추어 살아가는 길이 밝혀진다면 이는 곧 삶을 보전한다는 본원적 당위에 연결될 수 있다는 것이다.

그러나 자연에 대한 동양 사상의 이러한 이해 방식으로는 삶과 직접 관련되지 않은 자연의 보편적 질서, 즉 그 물리적 원리들을 파악하기 어려우며, 이것이 곧 동양 사상이 지녔던 기본적인 한계이기도 하다. 어느 의미에서는 동양 사상을 자연의 생명 보전 기능과 이를 넘어서는 자연의 보편적 질서를 구분하지 않고 한 묶음으로 이해하려는 시도라고 볼 수도 있으나, 결과적으로 볼 때 자연의 보편적 질서 이해에는 거의 접근하지 못한 것으로 나타난다. 반대로 서구 사상은 자연의 보편적 질서 이해에 적지 않은 성공을 거두었으며, 생명에 대해서도 생명의 보전이라는 기능적 측면보다는 주로 사실적인 접근에서 많은 성과를 거두고 있다. 그러나 아직 이 모든 현상들을 묶어 삶이 이루어지는 현장으로서 전체 모습을 그려내는 데는 이르지 못하고 있는 상황이다.

결론적으로 전통적 동양 사상과 현대의 과학 사상 사이에 존재하는 이러한 시각의 차이를 바로 인식하고 이들 사이의 보완적 성격을 밝혀내는 것은 동서 사상의 올바른 상호 수용을 위해 필수적인 과업이라 할 수 있다. 그러나 이러한 과업은 두 세기 전 다산에게 부딪혀온 이래 아직도 그 많은 부분에서 여전히 풀리지 않은 채로 우리에게 남아 있는 것이 아닌가 하는 생각을 해보게 된다.[21]

2부

생명·인간·문명

6장
생명을 어떻게 볼 것인가

우리는 누구나 생명이 무엇인지를 안다. '생명'은 우리의 경험 세계 속에서 비교적 손쉽게 추상해낼 수 있는 개념이며 일상적 언술 안에서 별로 큰 어려움 없이 통용되는 개념이다. 우리는 살아 있는 존재와 그렇지 않은 존재를 쉽게 구분할 수 있는데, 이러한 구분의 과정에서 살아 있는 존재를 특징짓는 내용, 즉 '살아 있음'의 성격을 추상해낸 개념이 바로 '생명'인 것이다.

그런데 자세히 살펴보면 우리의 일상적 생명 개념 속에는 이러한 추상 개념으로서의 의미 외에도 '생명체'라는 의미의 생명 개념이 함께 포함되어 있다. 예컨대, "고양이도 다람쥐도 모두 생명을 가지고 있다"고 하는 언술에서 나타나는 생명은 추상 개념으로의 생명이 되겠으나, 고양이 한 마리가 죽는 것을 보고 "한 생명이 없어졌다고"라고 하거나 "바이러스도 생명이냐?"라고 말할 때의 생명은 엄격히 말해서 하나의 생명체를 의미하는 것이다. 그러나 이 두 가지 개념이 서로 분리되어 있는 것은 아니다. 생명이 무엇인가 하는 추상 개념으로서의 생명이 규정되고 나면 이러한 생명을 가졌다고 생각되는 실제 대상에 대해 구체 개념으로서의 생명, 즉 생명체로서의 자격을 부여하면 되는 것이다.

많은 경우에 우리는 이러한 생명 개념을 경험적으로 그리고 직관적으로 파악하고 이를 각각의 대상에 적용하여 생명체인지 아닌지를 구분해내는 일에 별 어려움을 느끼지 않는다. 그러나 생명과 생명 아닌 것 사이의 경계라든가, 한 생명에서 다른 생명이 나오는 시초에 해당하는 영역에 이르면 문제가 그리 간단하지 않다. 예를 들면, 마른 나뭇가지가 생명이냐 아니냐 하는 물음을 생각할 수 있다. 대부분의 경우 이는 땅에 꽂아도 살지 못한다. 그러나 아주 조심스런 방식의 처리를 하면 이것이 다시 싹을 피우고 소생할 가능성도 없지 않다. 마찬가지로 모체 안에서 자라나고 있는 태아가 독립된 생명이냐 아니냐 하는 물음에 대해서도 우리는 어느 한쪽으로 간단하게 대답할 수가 없다.

이러한 문제들을 처리하기 위해 우리는 생명에 대한 과학적 고찰에 기대해볼 수 있다. 생명에 대한 엄격한 과학적 정의를 제시하고 이에 맞추어 생명이냐 아니냐, 그리고 독립된 생명체이냐 아니냐를 논의해야 할 것이라는 생각이다. 그러나 놀랍게도 과학에서조차도 이에 대한 명쾌한 해답을 찾아보기가 어렵다. 생명의 정의 문제는 그간 과학 자체의 엄청난 발전에도 불구하고 여전히 합의되지 않은 어려운 문제로 남아 있는 것이다.

생명의 정의 문제

이제 과학에서 생명을 정의함에 어떠한 어려움이 따르는지를 간단히 검토해보고 이러한 어려움이 생명의 성격에 대해 시사하는 바가 무엇인지를 살펴보기로 하자.『브리태니커 백과사전』에 의하면 지금까지 알려진 생명의 정의는 대략 다섯 가지로 분류된다. 즉, 생리적physiological 정의, 대사적metabolic 정의, 유전적genetic 정의, 생화학적biochemical 정의 및 열역학적thermodynamic 정의가 그것이다.[1] 그 가운데 앞의 세 가지는 대체로 전통적 생물학의 테두리 안에서 생물학적 개념을 통해 설정되는 정의이며 나머지 두 가지는 전통적 생물학의 영역을 넘어서는 물리·화학적 개념을 통한 정의에 해당한다. 우선 전통적 생물학의 테두리 안에서 생각해볼 수 있는 정의들부터 살펴나가자.

생명에 대한 생리적 정의에서는 생명이 지닌 특징적 활동이라 할 수 있는 각종 생리작용을 나열하고 이러한 작용을 지닌 대상을 생명체라 규정한다. 즉, 먹고 배설하고 호흡하고 신진대사를 하며, 자라고 움직이고 생식 작용을 하며 외부 자극에 대해 일정한 반응을 나타내는 등의 생리 활동을 지니는 것을 생명체라고 규정하는 것이다. 이는 물론 우리의 상식적 생명 규정에 가장 근접한 정의임이 사실이다. 그러나 가만히 들여다보면 오로지 생명의 다양한 현상적 성질들을 평면적으로 나열했을 뿐 생명의 본질적 특성이 무엇인지를 잘 보여주지 못함을 알 수 있다. 뿐만 아니라 우리가 마땅히 생명이라 보아야 할 대상들 중에는 이러한 각종 생리작용들 가운데 하나 또는 그 이상의 성질들을 분명히 보여주지 않는 것들이 적지 않다.

이에 반해 생명에 대한 대사적 정의는 생명의 이러한 특징들 가운데 신진대사가 가장 본질적인 것이라는 입장을 취한다. 즉, 생명체라 함은 일정한 경계를 지니고 있는 체계로서 적어도 일정 기간 내에 그 내적 성격에는 큰 변화가 가져오지 않으면서 외부와는 끊임없이 물질 교환을 수행해 나가는 존재라고 규정한다. 그러나 이것 또한 너무 좁은 정의가 됨과 동시에 너무 넓은 정의가 된다는 약점을 지닌다. 즉, 식물의 씨나 박테리아의 포자 등은 상당 기간 대사 작용 없이 존재하는 것들이어서 생명의 범주에서 벗어날 수 있으며, 반대로 촛불과 같은 존재가 오히려 이 정의에 따르면 생명체로 분류될 수 있는 것이다.

이와는 달리 생명에 대한 유전적 정의에서는 생명의 본질적 특성이 한 개체가 자신과 닮은 또 하나의 개체를 만들어내는 특성, 즉 그 생식 작용에 있는 것으로 보고 생명체를 바로 이러한 특성을 지닌 존재로 규정하려는 입장을 취한다. 이러한 정의는 특히 자연선택을 통한 생물의 진화 문제와 밀접히 관련됨으로써 생명의 본질적 이해에 한층 가까이 접근한 것이라고 말할 수 있다.[2] 그러나 여기에도 이것만으로는 포괄할 수 없는 예외가 존재한다. 예컨대, 꿀벌 집단 안의 일벌들이나 노새와 같은 특정의 잡종들은 여타의 모든 점에서 다른 생명체와 다름이 없으나 생식 능력만은 지니고 있지 않은 것이다.

여기서 우리는 생명이 전통적인 생물학의 개념만으로는 정의되기 어려운 속성을 지닌 것이 아닌가 하는 의혹을 가져볼 수 있다. 이는 예컨대 한국어만으로 한국어 속의 모든 말을 완전히 정의하기 어려운 사실에 견주어볼 수 있는 일이다. 그렇다면 전통적인 생물학적 개념을 떠나 한층 보편적인 용어들을 통해 생명을 정의하려는 시도는 좀 더 성공적일 수 있는가? 이를 위해 전통적 생물학의 영역을 넘어서는 한층 보편적인 개념들, 예컨대 물리학이나 화학의 개념들을 동원하여 생명을 정의하는 시도들을 살펴보자.

이러한 정의 가운데 대표적인 것 하나가 생명에 대한 생화학적 정의이다. 이는 생명의 특성을 나타내는 가장 기본적인 물질 형태가 유전적 정보를 함축하고 있는 핵산 분자들, 즉 DNA 분자들과 생물체 내의 화학적 반응들을 조절하는 효소 분자들, 즉 단백질 분자들이라고 보아 이러한 물질들을 기능적으로 함유하고 있는 체계를 생명체라고 보는 입장을 취한다. 그런데 여기서도 예외를 생각할 수 있다. 예를 들어, 일종의 바이러스를 닮은 스크라피scrapie 병원균은 스스로 어떤 핵산 분자도 지니지 않지만 숙주의 핵산 분자들을 교묘하게 활용함으로써 번식을 이루어나가는 존재이다. 이 정의가 지닌 더욱 중요한 약점은 이와는 상이한 분자적 구조를 지니면서도 기능적으로 흡사한 성격을 나타내는 존재가 나타났다고 할 때 이를 생명으로 인정하지 않을 것인가 하는 점이다. 다시 말해, DNA 분자나 단백질 분자와 같은 탄소 화합물이 아닌 다른 형태의 화합물로 구성된 체계로서 생명체가 보이는 모든 기능적 특성을 지니는 것이 존재한다고 할 때 이를 생명이 아니라고 주장할 수 있는가 하는 점이다.

이와는 달리 생명에 대한 물리학적 정의라고 할 수 있는 열역학적 정의에서는 생명의 생화학적 정의가 지닌 이러한 약점은 나타나지 않는다. 이 정의에서는 생명을 자유에너지 출입이 가능한 하나의 열린 체계로 보아 특정된 물리적 조건의 형성에 의하여 낮은 엔트로피, 즉 높은 질서를 지속적으로 유지해나가는 특성을 지닌 존재로 규정하고 있다. 위의 생화학적 정의가 생명에 대한 소재적 정의라 한다면 이는 생명에 대한 기능적 정의라 할 수 있다. 이 체계가 어떤 소재로 이루어졌든 간에 이러한 기능만 수행할 수 있으면 생명이라 부를 수 있다는 것이다. 그러나 이 경우에는 반대의 문제가 발생한다. 즉, 이것만으로는 생명이 되기 위한 충분조건이 되기가 어렵다는 것이다. 사실 우리가 통상적으로 이해하는 생명체들 이외에도 해석하기에 따라서 여기서 말하는 "높은 질서의 지속적 유지"의 기능을 지닌 자연적 또는 인위적 물질 체계를 찾아보기가 그리 어렵지 않은 것이다.[3] 그러나 이 정의가 지닌 보다 심각한 문제는 이러한 의미의 열린 체계는 그것이 어떠한 상황에 놓이느냐에 따라 이러한 기능을 나타낼 수도 있고 그렇지 않을 수도 있다는 점이다. 즉, 이것이 생명이냐 아니냐의 여부는 이것이 어떠한 상황에 놓이느냐에 극히 예민하게 의존하는 것이며 따라서 이것이 놓이게 될 상황을 지정하지 않고는 정의로서 매우 불완전하다는 점이다.

이러한 논의를 통해 볼 때 생명의 정의에 관한 한 그 어떤 것도 우리에게 만족스런 결과를 주고 있지 않음이 분명하다. 그렇다면 이러한 어려움은 어디에 연유하는가?

여기서 우리는 그 가능성을 몇 가지로 짚어볼 수 있다. 그 하나는 생명에 대한 우리의 과학적 이해가 아직도 우리가 생명에 대해 직관적으로 파악한 개념의 수준에 이르지 못하기 때문일 것이라는 가능성이다. 생명이란 매우 신비한 것이어서 최소한 현재까지의 과학적 탐구만으로는 그 신비에 도달할 수 없으리라는 생각이다. 그러나 직관적으로 파악한 생명의 개념은 과연 그 신비의 정체를 꿰뚫고 있는 것인가? 최소한 직관적으로 지시하는 외연의 내용은 논란의 여지 없이 받아들일 만한 것인가 하면 곧 그렇지 못하다는 것을 알 수 있다. 이미 언급한 바와 같이 직관적 관념만을 통해 그 어떤 것이 생명인가 아닌가를 구분할 수 없는 경우가 허다하게 존재하기 때문이다.

그렇다면 우리는 다시 그 반대의 가능성을 생각해볼 수 있다. 즉, 우리의 과학이 생명의 본질을 포착했음에 반해 우리의 경험적 직관은 아직 이에 이르지 못하는 데서 오는 가능성이다. 생명에 대한 직관적 개념은 분명히 우리의 일상적 경험을 통해 얻어졌으며 이는 시간 공간적으로 우리의 직접적인 경험 영역에 국한된 것이라는 제약을 받는다. 그러나 생명에 대한 과학적 탐구는 미시적으로는 이의 분자적 수준의 이해에 도달하였고 거시적으로는 전 지구를 통해 퍼져 살아가는 생태적 존재 양상에 대한 이해에까지 이르렀다. 뿐만 아니라 시간적 측면에서 다시 이의 발생적 연유 및 진화적 과정에 대한 이해를 도모하고 있다. 따라서 이렇게 확대된 이해를 통해 드러난 생명의 개념이 기왕에 파악된 소박한 생명 개념과 반드시 일치해야 할 이유는 없는 것이다.

그러나 이러한 점이 생명의 정의를 어렵게 만드는 데 크게 한몫을 하는 것은 사실이지만 이것만으로 생명의 정의가 어려워지는 이유를 완전히 설명할 수는 없다. 이러한 설명들은 대체로 생명에 대해 우리가 직관적으로 파악하고 있는 외연적 내용이 과학적 검토를 통해 도달한 명시적 정의가 지시하는 내포적 성격과 잘 일치하지 못한다는 점에 대한 피상적 설명을 제공하고 있으나, 생명의 정의에 나타나는 외연과 내포의 불일치는 반드시 경험적 직관과 과학적 정의 사이의 불일치에서만 오는 것은 아니다. 예컨대, 생명에 대한 생화학적 정의에 나타나는 예외로서 스크라피 병원균의 경우는 과학적으로 정의된 내포와 과학적으로 파악된 외연 사이의 불일치를 말해주고 있는 것이다. 그러므로 여기서 우리는 일상 경험에서는 물론 과학적 이해에서도 내포와 외연이 일치되는 그 어떤 선명한 생명의 정의를 이끌어낼 개념적 작업이 아직 이루어지지 못했다는 사실을 알 수 있다.

그러나 이는 반드시 과학적 이해가 이러한 작업을 수행해낼 만한 단계에 이르지 못했기 때문임을 의미하는 것은 아니다. 이미 언급한 바와 같이 생명에 관한 과학적 지식은 분자적, 생태적 그리고 진화적 측면에서 엄청나게 신장해온 것이 사실이며, 현재로서는 오히려 이를 종합하고 정리하여 생명에 관한 하나의 전체적 모습을 파악하는 일이 새로운 과제로 등장하게 되었다. 그러므로 생명의 정의에 관련된 만족스런 개념적 작업이 이루어지지 못하고 있다면, 이는 오히려 부분 부분으로서의 과학적 이해는 이를 해내기에 충분한 정도에 도달했음에도 불구하고 이를 결합하여 생명의 전체적 모습을 파악하고 이를 의미 있는 개념 구조로 전환시킬 전반적인 개념 정리 작업이 이루어지지 못한 데에 있다고 보는 것이 정당할 것이다.

생명의 세 가지 특성

이제 우리는 생명의 정의에 관련된 어떠한 개념적 정리 작업이 요청되는가를 살피기 위해 생명의 정의에 관련된 최근의 한 논의에 주의를 기울여보자. 이론생물학자 글렌 W. 로Glen W. Rowe는 생명에 대한 이론적 모형을 설정하는 과정에서 생명이란 다음과 같은 세 가지 특성을 갖춘 것이어야 한다는 결론에 이르게 된다.[4] 그 첫째는 대사metabolism로서, 하나의 생명체는 주변으로부터 자유에너지를 흡입하여 이를 자체 유지를 위해 사용할 수 있어야 한다는 것이며, 둘째는 생식reproduction으로서, 개체의 유한성을 극복하기 위해 자기 자신에 대한 복제 능력을 가져야 한다는 것이고, 셋째는 진화evolution로서, 변화하는 환경에 적응하기 위해 세대를 거쳐가는 변이와 선택에 의한 적응력의 증가가 이루어져야 한다는 것이다.

그런데 가만히 살펴보면 하나의 개체적인 생명체로서는 이세 요건을 모두 충족시킬 수가 없음을 알 수 있다. 우선 생식이라는 것은 개체와 개체 사이의 관계인데, 이것을 단일 개체에 적용할 경우 일벌이나 노새에서 나타나는 것과 같은 문제가 생긴다. 더구나 진화라는 것은 장기적으로 수많은 개체들의 생멸을 통해 이루어지는 것이므로 이를 개체가 가진 특성으로 보아 개체에 대한 생명 부여의 조건으로 활용할 수는 없는 것이다.

물론 우리는 이러한 것들을 통해 이루어진 산물이라는 의미에서 개체적인 생명체 하나하나에 대해 생명성을 부여할 수는 있다. 그러나 이는 이미 개체로서의 특성을 말해주는 정의가 아니며 전체로서의 생명을 적어도 암묵적으로 전제하고 난 후 그 하나의 구성 요소라는 의미를 부여받는 것에 지나지 않는 것이다. 결국 생명의 정의를 한 단위 개체에 대해 수행하려 할 경우에는 피할 수 없는 문제점이 발생한다는 것이며, 이는 생명에 대한 이해에서 전체와 개체 사이의 관계가 그만큼 중요함을 말해주는 사실이 된다. 그럼에도 불구하고 지금까지는 생명에 대한 이해에서 개체 중심적인 시각을 크게 벗어나지 못했으며 따라서 이것이 지니는 개체적 성격과 전체적 성격 그리고 이들 사이의 관계를 적절히 나타내줄 응분의 개념화 작업이 이루어지지 못했다고 말할 수 있다.

사실상 현대 과학을 통해 파악된 생명의 참모습은 단순한 개체적 생명체들의 집합체로 이루어지는 것이라기보다는 하나의 총체적 단일체로 이해되어야 할 성격을 더 강하게 지닌다고 할 수 있으며, 따라서 이에 부응하는 새로운 개념적 작업을 수행하지 않고는 적어도 생명의 정의에 관련된 논의를 모순 없이 이끌어나가기가 몹시 어렵다는 이야기가 된다. 즉, 우리의 직접적 경험의 대상이 되는 개체적 생명체들은 오직 이 총체적 단일체와의 관련 아래서만 그 정당한 존재성이 인정되는 생명의 부분적 국면에 해당하는 것임에도 불구하고, 기존의 생명 개념은 이러한 개체들을 생명의 주체로 삼고 이러한 개체적 생명의 틀 안에 생명의 총체적 모습을 담아내야 하는 근원적 모순을 지닌 것이었다고 말할 수 있다.

과학이 파악한 생명의 모습

그렇다면 과학이 파악한 생명의 참모습이란 과연 어떠한 것인가? 이를 위해 먼저 생명이 탄생하게 된 역사적 경위부터 살펴나갈 필요가 있다. 현대 과학의 눈을 통해 본다면 우주는 대략 150억 년 전에 탄생하여 계속 팽창 변화해오고 있으며 이 가운데에는 여러 형태의 수많은 천체들이 형성되고 소멸되면서 오늘에 이르고 있다. 이 가운데 대략 50억 년 전에 이루어진 우리 태양계에서는 태양과 지구 사이에 일정한 온도 차이가 유지되면서 지속적인 자유에너지의 흐름이 형성되어 이를 통한 그 어떤 부분적 질서 형성의 계기가 마련되었다.[5] 처음에는 일종의 동적인 비평형 준안정 상태라고 할 물질-에너지 순환계, 즉 원시 기후 시스템이 이루어졌으며, 이 안에서 하나의 시공간적 국소질서가 계기가 되어 유사한 국소질서를 자체촉매적으로 형성하는 '연계적 국소질서'가 발생하게 되었다. 여기서 질서라 함은 어떤 물리계의 거시 상태가 지닌 '부負-엔트로피negative entropy'의 정도를 말하는 것이며,[6] 특히 '시공간적 국소질서'라고 할 경우 시공간적으로 제약된 하나의 물리계에서 주변에 비해 상대적으로 낮은 엔트로피를 지닌 어떤 거시 상태가 일정한 공간적 경계 안에서 일정한 기간 동안 유지되는 것을 의미한다.

지구 상에 이러한 상태가 형성된 후 일정 기간이 경과한, 지금부터 대략 35억 년 전에 해당하는 시기에 이르러서는 이러한 연계적 국소질서의 복제 생성률이 1을 넘어서는 상황에 이르게 되었다.[7] 즉, 하나의 국소질서가 그것의 유지 기간 내에 평균 하나 이상의 유사한 국소질서를 촉발해내는 상황에 도달한 것이다. 물론 이때 하나의 국소질서가 유지되는 것은 주변 상황의 함수이며, 따라서 약간씩의 변형을 지닌 후속 국소질서들 가운데는 주변 상황에 좀 더 잘 적응하여 좀 더 오래 지속되며 좀 더 효과적으로 후속 질서를 촉발해내는 것이 있고 또 그렇지 못한 것이 있게 된다. 그리고 이러한 과정을 거쳐 이루어진 후속 질서, 특히 주변 상황에 좀 더 잘 적응하는 질서일수록 그 질서의 크기, 즉 부-엔트로피의 값이 큰 것이 되리라고 예상해볼 수 있다.

일단 이러한 상황이 이루어지면 하나의 국소질서가 계기가 된 질서의 연계가 약간씩의 변형을 겪으면서 다양한 형태로 광범위하게 펼쳐나갈 수 있게 되는데, 우리가 흔히 생명이라 부르는 현상이 바로 이러한 성격을 지닌 존재이다. 그러므로 우리는 생명 그 자체를 바로 이러한 현상이라고 이해하더라도 사실상 별 무리가 없을 것이다. 만일 그렇게 한다면 지구 상의 생명은 대략 35억 년 전에 이루어진 어떠한 국소질서가 생명 형성을 위해 필요로 하는 몇 가지 조건,[8] 특히 그 복제 생성률이 1을 넘어서는 조건을 처음으로 만족시킨 시기를 기점으로 탄생한 것이라고 말할 수 있으며, 이를 계기로 이어져 내려온 후속 질서의 총체를 일러 생명을 이루는 실체, 즉 생명체라 부를 수 있다.

생명과 온생명

이제 이를 다시 한 번 요약해보면 생명이란 "우주 내에 형성되는 지속적 자유에너지의 흐름을 바탕으로, 기존 질서의 일부 국소질서가 이와 흡사한 새로운 국소질서 형성의 계기를 이루어, 그 복제 생성률이 1을 넘어서면서 일련의 연계적 국소질서가 형성 및 지속되어 나가게 되는 하나의 유기적 체계"라고 규정해 볼 수 있다. 여기서 '체계'라고 할 때 이는 이러한 추상적 질서의 체계를 의미할 수도 있고 이를 구현하고 있는 물리적 체계를 의미할 수도 있다. 만일 전자의 의미를 따른다면 추상 개념으로서의 생명 개념에 가까운 것이 될 것이고, 후자의 의미를 따른다면 구체 개념으로서의 생명, 즉 생명체에 해당하는 개념이 될 것이다. 여기서는 이 두 의미를 구태여 구분하지 않고 문맥에 따라 양쪽으로 모두 사용하기로 한다.

일단 생명의 개념을 이와 같이 정의하고 나면 이 지구 상에는 태양과 지구 사이에 형성되는 지속적 자유에너지 흐름을 바탕으로 대략 35억 년 전에 하나의 생명이 형성되었으며, 이것이 지속적인 성장 과정을 거쳐 오늘에 이르게 되었다고 말할 수 있다. 우주 내에는 이것말고도 바로 이러한 의미의 생명이 또 다른 곳에서도 형성될 수 있으며 바로 이 순간에도 그 어떤 곳에 이러한 생명이 현실적으로 존재할 수도 있다. 그러나 태양-지구 사이에 나타난 이 생명은 우주 내에 가능한 여타 생명과는 무관하게 그 자체로서 하나의 독립된 실체를 이루고 있으며 이것이 우리가 보는 지구 상의 생명이다.

그런데 이렇게 이해된 생명 개념은 우리가 경험을 통해 얻게 된 기존의 생명 개념과 반드시 일치하는 것은 아니다. 기존의 생명 개념은 대체로 하나하나의 개별 생명체들을 접하는 가운데 이들이 지닌 공통점을 추상하여 얻은 것임에 반하여 이는 지구상에 나타난 생명 현상을 그 연원과 더불어 여타 물리 현상과 구분되는 결정적인 특성을 파악함으로써 도출해낸 것이다. 그러므로 이러한 생명 개념은 그 내포에서뿐 아니라 그 외연에서도 기존의 생명 개념과 상당한 차이를 가질 수 있다. 여기서는 이 개념을 기존의 생명 개념과 구분하여 '온생명global life'이라 부르기로 한다.[9]

이렇게 정의된 온생명이 기존의 생명 개념과 구분되는 가장 중요한 차이는 지구 상에 나타난 전체 생명 현상을 하나하나의 개별적 생명체로 구분하지 않고 그 자체를 하나의 전일적 실체로 인정한다는 사실이다. 물론 생명의 이러한 정의 속에는 개별적 생명체에 해당하는 '국소질서'의 개념이 함께 도입되고 있다. 그러나 생명의 정의 속에 나타난 핵심 사항은 이러한 국소질서 그 자체에 있는 것이·아니라 이것이 질서로서 존속할 수 있는 주변의 여건과 함께 이들 사이에 성립하는 관계, 즉 선행 질서와 후속 질서 사이에 그 복제 생성률이 1을 넘어서는 계기적 관련의 성립에 있는 것이다. 즉, 고립된 의미의 국소질서라는 것은 그것을 물리적으로 존속시킬 주변의 여건과 함께 이를 계승시켜 나갈 이들 사이의 연계적 관계가 없다면 별로 큰 의미를 지니지 못하는 것이다. 따라서 온생명으로 지칭되는 개념의 내포 속에는 생명이 지니는 이러한 특성이 함축되어 이러한 상황을 현실적으로 구현해내는 체계의 집합을 그 외연으로 삼는다고 할 수 있다. 물론 현재까지 알려진 온생명의 예로는 지구상에 나타난 생명 하나밖에 없으며 그러한 점에서 이것은 지구상의 생명을 지칭하는 고유명사와 다름없이 사용될 수 있겠으나 그 정의가 내포하는 의미로는 어디까지나 보통명사에 해당하는 개념이다.

그렇다고 하여 온생명의 정의 속에 등장하는 '국소질서'의 중요성을 가볍게 보아도 된다는 것은 아니다. 생명이 갖고 있는 모든 특성은 이러한 성격의 국소질서 형성을 계기로 해서만 가능한 것이기 때문이다. 뿐만 아니라 이러한 국소질서들은 온생명 안에서 상당한 정도의 독자성을 지니고 있으므로 많은 경우 이들을 독립된 실체로 인정하는 것이 유용하다. 그러므로 이러한 국소질서에 대해 온생명과는 구분되는 독자적인 명칭을 부여할 필요가 있으며 여기서는 이를 '낱생명individual life'이라 부르기로 한다.

온생명과 낱생명의 개념을 이렇게 규정하고 보면 우리가 지녔던 기존의 생명 개념이 대체로 낱생명의 개념에 해당되는 것임을 알 수 있다. 사실 이는 그다지 이상한 일이 아니다. 생명을 인식하는 우리들 자신이 하나하나의 낱생명들이며 주요 관심사가 되는 주변의 대상들 또한 대부분 낱생명들이므로 우리는 생명 또는 생명을 지닌 실체로서 일단 이 낱생명들에 주목하지 않을 수 없었던 것이다. 오직 생명의 본성에 대한 총체적인 과학적 고찰을 거치고 난 후에야 비로소 우리는 온생명이라는 개념으로 표상되는 하나의 단일체로서의 생명 이해에 도달하게 된다.

이미 언급한 바와 같이 지금까지 생명에 대해 정의를 내리고자 할 때 겪을 수밖에 없었던 어려움이 바로 여기에 있다. 생명이라 함은 낱생명과 함께 온생명의 성격을 지니는 존재인데 이를 경험적으로 친숙한 낱생명의 틀 안에서만 이해하려 하는 데서 오는 어려움이다. 그리고 이러한 어려움은 생명에 대한 과학적 이해가 깊어질수록 더욱 증대될 수밖에 없는 성격을 지닌다. 생명에 대한 과학적 이해가 깊어질수록 생명이 지닌 온생명적 성격이 더욱 뚜렷해지게 되며, 온생명적 성격이 뚜렷해질수록 낱생명 개념의 틀 안에 이를 수용해내기가 어려워지기 때문이다.

물론 여기에 하나의 반론이 제기될 수 있다. '생명'의 개념을 굳이 '온생명' 개념까지 함축하는 것으로 보지 말고 '낱생명' 개념만을 지칭하는 것으로 한정시켜 사용하면 어떠냐 하는 주장이다. 그리고 '온생명'에 해당하는 그 무엇이 있다면 이러한 의미의 '생명'과는 다른 또 하나의 별개 개념으로 설정할 수 있지 않느냐 하는 주장이다. 생명 개념 자체가 어차피 하나의 정의에 불과할 바에는 그렇게 해서 안 될 이유도 없다. 그러나 생명 개념의 이러한 분화 또는 제한은 생명이라는 현상이 나타내고 있는 특징적 그리고 본질적 양상을 총체적으로 표현해내지 못하는 결함을 지닌다. 즉, 온생명 개념과 함께 낱생명의 개념을 아울러 담고 있는 하나의 총체적 개념이 필요한데, 이를 나타낼 가장 적절한 표현은 역시 '생명'이라는 것 이외에 다른 것이 없다. 모든 다른 개념들이 그러하듯이 생명의 개념도 그것에 대한 우리의 이해가 증진됨에 따라 그 내용에 변화가 오지 않을 수 없으며 이러한 변화를 인정할 바에는 낱생명 개념으로 이를 제한할 것이 아니라 생명의 총체적 특성을 담게 될 내용으로 심화시키는 것이 온당하다. 사실상 기왕의 생명 개념 속에 이미 이러한 의미의 내용이 일부 함축되어 있으며 여기서는 이를 좀 더 명료하게 규정하는 작업을 하는 셈이 된다. 그리고 이렇게 설정된 '생명' 개념을 다시 온생명적 성격을 지칭하는 부분과 낱생명적 성격을 지칭하는 부분으로 분리하여 나타내고자 할 때는 이를 각각 명시적으로 '온생명' 그리고 '낱생명'이라는 용어로 표현할 수 있는 것이다.

온생명과 생태계, 생물권, 가이아

여기서 잠시 이러한 '온생명' 개념이 기왕에 설정된 학술적 용어들인 '생태계ecosystem'라든가 '생물권biosphere' 등의 개념과는 어떠한 차이가 있는지, 그리고 제임스 러브록James E. Lovelock에 의해 제안되어 최근에 널리 유포되고 있는 '가이아Gaia'라는 말과는 어떤 차이가 있는지를 잠시 살펴볼 필요가 있다. 이것이 만일 기왕의 이러한 용어들과 큰 차이가 없는 것이라면 굳이 새 용어를 도입하여 혼란을 야기시킬 필요가 없을 것이기 때문이다.

먼저 '생태계' 개념과 관련하여 이야기하자면 이는 흔히 생물적 그리고 비생물적 환경을 포함한 하나의 상호작용하는 생물 군집community으로서 특히 이들 사이의 생태적 관계, 즉 환경을 통해 유입되고 전환되는 에너지의 흐름에 초점을 맞추어 서술되는 체계라고 말할 수 있다.[10] 이를 다시 온생명의 관점에서 풀이해보면, 온생명의 한 주요 기능인 생태적 기능을 중심으로 하여 이를 수행하고 있는 하나의 체계라는 입장에서, 일군의 낱생명들과 그 인접한 주변 여건과의 관계를 나타내고 있는 개념이라 할 수 있다. 그러므로 만일 태양까지도 포함한 지구 생태계 전체를 말한다면 이는 그 지칭되는 물리적 대상에서 온생명을 구성하는 물리적 대상과 대체로 일치한다고 볼 수 있다.

그러나 생태계 개념 속에 내포된 생명 이해의 양식은 역시 낱생명을 기본으로 보고 이들이 모여 이루어 나가는 공동체적 집단이라는 것 이상으로 생명의 개념 자체를 확대해 나가려는 자세는 지니지 않는다. 다시 말하여 생태계라는 것은 어디까지나 개체적 단위들로 구성된 하나의 체계일 뿐이지 그 자체가 또 하나의 그리고 보다 본질적인 기본 단위를 이루는 것은 아니라고 보는 입장이다. 그러므로 설혹 지칭 대상이 동일하다 하더라도 어떠한 입장에서 개념화하느냐에 따라 함축 내용에는 엄청난 차이를 가져올 수 있다. 예를 들어, '고양이'라는 명칭을 취할 때와 '고양이 세포'라는 특정한 성격을 지닌 세포들의 체계라는 입장에서 '고양이 세포계'라는 명칭을 사용할 때 그 지칭 대상의 물리적 내용은 동일할 수 있으나 그 함축하는 의미는 서로 엄청나게 다른 것이다. '고양이'라고 한다면 그 안에 고양이 세포들과 이들의 관계로 이해될, 예컨대 세포생리적 측면 이외에도 행동적 측면, 기타 다양한 여러 의미를 담고 있으나 '고양이 세포계'라고 한다면 이러한 대부분의 의미가 상실되고 마는 것이다.

더구나 이들 개념이 지닌 통시적 정체성identity의 측면에서 보면 이들 사이의 차이는 더욱 커진다. 우리가 하나의 '사람'을 지칭할 때 이는 출생 이후 현재까지의 통시적 정체성을 가진 존재로 인정하듯이 '온생명'이라고 할 때 우리는 출생 이후 35억 년이란 연륜을 지닌 하나의 지속적 존재로 인정하는 것임에 반해, '지구 생태계'라 하면 이는 어디까지나 현시적 존재로서의 양상을 주로 나타낸다고 할 수 있다.

생태계와는 다소 다른 의미를 지닌 개념으로 '생물권'이란 용어도 종종 사용된다. 학술적으로는 지구 상의 생물들이 놓여 있는, 그리고 이들이 생존을 위해 필요로 하는 모든 물질들이 놓여 있는 지구 상의 전 영역을 생물권이라 정의한다.[11] 그러므로 지구의 어느 한 부분이 생물권에 포함되느냐 아니냐 하는 것은 이 부분의 물질이 생물의 생존을 지탱하는 일에 얼마나 의미 있게 기여하느냐 아니냐 하는 데에 달려 있다. 예컨대, 지구의 표면을 이루는 땅과 물, 그리고 생물의 생존에 관계되는 영역까지의 대기가 이에 포함되나 지각 내부의 멘틀이라든가 성층권에 속하는 대기는 일단 생물권에 속하지 않는 것으로 본다. 여기서 물론 태양 자체를 포함시켜야 하느냐 아니냐 하는 것은 관점에 따라 다르겠지만 여기에 유입되는 태양 에너지를 포함해야 하는 것은 필수적이다.

이렇게 볼 때 생물권이란 지구 생태계를 구성하는 대상 전체의 물질적 소재 및 그 분포 양상을 총칭하는 내용이라 할 수 있으며, 이러한 점에서 온생명의 '신체적' 구성에 가까운 개념이라고 말할 수 있다. 그러나 이것으로 온생명 개념을 대치시킬 수 없는 것은 마치 '사람'의 개념을 '인체'의 개념으로 대치시킬 수 없는 것과 같다.

그런데 이와 관련하여 한 가지 주의를 기울이고 지나가야 할 점이 있다. 이는 즉, 테야르 드 샤르댕Teilhard de Chardin에 의해 그 의미가 크게 심화된 좀 다른 의미의 '생물권' 개념이 존재한다는 것이며, 이는 다시 좀 더 후에 나타난 '가이아' 개념과 흡사한 측면을 지닌다는 점이다. 잘 알려진 바와 같이 샤르댕은 그 자신 가톨릭 사제인 동시에 지질생물학자로서 생명을 진화적·우주적 관점에서 이해해온 사상가이다.[12] 샤르댕의 말을 따르면 '생물권' 개념은 에두아르트 쥐스Eduard Suess에 의해 처음 창안되었고 블라드미르 베르나드스키Vladmir I. Vernadsky에 의해 생명을 포함하는 지구 상의 권역으로 해석된 것인데, 자신은 이를 "지구를 둘러싼 생명화된 물질의 실제 층위the actual layer of vitalised substance enveloping the earth"라는 의미로 사용한다고 한다.[13] 그런데 이 점과 관련하여 루도비코 갈레니Ludovico Galleni가 분석한 바에 의하면 그는 여기서 지질학적·생물학적 요소들 사이의 상호작용 관계를 전체로서 그리고 대규모로 살펴야 할 대상으로 보았다는 것이다. 그리하여 이들이 항상성homeostasis 유지라는 주요 기능을 지닌 하나의 유기체로 연결된다는 러브록의 이른바 '가이아' 가설에 매우 가까이 접근하고 있다는 것이다.[14]

여기서 중요한 점은 샤르댕의 생물권 개념이 러브록의 가이아 개념과 얼마나 유사한가 하는 점에 있는 것이 아니라 이러한 개념들이 여기서 제시하는 온생명 개념과 어떠한 공통점과 차이점을 가지는가 하는 점이다. 러브록의 가이아 가설이 지니는 중요한 점은 그것이 생명을 보는 새로운 관점이라기보다는 그가 '가이아'라 명명한 이러한 생물권이 종래에는 생물체 안에서만 볼 수 있었던 항상성 유지라는 특수한 성질을 가지고 있다는 사실을 발견했다는 점이다. 이에 반해 온생명 개념은 이러한 성격을 지녔다는 사실 자체와는 무관하게 하나의 전일적 단위로서 온생명을 인정해야 한다는 점이다.

온생명의 관점에서 보면 샤르댕의 생물권이나 러브록의 가이아는 모두 온생명의 '신체'가 지닌 한 국면을 대표하는 개념들이라 할 수 있으며, 이 이론들이 보탬이 된다면 이는 온생명의 '신체'가 지닌 (어쩌면 매우 중요한) 일부 특성들을 밝혀주었다는 점이 될 것이다. 그러나 샤르댕의 생물권 개념이나 러브록의 가이아 개념은 '정신'마저도 지니고 있는 온전한 생명체로서의 의미를 지니는 데까지는 이르지 않고 있다. 샤르댕은 '생물권' 개념에 이어 다시 독자적인 '정신권noosphere' 개념을 도입함으로써 인간을 통해 나타난 정신 또는 마음의 세계가 생물권과는 별도로 존재하는 것을 분명히 하고 있다.[15] 그러므로 그의 이러한 개념들과 온생명을 관련짓자면 온생명이란 '신체'로서 그가 말하는 '생물권'을 지니며 '정신'으로서 그가 말하는 '정신권'을 지니는, 하나의 성장해가는 전일적 생명이라고 말할 수 있다. 한편 러브록은 가이아와 인간 정신의 관계를 명시하고 있지는 않으나, 그의 가이아 개념에는 주로 지구물리 및 지구화학적 성격의 측면이 강조되고 있어서, 역시 이것이 인간에게 나타난 정신세계까지 함축한다는 암시는 찾아보기 어렵다.[16] 오히려 그는 가이아 개념을 인간 밖에 있는 그 무엇으로 의인화함으로써 인간 정신과는 다른 그 어떤 별개의 정신적 존재인 듯한 인상을 풍긴다.[17]

결론적으로, '생태계'라든가 '생물권' 그리고 '가이아'라는 개념들이 온생명이 지칭하는 일부 내용을 담고 있는 것이 사실이지만 적어도 온생명 개념이 지시해주고자 하는 생명의 본질에 관련된 핵심적 내용을 담아내지는 못하고 있다. 따라서 굳이 이들 기존의 용어들을 채용해 이 내용을 표현하려 한다면 이들이 지칭하는 내용에 대한 일정한 수정을 가하지 않을 수 없을 것이며, 내용상의 이러한 수정을 가하면서까지 이 용어들을 빌려 새로운 내용을 표현해야 될 이유는 없는 것이다. 더구나 이들 용어는 이미 학술적으로 구체화된 분명한 의미를 지니고 있는 것이므로 이를 임의로 변용시켜서도 안 될 것이다.

온생명과 낱생명

다시 본론으로 되돌아와 온생명과 낱생명 사이의 관계를 좀 더 자세히 살펴보자. 일단 온생명의 관점을 취하고 보면 기존의 생명 개념을 대표하는 낱생명들은 매우 의존적인 존재일 뿐 아니라 그 정체가 언제나 명백한 것도 아님을 곧 알 수 있다. 이들은 자유에너지 흐름을 기반으로 마련된 그 어떤 전체적 질서의 틀 안에서 하나의 상대적 구획 가능성만을 지닌 존재 단위로서 결과적으로 후속 낱생명의 형성과 온생명의 전체 질서 유지에 기여하고 있는 지극히 의존적인 존재이며, 특히 초기 형성 단계에서는 이들과 선행 낱생명 그리고 주변의 여건 사이에 명백한 구분을 설정하기 어려운 경우가 많다. 그리고 경우에 따라서는 심지어 전체의 생명 체계 안에서 이들의 정체가 끝내 불분명한 것들도 존재한다. 예를 들면, 바이러스를 하나의 독립된 낱생명으로 인정할 것인가 아닌가 하는 것이 바로 이러한 점에서 오랜 논란의 대상이 되어왔던 것이다.

그럼에도 불구하고 온생명 안에서 낱생명이 지니는 중요성을 결코 간과할 수 없다. 우리는 온생명의 기원 자체를 최초로 나타난 낱생명의 기원과 일치시키고 있다. 이제 온생명 안에서 낱생명이 지니는 중요성에 대해 좀 더 자세히 살펴보자. 하나의 질서라는 입장에서 볼 때 온생명은 실로 엄청난 질서의 구현체이다. 태양과 지구 사이의 자유에너지 흐름 속에 놓인 하나의 물리계로서 이러한 정도의 높은 질서를 스스로 이루어낸다는 것은 도저히 상상하기 어려운 일이다. 그럼에도 불구하고 지구 상의 생명은 유한한 기간 안에 이러한 높은 질서에 이르게 되었는데, 이것이 바로 이러한 낱생명들의 기여에 의한 것이다. 온생명 안에서 낱생명들이 가지는 가장 중요한 기능이 바로 자체의 생존 유지 기간 이내에 자신과 대등한 낱생명을 평균 하나 이상 형성해내는 것인데, 이것 자체는 물론 쉬운 일이 아니나, 자유에너지의 공급을 받는 지구의 여건 아래서 가장 원시적 형태의 이러한 기구가 자연스럽게 형성된다는 것은 생각됨 직한 일이다. 그런데 가장 간단한 형태의 이러한 낱생명이 일단 마련되고 나면 자연선택의 방식을 통해 그 후속 낱생명들이 보다 정교하고 복잡한 형태를 지닌 기구로 '성장'해가는 것은 그리 어려운 일이 아니다. 뿐만 아니라 온생명이 만일 이러한 낱생명들로 구성되어 있지 않다면, 이것이 그 어떤 기적에 의해 현재와 같은 높은 수준의 질서를 부여받았다 하더라도 이를 유지해나가기가 극히 어려울 것이다. 엔트로피의 지속적인 증가 경향으로 인해 그 구성 요소들의 노쇠가 불가피할 것인데, 이것이 대체 가능한 낱생명들로 구성되어 있지 않았다면 이러한 노쇠를 도저히 만회할 수 없을 것이기 때문이다. 그러나 지구 상의 온생명은 흔히 복제라 일컬어지는 낱생명들 사이의 계기적 관련을 조성함으로써 대체 가능한 개체들을 지속적으로 공급할 수 있게 되며, 이를 통해 온생명 전체의 질서 그리고 그 정체성을 유지해나가게 되는 것이다. 이는 말하자면 하나의 기구가 존속하기 위해 그 구성물에 대한 물질적 연속성을 포기하는 대신 그것이 지닌 정보적 연속성을 취함으로써 자신의 정체성을 유지해나가는 전략이라 할 수 있는데, 이를 '생명의 개체화 전략'이라 부를 수 있다.

홍미로운 점은 이러한 낱생명들이 모두 동일 수준의 내적 구조를 가지는 것이 아니라 매우 복잡한 다층적 존재 양상을 지닌다는 사실이다. 예컨대, 세포들을 1차적인 낱생명이라고 한다면 이들로 구성되는 유기체들, 즉 다람쥐나 전나무와 같은 동식물 생물체들은 한층 높은 2차적 낱생명이 된다. 그리고 다람쥐나 전나무 등의 개체들이 속한 생물의 종은 이들보다 한층 더 높은 3차적 낱생명이 될 수 있다. 그러므로 사람의 존재 양상만 보더라도 하나하나의 세포로서의 낱생명, 각각의 개인으로서의 낱생명, 그리고 인간이 속하고 있는 생물학적인 종, 즉 인류로서의 낱생명 등의 다양한 다층적 낱생명 체계의 일원으로 존재하게 됨을 알 수 있다.

그러나 여기서 주목해야 할 점은 그 어떤 낱생명이라 하더라도 근본적으로 자유에너지의 원천인 태양-지구계를 벗어나 존재할 수 없음은 물론 비교적 안정적인 주변의 특정 여건 아래서만 그 생존이 유지될 수 있다는 사실이다. 이러한 점에서 낱생명은 불가피하게 하나의 의존적인 존재 단위가 된다. 오직 태양-지구계가 같은 항속적인 자유에너지 원천을 그 안에 품고 있는 '온생명'과 같은 존재만이 한 생명으로서 자족적인 존재 단위를 형성하는 것이다.[18] 그러므로 우리가 만일 그 어떤 생명체에 부가적인 조건이 없이 명백한 독자적 존재성을 부여할 수 있다면 이는 오직 '온생명'에게만 해당되는 일이다.

이를 다시 한 낱생명의 입장에서 살펴보면 이 낱생명의 생존은 필연적으로 온생명의 생존과 함께 이루어지는 것이며, 자신의 생존이 자신을 제외한 온생명의 나머지 부분에 결정적으로 의존하는 것이 된다. 그러므로 하나의 낱생명 입장에서 볼 때 자신의 생존에 결정적인 영향을 미치는 온생명의 이 나머지 부분이라는 것이 특별한 의미를 지니는 것이 되며, 따라서 이 부분을 개념화하여 여기에 대한 적절한 명칭을 부여할 필요가 있다. 그리하여 한 낱생명을 기준으로 했을 때 "온생명에서 이 낱생명을 제외한 그 나머지 부분"을 이 낱생명의 '보생명co-life'이라고 부르기로 한다. 한 낱생명에 대한 '보생명'을 이렇게 정의하고 나면 이는 정의상 지정된 낱생명에 대한 상대 개념일 수밖에 없다. 즉,

'나'의 보생명과 '너'의 보생명이 서로 다를 수밖에 없는데 '나'의 보생명에는 '너'가 포함되고 '너'의 보생명에는 '나'가 포함된다. 뿐만 아니라 한 낱생명의 입장에서 볼 때 보생명의 여러 부분 가운데 좀 더 직접적인 중요성을 지닌 부분이 있고 그렇지 않은 부분이 있다. 예를 들어, 신체 내의 한 세포를 해당 낱생명이라 할 때, 함께 신체를 구성하는 주변의 여타 세포들은 그 세포의 생존을 위해 직접적인 중요성을 지니는 것임에 반해, 지구 반대쪽에 있는 다른 어느 생물의 몸은 이 세포에 대한 보생명으로서의 연관이 훨씬 약하다고 하지 않을 수 없다.

온생명적 관점: 협동과 경쟁

생명을 이해함에 있어 온생명을 하나의 중요한 그리고 가장 본원적인 생존 단위로 설정함으로써 모든 낱생명들은 자신들의 보생명과 더불어 온생명으로서의 생존을 유지함과 동시에 상대적인 독립성을 지닌 개체로서의 자신의 생존도 유지해가는 존재로 볼 수 있게 된다. 이는 기존의 낱생명 중심적 관점과는 크게 다른 것으로, 이러한 관점의 변화는 현실적으로 우리의 세계관 일반에 엄청난 변화를 초래할 수 있다. 종래의 낱생명 중심적인 관점에서는 낱생명 그 자체가 생명으로서의 의의를 지니는 최종적인 존재자이므로 낱생명의 생존에 절대적인 가치를 부여해왔고, 따라서 이러한 생존을 지켜나가려는 낱생명 단위의 투쟁을 생존의 본원적 양상으로 파악해왔다. 그러므로 생물계의 생존 활동이란 바로 생존 경쟁이며 약육강식이란 이해에 집착하게 되었고, 이러한 '밀림의 규칙'이 팽배하는 자연계를 그대로 방치해서는 안 되겠다는 판단 아래 생명의 존엄성을 별도로 '선포'하고 자연 외적인 윤리를 '부가'함으로써 적어도 인간 사회만이라도 이러한 아수라장에서 구제하려 한 것이다.

그러나 일단 온생명의 관점을 취하게 되면 자연의 본원적 질서는 기본적으로 경쟁이 아닌 협동으로 이해할 수 있게 된다. 동종의 개체들은 협동을 통해 한층 높은 차원의 상위 개체를 형성하며 이러한 상위 개체들은 다시 그들 사이의 새로운 협동을 통해 한층 더 높은 상위 개체를 형성해나가면서 최종적으로는 하나의 생존 단위인 온생명에 이르게 되는 것이다. 이와 동시에 타종의 낱생명들은 서로가 서로의 생존을 지탱해주는 생태적인 연계로 묶여 있음으로써 전체적으로 온생명 안에서의 분화된 기능을 담당한다고 말할 수 있다.

물론 이러한 관점에서도 개체 간의 경쟁이 존재하지 않는다고 보는 것은 아니다. 이는 오히려 '생명의 개체화 전략'의 한 부분으로, 모든 개체에게 자신의 생존을 최대한 유지해갈 의지를 심어줌으로써 상황과 능력에 맞는 생존을 보장해가게 하는 것이며 이것이 모여 결국 온생명의 건강한 생존 및 성장이 가능해지는 것이다. 이를 낱생명의 입장에서 보면 생존 경쟁이라 할 수 있겠으나 온생명의 입장에서 보면 건강 유지의 한 방편에 해당한다. 그러므로 일단 온생명의 관점에 서면 온생명의 생존과 성장이라는 근원적 당위를 바탕으로 각각의 낱생명들이 지녀야 할 당위적 생존 양식이 매우 자연스럽게 도출되는 것이다.

그러나 상황을 지나치게 단순화하여 상위 개체를 위해 하위 개체의 희생을 강요하는 전체주의에 빠진다든가, 혹은 모든 것을 자연 그 자체에 맡겨두어야 한다는 방임주의에 빠지는 일은 옳지 못하다. 온생명적 관점이라 함은 온생명 안에 나타나는 모든 현상에 대해 그 본말을 분명히 가려 최적의 판단에 이르는 것을 의미한다. 특히 이러한 과학적 이해의 틀을 사회와 윤리의 문제와 연관시킬 경우 모든 상황을 종합적으로 다각적으로 고려함으로써 편향된 결과에 이르지 않도록 각별한 주의가 요청된다. 오직 분명한 점은 상황에 대한 과학적 이해의 폭이 넓으면 넓을수록 그만큼 편향된 판단에 도달할 가능성이 줄어들 수 있다는 사실이다.

이러한 도덕적 혹은 당위적 측면 이외에도 생명에 대한 이러한 고찰이 우리의 사물 이해에 적지 않은 도움을 줄 수 있다. 여기서는 이와 관련하여 두 가지 점만을 더 지적하고자 한다. 우선 하나는 생명을 이해함에 있어서 낱생명 중심으로가 아니라 낱생명과 보생명의 관계를 중심으로 이해하게 됨으로써 종래의 생명 개념이 지녔던 많은 문제점들이 자연스럽게 해소된다는 사실이다. 이미 살펴본 바와 같이 지금까지의 생명 문제가 지녔던 많은 문제들은 보생명에 대한 고려 없이 낱생명만으로 이것이 생명이다 아니다 하는 주장을 해보려는 데서 왔다고 할 수 있다. 예컨대, 꺾어진 막대기가 생명이냐 아니냐 하는 것을 그 막대기 자체만 놓고 말하기는 어려운 것이다. 이것이 땅에 꽂힌다고 하는 보생명과의 결합 가능성이 주어졌을 때 이는 생명이며, 그렇지 못하고 내팽개쳐질 때 이는 이미 생명이 아닌 것이다. 마찬가지로 바이러스도 그의 보생명인 여타 생물의 생체 내부에 침투할 수 있을 때 생명으로서의 기능을 지니게 되나 이와 분리된 존재로의 바이러스는 여타의 대형 분자 덩어리와 다를 것이 없다.

바로 이러한 관점에서 우리는 낱생명이 지닌 여러 성질들을 이해할 수 있다. 이미 언급한 '생명의 개체화 전략'을 인정한다면 낱생명들은 주어진 여건 아래서 스스로 생존에 대한 책임을 지게 되는 존재이며, 이를 위해 이들은 이른바 본능의 형태로 낱생명 자체를 보존하려는 일종의 생존 의지를 지니게 된다. 그러나 생존을 위한 모든 활동은 독립적으로 이루어지는 것이 아니라 보생명의 관계를 통해서만 이루어지는 것이므로 이를 위해 각각의 개체는 개체로서 생존을 유지해나감과 동시에 보생명과의 원만한 공존 상태를 지속시켜 나가려 한다. 즉, 낱생명은 그 보생명과의 관계에서 개체 생존에 유리한 그 무엇을 얻어 내려 함과 동시에 이와의 공존 유지를 위한 생태적 배려도 함께 하는 이중적인 성격을 지니는 것이다. 즉, 낱생명은 생존 경쟁만 할 뿐 아니라 생존 협동을 함께 하는 존재인 것이다. 바로 이러한 점에서 이상적인 사회는 어떠한 형태로 구성되어야 할 것인가 하는 데 대해 중요한 시사점을 얻을 수도 있다.[19]

온생명 안의 인간

생명 개념에 대한 이러한 구조적 이해를 통해 도달할 수 있는 또 한 가지의 중요한 점은 온생명 안에 놓인 인간의 위치를 좀 더 명백히 파악할 수 있다는 사실이다.[20] 인간은 본질적으로 온생명과 독립된 독자적 존재가 아니라 온생명의 한 부분으로 하나의 낱생명에 불과하다는 사실과 함께 인간은 온생명 안에서 매우 중요한 특별한 지위를 점유하고 있다는 점에 대한 인식이 가능하다는 것이다. 인간 역시 이러한 생명의 세계, 즉 온생명 안에서 그 보생명과의 관계를 통해 생존해가는 하나의 낱생명임이 분명하며 따라서 인간의 생존 방식 또한 낱생명이 일반적으로 지니는 보편적 생존 양상에서 크게 벗어날 수 없다. 오히려 인간은 생존이라는 측면에서 볼 때 매우 까다로운 제약 조건을 지니는 존재이다. 생태계적 위치에서 볼 때 인간은 최상위에 속하는 존재이어서 그 어느 생물종보다도 더 깊고 광범위한 생태계적 의존성을 지니고 살아갈 수밖에 없으며, 이는 곧 그 보생명과의 종적 그리고 횡적 관계에서 그만큼 더 깊고 광범위할 수밖에 없음을 의미한다. 그럼에도 불구하고 우리는 지금까지 이를 우리와 한 몸, 즉 우리의 보생명이라 생각하지 않고 단지 환경이라 생각해왔다. 현대 문명이 환경적 위기를 맞이한 것은 다분히 이러한 시각의 차이에 기인하는 것이 아닌가 하는 생각을 해볼 수 있다.

그러나 인간은 온생명 내의 한 개체로서 단순히 온생명에 의존하여 그 생존이나 유지해가는 존재가 아니다. 의식과 지능을 지닌 존재로서의 인간은 최초로 자신에 대한 반성적 사고를 할 수 있을 뿐 아니라 그가 지니게 된 집합적 지식을 활용하여 자신이 속한 생명의 전모, 즉 온생명을 파악해내는 존재가 된 것이다. 온생명의 입장에서 본다면 이것은 결코 예사로운 일이 아니다. 자신의 내부로부터 자신을 파악하는 존재가 생겨났다는 것은 곧 자기 스스로를 의식할 수 있는 단계에 도달했음을 의미하는 것이기 때문이다. 결국 온생명은 35억 년이란 성장 과정을 거쳐 비로소 자신을 의식할 수 있는 존재가 되었으며 이는 바로 온생명의 한 부분을 이루는 인간을 통해서 가능해진 것이다. 인간은 곧 온생명의 의식 주체로서 온생명 안에서 마치 신체 내에서 중추신경계가 지니는 것과 같은 위상을 지니게 되었으며, 이는 생명의 역사 전체를 통해 볼 때 생명의 출현만큼이나 중요한 의의를 지니는 사건이라 아니할 수 없다.

그러나 인간은 아직도 온생명 안에서 자신이 지닌 위상에 걸맞은 역할을 해내지 못하고 있다. 중추신경계가 지닌 중요한 기능의 하나가 자신이 관장하는 신체의 전역을 자신의 몸이라고 보고 여기에 자기 정체성self-identity을 부여하는 일이라고 할 때, 인간은 아직 온생명 자체를 자신의 몸이라고 느끼는 단계에까지 이르지 못하고 있음이 분명하다. 이와 더불어 중추신경계는 자신의 신체에 어떠한 위해가 가해질 때 이를 재빨리 인지하고 이에 대처할 방안을 마련하여 자신의 신체를 적극적으로 보호해나가는 기능을 지닌다. 그러므로 인간이 만일 온생명 안에서 이러한 중추신경계적 기능을 지녀야 한다면 인간 또한 온생명의 안위에 관심을 지니면서 이에 어떤 위험이 부닥칠 때 이를 감지하고 보호해 나가야 할 것이나, 지금까지 이에 이르지 못하고 있을 뿐 아니라 오히려 이를 무분별하게 파손함으로써 온생명의 건강에 심대한 위해를 가하는 주체가 되고 있다.

온생명의 관점에서 볼 때 인간의 급격한 번영은 상반된 두 가지 측면으로 해석이 가능하다. 그 하나는 온생명이 의식을 지닌 존재로 깨어나기 위하여 그 중추신경계를 급격히 확장해나가는 과정이라는 해석이고, 다른 하나는 온생명의 일부 세포들이 분별없이 번식하여 온생명의 생리를 크게 교란시킴으로써 온생명의 건강에 치명적인 위해를 주는 암적인 존재라는 해석이다. 물론 이 두 해석 모두가 온생명을 인간의 신체에 비겨 보는 비유에 기반을 둔 것이며 온생명의 생리 자체에 바탕을 둔 해석은 아니다. 그러므로 이 점에 대한 좀 더 적절한 해석을 위해서는 온생명 자체에 대한 한층 더 깊은 이해가 수반되지 않으면 안 된다. 그러나 현재 나타나는 여러 정황을 통해 잠정적인 결론을 내려본다면, 인간의 전례 없는 이 번영은 위에 말한 두 가지의 성격을 적어도 부분적으로 함께 지닌 것이라 보지 않을 수 없으며, 날이 지날수록 전자의 성격보다는 오히려 후자의 성격이 강해지고 있다는 우려를 낳게 한다.

상황이 이러하다면 우리는 바로 이 문제에 대한 바른 해답을 추구하기 위해서라도 생명이 지닌 본질적 성격에 대한 보다 진지한 추구의 길에 나서야 할 것이다. 그런데 현재로서 이러한 추구는 현대 과학에 바탕을 둔 깊은 철학적 성찰을 떠나서는 기대하기가 어려울 것으로 생각된다.[21]

7장
생명과 인간

생명의 '안'과 '밖'

생명 현상이 신비로운 것은 그것이 '안'과 '밖'이라고 하는 서로 다른 두 가지 양상을 지니고 우리 앞에 나타난다는 점이다. 사람이면 누구나 '나'라고 하는 자의식을 가지고 내 몸을 주체적으로 느끼며 살아가고 있다. 이것은 바로 내가 지닌 생명을 '안'에서 바라보게 되는 모습이다. 그러나 우리는 생명의 모습을 밖에서 바라볼 수도 있다. '나' 이외의 생명체들을 살펴보아 그 모습을 이해하는 것은 대부분 생명의 바깥 모습을 보는 것에 해당한다. 설혹 자기 자신의 몸이라 하더라도 육안으로 살펴본다든가 손발 또는 여타의 감각에 의해 더듬어지는 부분들은 생명의 바깥 모습이라 할 수 있다. 그러나 우리는 그 어느 경우에도 다른 생명체의 내부에 들어가 그 생명체의 내적 의식을 직접 감지할 수는 없다. 물론 자신의 내적 체험에 미루어 타인 또는 타 동물의 느낌이나 의식을 유추할 수는 있다. 그러나 이것은 어디까지나 유추 또는 해석의 문제일 뿐 자신의 몸과 마음을 직접적으로 의식하는 것과는 다르다.

　생명 현상이 지닌 이러한 두 측면은 이를 연구하고 이해하는 방식에서도 서로 다른 길을 따르게 만든다. 흔히 자연과학이라 불리는 외적 접근은 생명의 바깥 모습을 주로 살펴온 것이라 할 수 있고, 우리의 내적 경험을 기준으로 하여 인간의 내면적 모습과 이에 바탕을 둔 인간 관계 등의 이해를 지향하는 이른바 인문학은 생명의 이러한 안쪽 모습을 주로 살피는 일이라 할 수 있다. 그러나 생명, 특히 인간이 지닌 이러한 두 가지 특성은 본질적으로 서로 독립된 것이 아니라 한 현상의 두 측면이라 할 수 있다. 마치 건물 안에 들어가서 보는 건물의 모습과 건물 밖에서 보는 건물의 모습이 서로 판연히 다를 수 있으나 그렇다고 해서 서로 다른 두 건물이라고 할 수 없는 것과 흡사한 상황이다.

그러므로 생명 그리고 인간에 대한 심도 있는 이해를 추구하고 이를 통해 이들이 지닌 참모습을 이끌어내기 위해서는 생명이 지닌 이 두 측면을 무리 없이 결합시킬 노력이 필요하다. 사실 많은 사람들은 생명, 특히 인간이 지닌 이 미묘한 양면성에 대해 오래전부터 적지 않은 관심을 보여왔다. 생명이 지닌 외적인 모습은 흔히 우리 눈에 보이는 '몸'으로 대표되었으며, 생명이 지닌 안쪽 모습은 그 안에 거하는 '마음'만에 의해 감지되는 것으로 여겨졌으므로, 이를 흔히 '몸과 마음의 문제'라 부르면서 열띤 논의의 주제로 삼아왔다.

그러나 생명 문제에 대한 의미 있는 접근을 위해서는 일상적 경험을 바탕으로 하는 단순한 사변적 논의만으로는 불충분하다. 왜냐하면 우리의 일상적 경험이라는 것은 생명 현상의 긴 역사적 전개 과정과 정교한 생태적 연관 고리의 오직 한 단면만을 보는 데 국한되기 때문이다. 그러므로 여기서는 과학이 제공해주는 가능한 한 넓은 시각을 활용하고 여기에 다시 우리의 내적 경험이 말해주는 주체적 직관을 최대한으로 연관지음으로써 현재 우리가 그려낼 수 있는 생명과 인간의 모습이 어떠한 것인지를 살펴보기로 한다.

생명의 외적 형성 조건

우리는 이미 생명에 대해 많은 것을 알고 있다. 이는 우리가 주변에서 생명 현상에 대한 일상적 경험을 하고 있을 뿐 아니라 우리 자신이 생명의 일부분이므로 이를 내적 그리고 외적으로 항상 경험하는 존재이기 때문이다. 그러나 피상적 경험을 통해 익힌 지식이 곧바로 그 대상의 본성에 대한 이해로 연결되는 것은 아니다. 예컨대, 새와 포유동물에 대한 피상적 경험만을 익힌 사람은 박쥐가 나타날 때 이를 새에 속하는 것으로 잘못 판단할 수 있다. 그러므로 우리가 생명에 대한 본질적 이해를 추구하려 한다면 생명이라 불릴 대상이 지니는 특성들을 가장 본질적인 차원에서 분석하고 이에 맞추어 우주 안에서 발생하는 임의의 현상이 생명인지 아닌지를 구분해줄 분명한 기준을 마련할 수 있어야 한다. 즉, 우리가 진정 생명이 무엇인가를 말할 수 있으려면 지구생명이 아닌 그 어떤 외계의 현상이 포착될 때 이를 생명이라 볼 것인가 아닌가 하는 데에 대한 분명한 대답을 할 수 있어야 한다는 것이다.

이제 이를 위해 이른바 생명 현상이 지녀야 할 몇 가지 필수 조건들을 고찰하고, 하나의 현상이 생명이라 최종적으로 판정되기 위해 갖추어야 할 최소한의 기준이 어떻게 설정될 수 있는지 살펴볼 필요가 있다. 이러한 기준의 설정을 위해서는 이미 앞 장에서 소개한 글렌 로의 생명에 대한 기준을 생각해봄이 유용하다. 로에 의하면 생명이란 다음의 세 가지 특성을 갖춘 것이어야 한다.[1] 즉, 이것은 첫째로 주변으로부터 에너지를 흡입하여 이를 자체 유지를 위해 사용하게 되고, 둘째는 개체의 유한성을 극복하기 위해 자기 자신에 대한 복제의 능력을 가지게 되며, 셋째는 변화하는 환경에 맞서서 세대를 거쳐가며 변이와 선택을 통한 적응을 해나가게 된다는 것이다.

여기서 로가 말하는 이 기준들은 이미 생명 현상을 알고 그 특성들을 추출해낸 것으로서, 대사metabolism, 생식reproduction, 진화evolution 등 생명 현상에서 얻어진 기왕의 개념들을 통해 이를 표현하고 있다. 그러나 우리가 임의의 대상에 대하여 이것이 생명인가 아닌가를 확인하기 위해서는 이러한 기준을 보다 일반적인 개념과 용어를 통해 설정할 필요가 있다. 이제 그 어떤 현상이 생명이라 할 때, 이를 확인할 기준, 즉 생명의 가능한 정의를 보다 일반적인 논의를 통해 설정해보기로 하자.

체계 유지 기능

제일 먼저 우리는 이것이 시공간적으로 일정한 특징적 양상pattern을 지니는 하나의 동적 체계이어야 할 것을 요구한다. 이것은 즉, 그 어떤 공간적 구획을 지닌 특징적 양상이 시간적으로 성장과 소멸 등의 동적 과정을 거치게 된다는 것이다. 그러나 이러한 성격을 지니는 존재는 비단 생명 현상만은 아니다. 예컨대, 하늘의 별이라든가 지구 상의 태풍, 그리고 수증기 분자들로 이루어진 구름 더미들도 이러한 성격을 지닌다는 점에서는 동일하다.

이러한 동적 체계들이 지닌 특징을 보면, 이들은 대체로 비평형非平衡 준안정準安定 상태를 유지하면서 내외의 여건에 의한 교란을 받을 경우 특정 상황으로 복귀하려는 일종의 자체 보존적 성향을 지닌다. 예컨대, 카오스 이론에서 말하는 '이상한 끌개 strange attractor'라든가,[2] 생명 현상에서 오래 전부터 알려진 '항상성 homeostasis' 등이 여기에 속하는 것이다.

이제 이러한 계의 시간적 진행 과정을 좀 더 자세히 살펴보자. 먼저 계의 초기 발생 조건을 보면, 처음에 이른바 핵화 과정 nucleation이라고 하는 종자seed의 형성 과정이 있게 되는데, 이는 일리야 프리고진Ilya Prigogine이 주목하고 있는 이른바 "요동을 통한 질서order through fluctuation"의 기제를 통해 발생하게 된다.[3] 이렇게 이루어진 임계 결집핵結集核, 즉 종자의 형성은 계의 성장을 위한 문턱 조건threshold condition에 해당한다고 말할 수 있다. 일단 이러한 결집핵이 형성되면, 계는 다시 특정 구조 및 기능의 시간적 발현을 위한 안정된 성장기로 접어든다.

일반적으로 이러한 현상은 주변 여건에 무관한 국소질서 자체의 어떤 성질에 의해 마련되는 것이 아니라 자유에너지의 흐름을 형성하는 강한 비평형의 여건 아래서만 나타날 수 있다. 계가 일단 이러한 종자 형성 단계를 넘어서게 되면, 계 자체는 주변 여건의 지속적 요동에도 불구하고 상대적인 안정 상태를 유지해가며 일정 기간 동안 특정의 동적 질서를 유지하게 되는 데, 이 기간을 계의 수명life-time이라 부른다.

여기서 이러한 동적 체계의 존재 조건을 다음과 같이 규정해 볼 수 있다. 우리가 만일 이러한 동적 체계의 '생존율'을 "동일 상태의 결집핵 가운데 일정 기간에 걸쳐 성장 또는 존속을 유지한 결집핵의 수를 그렇지 못한 결집핵의 수로 나눈 값"으로 정의한다면, 이 동적 체계의 존재 조건은 "생존율이 1을 상회할 상황 여건이 유의미한 기간 동안 지속될 것"이라고 규정할 수 있다. 즉, 소멸 성향에 비해 존속 성향이 높은 상태가 어떤 유의미한 기간 이상 지속해야 한다는 것인데, 이러한 상황의 시작을 알리는 임계조건이 임계 결집핵의 형성 조건이며, 생존율 1을 상회하는 조건이 유지되는 기간이 바로 계의 수명에 해당한다.

계의 이러한 생존 유지 성향은 주어진 주변 여건에 대해 계 자체가 가지는 시공적 구조상의 특성에 따라 결정되는 것이며, 계의 생존에 유리한 역할을 수행하는 이러한 특성을 계의 '기능'이라 정의할 수 있다. 특히 이때 다양한 기능으로 유도하는 계(특히 종자) 내의 특징적 징표를 '정보'라는 말로 표현할 수 있다. 여기서 중요한 점은 이러한 징표, 즉 구조상의 특징은 오직 전제된 외적 상황 아래 놓일 경우에 한해 '의도된' 현실 상황을 발현할 수 있다는 점이다.

일반적으로 이러한 동적 체계 내의 정보 담지자, 즉 '작용체'는 이에 적절한 외적 상황, 즉 '보작용자' 아래서만 그 기능을 발휘할 수 있으며, 이러한 점은 생명 현상을 이해함에 있어서 필수적이다.[4] 여기서 우리는 '개체'와 '전체'의 개념을 도입할 수 있다. 개체라 함은 일단 상대적 자율성이 보장된 하나의 동적 체계, 즉 작용체로서 외적 보작용자를 전제로 하여 그 기능이 유지되는 조건부적 존재 단위를 말하며, 전체라 함은 개체 및 그 보작용자를 함께 포함한 전체 체계로서 외적 보작용자를 전제하지 않고도 이러한 내적 기능이 유지되는 체계를 의미한다.

자체 복제 기능

이미 언급한 바와 같이 위와 같은 조건을 만족하는 동적 체계는 생명 현상 외에도 여러 가지가 존재한다. 그러므로 어떠한 현상이 생명 현상이라 불리기 위해서는 다음에 이야기할 몇 가지 부가적인 조건이 더 요구된다. 이 가운데 중요한 한 가지로서 우리는 최소한 그 현상을 구성하는 개체들에 대해 '종자 복제 기능'을 가질 것을 요구하게 된다. 이는 간단히 말해서 정보가 담긴 임계 결집핵, 즉 종자의 형성 기능이라고 할 수 있다. 여기서 복제 기능을 특히 '종자' 복제 기능이라고 말하는 것은 일반적으로 피복제 개체가 성숙된 복제 개체의 형태로 복제되는 것이 아니라 종자의 형태로 복제될 것이기 때문이다. 이에 비해 처음부터 성체 개체 형태로 복제되는 경우를 성체 복제라 구분해 말할 수 있으나, 이는 오직 성장적 특성이 없는 개체들의 경우에만 적용되는 상황이다.

이와 함께 실제 복제 방식은 단순복제 방식과 복합복제 방식으로 나누어진다. 단순복제는 단일 개체가 모체가 되어 복제를 시행하는 것으로 단일 개체들로 연결된 복제 계열이 형성되는 경우이다. 이 경우 각각의 개체들은 단일 선상의 조상을 추적할 수 있다. 지구생명의 경우 이는 무성생식에 해당한다. 이에 비해 복합복제 방식은 하나의 피복제 개체 형성을 위해 최소한 두 개의 복제 개체가 관여하는 경우이다. 이 경우 한 개체는 단일 선상의 조상을 추적할 수 없으며 결국 하나의 넓은 복제 정보 '풀pool'을 형성하게 된다. 지구생명의 경우 이는 유성생식에 해당하는 것으로 통상 암수의 두 복제 개체가 관여한다. 특히 이러한 복제 방식은 다음 항에서 논의하는 종種의 형성과 관련하여 중요한 의미를 지닌다.

여기서 중요한 점은 개체들이 오직 유한한 수명만을 가지므로 이러한 현상이 지속적으로 유지되기 위해서는 한 개체가 그 수명이 다하기 전에 충분한 수의 피복제 개체를 만들어내야 한다는 점이다. 이를 위해 우리는 복제 기능을 지닌 한 개체가 그 수명 내에 평균 몇 개의 피복제 개체를 형성하는가 하는 것을 말해주는 개체당 '복제 생성률' 개념을 도입할 필요가 있는데, 이는 개체당 생성된 피복제 개체 수의 평균치로 정의될 수 있다. 복제 생성률을 이렇게 정의할 경우 생명 현상을 가능하게 하는 또 하나의 조건으로 복제 생성률이 1보다 커야 한다는 조건을 제시할 수 있다.

여기서도 역시 한 가지 중요한 점에 유의해야 한다. 즉, 이러한 복제 기능이 개체들의 독자적 능력만으로 이루어지는 것이 아니라는 점이다. 이러한 복제가 이루어지기 위해서는 이를 가능하게 해줄 비교적 안정된 그러나 매우 특수한 외적 조건, 즉 보작용자의 참여가 필수적임을 잊지 말아야 한다.

변이 계열의 형성

이와 같은 복제 개념이 형성되면 이를 통해 다시 복제 기능에 의해 형성된 한 묶음의 개체군, 즉 '복제 계열'의 개념을 설정할 수 있다. 복제의 과정을 통해 당연히 개체의 생존 및 기능을 위한 특징적 징표, 즉 '정보'가 전수되어나간다. 그러나 이렇게 형성된 모든 개체들이 반드시 똑같은 정보를 지니게 되는 것은 아니다. 전수 과정은 완벽한 것이 아니며 그 정보의 일부가 변형될 수도 있다. 이러한 경우 그 변형의 정도에 따라 여전히 생존이 가능한 개체가 생기기도 하고 생존이 불가능한 개체가 생겨나기도 한다. 일반적으로 변형된 정보를 전수받은 후속 개체는 그 생존 가능성이 저하되는 것이 상례이나, 예외적으로 오히려 생존 가능성이 향상된 개체가 발생할 수도 있다. 이러한 현상이 발생할 경우 이를 변이 개체라 부르고, 이것이 새로운 계열의 시원을 이루게 된다.

일단 이러한 변이가 발생할 경우 복제 계열은 여러 개의 서로 다른 정보를 지닌 변이 계열로 나누어질 수 있다. 그리고 이러한 계열들 또한 무한히 존속된다는 보장이 없다. 주변 여건의 변화, 기타 요인들에 의해 이들은 항상 멸절의 가능성을 지니게 되며, 결국 어느 때인가는 전혀 알아볼 수 없는 새로운 것으로 전이되거나 혹은 멸절되어 결과적으로 유한한 존속 기간만을 가지는 것으로 되어버린다. 이러한 논의를 심도 있게 진행하기 위해서는 물론 계열 구분에 관한 보다 엄격한 기준이 필요하겠으나, 여기서는 적절한 기준에 의해 이러한 구분이 가능하리라는 점만을 지적하고 그 구체적 논의를 생략한다.

이제 이러한 계열 구분이 가능하다고 전제하면, 이 계열이 존속할 수 있는 평균 존속 기간, 즉 '계열의 수명'을 생각할 수 있으며, 다시 한 계열의 존속 기간 내에 출현된 변이 계열의 수를 말해줄 '변이 계열 생성률'이란 개념을 정의할 수 있다. 일단 이와 같은 개념들이 정의되면 이를 통해 이러한 동적 체계의 존속을 위한 또 하나의 조건을 제시할 수 있는데, 이것은 즉, 변이 계열 생성률이 1보다 커야 한다는 조건이 된다. 이는 복제 계열들 자신이 유한한 수명을 가지는 경우에도 최소한 한 개 이상의 복제 계열은 존속할 것이라는 일종의 존재 조건에 해당한다.

이러한 복제 계열 또는 변이 계열은 생물학에서 말하는 종種 개념을 포함하고 있다. 통상적 의미에서 생물종이라 함은 복합복제, 특히 유성생식이 이루어질 경우 서로 구분되는 복제 계열을 의미한다. 그리고 두 개의 종을 구분하는 기준으로는 대체로 이들이 복제 정보 '풀'을 공유할 수 있는가 아닌가에 의해서 결정된다. 이러한 복합복제와 그에 따른 종의 형성은 생명의 다채로운 발현을 위해 매우 긴요한 구실을 하는 것으로 보이며, 실제로 지구생명에서는 이것이 고등 생물들의 주된 존재 양식으로 기능하고 있다.

대략 이러한 이야기들이 앞에 소개한 로의 조건들을 비생물학적 용어들로 재현한 내용이라 할 수 있다. 그러나 하나의 현상을 생명이라 규정하기 위해서는 이러한 조건들을 만족하는 것으로 충분한가? 적어도 우리가 알고 있는 한 이런 조건을 만족하는 동적 체계로서 알려진 예로서는 생명 체계밖에는 존재하지 않으며, 따라서 이러한 체계를 생명이라 '정의'하더라도 그것으로 문제 될 것은 없다.

그러나 실제 생명은 이 외에도 중요한 성질을 한두 가지 더 가지고 있으며, 이를 생명의 조건에 추가하는 것이 보다 자연스럽게 보인다. 이렇게 할 경우 생명 개념의 외연外延은 좁아들 수 있겠으나 그 내포內包는 더욱 풍부해질 것이다. 그러면 여기에 부가할 수 있는 조건은 어떠한 것인가?

협동 체계의 형성

그것은 개체 간에 '협동'이 이루어진다는 조건이다. 개개의 개체들은 이것이 여타 개체에 독립하여 단독으로 존재할 때보다 서로 간에 협동을 도모함으로써 그 생존율을 월등히 신장시킬 수 있다. 이때 만일 각 개체들에 대해 협동을 통해 얻게 될 혜택의 정도를 말해줄 '협동 혜택률'을 협동 여건하의 생존율과 단독 여건 하의 생존율의 비比로 정의한다면, 협동 체계가 이루어지기 위해서는 협동 혜택률이 1보다 커야 한다는 조건이 요청된다.

실제로 상호 의존적인 한 무리의 개체들에게서는 협동 혜택률이 1보다 월등하게 클 수밖에 없으며, 협동 없이는 생존이 불가능할 경우 이 값은 사실상 무한대가 된다. 상호 배타적인 개체들 사이에는 이 값이 물론 1보다 작겠으나, 실제 함께 생존하고 있는 대부분 가까운 주변 개체들에 대한 협동 혜택률은 1보다 크지 않을 수 없다. 실제로 많은 개체들이 개체들 간의 협동이 없이는 생존이 불가능하며, 이러한 경우 여타 개체들이 한 개체의 생존을 위한 '보작용자'의 역할을 수행하는 것이 된다.

흥미로운 점은 협동 혜택률을 더욱 확대하기 위해 이루어진 개체들 간의 매우 긴밀한 협동 체계는 그것 자체가 하나의 '상위 개체'로 간주될 수 있으며, 이러한 방식으로 각 층위의 개체들 사이에 하나의 위계적 구조가 형성될 수 있다는 사실이다. 세포들이 모여 상위 개체인 하나의 위기체organism을 형성한다거나 유기체들이 다시 모여 하나의 사회를 형성하는 것이 그 대표적 예이다.

생명의 정의: 낱생명과 온생명

이제 우리는 어떤 현상이 생명인가 아닌가를 판정할 기준으로 네 가지 조건을 제시했다. 우리가 알고 있는 지구생명은 이 조건들을 만족하고 있으며 또 이 조건들을 만족하는 어떤 현상이 발생했을 때 우리는 이것이 생명이 아니라고 말할 이유를 찾기 어렵게 된다. 그러므로 이러한 조건들을 만족하는 어떤 현상이 있을 때, 이를 생명이라 '정의'하는 것은 매우 자연스러운 일이다.

우리가 만일 생명에 관한 이 정의를 받아들인다면, 그 생명의 단위를 무엇으로 볼 것인가 하는 문제가 발생한다. 우선 한 가지는 이때 나타나는 각 단계의 '개체'를 생명의 단위로 보는 경우이다. 이러한 관점은 우리가 경험적으로 획득한 생명체의 개념에 가까우며, 실제로 각 단계의 개별적인 동적 체계가 정보의 담지자로서 중요한 기능을 지닌다는 점에서 유용성을 지니는 관점이다. 그러나 이러한 개체들은 기본적으로 외적 자유에너지의 흐름 및 협동 상황 아래 있는 여타 개체들이라는 필수적 조건, 즉 그 '보작용자'의 존재 아래서만 기능하는 조건부적인 존재이며, 또한 협동 체계의 형성을 통해 지속적으로 상위 개체를 이루어나가는 복합적 위계 체제 속의 한 잠정적 구성 요소를 이루는 존재이다. 따라서 이들을 만일 생명의 단위로 볼 경우, '어떠한 조건 아래서 존속이 가능한 어느 단계의 개체'를 진정한 생명의 단위로 볼 것인가 하는 문제가 야기된다.

한편 이 현상의 전모, 즉 이러한 현상을 독자적으로 가능케 하는 전체 시스템으로서의 최소 단위를 생명의 단위로 설정하는 것이 합당하다는 관점이 가능하다. 이는 유한한 시공간 내에서 기능하는 하나의 제한된 물리적 실체를 이루면서도 그 안에 생명의 '정의'에 포함된 모든 내용을 담고 있는 하나의 완결된 단위가 되기 때문이다. 특히 생명 현상 전체가 잘 결속된 하나의 협동 체계를 이루는 경우, 이는 하나의 분명한 존재론적 위상을 부여받은 실체가 됨이 틀림없다. 그러나 이러한 존재는 시간적으로나 공간적으로 엄청난 규모를 지니는 것이어서, 현대 과학적 시야의 조명을 받지 않는다면 그 존재조차 상정해보기 어려운 그 무엇이다.

이러한 고찰을 통해 볼 때, 생명의 단위는 전체를 포괄하는 하나의 완결적인 단위와 각 단계의 개체들을 나타내는 조건부적인 단위로 구분하여 설정할 필요가 있으며, 필자는 이들을 각각 '온생명'과 '낱생명'이라 불러오고 있다.[5] 결국 생명 현상이란 그 전모에 있어서 '온생명'을 이루며, 그 세부적 존재 양상에 있어서는 각 단계의 '낱생명'을 형성하는 존재이므로 이 두 측면을 각각 개념화하여 파악하는 동시에 이들 사이의 관계를 함께 이해하는 것이 무엇보다도 중요한 일이다.

그렇다면 생명에 대한 이러한 정의를 만족할 구체적 사례로서의 실제 생명은 어떤 것들인가? 섭섭하게도 우리는 아직 지구생명 이외에 이에 대한 어떤 구체적 사례도 알지 못한다. 그러나 이러한 생명의 정의는 보편적인 것이며 따라서 '온생명'도 하나의 보통명사일 뿐이다. 우리 우주 안에는 각각의 특징적 낱생명들을 지니는 수많은 온생명들이 존재할 수 있다. 우리는 물론 이러한 여타 생명에 관심을 가지고 있으며, 현실적으로도 이의 탐색을 위해 적지 않은 노력을 기울이고 있다.

그러나 우리에게 진정으로 중요한 것은 바로 우리 자신이 그 안에 속하고 있는 지구생명, 즉 태양과 지구 사이 자유에너지의 흐름을 통해 형성된 우리 '온생명'이다. 이 생명은 대략 35억 년 전에 태양-지구계를 바탕으로 출현하였으며, 이후 지속적인 성장을 거듭하여 급기야 인간이라고 하는 영특한 존재까지 배출하면서 그 놀라움을 더해가고 있는 실로 신묘한 존재라고 말할 수 있다.

생명이 지닌 내적 특성

우리는 지금까지 생명이 지닌 외형적 특성, 즉 생명의 '바깥' 모습을 중심으로 고찰해왔다. 그러나 앞에서 이미 언급했듯이 생명이 진정으로 신비로운 것은 그것의 '안'쪽이 존재하기 때문이다. 우리들 자신이 그 '안'쪽을 의식할 수 있는 존재이며, 바로 이 점 때문에 우리에게는 주체적인 '삶'이 주어지는 것이다. 우리 스스로 생명이 됨으로 인해 우리에게 주체적인 삶이 주어졌을 뿐 아니라, 생명이 지니는 또 한 가지의 중요한 특성인 내적 의식의 발현이 가능한 존재라는 사실을 스스로 깨달아 알게 된다.

우리가 분명히 아는 것은 최소한 잘 조직된 상위 개체 내에서는 그 어떤 주체적 의식 중심이 형성되어 이를 통해 스스로의 생존 조건에 대한 여러 정보들을 통합 지휘하게 되고, 더불어 '나'라고 하는 자기 정체성에 대한 의식이 발현된다는 사실이다. 자기 정체성에 대한 이러한 의식이 존재한다는 사실은 인간을 비롯한 고등동물에서는 거의 명백하며, 상대적으로 그 강도가 약하기는 하나 하등 동물이나 여타 유기체들에서도 비록 초보적 형태로나마 어렴풋이 나타나고 있음이 틀림없다.

이러한 의식 작용은 외적으로 나타나는 물리적 특성과는 무관한 별개의 실체에 연유하는 것으로 보이지는 않는다. 이는 오히려 생명체를 구성하는 물리적·생리적 기구들이 일정한 조건을 만족할 때 나타나는 일종의 내적 현상으로서, 앞서 말한 바와 같이 동일한 대상의 '안'쪽에 해당하는 성격을 지닌다. 그러므로 이것의 확인은 그 자체가 되어 주체적으로 느껴보는 것 이외에 다른 길이 없다. 반면, 타 주체에 대해서는 오직 이를 가능케 한다고 여겨지는 외적 특성과의 상관 관계로 미루어 그 내적 특성을 유추해볼 수 있을 뿐이다. 이러한 점에서 만일 지구생명

이외에도 앞에서 열거한 외적 특성을 지닌 어떤 존재가 실재한다면 이것 또한 우리가 경험하는 것과 흡사한 내적 의식을 지니지 않을까 추정해볼 수 있다. 그러나 이것은 어디까지나 추정일 뿐 그 의식 내부까지 침투하는 것은 끝내 가능하지 않은 일이다.

온생명과 인간의 위상

분명히 지구 상의 생명은 의식이라는 현상을 발현시키고 있으며, 바로 그 생명의 일부인 우리 인간이 이를 주체적으로 의식하며 살아가고 있다. 그러나 지구생명의 긴 역사로 본다면 이는 매우 최근에 나타난 일이다. 인간이 출현한 것은 불과 몇십만 년 이상을 거슬러 올라가기 어려운 상황이나 여러 정황 증거를 통해 볼 때 온생명 안의 여러 개체들 가운데서도 명확한 주체 의식을 지닌 존재는 오직 인간뿐이어서, 의식의 출현이라는 것은 온생명 안에서도 극히 최근에 발생한 매우 예외적인 상황이라고 할 수 있다.

단순한 생리적 측면에서만 보자면 인간은 여타의 고등 동물들과 비교해 그다지 큰 차이를 지니지 않는다. 외형적으로 보아 인간이 여타의 생물종들과 구분되는 특징이라고 한다면 상대적으로 큰 두뇌와 비교적 잘 발달한 중추신경계 정도이다. 그런데 바로 이 특징이 결과적으로 인간으로 하여금 온생명 안에서 기존의 그 어느 생물종들과도 다른 특별한 위상을 지니도록 해주었다. 인간은 두뇌와 중추신경계를 통해 명료한 내적 의식을 지니는 최초의 생물체가 되었으며, 이러한 내적 의식은 다시 삶의 주체적 영위자가 되어 자신을 중심으로 사물을 인식하고 자신의 의도에 따라 사물을 조작해가는 새로운 존재 양상을 가능케 하였다.

그러나 인간이 처음부터 전체 생명계 내에서 자신의 위치를 명확하게 파악할 수 있었던 것은 아니다. 낱생명으로서의 자신의 모습은 비교적 쉽게 파악할 수 있었으나, 온생명 안에서 자신의 위상을 파악하기란 그리 쉬운 일이 아니었다. 이미 언급한 바와 같이 온생명은 인간이 직접 의식하기에는 너무도 크고 장구한 존재이기 때문이다. 물론 인간이 자신의 존재 근원에 대해 아무런 관심도 가지지 않았던 것은 아니다. 처음에는 자신의 기원을 신화적인 상상을 통해 찾기도 했고 끝없는 순환의 한 고리로 이해하기도 했다. 그러다가 비판적 사고가 점차 형성되면서 인간은 자신의 근원과 역사에 대해 보다 합리적이고 실증적인 이해를 시도하기에 이르렀다.

어느 의미에서는 이러한 이해의 과정 자체가 하나의 역설이다. 이해의 주체로서 인간은 자신이 지닌 이성을 바탕으로 사고를 진행시켜나갈 수밖에 없는 존재이면서도, 다른 한편에서는 이러한 이성을 가지게 된 경위를 자신의 기원에 대한 물음과 함께 설명해내지 않으면 안 되는 일종의 논리적 순환에 물려 있는 것이다. 이것은 물론 단순한 악순환만은 아니다. 변증법적 논리에 따라 이해의 폭을 점점 넓혀나가면서 일종의 나선형적 발전상을 이루어낼 수 있는 것이며, 이것이 바로 인간이 오늘의 이해에 이르게 된 연유라고 할 수 있다. 특히 인간은 사물 자체에 대한 합법칙적 이해를 중심으로 자연과 그 안에 놓인 자신의 상황을 이해하는 데에 이름과 동시에, 생각하고 있는 자신에 대한 주관적 성찰에 의해 자신의 이성 자체를 검증하는 노력을 함께 해온 것이다. 이렇게 하여 이루어진 것이 바로 오늘의 과학이며 오늘의 철학이다. 인간은 이리하여 온생명 속에서의 자신의 모습을 보게 되었으며 이 속에서 살아가는 자신의 삶에 대해 사유하게 되었다.

이 가운데 눈여겨보아야 할 점 한 가지는 인간이 이룩한 자기 이해의 모습이다. 칸트를 비롯한 많은 철학자들은 인간이 지닌 이성의 능력을 나름대로 그려내고 정당화해보려는 노력을 기울였으며, 헤겔은 다시 개인의 이성을 넘어서는 '세계 이성' 그리고 '세계정신'의 개념으로 이를 승화시켜나갔다. 특히 헤겔에게서 주목할 만한 사실은 이러한 '정신'을 개체적 인간의 차원을 넘어서는 역사적 실체로 보았다는 점이다. 헤겔은 생명의 내적 특성인 '정신'이 자기 정립적이며 자기 활동적인 것이어서 그 자체가 주체인 일종의 절대적 존재이며, 인간과 삼라만상을 통해 그 자신을 드러내는 존재라고 보았다. 헤겔에 의하면 이러한 주체는 현실 역사 속에서 그 모습을 보이면서 끊임없이 전변하는 그 어떤 존재이며, 정신의 자기 완성의 긴 도정이 곧 세기의 역사이다. 그러니까 세계란 세계정신의 자기 인식 내용이며 자기 투여와 노역의 결과라 할 수 있다. 이 정신은 추상적으로 활동하는 것이 아니라 인간을 매체로 하여 작동되며 인간의 대상 인식과 자기 인식 그리고 실천을 통하여 발현된다.[6]

헤겔이 말하고 있는 이러한 세계정신을 온생명의 관점에서 이해해보자면 이는 곧, 인간의 출현과 함께 인간을 통해서 나타나는 생명의 내적 의식의 모습이라 할 수 있다. 여기서 의식이 물질을 구성하는가 물질이 의식을 구성하는가 하는 논의는 중요하지 않다. 이미 생명의 성격에서 본 바와 같이 이는 동전의 양면에 해당하는 것이다. 단지 의식을 주도적 위치에 세우고 있는 헤겔의 입장은 의식의 주체성에 입각한 관점이라고 보면 된다. 물론 헤겔 자신의 이해 속에서 이 '정신'이 온생명의 자기 인식에까지 이르렀다고 보기는 어렵다. 그러나 이 정신이 파악하는 세계 그리고 이 정신이 파악하는 생명이 '온생명'에까지 이를 때, 이 정신은 곧 온생명의 정신이 되며 이 의식은 곧 온생명의 의식이 된다. 그리고 이러한 온생명의 의식, 특히 그 '자아' 의식은 인간의 의식 세계를 떠난 별개의 의식으로 존재하는 것이 아니라, 헤겔이 이미 간파했듯이 오직 인간의 확대된 '자아' 의식을 통해서밖에 존재할 수 없다. 자신의 내적 의식을 통해 주체적 존재가 된 인간은 다시 더 큰 자아로서의 온생명을 보게 되고, 이러한 자기 이해는 그 의식을 온생명적 주체로까지 확대시킨다. 또 한 가지 중요한 점은 이러한 이해 그리고 이러한 확대가 고립된 인간 속에서 이루어지는 것이 아니라 사회적·역사적으로 지속되어나가는 인간의 집합적 의식 세계, 즉 문화를 통해서 이루어진다는 것이다. 문화를 통해 인간은 고차적 의식의 단계에 도달할 수 있으며, 최종적으로는 온생명을 '나'로 여기는 온생명의 자기 의식에까지 도달하는 것이다.

　만일 이러한 해석이 정당하다면 이는 온생명의 생애로 보아 엄청나게 놀라운 사건이 아닐 수 없다. 온생명은 출생한 지 35억 년이 지난 지금에 이르러서야 비로소 의식을 지닌 존재로 깨어날 계기를 마련하게 된 것이다. 온생명은 이제 인간의 출현 그리고 인간의 의식을 통해 새로운 존재로 다시 태어나는 것이며, 인간은 바로 이러한 점에서 개체적 생존과 개체적 의식을 넘어서는 온생명의 주체로 부상하는 것이다.

인간이 지니는 또 한 가지 중요한 점은 인간은 지구 생태계, 즉 온생명의 신체에 해당하는 부분에 엄청난 변화를 초래할 수 있는 존재가 되었다는 점이다. 인간은 상대적으로 큰 두뇌를 활용하여 문화를 형성하고 다시 이 문화, 특히 현대 과학기술을 매개로 엄청난 기술적 능력을 소지하게 되었다. 이는 주변 생태계에 대한 변화는 물론 자기 생존 방식, 심지어는 자신의 생리적 기반마저도 바꾸어나갈 능력을 가지게 되었음을 의미한다. 말하자면 인간의 출현과 더불어 온생명은 명실공히 스스로 자신을 의식적으로 조정해나갈 물리적 힘마저 지닌 존재가 된 셈이다. 이를 굳이 인간의 성숙 단계에 비유하자면 일정한 성장기를 거쳐 정신적으로나 신체적으로 성인의 단계에 접어드는 존재라는 이야기가 된다. 그리고 이를 가능케 해주는 바로 그 중추신경적 위치에 인간이 놓여 있는 것이다.

오늘의 현실과 과제

그러나 이러한 인간의 등장과 온생명의 변용은 결코 낙관적인 측면만을 지니는 것은 아니다. 인간이 온생명을 참된 자아로 받아들이고 이의 생존과 번영을 위해 올바른 판단을 내릴 수 있다는 것은 오로지 가능성으로만 존재하는 이야기이다. 현실은 오히려 무척 먼 자리에 놓여 있다. 현대 과학을 바탕으로 한 인간의 기술적 능력은 발전을 거듭해가는 것이 사실이나, 온생명에 대한 인간의 의식은 아직도 매우 미미한 단계에 있다. 여전히 현대 사회를 이끌어가는 주된 가치관은 인간중심적 가치관이며, 자신의 몸이 그리고 자신의 삶이 온생명에까지 이른다는 의식에는 크게 못 미치고 있다.

이러한 상황에서 인간에게 주어진 엄청난 기술적 능력은 오히려 재앙으로 작용할 수 있다. 이미 인간의 기술적 능력은 온생명의 신체와 생리에 엄청난 변형을 가하고 있으며 온생명을 심각한 질환의 상태에 빠뜨리고 있다. 오늘날 크게 문제되고 있는 환경문제가 바로 온생명 자체의 생리에 대한 충분한 이해 없이 인간이 무분별하게 휘두르는 기술적 행위의 결과인 것이다. 이는 마치 신체의 한 부분인 암세포들이 무분별하게 성장하여 인체의 생리를 교란시키는 상황과 흡사하다. 그러므로 이러한 환경문제를 이른바 환경 기술에 의해 "인간에게 불편이 없을 정도"로 해결한다 하더라도, 이것이 과연 온생명의 암적 질환에 대해 진통제적 처방에 그치는 것이 아닌지 심각하게 검토해보아야 할 일이다.

이와 관련하여 최근에 커다란 관심사가 되고 있는 생명 조작과 인간 복제의 문제를 생각해볼 수 있다. 인간은 이제 가축을 비롯한 상당한 고등 동물들에 대해 무성생식이 가능한 복제 개체를 만들어내는 데 성공했으며, 머지않아 인간 복제마저도 충분히 가능하리라는 전망을 던져주고 있다. 앞에서 잠시 언급한 바와 같이 지구 상의 모든 고등 동물들은 유성생식에 의한 복합 복제 체제를 취하고 있으며, 이것이 온생명의 가장 자연스런 생리의 일부를 이루고 있다. 따라서 이러한 무성생식 기술의 개발은 기왕의 온생명 생리에 어긋나는 새로운 생리적 조작에 해당하는 것이며, 이를 무분별하게 활용할 경우 어떠한 결과를 초래할 것인지 누구나 어렵지 않게 예상할 수 있을 것이다.

지금 특히 이 문제가 충격을 주는 것은 기존의 가치관과 행위 규범으로는 감당하기 어려운 엄청난 새 문제들을 야기할 것이라는 전망 때문이다. 하나의 복제 모형을 통해 마치 공장에서 물건을 찍어내듯 동일한 복제 인간을 다량으로 제작해낼 때, 인간의 생명 가치는 어떻게 보아야 하며, 인류의 기본이라 여겨온 부모 자식 간의 관계는 어떻게 설정될 것인지, 그리고 이러한 가치관의 혼란과 함께 다가올 사회적 혼란은 또 어떻게 할 것인지 하는 점들이 불안을 조성하고 있다.

이는 당연히 생명과 인간을 보는 기존의 관점에 대한 심각한 도전이며, 이에 따르는 위험 또한 엄청날 것임은 더 이상의 논의를 요하지 않는다. 그러나 이 문제를 반드시 비관적인 관점에서만 볼 필요는 없다. 어차피 인간중심적인 기존 가치관은 대폭적인 재검토를 요하고 있으며, 이러한 도전은 오히려 이에 대한 시급한 반성을 촉진시킬 가능성도 지니고 있기 때문이다. 우리에게는 오직 이에 정면으로 대처할 의지와 시간이 요청되는 것이며, 이러한 준비가 마련될 때까지는 이 위험한 기술의 현실적 활용을 유보하는 것이 최선책일 수 있다. 그러나 상황은 언제까지나 기다려주지 않을 것이며, 이를 위한 근본적 대처 방안을 더 미룰 수는 없다. 그리고 이것은 결국 온생명 안에서의 우리의 위치가 무엇인지를 자각하는 데서 출발하지 않을 수 없다.[7]

8장
온생명과 현대 사회

과학은 흔히 자연과학과 사회과학으로 대별된다. 자연과학은 우주의 구조를 비롯하여 그 안에 발생하는 이른바 물질 현상과 생명 현상을 주된 관심 대상으로 삼고 있으며 사회과학은 인간과 인간이 이루어나가고 있는 사회의 여러 현상을 주로 다루는 것으로 보고 있다. 그러나 이는 어디까지나 편의상의 구분일 뿐이며 현상 그 자체가 이러한 영역으로 엄격히 나누어지는 것은 아니다. 특히 인간이라고 하는 존재는 생명 현상의 한 부분에 속하는 존재이면서 또 한편 사회를 이루고 있는 기본적인 구성 요소이기도 하여 어느 한 가지 측면만으로는 다룰 수 없는 복합적 대상이다. 그리고 인간이 이루고 있는 사회 그 자체도 넓은 의미에서 생명 현상의 한 특수한 양상이라고 볼 수 있으며 이러한 점에서 생명이 지니는 일반적 성격의 테두리를 벗어나는 것이 아니다. 그러므로 인간과 사회를 바로 이해하기 위해서는 과학에 관한 기왕의 통념적 이분법에서 벗어나 우주와 생명 그리고 인간에 이르는 모든 현상을 하나의 일관된 관점에서 통합할 수 있는 새로운 이론을 구축하고 이에 의거하여 이들이 지닌 그 어떤 본원적 특성들을 파악해나가려는 자세가 필요하다.

과학이라고 하는 것은 사물을 바라보는 하나의 새로운 눈이다. 마치 망원경이나 현미경을 통해 육안으로 식별하기 어려운 것을 판별하는 데 도움을 얻듯이 우리는 과학의 눈을 통해 과학 없이는 파악하기 어려운 사물의 새로운 양상을 파악하는 데에 도움을 얻을 수 있다. 이는 단지 물질로 구성된 유형적 대상에만 해당하는 것이 아니라 이러한 물질적 구성을 바탕으로 구현된, 예컨대 생명이라든가 사회, 문화와 같은 고차적 대상들에 대해서도 여전히 유효한 것이다. 특히 물질과 생명, 인간과 사회에 대한 일관된 관점을 얻기 위해서는 이들 모두를 하나의 통합된 시각 안에 담아낼 수 있는 신뢰할 만한 이해의 틀이 요구되며, 이러한 이해의 틀은 오직 현대 과학을 통한 새로운 사물 이해 방식에 의해 마련된다고 할 수 있다. 이는 물론 현대 과학이 마련한 단편적 과학 지식들의 단순한 결합만을 통해 이루어질 일이 아니며 이러한 모든 지식들을 하나의 통합된 체계 안에서 그 어떤 유의미한 존재 양상으로 재구성해냄으로써 비로소 얻어질 수 있는 것이다. 더구나 현대 사회가 당면한 가장 심각한 문제로 꼽히고 있는 이른바 환경문제는 기존의 제한된 시각만으로는 그 정체조차도 제대로 파악하기 어려운 새로운 양상의 것이어서 이를 올바로 이해하고 바른 처방을 마련하기 위해서도 이러한 새로운 이해의 틀은 필수적으로 요청된다고 할 수 있다.

이 글에서는 바로 이러한 관점에 입각하여 현대 사회가 지닌 성격과 문제점을 새로운 시각에서 조명해보기로 한다. 그리고 이러한 조명을 통해 우리가 지향해야 할 새로운 삶의 형태가 어떤 것이어야 하며 또 어떻게 조정되어야 할 것인가에 대해 살펴 나가기로 한다. 이러한 고찰을 위해 우리는 현대 과학, 특히 현대 자연과학이 마련해준 시각과 정보를 광범위하게 이용할 것이다. 인간이라는 것 그리고 사회라는 것도 결국 넓은 의미에서 보면 지구라는 우주의 한 천체 위에서 우주의 긴 역사적 과정을 통해 발생하게 된 하나의 현상에 해당한다. 그러므로 이들이 자연과학적 고찰의 대상이 되며 또 이러한 고찰의 연장선에서 이해되어야 할 것임은 매우 당연한 일이다. 그러나 지금까지는 과학 자체가 지나치게 파편화되어 이러한 거시적 시각을 마련하는 일이 어려웠고, 따라서 적어도 자연과학적 고찰의 연장선상에 이러한 대상을 올려놓고 이들이 지닌 여러 특성을 의미 있게 포괄해내기는 어려운 실정이었다. 그러나 이제는 과학적 이해의 폭이 이를 포용할 수 있을 만큼 넓어지고 있으며 또한 현대 문명의 성격 자체가 이러한 이해를 거치지 않고는 바로 파악되기 어려운 국면이 있으므로 이러한 시도를 더 이상 미룰 수만은 없게 된 것이다.

그런데 이러한 고찰이 지니는 한 가지 특이한 점은 인간과 사회 그리고 그 속에서 이루어지는 문명은 고찰의 대상이 되는 동시에 고찰의 주체이기도 하다는 것이다. 이는 마치 자신의 몸을 과학적 고찰의 대상으로 삼음과 동시에 자각적으로 느껴지는 몸의 상황을 함께 파악해 나가는 경우와 흡사하다. 뒤에서 좀 더 자세히 논의하겠거니와 현대 사회 그리고 이것이 이루어낸 현대 문명이라는 것은 지구 위에 형성된 하나의 통합적 생명체가 이루어낸 현 시기의 한 국면이라 할 수 있다. 그리고 이것을 관찰하는 우리 자신 또한 이 생명체에 속하는 한 의식 주체로서 우리 자신의 몸에 해당하는 이 생명체와의 직접적인 연관 아래 자기 반성적 성격을 지니는 것이다. 그러므로 이러한 대상을 이해함에는 과학적 방법으로 탐색된 객관적 지식뿐 아니라 자신의 내부를 주체적으로 파악하는 이른바 자각 증세까지가 함께할 수 있다. 사실상 현대 사회에 대한 우리의 일상적 관념이 자기 신체에 대해 스스로 느끼는 자각 증세에 해당하는 것이라고 하면, 과학을 통해 살펴본 현대 사회의 모습은 현대 의학적 지식과 각종 계측 기구들을 통해 살펴본 자신의 모습이라 할 수 있다.

특히 여기서 우리가 관심을 가지려 하는 점은 이러한 현대 사회가 과연 건강한 상태에 놓여 있는가 하는 것이다. 이미 현대 사회가 이루어낸 오늘의 기술 문명에 대해 의혹을 갖게 하는 여러 자각 증세들이 나타나고 있다. 그런데 이를 다시 과학의 눈을 통해 진단함으로써 혹 현대 사회가 엄청난 중환에 걸리지 않았는가를 살펴볼 필요가 있는 것이다. 그러나 이를 좀 더 큰 시각에서 바라보면 이는 현대 사회 자체가 지닌 건강 문제라기보다는 이를 포괄하고 있는 전체 생명, 즉, '온생명'의 건강 문제라고 보아야 한다. 현대 사회 그 자체는 하나의 독자적 생명이기보다는 온생명이라 불릴 보다 근원적인 전체 생명이 지니는 하나의 국면이라고 보아야 할 것이기 때문이다. 그러므로 우리의 논의는 현대 사회와 이것이 나타내는 현대 문명을 포괄하는 이 하나의 생명이 과연 건강한 상태에 있는가 하는 점으로 이어질 것이다. 그리고 이러한 논의는 다시 인간의 그리고 이 온생명의 장기적인 생존을 위해서는 과연 어떠한 사회, 어떠한 삶의 형태가 요구되고 있는가 하는 문제로 귀착하게 된다.

생명과 온생명

현대 과학의 눈을 빌린다면 우리 우주는 대략 150억 년 전에 탄생하여 계속 팽창·변화하면서 오늘에 이르렀고, 이 가운데 우리 태양계는 대략 50억 년 전에 형성되어 적지 않은 변화의 과정을 거쳐 오늘에 이르렀다. 그런데 이러한 여러 우주적 사건들 가운데에서도 가장 놀라운 것은 대략 35억 년 전에 태양과 지구를 모태로 하여 출현한 이른바 생명 현상이다. 지구 상의 이 생명은 탄생 이후 여러 가지 경이로운 성장과 변화를 거듭한 끝에 급기야 인간을 출현시키기에 이르렀고, 이 인간이 나타내는 한 특징적 생존 양상이 바로 우리가 지금 고찰하려는 현대 사회 그리고 현대 문명이다.

그러므로 어느 누가 만일 "생명이 무엇인가?"라고 물어온다면 우리는 바로 지구 위에 나타난 이 우주사적 사건을 가리켜 대답할 수 있을 것이다. 이것이야말로 우리가 알고 있는 유일한 생명의 사례이기 때문이다.[1] 그러나 사례의 제시만으로 그것이 지닌 성격적 특성이 규정되는 것은 아니다. 생명에 대한 이해가 특정 사건을 지칭하는 하나의 고유명사적 서술만으로 그치지 않기 위해서는 생명이 생명 아닌 것과 구분되는 어떤 특성을 밝혀야 할 것이며, 이를 위해 생명이라고 하는 특징적 존재 양상이 사물의 보편적 존재 양상 위에 어떤 특징적 조건이 부가될 때 나타나는지를 말할 수 있어야 할 것이다. 즉, 사물의 다양한 존재 양상 가운데 생명이라 불릴 특수한 존재 양상은 그렇지 않은 존재 양상과 어떻게 다른가를 말할 수 있어야 한다.

이 점에 대한 합의된 규정은 아직 마련되어 있지 않다. 그러나 여기서는 잠정적으로 이를 "우주 내에 형성되는 지속적 자유에너지의 흐름을 바탕으로, 기존 질서가 새로운 질서의 모태가 되어, 지속적인 성장을 가능케 해 나가는 그 어떤 '정보적 질서'의 총체"라고 규정해보기로 한다.[2] 일단 생명 현상의 성격을 이렇게 규정해놓으면 이러한 생명 현상이 발생하기 위해 갖추어져야 할 물리적 여건이 무엇인가를 추정해볼 수 있다. 이러한 생명은 열역학 제2법칙에 따른 질서의 파괴 경향을 극복해가며 새로운 질서를 형성해나가는 존재인데, 이를 위해서는 지속적인 자유에너지의 공급이 필수적으로 요청된다.[3] 우주 내에는 이러한 지속적 자유에너지 공급 체계가 다수 존재할 것으로 추정되지만 그 분명한 사례가 바로 태양-지구계와 같은 항성-행성계이다. 여기서는 뜨거운 온도를 지닌 항성과 상대적으로 낮은 온도를 지닌 행성 사이의 온도 차이에 따른 에너지 흐름이 지속적으로 유지되며, 이러한 온도의 차이에 의해 에너지의 이동에 따른 자유에너지의 추출이 가능해지는 것이다. 사실상 우리 지구 상의 생명은 태양과 지구 사이의 온도 차이에 따른 자유에너지 흐름을 교묘하게 활용함으로써 열역학 제2법칙이 말해주는 질서 파괴의 경향을 극복해나가면서 이렇게 얻어진 자유에너지를 활용하여 새 질서를 형성해 나가는 존재라 할 수 있다.

그런데 여기서 '교묘하게 활용'한다는 말의 의미가 대단히 중요하다. 이는 태양-지구 사이의 자유에너지 흐름을 활용하기에 적절한 물리적 구성과 함께 이를 시간적으로 유지·발전시켜 나갈 절묘한 계략이 마련되고 있음을 말한다. 사실 이러한 조건이 마련된다는 것은 물리학적으로 볼 때 대단히 어려운 일이다. 우리가 만일 이것이 형성되는 역사적 과정에 대한 이해를 도외시한다면 이는 사실상 하나의 불가사의라고 말하지 않을 수 없다. 예컨대, 우주의 어느 한 시점에서 갑자기 우리 지구 상에서 보는 것과 같은 생명이 이루어진다는 것은 있을 수 없는 일이다. 그러나 이것이 만들어져 나가는 역사적 과정을 합리적으로 추적해보면 이는 오직 열역학 제2법칙이 말해주는 통계적 필연성에 따라 발생하는 하나의 자연스런 과정이라는 점이 분명해지며, 이러한 의미에서 생명 현상의 과학적 이해가 가능해지는 것이다.

일반적으로 자유에너지 흐름 속에서 어느 정도의 기간 동안 형태를 유지해가며 어떤 기능을 수행해가는 기구가 마련되는 것은 그리 어려운 일이 아니다. 예컨대, 전력의 공급이라는 외적 상황이 주어졌을 때 자신의 형태를 유지하며 온도가 낮은 물체에서 에너지를 뽑아내어 온도가 높은 물체로 보내는 장치를 마련하는 것은 쉬운 일이다. 우리 주변에서 흔히 보는 냉장고라든가 에어컨이 바로 이러한 장치이다. 그리고 어떤 우연에 의해 이러한 장치의 매우 원시적인 형태가 이루어진다는 것도 우리는 쉽게 상상할 수 있다.

그러나 일단 만들어진 이러한 장치가 영구히 그 기능을 수행해 나간다거나 점점 더 기능이 좋은 장치로 '성장'해간다는 것은 쉽게 상상할 수 없다. 그런데 지구 상의 생명이 바로 이러한 '성장'을 거쳐 이루어진 장치이다. 그렇다면 생명은 어떠한 방식으로 이를 가능하게 하고 있는가? 여기에 생명이 지닌 절묘한 계략이 작용한다. 이것은 사실 극히 간단한 것이기도 하다. 즉, 이 기구가 지닌 주요 기능의 하나로서 자체의 생존 유지 기간 이내에 자신과 대등한 기구를 평균 하나 이상 형성해내도록 하는 것이다. 이는 간단히 말해 자신의 복제 작업에 해당하는 것인데, 자신의 복제물이 이루어질 여건 속에 복제 원형으로서의 자신을 투입하는 행위에 해당한다. 이것 자체가 물론 쉬운 일은 아니나 자유에너지의 공급을 받는 지구의 여건 아래서 가장 원시적 형태의 이러한 기구가 자연스럽게 형성될 개연성은 충분히 있다. 그리고 일단 가장 간단한 형태의 이러한 기구가 마련된다면 이미 잘 알려진 자연선택의 방식을 통해 보다 정교하고 복잡한 형태를 지닌 기구로 '성장'하는 것이 가능하다.

그러므로 만일 태양-지구와 같은 자유에너지 흐름이 주어지고 이 가운데에서 이 흐름을 통해 질서를 유지·저장할 기구가 발생하여 그 기능의 일부로서 자체 복제의 능력을 지닐 수 있게 된다면, 위에 규정한 성격을 지닌 생명이 출현하여 성장해갈 수 있는 것이다. 여기서 주목할 점은 고정된 형태의 단일 기구로서는 고차적 질서를 지닌 생명의 유지 발전이 매우 어려우리라는 것이며, 이러한 근원적 난점을 지구생명은 복제라는 특정된 방식을 활용하여 극복해나간다는 사실이다. 이는 하나의 기구에 대해 그것의 물질적 연속성을 포기하는 대신 그것이 지닌 정보적 연속성을 취하는 전략으로, 하나의 기구가 지니는 불가피한 노쇠 현상을 극복해나가는 기발한 계략이기도 하다. 이미 앞에서 언급한 바 있듯이[4] 생명이 지닌 이러한 성격을 우리는 '생명의 개체화 전략'이라 부르기로 한다.

한편 이렇게 마련된 낱생명들은 그 자체로서 유한한 생전 기간 동안 상당한 독자성을 부여받아 활동하면서 집합적으로는 전체 생명을 형성하고 지속·발전시켜 나가는 중요한 구성 요소로 기능하게 된다. 이것이 바로 지구 상의 생명이 여러 형태의 낱생명들을 형성하며 존재하게 되는 근본적인 원인인데, 이러한 낱생명들은 낱생명들대로 더욱 복잡한 형태로 분화·발전해나가게 된다. 더욱 흥미로운 점은 이러한 개체들이 다시 자신들 간의 일정한 유기적 관계를 통해 고차적인 상위의 개체를 형성함으로써 보다 높은 질서를 구현해나간다는 점이다. 예컨대, 세포들이 모여 상위의 개체인 유기체가 형성되며 다시 유기체가 모여 더욱 상위의 개체라 할 수 있는 '사회'가 이루어지는 것도 이러한 맥락에서 이해할 수 있다. 그리고 정신이라든가 문화와 같은 보다 고차적인 질서는 바로 이러한 과정에 따른 상위 개체들인 유기체나 사회를 바탕으로 가능해지는 것이다.

그러나 생명을 구성하는 그 어떤 개체라도 자유에너지의 원천인 태양-지구계를 벗어나 존재할 수 없음은 물론이며, 주변의 여건 또한 비교적 안정적으로 유지되는 상황 아래서만 그 지속적인 생존이 가능하다. 특히 복제를 통해 전해지는 정보 자체도 주변 상황이 이러한 특정 여건을 구비하고 있을 때에 한하여 발현 가능하다. 따라서 생명 현상이 자족적으로 지속될 수 있는 최소한의 기본 단위로 우리는 "기본적인 자유에너지의 근원과 이를 활용할 물리적 여건을 확보한 가운데 이의 흐름을 활용하여 최소한의 복제가 이루어지는 하나의 유기적 체계"를 상정하지 않을 수 없으며, 이것이 바로 앞에서 언급한 진정한 의미의 생명의 단위, 즉 '온생명'이다. 우리의 일상적인 생명 개념은 우리의 경험 영역 안에 놓인 각종 낱생명들을 접하는 가운데 이들 사이의 공통점을 추상하여 얻은 개념이라 할 수 있으나, 상황의 과학적 이해를 통해 본 생명 개념은 오히려 분리될 수 없는 전체로서의 생명, 즉 '온생명'이 지닌 여러 특성을 지칭하는 것으로 봄이 타당하다. 물론 통념에 따라 생명이란 개념을 하나의 전체로서의 '온생명'과 이를 구성하는 각종 낱생명들에 대해 구분 없이 적용하는 것이 가능하겠으나 단위체로서의 생명을 지칭할 경우에는 자족적 단위로서의 '온생명'과 의존적 단위로서의 '낱생명'을 분명히 구분할 필요가 있다.

낱생명과 보생명

생명이 지닌 이러한 특성으로 인하여 특히 생명의 성격을 논의할 때 온생명과 낱생명 사이의 관계는 커다란 중요성을 지니게 된다. 하나의 낱생명을 기준으로 볼 때 자신의 생존은 온생명의 생존과 함께 이루어지는 것으로, 온생명 안에서의 자신을 제외한 나머지 부분에 결정적으로 의존한다. 바로 이러한 점에서 하나의 낱생명에 대해 "온생명에서 그 자신을 제외한 나머지 부분"은 매우 중요한 의미를 지니는 것이며, 이를 우리는 해당 낱생명에 대한 '보생명'이라 부르고 있다.[5] 한 낱생명의 입장에서는 그 보생명의 여러 부분 가운데서도 특히 긴밀한 연관을 지닌 인접 부분이 직접적인 중요성을 지니며, 해당 낱생명과의 상호관계가 멀어짐에 따라 그 중요성의 정도가 감소한다. 예컨대, 한 개인으로서의 나를 기준으로 보면 내 가족과 내 주변의 사람들은 보생명으로 매우 중요한 의미를 지니게 되나 시베리아에서 성장하고 있는 자작나무들은 보생명으로서의 관련을 훨씬 약하게 가지는 것이다. 그러나 이러한 상대적 중요성의 차이에도 불구하고 이들 모두가 합하여 이 낱생명의 보생명을 이루는 것이며, 이러한 보생명이 해당 낱생명과 합하여 살아 있는 온생명을 이룰 때에야 이 낱생명의 생존도 보장되는 것이다.

이제 이러한 낱생명의 생존 양상을 중심으로 하여 생명이 지닌 특성을 좀 더 자세히 살펴보자. 생명의 개체화 전략 속에는 낱생명들이 주어진 여건 아래서 스스로의 생존을 위한 주체적 노력이 이루어지도록 하는 내용이 포함된다. 이를 위하여 낱생명 속에는 낱생명 자체를 보존하려는 일종의 생존 의지가 본능의 형태로 부각되지 않을 수 없으며, 각각의 개체는 이를 구현시키기 위한 생존 활동을 활발히 전개하게 된다. 그러나 이미 언급한 바와 같이 생존을 위한 이러한 생존 활동은 독립적으로 이루어지는 것이 아니라 온생명의 영역 안에서 온생명의 여타 부분, 즉 보생명과의 관계를 통해 이루어지는 것이다. 그러므로 이를 위해 각각의 개체는 개체로서 생존을 유지해 나감과 동시에 보생명과 원만한 공존 관계를 지속시켜 나가지 않으면 안 된다. 결국 낱생명의 생존 양상은 보생명과의 관계에서 개체 생존에 유리한 그 무엇을 얻어내야 하는 동시에 이와의 원만한 공존 유지를 위한 생태적 배려도 함께해야 하는 이중적 성격을 지닌다. 그리고 생존에 필요한 이러한 성격은 긴 진화의 과정에 따라 이들의 본능 속에 부각되지 않을 수 없었을 것이며, 따라서 모든 개체들은 그 본능적 행위 성향 속에 개체 보존을 중시하는 개체 중심적 성향과 함께 생태적 배려를 중시하는 생태 중심적 성향을 갖게 된다. 이러한 낱생명의 성공적 생존을 위해서 일견 상충되는 듯한 이 두 성향의 균형과 조화가 요구될 것임은 말할 필요도 없다.

일반적으로 낱생명이 생존을 위해 보생명과 맺어가는 관계는 크게 두 가지 종류로 나누어 생각할 수 있다. 그 하나는 자유 에너지 및 기타 생존에 필요한 소재들의 수급 과정에서 나타나는 종적 관계이며, 다른 하나는 유사한 여건 속에서 함께 생존해나가는 동류 개체들 사이에 맺어지는 횡적 관계이다. 이미 말한 바와 같이 이러한 관계를 맺어나갈 때 각각의 개체들은 개체 생존에 유리한 활동과 동사에 보생명과의 공존 유지에 필요한 활동을 해나가게 된다. 흔히 '먹이사슬'이라 불리는 생태계적 위계 안에서 이루어지는 종적 관계를 맺음에 있어서 낱생명은 자체 생존을 위해 채취, 포획 등의 활동을 함으로써 보생명의 일부를 변형시켜나가는 한편 서식처를 보호하거나 재배 또는 사육을 함으로써 이의 장기적 보존에 힘쓴다. 마찬가지로 동류 개체 간에 맺어지는 횡적 관계에서도 개체 간의 경쟁을 통해 개체의 상대적 이점을 추구하려는 개체 중심적 성향과 동시에 주변 개체와의 협동을 통해 전체의 화합을 추구하는 일종의 생태 중심적 성향도 함께 가지게 된다.

일반적으로 횡적인 관계가 경쟁 위주의 형태로 이루어지는가 혹은 협동 위주의 형태로 이루어지는가에 따라 그 종적인 활동도 개체 중심적으로 이루어지느냐 생태 중심적으로 이루어지느냐가 결정되는 경향이 있다. 예컨대, 경쟁 위주의 형태로 구성된 사회에서는 생계 활동에서 생태적 고려보다는 우선 개체 자체만을 위한 수익의 확대에 더 큰 관심을 쏟게 될 것이며, 협동 위주로 구성된 사회에서는 생태적 고려를 통해 보다 장기적인 공동의 선을 추구하려는 경향이 좀 더 우세할 수 있을 것이다.

반면에 종적인 관계를 통한 생존 여건 마련의 기회가 어떠한 형태를 취하고 있느냐에 따라 횡적인 관계를 맺음에 있어서 경쟁적 활동이 선호될 것인가 혹은 협동적 활동이 선호될 것인가 하는 점이 결정되는 측면도 존재한다. 예를 들면, 개별적 노력에 의해 얼마든지 많은 수확을 거둘 수 있는 상황에서는 경쟁적인 방식으로 작업에 임함으로써 전체적으로 보다 많은 수확을 얻어낼 것이며, 반면에 제로섬zero-sum적인 상황에서는 사생적 경쟁에 몰입하여 피차간의 엄청난 위험을 감수하려 하지 않는 한 타협적 협동에 의해 공존을 도모하는 것이 생존에 유리할 것이다.

개체와 보생명 사이의 관계에서 특히 동위 개체들 사이에 협동으로 맺어지는 횡적인 관계는 다시 상위 개체 형성을 위한 기반으로 작용한다는 점에서 매우 큰 의미를 가진다. 예컨대, 동위 개체들인 세포들이 협동하여 유기체organism를 이루는 경우 세포 차원의 개체들로서는 상상도 할 수 없는 고차적 개체들인 고등한 동식물이 출현할 수 있는 것이다.

이러한 상위 개체의 형성은 특히 경쟁과 협동이라는 측면에서 흥미로운 해석을 가능하게 한다. 일반적으로 객관적 상황으로는 협동이 절실히 요청되나 기왕의 개체들이 지닌 개체 중심적 성향으로 인해 방해받게 될 경우, 한층 고차적인 정체성identity을 지닌 상위 개체들의 개체 중심적 성향이 이 상위 개체의 정체성을 통해 발현되도록 하는 것이 매우 유용한 전략일 수 있다. 이는 구성 개체의 개체 중심적 성향을 충분히 활용하면서도 생존에 유리한 협동의 성과를 얻어내는 결과를 주기 때문이다. 실제로 많은 낱생명은 서로 간의 협동에 의해 다양한 형태의 상위 개체들을 형성함으로써 결과적으로 개체 자신들의 생존에 도움을 얻을 뿐 아니라 상위 개체를 통해 보다 풍성한 생명의 발현에 기여하고 있다.

지능과 정신

현실 세계에 존재하는 전형적인 낱생명들 가운데 가장 기본적이라 할 수 있는 것이 세포이다. 세포는 생존 기능을 위한 정보를 대형 분자의 형태 속에 저장하고 있으며 이를 다시 복사하여 다수의 흡사한 후계 개체들에 전해주는 방식을 통해 지속적으로 생존을 이어간다. 이미 언급된 바와 같이 이러한 모든 기능은 근본적으로 태양-지구계의 열역학적 조건에 의존하는 것이 사실이나 이러한 세포 하나하나가 직접 태양의 빛을 받아 필요로 하는 형태의 자유에너지를 얻어야만 하는 것은 아니다. 하나의 단일 세포를 기준으로 볼 때 태양-지구로 이루어진 기본적 여건 이외에 이미 존재하는 여타 개체들의 존재 및 활동이 자신에 대한 보생명으로 기능하며 하나의 새로운 생존 여건을 이룬다.

이러한 세포들의 생존 양식과 관련하여 특히 주목해야 할 국면은 이미 언급한 바와 같이 이들이 강력한 협조 체계를 구성함으로써 한층 고차적인 상위 개체를 형성한다는 점이다. 이러한 과정을 통해 형성된 대표적 상위 개체가 이미 언급한 유기체라 불리는 다세포 생물인데, 이는 하위 개체인 세포들이 협동함으로써 이루어지는 일종의 세포 사회에 해당한다. 일단 이러한 상위 개체가 출현하면 이들 또한 모든 면에서 하위 개체들이 지녔던 것과 흡사한 생존 방식에 따라 새로운 차원의 생명 활동을 전개하게 된다. 즉, 이들은 하나의 새로운 단위 개체로서의 자신의 존속과 번영을 위해 내적으로는 자신을 구성하는 하위 개체들의 조직과 협동을 촉구하고 외적으로는 주어진 상황에 대처할 방책을 강구하게 되는 것이다.

흥미로운 점은 이러한 다세포 생물, 즉 유기체의 일부 세포들이 분화되어 정보의 전달, 보관 및 운용을 전담하는 기구가 형성될 수 있다는 사실인데, 이렇게 함으로써 해당 유기체의 기능과 생존 가능성을 크게 향상시킨다. 이렇게 만들어진 기구가 바로 정신 활동을 위한 생리적 바탕을 이루는 중추신경계이다. 중추신경계를 구성하는 이른바 신경세포neuron는 신체 각 부분에 퍼져 있으나 이들은 모두 정보 처리의 중심을 이루는 두뇌로 연결되며, 두뇌에는 또한 많은 수의 신경세포들이 집중되어 중요한 새 기능을 나타내게 된다. 두뇌가 지닌 이러한 기능을 '지능'이라 부르는데, 우리가 흔히 정신 또는 마음이라 부르는 현상이 바로 이러한 신경세포들이 나타내는 집합적 작용이다. 특히 이러한 중추신경계가 주체적으로 자신의 활동을 파악해나갈 때 우리는 이를 '의식'이라 한다.

이러한 의식이 일단 형성되면 이는 사물을 주체와 객체로 구분하여 파악하게 되는 매우 특수한 기능을 지니게 된다. 즉, 설혹 서로 유사한 구조를 지닌 개체들이라 하더라도 한 개체가 다른 개체를 파악하려 할 때에는 외적으로만 이해 가능할 뿐 주체로서의 느낌을 함께할 수는 없으며 오직 자체의 내적 상황을 파악하는 경우에 한하여 주체로서의 직접적 인식이 가능한 것이다. 바로 이 점에서 '나'와 '남' 사이의 차이가 드러나는 것이며 이것이 다시 사회의 구성에서 엄청난 중요성으로 기능하게 된다.

중추신경계를 지니는 이러한 유기체들도 기본적으로는 이들을 구성하는 세포 하나하나의 유전 정보에 의해 그 특성이 결정된다. 즉, 이러한 세포들은 중추신경계 형성에 필요한 정보까지도 그 유전 정보 속에 함께 지니는 것이다. 한편 이렇게 형성된 중추신경계는 다시 그것의 구조 속에 새로운 정보를 담을 수 있으며 이것이 겪게 되는 새로운 경험에 따라 그 내용을 채워나간다. 이렇게 함으로써 상위 개체는 일정한 정도 하위 개체의 성격에 의존하면서도 다시 생존 전략에 관한 새로운 정보를 비롯한 자체의 독자적 특성을 구축해나간다.

일반적으로 생태계 안에서 종적 그리고 횡적 관계를 맺어가며 그 생존을 유지해가는 모든 낱생명들은 자신들의 특유한 생존 전략들을 유전 정보 속에 담아 이른바 본능이라는 형태로 이들을 전수해간다. 사실상 긴 진화의 과정을 거쳐 형성된 이러한 생존 본능은 이들의 성공적 생존을 위한 중요한 지혜이며, 지구상의 전체 생태계의 지속 및 조화로운 발전을 위해서도 긍정적인 기여를 하게 된다. 예컨대, 인간의 성품 속에 각인된 경쟁심과 협동심이라는 것도 기본적으로는 이러한 진화의 산물이며 이것이 긴 생존의 역정에서 인간의 성공적 생존에 기여해왔을 것임은 의심의 여지가 없다. 자신과 주변의 다른 개체들 사이에 상충되는 이해관계가 형성될 경우 상대방을 제치고 상대적으로 유리한 상황에 놓이려는 경쟁의 본능이 생존에 도움을 주었을 것이고, 반대로 생존력이 강한 상위 단위를 구성하여 공동의 이익을 취하는 것이 유리한 경우 협동의 본능을 발휘하는 것이 생존에 보탬을 주었을 것이다.

그러나 여건이 비교적 급격하게 바뀌어나가는 상황에서는 본능에 각인된 이러한 기능만으로는 생존과 번영을 보장하기 어려우리라는 것이 쉽게 예상된다. 특히 긴 진화 과정을 거치는 동안 수많은 어려움에 부딪혀왔던 인간의 선조들은 이러한 본능에만 의존할 수 없는 상황에 접하게 되었던 것으로 생각된다.[6] 즉, 지구 생태계의 갑작스런 변화에 의하여 생리적으로 주어진 경쟁과 협동의 본능에만 의존해서는 유리한 생존 전략을 마련하기가 어려운 상황에 이른 것이다. 이때 만일 이를 조정할 새로운 기구가 마련되지 않는다면 인류의 지속적 생존은 불가능했을지도 모른다. 그러나 매우 다행스럽게도 인간은 이에 대처할 강력한 새로운 기구를 창출해내는 데 성공하였다. 이것이 바로 고도의 정신적 능력, 즉 뛰어난 지능이다. 본능에 따라 먹이를 단순히 채취만 하던 인간은 이제 지능을 활용하여 동식물을 계획적으로 배양하는 기술을 얻게 되었을 뿐 아니라, 본능 속에 각인된 협동과 경쟁의 성향만으로는 적절한 조화를 이루지 못할 상황을 맞이하여 의식적인 조절의 가능성이 주어진 것이다. 인간의 윤리와 도덕, 사회적 규범들이 바로 이렇게 하여 만들어진 것이다.

생산, 사회, 문명

인간의 생존 방식을 근원적으로 이해하기 위해서 우리는 낱생명과 보생명 사이에 존재하는 일반적 관계에 주목하지 않으면 안된다. 인간 역시 온생명 안에서 그 보생명과의 관계를 통해 생존해가는 하나의 낱생명이어서 인간의 생존 방식 또한 낱생명이 일반적으로 지니는 보편적 생존 양상에서 크게 벗어날 수가 없음은 물론이거니와, 인간은 특히 그 생태계적 위상에서 여타 생물종들을 그 바탕에 깔고 있는 최상위에 속하는 존재로서 불가피하게 여타 생물종이 마련한 매우 특별한 형태의 자유에너지 공급에 의존하며 살아야 하는 존재이기 때문이다. 생존이라는 측면에서 볼 때 이러한 인간의 특성은 매우 까다로운 제약 조건이어서 인간은 그 어느 생물종보다도 더 깊고 광범위한 생태계적 의존성을 지니고 살아가게 되며, 이는 다시 그 보생명과의 종적 그리고 횡적 관계가 그만큼 더 깊고 광범위하게 엮어짐을 의미하는 것이다.

인간이 그 보생명과의 관계에서 가지는 종적 그리고 횡적 측면이 바로 인간의 활동이 지니는 생산·소비적 측면과 사회구조적 측면이라고 말할 수 있다. 인간은 보생명과의 종적인 관계를 맺음에 있어서 초기의 수렵에 의한 '먹이'의 직접적 채취 방식에서 벗어나 점차 먹이의 인위적 재배를 위주로 하는 농사 기술을 발전시켜왔다. 이는 인간의 생존을 위해 직접적으로 기여하게 되는 보생명의 범위를 인위적으로 넓혀나가는 것에 해당한다. 이렇게 함으로써 인간은 좀 더 다수의 인구가 보다 안정적인 생존을 유지할 여건을 마련한 것이다. 그러나 온생명에 대해 이러한 변형을 가하기 위해서는 일정량의 지속적 노력이 필요하며 이를 인간은 노동이라 일컬어왔다. 즉, 인간은 그 보생명에 대해 노동을 가함으로써 인간의 생존과 번영에 직접적 기여가 될 부분을 넓혀온 것이다. 물론 이를 위해서는 직접적인 신체적 활동만이 아닌 도구를 사용하였고, 지능을 더욱 활용하여 도구를 비롯한 각종 생활 이기들을 제작하는 공작 기술을 발전시킴으로써 보생명적 여건을 더욱 조직적으로 개조해왔다. 이것이 바로 오늘의 산업 기술로 이어지고 있는 다양한 생산 활동에 해당한다. 이러한 활동을 수행함에 있어서 인간은 일차적으로 개체 중심적 활동, 즉 인간의 생존에 직접적인 도움을 주는 활동을 위주로 하게 되었으며 여타의 보생명에 대해서는 이것이 인간에 대해 이러한 기능을 수행하게 되는 방향으로만 조장하여왔다. 예컨대, 지구 상의 이른바 경작 가능한 거의 대부분의 지역을 경작하고 있다는 것은 온생명의 체내에서 인간의 생존에 도움을 주는 기능만을 선택적으로 유지시키고 여타의 부분은 방치 내지 사멸시키는 경우에 해당한다. 만일 우리의 관심을 인간의 생존과 번영에만 둔다면 그리고 이렇게 '가꾸어진' 보생명의 지속적 존속이 보장된다면 이는 별문제 없는 상황일 수도 있다. 그러나 온생명 자체가 하나의 유기적 조직체이고 이것이 생존하려면 모든 부분이 균형과 조화를 이루어야 한다. 과연 온생명 내의 어느 특정 낱생명의 생존과 번영을 위한 이러한 대대적 변형이 온생명의 건강한 생존을 유지시켜줄 것인지에 대해 심각한 의문이 제기된다. 이 점이 바로 우리의 주요 관심사이며 이 글의 주제이기도 하다,

　　인간은 보생명과의 사이에 이러한 종적 관련을 맺음과 동시에 횡적으로 동류 개체들과 결합하여 유기적 조직 체계를 이룸으로써 고차적 개체 형성에 기여하게 된다. 이것이 바로 각종 사회조직이다. 그리고 이러한 조직체들을 이루어나가는 주요 구성 양식이 이른바 사회체제라고 할 수 있다. 일반적으로 이러한 사회체제의 구성 원리는 인간이 지닌 기본적 속성, 즉 경쟁과 협동 성향에 관련된다. 이는 근본적으로 낱생명이 지닌 두 가지 상반된 성향, 즉 개체 중심적 성향과 생태 중심적 성향에 바탕을 두고 있는 것이다. 그리고 이 속성 가운데 어느 것의 발현을 우선하느냐에 따라 경쟁적 방식을 위주로 하는 경쟁적 체

제와 협동적 방식을 위주로 하는 협동적 체제가 존재하게 된다.

생태계 안에서의 인간의 이러한 여러 활동들은 인간이 지닌 지적 능력에 의해 크게 고양된 것이 사실이다. 그러나 인간의 이러한 지적 능력이 지닌 가장 큰 의의는 이것이 인간으로 하여금 새로운 차원의 문화, 즉 정신문화를 이룰 수 있는 바탕이 된다는 점이다. 인간은 이제 이러한 정신적 능력의 소유로 인하여 창의적 정신 활동이 가능한 새로운 존재로 다시 태어난 것이다. 인간의 문명이라고 하는 것도 결국 이러한 정신적 능력을 기반으로 이루어낸 다양한 형태의 새로운 삶의 양식을 총칭하는 것이라 할 수 있다. 인간의 지적 능력은 주변 생태계와의 종적, 횡적 관계로 대표되는 물질적·사회적 차원의 삶을 변형시키는 것뿐 아니라 또 하나의 삶, 즉 정신적 차원의 삶에 대한 가능성을 열어주고 있는 것이다.

정신적 차원에서도 넓은 의미에서 개체 중심적 측면과 생태 중심적 측면의 두 가지 양상이 존재한다. 이른바 도구적 지성과 비판적 지성이라는 것이 대체로 이 두 측면에 상응하는 것이라 할 수 있다. 인간을 비롯한 고등 동물들이 지닌 지능은 많은 경우 개체 중심적 측면에서 주어진 여건 아래 어떻게 하면 성공적으로 삶을 영위할 것인가 하는 데 주로 활용되어왔다. 본능 속에 각인되어 있는 삶의 지향에 맞추어 이를 성취시키기 위한 수단으로서 지능을 활용하는 것이다. 그러나 특히 높은 수준의 정신적 활동이 가능해진 인간에게는 그의 성공적인 생존을 위한 현실적 수단을 강구하는 것 이외에도 그가 지향하는 삶의 방향성에 대한 반성이 나타나며, 이는 보다 넓은 삶의 틀, 특히 그 생태 지향적 관심과 연결되는 성향을 지니게 된다.

인간과 온생명

이러한 지적 관심을 지닌다는 점에서 인간은 온생명을 구성하는 수많은 낱생명들 가운데 매우 독특한 위치를 점유하는 존재가 된다. 인간은 최초로 자신이 속한 생명의 전모, 즉 온생명을 파악하는 존재가 되고 있는 것이다. 이러한 인간의 출현을 온생명의 입장에서 생각해본다면 이는 예사로운 일이 아니다. 자신의 내부로부터 자신을 파악하는 존재가 발생했다는 것은 곧 자기가 자기 스스로를 의식할 수 있는 단계에 도달했다는 의미가 되기 때문이다.

사실상 온생명과 같이 거대한 체계가 그 스스로를 의식하기 위한 내재적 기구를 마련하는 것은 쉬운 일이 아니다. 그 어떤 유기적 체계를 단위로 하는 하나의 의식 주체가 마련되기 위해서는 이들 각 부분을 정보적으로 연결하는 하나의 통합적 의식 기구가 마련되어 그 전체를 자신이라 느끼면서 이의 보존을 소중히 여길 자기 정체self-identity 의식이 그 안에서 기능할 수 있어야 한다. 한편 온생명을 구성하는 각 단위의 낱생명들은, 이미 언급한 바와 같이, 이들 속에 자체 보존의 기능과 함께 적어도 부분적으로 생태적 조화에 순응하는 본능이 내재되어 있다. 그러나 그 어떤 개체 또는 이들의 상위 조직도 이 전체 생명을 통괄하여 파악할 능력을 가지지 않았으며 더구나 이 전체를 자신의 몸이라고 느낄 자기 정체 의식을 지닌 것으로 볼 수는 없다. 오직 이들이 지니는 국지적 기능들이 무리 없는 조화를 이루어 하나의 유기적 체계로 연결됨으로써 전체 생명의 생태적 기능이 무의식 속에서 유지되어왔다고 해석할 수 있다. 마치 하나의 중추적 의식이 없이 한 거대한 유기적 체계를 이루는 수목樹木과 같은 방식으로 존재해왔다고 말할 수 있다.

그러나 높은 수준의 문화 공동체를 이룬 집합적 의미의 인간이 이 온생명 안에 출현함으로써 상황은 달라졌다. 개개의 인간은 그 중추신경계를 이루는 신경세포들의 활동에 의해 몸 전체를 자신이라 여기는 하나의 의식 주체를 지닌 존재이다. 그러나 인간은 여기에 그치지 않고 다시 개체적 지능을 바탕으로 서로의 관계를 정보적으로 연결하는 문화 공동체를 이루었으며, 이렇게 하여 이루어진 집합적 지성知性에 의해 전체 생명을 시간·공간적으로 꿰뚫어 그 전모를 파악하기에 이르렀다. 이제 만일 문화 공동체를 통해 파악한 이 전체를 자신이 기왕에 지닌 중추신경계 활동의 연장선에서 파악할 수 있다면, 그리하여 확대된 전체 의식 공간을 새 주체의 의식 내용으로 받아들일 수 있다면, 이는 인간이 온생명을 '나'로 의식하는 고차적 의식 단계에 이른 것을 의미하게 된다.[7] 그리고 만일 온생명 안에서 온생명을 '나'로 의식하는 그 어떤 집합적 지성이 형성된다면 이는 곧 온생명 자신이 스스로의 자아 의식에 이른 것이 된다. 이것이 객체로서의 대상 인식이 아니라 주체로서의 자아 의식이 되는 것은 기왕의 주체인 '나'가 그 중심에 놓여 자신의 의식을 내부로부터 확대하여 전체에 이르기 때문이다.

그러므로 온생명의 주체성이 형성되는 결정적인 관건은 하나의 객체로서 파악된 온생명이 인간에 의해 객체적 대상이 아닌 주체로서의 자아로 인식의 전환이 이루어져야 한다는 점이다. 흔히 '나'라고 느끼는 존재가 한계 지어지는 것은 '나'를 이루는 신경세포들의 주된 정보 활동 및 통합 기능이 자신의 신체 안에 국한되어 있으며 소중히 보존해야 할 대상 범위가 자신의 신체를 이루는 세포들에 한정된다는 본능적 자각에서 온다. 그러나 우리가 교환하며 통합하는 정보의 내용이 체외에까지 뻗어나가고 협동하고 보존해야 할 대상이 보다 넓은 영역으로 확대될 경우 우리는 흔히 이를 우리의 확대된 주체로 느끼게 된다. 가족을 비롯한 각종 사회 공동체에 확대된 일인칭인 '우리'라는 개념을 사용하는 것이 바로 이러한 확대가 생명의 최종 단위인 온생명에까지 이어짐을 의미하는 것이다. 이는 한편 충분히 가능한 것이면서도 이것이 이루어지기까지는 상당한 의식의 장벽이 존재하리라는 것을 쉽게 예상할 수 있다.

그러나 일단 이것이 가능하다고 전제해보면, 이는 마치 신경세포들의 집합적 작용에 의해 인간의 의식이 마련되듯 인간의 집합적 활동에 의해 온생명의 의식이 마련되는 것이며, 이러한 의미에서 인간은 온생명의 신경세포적 기능을 지닌 존재라고 말할 수 있다. 인간의 자아는 개체로서의 인간, 즉 개인에 국한되지 않고 이의 연장인 인류에로, 그리고 종국에는 온생명으로 확대되어나가는 것이다. 즉, 낱생명으로서의 자신과 한층 고차적 단위로서의 인류 그리고 전체 생명으로서의 온생명을 차례로 '나'라고 의식하는 다중적 주체가 되는 셈이다.

여기서 우리는 인간과 신경세포 사이의 일정한 유사성과 함께 차이를 보게 된다. 인간이 자아를 의식하는 것이 신경세포들의 집합적 활동에 의한 것이라는 점은 분명하나 '신경세포들이 지니는 의식'의 집합이라고는 말하기 어렵다. 그러나 만일 온생명의 자아를 인정한다면 이는 불가피하게 개별 인간이 느끼는 의식 속에서 찾아볼 수밖에 없다. 단지 이것이 개별 주체의 자아와 다른 점은 집합적 의미의 인간 활동, 즉 인간의 문화를 매개로 하여 온생명에 대한 포괄적 이해를 거침으로써 이에 이르게 된다는 점이다. 그러나 궁극적으로 이를 받아들이는 주체는 역시 개별 인간의 의식 작용이며, 이를 떠난 온생명 자체의 독립적 의식을 상정하기는 매우 어렵다. 바로 이 점에서 온생명 자체의 중요성과 함께 이를 의식하는 존재인 인간의 상대적 중요성 또한 결코 가볍지 않다는 점이 이해되지 않으면 안 된다.

만일 인간이 이러한 의식의 단계에 도달할 수 있다면, 지구상의 생명은 35억 년이란 긴 세월 동안 미처 자아를 의식하지 못하는 유아적 상태에 있다가 인간의 출현과 더불어 비로소 스스로를 의식하는 주체적 존재로 깨어날 계기를 얻게 되는 셈이다. 이는 물론 온생명의 '생애'에서 각별한 의의를 가지는 사건이라 할 수 있으며, "의식을 지닌 온생명"이 앞으로 펼쳐낼, 예상을 불허하는 상황들을 생각할 때, 이 사건은 가히 우주사적 전환에 해당하는 엄청난 일이라고 말하지 않을 수 없다. 인간은 이제 이러한 엄청난 우주사적 사건을 가능케 할 엄숙한 역사적 시점에 도달해 있는 것이다.

과학과 과학기술 문명

그러나 인간이 이것을 가능케 하기 위해서는 먼저 온생명 자체와 그 안에 놓인 인간 자신의 모습을 파악해낼 지적 활동이 전제되지 않으면 안 된다. 마치 인간의 의식이 인간을 하나의 주체로 인식하기 위해서는 인간의 신경망이 인간 신체의 모든 부분에 도달하고 이를 하나의 실체로 인식하듯이 인간은 다시 어떤 지적 활동에 의해 온생명 전체로 뻗어나가는 중추신경망을 마련해야 하는 것이다. 그렇다면 이러한 지적 파악을 가능하게 해줄 중추신경망은 무엇인가? 이는 곧 문화라는 형태로 공유되고 있는 인간의 집합적인 지적 활동, 즉 인간의 신뢰할 만한 공유된 지식 체계이다.

인간은 스스로 지닌 정신적 능력을 활용하여 문명을 이루는 한 중요한 방편으로 사물에 대한 객관적이고 신뢰할 만한 지식을 확보해왔으며 이를 다시 문화라는 집합적 공유 기구를 통해 전수해왔다. 그러나 이러한 지식 가운데서도 현대 문명 형성을 위해 극히 중요한 역할을 하고 있는 특별한 형태의 지식이 바로 '과학'이다. 과학은 그 자체로서 객관적이고 신뢰할 만한 지식을 확보하는 유용한 한 가지 방식임과 동시에 그 결과물이기도 하다. 인간은 바로 이러한 과학을 통해 온생명의 전모를 파악하기에 이르렀으며 그 안에 놓인 자신의 위치를 파악하게 된 것이다.

이러한 점에서 과학은 그 본래적인 의미에서 도구적 지성이라기보다는 우주 내에서의 인간의 위치를 파악하게 해주고 이를 통해 스스로의 삶을 반성적으로 검토해 나갈 수 있는 창조적 지성의 바탕이 되는 것이며 비판적 지성으로 활용될 소지를 지닌 중립적 성격의 존재라 할 수 있다. 그러나 현실적으로는 과학이 현대 사회에서 삶을 반성적으로 검토하고 새로운 삶의 방향을 제시해주는 비판적 지성으로 활용되기보다는 다음과 같은 몇 가지 이유들 때문에 기왕에 설정된 목적을 수행하기 위한 도구적 지성으로 활용되고 있으며 또한 그렇게 인식되어가고 있다. 이제 과학이 이러한 도구적 지성으로 전락한 이유들을 정리해보면 대략 다음과 같다.

그 첫째는 과학의 형태 자체가 실물적 활용에 유리한 성격을 지니고 있다는 점이다. 과학적 지식은 최종적으로 그 어떤 실물적 결과를 예측하고 이를 확인함으로써 입증되는 성격을 가지는 것이므로 그 구조에서도 이를 통해 어떠한 실물적 결과를 얻어내기에 적합한 형태를 지니게 된다. 따라서 과학은 그 어떤 물질적 결과를 얻기 위한 작업에는 명백한 그리고 직접적인 도움을 줄 수 있다. 그러나 과학이 말해주는 사실들을 바탕으로 하여 그 어떤 당위적 결과를 추론한다거나 행위에 대한 반성을 수행하려 한다면 이는 과학만이 아닌 다른 많은 고려들의 도움 아래서만 가능하다. 예를 들어 과학을 통해 전자기파에 대한 새로운 이해에 도달했다고 할 경우, 이를 통신 기기라든가 기타 물질적 장치에 활용하는 것은 직접적인 일이지만 이의 이해를 통해 파악된 새로운 세계상을 구성하고 그 속에서 우리 삶의 자세를 반성하는 것은 많은 다른 고려들과의 연계에 의해서만 가능한 일이다.

그리고 과학이 도구적으로만 활용되는 더욱 결정적인 이유는 인간의 일차적 관심사가 행위의 반성에 있기보다는 욕구의 충족에 있기 때문이다. 현대 문명 이전까지 인간 생존에 대해 주된 위협이 되었던 것은 인간이 지닌 욕구 자체의 부적절성이 아니라 생존에 필요한 욕구들을 충족시켜나갈 물질적 여건의 결핍이었다. 따라서 인간이 당면했던 절박한 과제는 생활의 여건을 향상시키는 일이었고, 이를 위해 기술적 능력이 허용하는 범위 안에서 최대한의 노력을 기울여왔던 것이다. 이러한 상황에서 경이적인 활용 가능성을 지닌 과학이 출현하자 이를 욕구 충족을 위한 도구로 사용하게 된 것은 지극히 당연한 일이다. 오랫동안 기술적 능력의 한계에 부딪혀 불편과 빈곤에 시달려온 인간의 손에 이러한 과학이 주어지자 인간은 곧 이를 생산 기술에 적용하여 이른바 현대 과학기술을 탄생시켰고 이는 다시 인간 삶의 물질적 여건을 비약적으로 향상시킨 새로운 문명, 즉 과학기술 문명을 낳게 한 것이다.

여기에 현대 문명이 지닌 하나의 특성이 드러난다. 현대 문명은 한마디로 오늘의 물질적 여건을 구성하는 생산 기술이 현대 과학과 제휴함으로써 과학기술이라고 하는 새로운 형태의 생산 기술을 낳게 되었고, 이로 인해 삶의 물질적 측면이 엄청나게 강화된 문명이라 할 수 있다. 그러나 하나의 문명 안에는 물질적 측면만 존재하는 것이 아니다. 이미 보생명과의 관계에서 살펴보았듯이 인간의 활동 속에는 횡적인 측면, 즉 사회적 측면이 존재하며 또한 인간의 고양된 지적 활동에 바탕을 둔 정신적 측면이 존재하게 된다. 그리고 인간의 문명을 형성하는 이러한 물질적·사회적·정신적 측면들은 서로 독립적인 것일 수 없다. 가령 그 어떤 이유로 인해 생산력이 크게 향상되었다고 하면 이를 관리·운영하는 조직과 생산된 재화를 분배·활용하는 양식에서도 변화를 보여야 할 것이며, 또 이에 따르는 여러 사회적·문화적 문제들이 새로운 관심사로 떠오를 것은 당연한 일이다. 따라서 문명의 물질적 기반을 이룰 생산 기술이 어떠한 형태를 취하느냐에 따라, 그리고 이것이 어느 수준에 이르렀느냐에 따라 여타의 문명 형태들, 즉 그 사회구조라든가 정신문화의 성격이 이에 걸맞은 특정한 모습을 취하게 되리라 기대할 수 있다.[8]

그러면 이제 현대 문명의 주된 특성을 과학기술에 의한 생산력의 비약적 증대라는 점에서 찾을 수 있다고 할 때, 이에 가장 잘 부합될 사회체제는 어떠한 형태를 취하리라고 볼 수 있는가? 이를 위하여 우리는 이러한 여건 아래 상대적으로 우세한 생존력을 지닌 사회체제가 어떠한 것일 것인가를 살펴야 할 것이며, 다시 사회체제의 생존력은 어떻게 될 때 우세하게 되는가를 생각해보지 않을 수 없다. 우선 한 사회조직체의 생존력은 내적으로 얼마나 안정한 결속력을 지니고 있으며 외적으로 얼마나 강한 경쟁력을 지니고 있는가에 따라 결정된다고 볼 수 있으며, 하나의 사회조직체를 구성하는 구성원들은 다시 일정한 정도의 경쟁적 성향과 협동적 성향을 지닌 개인들이라고 생각할 때, 이 문제는 다시 이러한 구성원들이 주어진 여건 아래 조직체의 결속력과 경쟁력에 어떻게 기여할 것인가 하는 문제로 귀착된다.

이는 물론 일반적으로 논의하기가 매우 어려운 문제이겠으나 앞에서 잠시 언급한 바와 같이 대체로 조직체가 외적 개척 국면에 있을 때는 구성원들의 경쟁적 성향을 자극하는 것이 효과적인 반면 내적 분배 국면에 있을 때는 이들의 협동적 성향에 호소하는 것이 유리하리라 생각된다. 대외적으로 개척의 여지가 많을 경우에는 되도록 구성원 간의 경쟁적 성취를 고취하여 이를 조장함이 부의 절대량을 증가시키는 데에 크게 기여할 것이며, 반대로 제로섬적인 상황에서는 내적 경쟁이 오히려 안정을 해치는 요인으로 작용할 것이기 때문이다.

이러한 관점에서 볼 때 과학기술에 의해 개발의 가능성이 크게 고양된 것으로 해석되는 현재의 상황에서는 이를 다투어 개발하려는 경쟁의 방식에 바탕을 둔 자유 시장경제 체제가 협동의 원리를 중시하는 통제적 경제 체제에 비해 상대적으로 높은 생존력을 지니리라는 점이 예상된다. 즉, 과학기술에 의해 생산력의 비약적 증대를 가져온 현대 문명은 이에 부합되는 사회체제로서 경쟁 위주의 자본주의적 시장경제 체제를 선호하게 된다고 할 수 있으며, 이는 사실상 오늘의 자본주의 세계 시장경제 체제가 현실 사회를 제어하고 있는 현상에서도 잘 나타나고 있다.

한편 과학기술이 문명의 전반을 주도하는 이러한 상황 아래서는 문명의 정신적 측면 또한 이를 뒷받침하는 도구적 지성의 우세로 결말이 나리라는 것을 쉽게 상상할 수 있다. 물론 이 경우 상황의 우려와 함께 비판적 지성의 대두가 예상되는 측면이 없지 않으나 이는 어디까지나 소수에 불과할 것이며 다수의 목소리는 주된 가치의 척도가 되는 물질적 부의 창조에 기여하는 쪽으로 기울어질 것이 분명하며 이것이 또한 오늘의 문명 상황 속에서 현실적으로 드러나고 있다.

결국 그 어떤 역사적 연유로 과학기술이라는 엄청난 행위 능력을 소유하게 된 인간은 이를 그 개체 생존의 전략으로 활용함으로써 적어도 단기적으로는 인간이 지닌 욕구를 상당 부분 충족시키기에 성공함과 동시에 이 산업 기술을 효과적으로 활용할 강력한 사회적 장치로서 경쟁 위주의 사회체제를 확립하였다. 그런데 이러한 경쟁 원리에 입각한 상업주의적 산업사회는 단순히 기왕의 욕구를 충족시키는 데 그치는 것이 아니라 이를 더욱 부추김으로써 상승된 새로운 차원의 새로운 욕구를 불러일으키고 있으며, 이러한 욕구는 다시 이를 만족시키기 위한 더욱 치열한 경쟁을 불러일으키면서 새로운 기술 개발에 박차를 가하게 된다.

인간을 중심에 둔 시각에서 볼 때 이것은 반드시 우려할 만한 일은 아니다. 많은 장애를 극복하고 인간은 드디어 이 지구의 주인으로 자리 잡아 그간 염원하던 풍요와 편의를 누리게 되었고 경이로운 새 문물의 창조와 함께 무궁한 발전의 길에 들어섰다고 말할 수도 있기 때문이다. 물론 경쟁적 사회구조로 인하여 낙후되고 소외되는 계층도 발생하는 것이 사실이나 더 경쟁적으로 더 많은 부를 창출하게 된다면 결국 나누어 가질 '파이'가 커져서 설혹 공정한 배분이 되지 않더라도 별문제가 되지 않는다는 것이다. 일단 '파이'만 충분히 커지면 사회 문제나 환경 문제도 복지 정책과 녹색 산업을 통해 극복해나갈 것이며, 새로 나타나는 기술적 문제는 더욱 발전된 과학기술을 통해 해결해

나가리라는 것이다. 이는 사실상 지금까지 대부분의 사람들이 의식 또는 무의식적으로 추구해온 문명상이며, 이러한 관점에서 보면 현대 문명은 자랑할 만한 인간 승리일 수도 있다.

그런데 무엇이 문제인가? 한마디로 온생명에 대한 고려가 빠져 있다는 점이다. 인간의 이러한 문명으로 인해 사실상 온생명이 치명적인 위해를 받게 된 것이다. 과거 인간의 기술적 능력이 미미했던 시기에는 인간의 행위가 생태계에 대해 오직 국지적 영향밖에 주지 않았으며 이는 곧 복원되거나 그러지 않더라도 전체 생태계에 대한 우려할 만한 손상은 불러오지 않았다.[9] 그러나 이제는 과학기술로 인한 인간 행위 능력의 대대적 신장에 의해 온생명에 대한 전역적인 영향이 가능하게 되었고 이것이 과거에는 존재하지 않던 새로운 양상을 조성하고 있다.

바로 이러한 점과 관련하여 우리는 사회를 보는 시각에 근본적인 차이가 존재할 수 있음을 직시해야 한다. 즉, 인간중심의 관점에서 사회를 보는 경우와 온생명 중심의 관점에서 사회를 보는 경우에 현격한 차이가 발생할 수 있다는 것이다. 먼저 인간을 중심에 둔 시각에서 사회를 본다면 이상적 사회란 "주어진 자연적 여건 아래 인간의 만족스런 생존을 위한 최선의 협동 조직"이라고 정의될 수 있겠으며, 이는 사실상 지금까지 대부분의 사람들이 의식 또는 무의식적으로 추구해온 이상적인 사회상이었고 지금도 많은 사람들이 그렇게 여기리라 생각된다. 이에 반해 온생명을 중심에 둔 관점에 의하면 이상적인 사회란 "온생명을 구성하는 하나의 하부 구조로서 온생명에 속하는 여타 부분과의 긴밀한 조화 아래 온생명을 지탱해나가는 데 기여함과 동시에 안으로는 구성원들의 안위를 보살펴 나가는 조직"이라고 말할 수 있다. 그렇다면 이 두 관점은 현실적으로 어떠한 차이를 가져올 수 있는가? 인간중심 관점에 따른 사회에서는 대외적으로 환경의 극복과 활용을 최대의 목표로 삼을 것이며 대내적으로는 구성원들 간의 경쟁으로 야기되는 내적 갈등의 해소에 주력해나가게 될 것임에 반해, 온생명 중심의 관점에 따른 사회에서는 온생명의 안위에 일차적 관심을 두고 이것이 보장되는 범위 안에서 구성원들의 안위를 보장하려는 형태가 될 것이다. 그러므로 인간의 행위 능력이 몹시 미미하여 온생명의 안위에 영향을 끼칠 형편이 아닐 경우에는 실질적인 차이가 나타나지 않겠으나 인간의 행위 능력이 크게 신장된 현시점에서는 이 두 가지 시각에 따른 결과가 크게 달라지게 된다. 즉, 인간중심의 관점에서는 과학기술을 통해 대대적으로 신장된 인간의 행위 능력으로 인해 온생명에 대한 심각한 변형을 유발하고 있으면서도 이것이 함축하는 문제점들을 제대로 짚어내지 못하는 것이다.

온생명의 암적 질환

이제 이 문제를 온생명 중심의 관점, 특히 온생명의 건강이라는 관점에서 살펴보기로 하자. 이미 언급한 바와 같이 인간은 인간의 보생명에 대해 인간의 생존 및 번영에 기여한다고 여겨지는 부분만 선택적으로 조장시키고 여타의 부분에 대해서는 엄청난 위해를 가해왔다. 문제는 이러한 상황에 처한 온생명이 여전히 건강 상태를 유지하고 있는가 하는 점이다. 이를 살펴보기 위해 요구되는 것은 온생명 자체의 생리, 특히 그 병리적 상황에 대한 신뢰할 만한 이론이다. 그러나 불행히도 우리에게는 이러한 것이 없다. 따라서 우리가 할 수 있는 최대한의 작업은 다소의 무리를 무릅쓰고 인간의 건강에 비추어 이에 대한 개략적인 이해를 얻는 일이라 할 수 있다.

일반적으로 한 사람의 건강을 진단하기 위하여 우리는 대체로 다음과 같은 검사를 실시한다. 우선 체온을 확인하고 혈액 등 각종 체액의 성분 및 농도를 측정하며, 체중의 유지, 신진대사의 이상 여부를 살핀다. 그리고 신체의 모든 기관이 정상적인 모습을 지니고 정상적인 기능을 하는지를 살펴보고, 특히 악성 종양(암세포)과 같이 균형을 깨는 이상 현상이 나타나지 않는가를 확인한다. 대략 이러한 기준에 따라 온생명을 검진해보면 놀랍게도 그 어느 항목 하나 정상이라는 판정을 받기 어려운 상황임을 알 수 있다.

우선 지구의 평균기온이 상승하고 있으며, 지구 상의 토양, 물, 대기 등의 성분과 농조들이 급격히 변함으로써 생물 생존에 필요한 물리적 여건들을 크게 훼손시키고 있다. 말하자면 체온 상승, 체액 농도의 변화와 같은 이상 징후들이 나타나고 있는 것이다. 그리고 대체 불능 자원들이 급격히 고갈되며 처리 곤란한 폐기물들이 적체되는 현상이 나타남을 볼 수 있다. 이는 곧 신체 내의 필수영양소가 소진되고 노폐물이 배설되지 않는 상황에 해당한다. 더욱 우려되는 증상은 지구 상의 대다수 생물종들이 서식처를 잃고 이미 멸종하였거나 멸종 위기에 빠져 있다는 점이다. 이는 건강한 신체의 많은 기관들이 이미 절단되어 나갔거나 제 기능을 하지 못하는 상황에 비견된다. 온생명을 구성하는 생물종은 마치 사람의 팔다리와 같은 기관들에 해당하는데 이들이 수없이 잘려나가거나 기능을 잃고 있는 것이다. 마지막으로 이 모든 것의 원인이 드디어 적발된다. 인간이란 생물종의 이상 번영 현상이다. 신체의 각 부위에 암세포가 번성하듯이 인간이 온생명의 각 부위를 점유하면서 비정상적인 번영을 누리고 있는 것이다.

여기서 가장 중요한 점은 인간이 온생명 안에서의 자신의 위상을 파악하지 못하고 스스로 번영하는 것으로 착각하고 있다는 사실이다. 이것이 바로 인간이 암세포의 역할을 하고 있다는 결정적인 증거이다. 암세포라는 것은 외부에서 침입한 병원균이 아니다. 엄연히 신체에 속하는 자체 세포로서 오직 그 어떤 연유로 신체 안에서의 자신의 위상을 망각함으로써 자신이 지닌 생존 기술을 무분별하게 활용하여 자신의 번영과 번식만을 꾀하는 세포들이다.

물론 인간이 공해 문제를 비롯하여 온생명의 병적 상황에서 오는 증상을 전혀 느끼지 못하고 있는 것은 아니다. 그러나 이 경우에도 이것이 온생명의 병적 상황에서 오는 것이라고 하는 근원적 진단에는 이르지 못하며, 오직 문명의 발전에 부수되는 필요악 정도로 생각하고 있다. 그러므로 이것이 온생명에 미치는 아픔을 느끼지 못하고 오직 인간에게 끼치는 불편만을 염려하는 것이다. 설혹 녹색 운동이나 공해 퇴치에 나서고 있으나 이는 어디까지나 '인간을 위한' 것이며 '인간에게 느껴지는' 증세만을 제거할 것을 목표로 하고 있다. 말하자면 암적인 증세에 대한 진통제적 처방에 해당하는 것이다.

인간의 출현이 지구생명의 탄생 이후 35억 년 만에 처음으로 온생명의 자의식을 일깨울 놀라운 우주사적 사건이었다고 한다면 바로 이러한 능력을 부여받은 인간이 온생명을 죽이는 암세포로 기능하게 된다는 것은 너무도 역설적인 우주사적 비극이 아닐 수 없다. 현재로서 온생명의 암적 질환이 구체적으로 어떠한 결과를 초래할 것인지 분명히 말하기는 어렵다. 이것이 단지 인간을 비롯한 지구 상의 고등 생물종들의 멸절만으로 끝날 것인지, 혹은 지구 상의 모든 생명이 완전히 사라지는 데까지 이를 것인지 속단하기 어렵다. 그러나 한 가지 분명한 것은 지능과 정신 그리고 문화로 이어지는 지구생명의 더없이 신비롭던 상황 전개는 온생명이 신속히 치유되지 않는 한 영구히 다시 찾을 수 없으리라는 것이다.[10]

환경의 문제

이 점과 관련하여 한 가지 매우 다행스런 일은 요즘 환경문제에 관한 관심이 크게 높아지고 있다는 사실이다. 이제 환경문제를 제대로 해결하지 않고는 개인의 삶은 물론이거니와 인류 문명 자체가 보존되어나가기 어려우리라는 사실이 명백해지고 있기 때문이다. 그러나 아직까지도 이 문제에 어떻게 대처해야 할 것인가 하는 점에 대해서는 통일된 견해가 없다. 여기서는 이 점에 관한 몇 가지 견해들을 살펴보고 이 문제를 본질적으로 어떻게 보아야 할 것인가를 논의하기로 한다.[11]

환경문제에 관해 현재 거론되고 있는 주장들은 대체로 두 갈래의 기본 관점에 그 바탕을 두고 있다. 그 하나는 인간중심적 관점이며 다른 하나는 생태주의적 관점이다. 인간중심적 관점에 따르면, 인간의 생존 여건 향상을 위한 이러한 노력이 오히려 환경에 대한 심각한 파손을 야기시키고 있음이 사실이나 이는 우리의 방만한 생활 태도와 무분별한 개발 정책이 초래한 부작용에 해당하는 것이므로, 우리의 생활 태도를 친환경적인 것으로 바꾸고 환경 기술과 환경 산업을 조장함으로써 훼손된 환경을 복원하고 이른바 지속 가능한 개발을 도모함으로써 해결할 수 있으리라는 것이다.

한편 생태주의적 관점에서는 환경 그 자체에 본원적 가치를 부여하는 새로운 사고의 틀을 찾아 나가야 한다는 입장을 취한다. 이러한 관점은 물론 환경 보존의 차원에서 선호해야 할 측면이 있으나 이러한 실용적 측면을 떠나 환경 그 자체에 본원적 가치를 부여할 독자적 논변을 마련해야 하는 문제점을 지닌다. 이 주장의 가장 강력한 논지는 이러한 자세를 취하지 않을 경우 초래될 부정적 상황을 제시하는 것인데, 이것은 다시 인간중심적 논변으로 되돌아가는 결과가 된다. 물론 인간뿐 아니라 모든 생명체에 대해 본원적 생명 가치를 주장해볼 수도 있다. 인간이든 여타 생물체든 간에 모든 살아 있는 것은 일정한 본원적 가치를 가진다는 입장이다. 그러나 이는 다시 무엇이 생명이고 무엇이 생명이 아닌가, 그리고 이 가치들은 모두 대등한 것인가 차이를 지니는 것인가, 차이를 지닌다면 이 차이는 누가 어떻게 정하는 것인가 하는 문제들을 계속 안고 들어가게 된다.

결국 이러한 문제들을 해소하기 위해서는 생명이 무엇이며 인간이 무엇인가 하는 본질적인 문제를 회피할 수 없게 된다. 그리고 이를 위해서는 다시 현대 과학이 이미 밝혀낸 생명과 인간에 대한 중요한 많은 사실들을 살펴 나가야 할 것인데, 이렇게 하여 얻어지는 대답이 바로 위에 언급한 온생명과 그 안에 놓인 인간의 존재 양상인 것이다.

이렇게 생각해볼 때 오늘의 환경문제는 결국 인간의 이러한 암세포적 기능이 야기시킨 온생명적 질환의 한 증상이라고밖에 이해할 수 없다. 만일 우리가 이러한 이해에 도달한다면 이에 대해 우리가 어떻게 대처해야 할 것인가는 거의 자명하다. 온생명의 생리에 맞추어 온생명의 건강을 회복시켜야 한다는 것이다.[12]

이러한 점에서 우리에게 요청되는 것은 기본적인 의식의 전환이다. 우선 '환경'이라는 말 자체의 개념부터 수정할 필요가 있다. 환경이라는 말 그 자체가 기본적으로 인간중심적인 사고에서 도출된 용어이기 때문이다. 이는 대체로 인간과 그의 주변 생활 여건을 구분하여 인간의 주변 생활 여건에 부여한 개념이라 할 수 있다. 그러나 이러한 이원적 사고를 통해서는 '환경문제'가 해결될 수 없다. 이보다는 인간과 합하여 함께 온생명을 형성하는 우리 몸의 일부, 즉 '보생명'으로 이를 이해하고 이 보생명이 인간으로 인해 커다란 위해를 입고 있는 것으로 보는 것이 마땅하다. 이러한 점에서 '환경문제'는 보다 큰 '나', 즉 '온생명'의 건강 문제이며, 이에 임하는 마음의 자세도 온생명, 즉 큰 '나'가 앓고 있는 질환에 대한 근본적 치유에 임하는 마음으로 해야 할 것이다. 만일 이러한 이해에 도달하지 못하고 인간에게 불편을 주는 이른바 '환경 공해'의 해결에만 급급한다면 이는 결국 암 환자에게 진통제를 먹이는 처방 이상의 것이 되지 못할 것이다.

그렇다면 어떠한 해결책이 가능한가? 일반적으로 암적 질환의 치유가 어려운 것과 같이 온생명의 질환은 매우 어려운 고비에 놓여 있다. 이미 살펴본 바와 같이 온생명의 병적 양상을 대표하는 현대 문명은 증폭적인 악순환에 휘감겨 상황을 급속히 악화시키고 있다. 오늘의 산업 기술은 시장경제를 통한 경쟁 사회로 연결되고 경쟁적 시장경제는 다시 인간의 물질적 욕구를 부추긴다. 상승된 욕구는 새로운 기술과 제품을 갈구하고 이는 다시 보다 격화된 형태의 경쟁 사회로 인도한다. 이러한 과정에 의해 증폭되는 인간의 산업 활동이란 다름 아닌 온생명의 신체 위에서 신체의 각 부위를 갖가지 방식으로 변형시켜 '인간만을 위해 유용한' 그 무엇을 짜내는 행위에 다름 아니다. 그러나 미처 감각과 의식을 갖추지 못한 온생명은 이에 대한 대처도 항변도 하지 못하는 상황이다.

그러므로 이에 대처할 가장 긴급한 사항은 온생명으로 하여금 의식을 갖추어 통증을 느끼고 상황에 대비하도록 하는 일이다. 그러나 이미 보아온 바와 같이 '온생명의 자의식'은 곧 '인간의 온생명 의식'을 통해 나타날 수밖에 없다. 따라서 이것은 바로 인간 의식에서 출발할 수밖에 없다. 온생명이 바로 우리의 몸임을, 이것이 바로 나의 생명이며 '나' 자신임을 깨달아 알게 되는 일이다. 그리고 이것은 곧 인간 자신이 암세포의 상태에서 벗어나는 길이기도 하다.

문제는 이것이 쉽지 않다는 점이다. 이것이 가능하기 위해서는 적어도 두 가지 일이 이루어져야 한다. 하나는 현대 과학이 마련해야 할 기여이다. 온생명의 정체를 과학의 눈을 통해 보여 주어야 하는 것이다. 이미 논의한 바와 같이 인간의 지성은 온생명을 이해할 수 있는 단계에 이미 도달하고 있다. 그러나 이것은 개인의 지적 능력만으로 가능한 것이 아니다. 인간 지성의 한 집합적 산물인 현대 과학의 힘을 빌려 가능한 것이다. 마치 자신의 모습을 거울에 비추어 볼 수 있듯이 우리는 우리 자신의 몸인 온생명의 모습을 현대 과학이라는 거울에 비추어 봄으로써 비로소 그 정체를 알게 되는 것이다.

현대 과학에 의해 이러한 작업이 이루어진다면 다시 이렇게 파악된 온생명을 자신의 확대된 주체로 느끼도록 하는 작업이 남는다. 온생명의 모습을 보는 것만으로 곧 자신의 주체로 느낄 수 있는 것은 아니다. 온생명을 확대된 '나'로 느끼기 위해서는 기왕의 주체인 '나'를 다시 새로 파악된 온생명 안에 위치시킴으로써 나의 주체가 객관적으로 파악된 온생명의 주체와 혼연한 일체로 느껴지게 되어야 하는 것이다. 과학이 온생명 속에 내가 위치함을 보여준다면 내 의식은 이 사실을 느낌으로 전환시켜야 한다. 그러므로 이러한 느낌으로의 전환은 나 이외의 그 누구도 대신해줄 수 없는 주체적 결단이다. 즉, 과학과 주체로

서의 나 사이의 진정한 협동 작업으로서만 이를 이루어낼 수 있는 것이다.[13]

일단 이러한 의식의 전환이 이루어지면 우리는 곧 온생명의 질환에서 오는 통증을 자각적으로 느끼게 된다. 이는 다시 말하면 환자인 온생명이 스스로 자기 병으로 인한 아픔을 느끼는 일이기도 하다. 이 작은 '깨어남'이 바로 온생명 치유의 첫걸음임은 말할 것도 없다. 그러나 질병의 효과적인 치유를 위해서는 자각 증세만으로는 부족한 것과 같이 우리는 엄정한 진단에 바탕을 둔 현실적 처방을 찾아내야 한다.

삶의 여건에 대한 새로운 검토

그렇다면 온생명의 건강을 보장하는 가능한 처방, 즉 우리가 취해야 할 새로운 생활 양식은 어떠한 것인가? 이는 한마디로 기존의 가치 의식에 대한 근본적인 재검토를 요구하는 것이다. 많은 경우 기존의 번영과 발전은 더 이상 추구해야 할 덕목이 아니라 자제해야 할 요건이 된다. 만일 그렇다면 우리는 이제 더 이상 생활의 향상을 지향하지 말아야 할 것인가?

이 점을 논의하기 위해 우리는 생활의 '향상'이 무엇을 의미하는지 좀 더 깊이 생각해볼 필요가 있다. 생물 진화의 입장에서 볼 때 인간의 신체는 수십 또는 수백만 년 이래 더 이상 커다란 진화적 변화를 겪지 않고 그 당시의 형태를 대체로 유지하고 있다. 따라서 인간 신체가 놓여야 할 가장 자연스런 생활 여건은 이러한 인간 신체를 빚어낸 당시까지의 지배적인 생활 여건에 되도록 가까운 상태라고 말할 수 있다. 우리가 현재 지니고 있는 모든 신체적 본능도 이러한 환경에서 가장 성공적이고 자연스럽게 생존해가도록 마련된 것이라고 보아야 할 것이다. 그럼에도 불구하고 인간은 이때에 이와 같은 연유로 마련된 본능을 이와는 크게 달라진 오늘의 환경 아래서도 계속 충족시키려 할 뿐 아니라 오히려 이를 지나치게 증폭시켜 충족시키려 하고 있으며, 이러한 충족이 쉽게 이루어지는 상황을 일러 생활의 '향상'이라고 부르고 있다. 따라서 이러한 의미의 생활의 '향상'이라는 것이 사실은 본래적 의미의 신체적 건강과 자연스런 형태의 생활 방식에 역행하는 일이 되고 말았다.

이러한 의미에서 오늘날 우리가 진정으로 생활을 '향상'시킨다고 한다면, 오히려 그 동안의 '향상'을 되돌려 원위치로 복귀시키는 일이 되어야 할 것이다. 설혹 우리가 모든 환경을 원시의 상태로 되돌릴 수는 없다 하더라도, 우리의 가장 건강한 신체적 생활 환경은 신체적으로 우리를 빚어준 그 환경에 가장 적절히 조화되는 데 있으며, 따라서 가장 잘 사는 길은 지금이라도 그 환경에 가장 적합하다고 여겨지는 생활 태도로 복귀하는 것이라는 점을 인식해야 한다.

그러나 우리가 만일 이와 같은 생활 태도만을 잘 사는 것의 유일한 기준으로 삼는다면 자연에 더 이상 손대지 않고 과거 몇몇 사상가들이 주장한 바와 같은 '무위'의 생활을 택하는 것이 최선의 생활 방식이라는 주장이 성립할 수도 있다. 그러나 인간의 생활은 신체적 생존과 건강만을 의미하는 것이 아니라 이에 못지않게 어쩌면 이보다 더 중요한 것으로 정신적인 생활을 영위한다는 측면이 있다. 그런데 이러한 정신적인 생활을 유지하기 위한 환경에 대해서는 신체적인 생활 환경과는 전혀 다른 이야기를 할 수 있게 된다. 정신 활동의 주체로서의 인간 존재는 신체 소유체로서의 인간 존재와는 달리 진화 과정에서 고착되어버린 것이 아니라 현재 매우 활발한 진화의 도중에 있다고 보아야 한다. 지난 몇십만 년의 문화사적 발전 과정은 바로 이러한 진화에서 급격한 가속 단계였다고 할 수 있다. 그러므로 이러한 정신 활동을 원만히 수행하기 위한 생활 환경이란 기존에 인간이 경험해온 그 어떤 것이 아니라 이제 막 경험해 나가기 시작하는 새로운 것이며, 따라서 신체적 생존 여건을 빚어낸 종래의 생활 환경이 이를 위해서도 반드시 최선의 것이어야 한다는 보장은 없다.

우리는 이제 당면한 문화적 불균형을 시정하기 위해서도 그 정신문화에서 더 한층 높은 수준으로의 시급한 향상을 기해야 할 상황에 놓여 있다. 마치 개체 인간이 단순한 신체적 생존만이 아닌 정신적 삶을 지녀야 인간으로서 의미를 지니듯이, 현대 인류도 단순한 물질문명만이 아닌 고양된 정신문명을 구축해야 그 존재 의의를 완전히 발휘한다고 볼 수 있다. 그런데 이것이 가능하기 위해서는 인류가 겪어온 단순한 원시적 환경만으로는 불충분할 것이 분명하다. 따라서 우리는 앞에 논의한 본원적 생활 환경에로의 복귀 주장과 일견 상반되는 듯 보이는 또 하나의 주장, 즉 우리는 높은 수준의 정신적 문화를 창조하고 영위하기에 적절한 인위적 환경도 함께 마련하지 않으면 안 된다는 말을 할 수 있게 된다.

다행히 현대 과학은 높은 정신문화를 형성함에 있어서 적어도 두 가지 점에서 매우 중요한 기여를 할 수 있다. 그 첫째는 매우 엄격하고 객관적인 지식을 풍성히 제공할 수 있다는 점이다. 높은 정신문화는 직관적이고 주관적인 사유를 통해서만 이루어지는 것은 아니다. 철저한 과학적 검증을 거친 객관적 지식을 그 사유의 토대로 삼지 않을 경우 이러한 사유는 그 내용에서 매우 공허해질 수 있다. 이러한 의미에서 현대 과학은 종래의 문화 창조 방식을 보완할 매우 새롭고 소중한 기반을 마련해준다. 둘째로 현대 과학은 높은 정신문화를 이룩할 수 있는 물질적 기반을 제공한다. 많은 사람들에게 신체적 노동에만 얽매이지 않고도 생존할 수 있는 육체적, 시간적 여유를 제공해줌과 동시에 정보의 기록, 처리 및 전달을 크게 증진시킬 수 있는 각종 기술을 제공해주는 것이다. 이로써 현대의 인간은 자신의 신체적인 생존에만 급급하지 않고 보다 큰 생명인 온생명 속에서 자신이 담당할 역할을 본격적으로 수행할 현실적 여건들을 갖출 수 있게 된 것이다.

그러나 과연 현대 과학이 정신문화를 위한 이러한 물질적 바탕을 마련하면서도 인간의 신체적 건강과 생태계에 대한 본질적 손상을 초래하지 않을 방법을 제공할 수 있겠는가? 이는 매우 어려운 점이며 앞으로 많은 연구가 요청되는 문제라고 보겠으나, 한 가지 지적할 수 있는 것은 적어도 에너지의 관점에서 볼 때 이러한 양립의 가능성은 존재한다는 점이다. 정보 처리를 위해 소요되는 에너지는 일반적으로 극히 작은 것이며, 이상적으로는 태양에너지만을 적절히 활용하더라도 이 정도는 충당할 수 있다. 현대인이 요구하는 대부분의 에너지와 물질의 수요는 이러한 정신문화 발전에 소요되는 것이라기보다는 무절제한 신체 본능적 욕구를 충족시키려는 데서 오는 것임을 유의해야 한다.

만일 현대의 인류가 이러한 관점을 받아들여 그 생활 방식을 재조정한다면 앞으로의 삶의 양식은 어떠한 형태가 되어야 할 것인가? 이는 한마디로 에너지와 자원을 최소로 소모하면서 최고의 문화적 수준을 유지하는 형태가 되어야 하리라고 말할 수 있다. 그런데 이를 위해서는 현재까지 우리에게 익숙해진 생활 방식의 많은 부분을 폐기하거나 크게 수정하지 않으면 안 된다. 예를 들어, 사소한 인간의 이익 혹은 향락을 위해 동식물의 자연스런 생활 터전을 빼앗거나 그들의 생명을 남획하는 일이 없어야 할 것이며, 단순한 신체의 보존을 위해 원시적 상황에서 필요로 하였던 것 이상의 물질적 소모를 하려 해서는 안 될 것이다. 지나친 의료 활용을 통한 생명의 인위적 보존이나 부자연스런 수명 연장 등도 일단 인간 본연의 생존 방식에서 벗어나는 것들이라고 보아야 한다. 인간의 생존 본능에 대한 이러한 인위적이고 부자연스런 충족 노력은 그 자체가 낭비적인 것일 뿐 아니라 그러한 물리적 수명 연장이 결코 삶의 의미를 더 고양시켜 주는 것이 아니기 때문이다. 오직 주어진 유한한 개체적 삶의 기회를 최대한 활용하여 한층 고차적 기능인 정신 활동을 통해 뜻있는 창조적 삶을 영위하고, 이러한 개체적 삶의 영위를 통해 한층 고차적인 자아, 즉 영속적인 생명인 온생명에 더욱 의미 있는 기여를 할 수 있을 때 각 개체에 주어진 삶의 기회가 소중하게 살아난다고 할 수 있다.

이러한 점들로 미루어볼 때, 앞으로 기대되는 그리고 지향해야 할 생활 방식은 외형적으로는 수만 년 전의 원시림과 동식물이 되살아나는 지구 환경을 유지하면서 사람 각자각자는 이러한 환경 안에서 자연스런 육체적 활동 및 휴식을 취함과 함께 고도로 발전된 문화 창조 및 교류 시설들을 활용하여 높은 정신문화를 누려나가는 형태가 되어야 할 것이다. 이러한 경우 지금과 같은 대규모 도시 건설이나 대규모 교통 시설은 아마도 필요하지 않을 것이다. 소박한 생활필수품은 최대한 지역적 생산에 의존할 수 있을 것이며, 고도의 문화 활동은 소규모의 그러나 성능이 높은 정보 처리 및 정보 교환 시설에 의존할 수 있을 것이기 때문이다. 그러나 이 모든 것이 가능하기 위해 필요로 하는 한 가지 중요한 요건은 인간이 자체 인구를 적정선에서 유지할 수 있어야 한다는 점이다. 신경세포와 암세포 사이의 가장 중요한 차이가 적절한 시기에 적절한 방식으로 자체 세포들의 증식을 조정할 수 있느냐 없느냐에 있다는 점이 우리에게 중요한 시사점을 제공해준다.

새로운 사회, 새로운 정치

그렇다면 이것을 가능하게 하기 위하여 우리는 어떠한 사회, 어떠한 정치 체제를 갖추어야 할 것인가? 이를 위해 우리는 지금까지는 생각하지 않았던 내적 그리고 외적 제약 조건들을 함께 생각하지 않으면 안 된다. 우선 내적 고려 사항으로는 우리가 본능적으로 요구하고 있는 여러 가지 일들을 의식적으로 검토하여 지금 이 시점에서 이를 충족시켜야 할 것인지 아닌지를 가려내어야 하는 것이다. 단순히 하고 싶다는 생각에만 맡겨둘 수 없는 일들이 수없이 많다. 이러한 검토에 맞추어 정말 잘 사는 것이 무엇인가 하는 데 대한 표준이 설정되어야 할 것이다. 그리고 외적으로 우리가 생태계로부터 얻어낼 수 있는 자원과 물질의 한계가 무엇인가를 명백히 설정해야 한다. 지금까지는 무제한의 개발 가능성을 열어놓고 오직 이를 해내는 기술의 한계만을 문제 삼아왔으나 이제부터는 생태계적 온생명적 허용치를 분명히 산정하고 개발의 총량을 이 범위 안에서 엄격히 제한해야 할 것이다.

일단 이러한 수요와 허용 가능치가 설정되면 전체 인류를 감안한 총수용치와 생태계의 허용 가능치를 비교하여 가능한 인구의 상한치를 설정해야 할 것이다. 만일 현존 인류의 총인구 혹은 가까운 장래에 예상되는 인구가 이렇게 상정되는 인구의 상한치를 초과할 경우 우리는 불가피하게 인구 억제 정책을 쓰지 않으면 안 된다. 이와 더불어 각각의 개인에 대해서는 이렇게 상정되는 일인당 자원 및 물질 허용량 이상의 소모를 억제토록 해야 할 것이며, 이는 일차적으로는 가치관의 개편에 의한 도의적 의무로 부과하는 것이 옳은 일이겠으나 경우에 따라서는 법적 구속에 의한 시행도 고려하지 않을 수 없다.

앞으로의 사회에 요청되는 이러한 일단의 제약 사항들은 결코 유토피아적 발상에서 오는 것이 아니라 과학적 사실에 입각한 필수적 요구에 따라 제시되는 것이므로 우리의 정치 및 사회 구조가 이를 가능토록 개편되거나 아니면 온생명의 치명적 질환과 함께 인류가 멸망하거나 하는 두 가지 길밖에 없다. 그러나 현재 인류가 지닌 가치관과 이에 바탕을 둔 현행 국제 정치·경제 상황에 비추어 볼 때 이는 매우 어려운 시도라고 말하지 않을 수 없다. 이것은 현재 지배적 사회체제로 정착한 이른바 자유 시장경제 체제와 정면으로 배치되는 것이기 때문이다. 자유 시장경제 체제는 기본적으로 인간의 본능을 부추기고 이를 통해 소비를 조장하는 구조로 이루어져 있으며 적정치에서 본능을 자제하고 소비를 통제해야 할 당위성에 대해 구조적으로 역행하는 성격을 지닌다. 또한 가격으로 산정되어 있지 않으며 산정될 수도 없는 생태적 파손 문제에 대해 그 어떤 법적 규제를 가한다 하더라도 이를 모든 가능한 수단을 동원해 최대한으로 벗어나려는 노력이 그 기업의 성공과 일치되는 구조를 갖게 되므로 온생명의 건강을 회복시키려는 방향과는 원천적으로 상충되는 것이다.[14]

그러므로 우리는 결국 무제한적인 이러한 자유시장경제 체제를 바꾸거나 최소한 그 어떤 근본적인 수정을 가하지 않고는 다른 해결 방법이 없다. 문제는 우리가 체제 내적 방식에 의해 이러한 변혁을 시도할 것인가 혹은 체제 외적 방식으로 이를 시도할 것인가 하는 점이다. 먼저 체제 외적 방식을 살펴본다면 이는 현실적으로 실현 가능성이 극히 빈약하다. 지금까지 자유시장경제 체제에 대한 가장 유력한 대안 체제였다고 생각된 사회주의 체제는 이미 몰락하였거나 적어도 여기서 요청되는 측면에서는 자유시장경제 체제와 별로 다르지 않은 형태로 변형되고 있음을 우리는 본다.[15] 그렇다고 또 다른 그 어떤 대안 세력이 가까운 시기에 등장하리라는 기대도 하기 어렵다. 그렇다면 결국 현 체제로부터 점진적 변형을 시도할 수밖에 없다. 인간이 희구하는 자기실현의 가능성을 넓게 열어놓고 이의 성취를 위한 경쟁적 활동을 최대한 허용하면서도 적어도 물질적 여건에 관한 한 전면적인 협동의 원리에 입각한 새로운 사회체제를 모색하는 것이 필요한 것이다. 이는 특히 기존의 사회주의에서 경시되었던 개별 성원의 내면세계와 심적 만족 상황에 대한 최대한의 자유를 허용함과 동시에 물질적 본능의 과잉 충족이 가져다주는 낭비 및 퇴폐를 효과적으로 제한하는 제도이어야 할 것이다. 그러나 현실 사회주의 실험에서 잘 드러났듯이 부분적으로나마 본능을 제어하는 이념이 성공하기는 대단히 어려운 일이다. 그러므로 본능의 제어를 위해서는 이에 필적할 심적 보상이 주어져야 할 것이며 이를 마련하는 것이 현대 문화가 추구할 주요 과제로 등장할 수 있다. 이는 한편으로 과학의 이해를 통해 우리의 절박한 상황을 파악토록 함과 동시에 이를 우리의 감성적 세계에 구현시켜줄 효과적인 인문적 작업이어야 할 것이다.

아마도 이 모든 것의 성패를 결정할 관건은 곧 온생명이 바로 내 몸임을 느끼는 의식의 차원까지 이르는 일이 될 것이다. 협동과 경쟁의 성격으로 보아 자신을 전체의 일부로 느낄 때, 즉 보다 큰 나를 의식할 경우에 한하여 진정한 협동이 가능해질 것으로 보이기 때문이다. 일반적으로 동위 개체 간의 경쟁은 동위 개체들 가운데 보다 우수한 개체를 선택하는 기능을 지니며, 반대로 동위 개체 간의 협동은 보다 우수한 상위 개체를 형성하는 데 기여한다고 말할 수 있다. 그러므로 이렇게 진화된 하나의 단위 개체의 입장에서는 자신이 하나의 독립 개체로 기능한다고 느끼는 상황에서는 경쟁 본능이 크게 발현되며, 자신이 상위 개체 내의 한 구성 요소로 기능한다고 느끼는 상황에서는 협동 본능이 발휘되지 않을 수 없다. 즉, 한 개체가 주위 개체와 협동을 해야 할 것인가 혹은 경쟁을 해야 할 것인가를 결정하는 것은 주어진 상황을 좀 더 큰 자신의 대내적 상황으로 의식하는가 혹은 자신의 밖에 놓인 대외적 상황으로 의식하는가에 달려 있는 것이다.

이와 함께 이를 통찰하는 비판적 지성과 더불어 높은 수준의 정신문화를 지향하는 노력이 필요하다. 이를 위해서는 비단 과학적인 사물 이해 방식뿐 아니라 우리가 지닌 직감적인 이해 방식이 큰 도움이 되기도 한다. 예컨대, 동아시아를 비롯한 인도 그리고 아메리칸 인디언들의 전통문화 속에 담겨 있는 직감적 이해를 바탕으로 하는 심오한 사상들이 바로 그것이다. 그러나 오늘 우리는 과학의 도움을 얻음으로써 기왕의 이들 사상 속에 담겨 있는 직관적 이해의 내용을 구체화하는 동시에 인간 심성 깊은 곳으로 온생명을 함께 느끼게 해줄 새 문화를 찾아 나가야 할 것이다. 보다 보람된 삶은 물질적 풍요와 인위적 설비에 있는 것이 아니라 자연과 조화되는 정신적 풍요에 있음을 자각하고 낭비와 부족이 없는 사회를 지향할 새로운 체제를 모색해야 할 것이다. 그리고 이를 위해 오늘의 과학과 정치 문화는 긴밀한 협조 관계를 마련하지 않으면 안 된다.

그렇다고 이러한 체제 내적 이행이 결코 쉽게 이루어질 것으로 예상하지는 않는다. 체제의 성격상 이러한 작업을 수행해낼 현실적인 힘은 현 사회체제의 강자, 즉 이러한 경쟁 체제의 승자의 손에 놓여 있을 것인데, 이들이야말로 물질적 욕구를 자극하고 경쟁적 개발을 강요하는 현 체제의 적자들이기 때문에 이들에게서 이 방향의 노력을 기대하기는 어렵다.

그러면 어떻게 해야 할 것인가? 결국 가장 근원적인 접근, 즉 의식의 혁명을 추구할 수밖에 없다. 물론 이것 자체가 결코 쉬운 일이 아니다. 의식 그 자체가 제도에 의해 강력한 지배를 받기 때문이다. 그러나 본원적 반성을 추구할 경우 제도에 의해 이념화된 의식을 수정하는 것이 불가능한 일은 아니다. 과학적 지식을 통한 명확한 상황 인식에 의해 이루어진 신념 그 자체는 가역적일 수 없으며, 따라서 이러한 의식화 노력은 그 어떤 방식으로든지 진전될 수밖에 없다. 단지 여기서 문제되는 것은 시간이다. 온생명의 질환은 급속도로 확산되고 있으므로 구제 불가능한 상황에 이르기 전에 이를 저지할 수 있을 정도로 빠른 진전을 이룰 것인가 하는 문제이다.

이미 언급한 바와 같이 자유시장경제 체제는 오직 개발의 가능성이 열려 있을 때에만 상대적으로 우세한 생존력을 지니는 것이며 그렇지 못할 경우 결정적인 내적 불안정성을 지닌다. 그리고 현재 존재하는 외적 개발의 가능성이란 바로 온생명의 살아 있는 몸을 파헤쳐나가는 행위일 뿐이다. 그러므로 이러한 의식의 전환이 적어도 온생명의 아픔을 함께 느낌으로써 외적 개발의 가능성을 합리적으로 제한할 단계에 이르기만 한다면 이러한 제도의 힘은 급속히 약화될 것이며 바람직한 대안적 제도의 수립 가능성이 열릴 수 있으리라 생각된다. 따라서 현재로서 요청되는 최소한의 작업은 이미 각성한 소수의 작은 힘들을 모아 온생명의 아픔이 사회적으로 느껴지는 단계까지 도달시키는 일이라 생각된다.[16]

9장
새로운 생명 가치관의 모색
—환경 윤리는 어디에 바탕을 둘 것인가

생명 가치관 문제가 지니는 의미

무릇 가치관이라 함은 무엇을 소중한 것으로, 즉 가치로운 것으로 규정하는가에 대한 일반적 관점을 말한다. 그런데 이러한 가치로운 것 가운데 가장 기본적인 것으로 자신의 생명에 부여하는 가치를 생각할 수 있다. 아무리 소중한 것도 자신의 생명이 존재하지 않는다면 아무런 의미도 없을 것이므로 생명의 가치야말로 그 모든 가치를 이룰 기본적인 가치가 아닐 수 없다. 그러나 사람들은 때로 자신의 생명보다 더 높은 가치를 상정하기도 하며 이를 위해서라면 자신의 생명조차 아낌없이 바치기도 한다. 하지만 그런 경우에도 그 무엇인가를 수행하기 위해서는 자신의 생존이 전제되어야 할 것이며, 더 이상 길이 없다고 여겨질 때 그가 택할 수 있는 최종적인 것이 자신의 생명을 바치는 경우가 될 것이므로 자신의 생명은 자신이 현실적으로 주관할 수 있는 최고의 소여 가치라고 해야 할 것이다. 따라서 어떠한 가치관을 가지고 있든 간에 적어도 자신의 삶을 통해 무엇인가를 구현하려는 사람에게는 자신의 생명이 가장 기본적이며 필수적인 것이라고 해야 할 것이다.

사실상 생명 가치는 너무도 기본적인 것이어서 '이념적 가치'로만 존재하는 것이 아니라 태어날 때부터 이미 살아가려는 의지, 즉 '의지적 가치'의 형태로 모든 생명체들의 본능 속에 깊이 부각되어 있다. 이러한 점은 유정성sentience을 지닌 모든 동물들에게서 외형적으로 표출되고 있는데, 특히 인간의 경우에는 이를 명시적으로 의식하고 있으며 이렇게 의식된 내용이 바로 자신의 생명 가치관을 이루는 선천적 기반이 되는 것이다. 그리고 가장 분명한 점은 이러한 생명 가치관은 일차적으로 '자신의 생명'에 대한 것이라는 점이다. 이는 자기 삶의 주체가 일차적으로 자신의 생명을 단위로 하는 바로 자기 자신이기 때문인데, 이 점 또한 본능에 깊이 각인되어 있다.

그러나 흥미로운 점은 대부분의 사람에게서 생명에 대한 이러한 소중함의 관념은 오로지 자기 자신의 생명에만 국한되는 것이 아니라는 사실이다. 누구에게나 자신에게 소중한 사람들이 있게 마련이고 이러한 사람들의 생명은 설혹 자신의 생명만큼 소중하지는 않다 하더라도 여전히 매우 중요한 가치로 인정되는 것이다. 이는 어떤 합리적 사변에 의해 도달하는 관념이 아니라, 이미 우리의 마음 깊은 곳에서 우러나오는 느낌인 것이다. 그러나 느낌만으로 이야기하자면 모든 사람의 생명 가치를 동등한 가치로 받아들이기는 어려우며 자기를 중심에 두고 자기 주위 사람들의 생명 가치에 대한 일정한 차별이 나타나게 된다. 자신에게 자기 부모의 생명이 상대적으로 더 소중하게 느껴짐을 아무도 탓할 수는 없는 것이다. 그러나 조금만 더 합리적으로 생각해보면 이는 온당한 판단이 아니라는 사실을 곧 알 수 있다. 우리 모두가 대등하게 태어난 인간이라 할 때 내 생명 또는 내게 가까운 사람의 생명만 소중하고 남의 생명이 덜 중요하다고 생각해야 할 어떤 이유도 찾아볼 수 없는 것이다.

사실 이 간단한 원칙, 즉 모든 사람의 생명은 다 같은 정도로 소중하다는 이 대원칙이 보편적으로 인정되기까지는 오랜 역사적 과정이 소요되었다. 이는 우리의 느낌 속에 부각된 인간 생명 가치의 차별성과 합리적 사고가 말해주는 동등성 사이의 간극을 좁혀나가는 과정이었다고도 말할 수 있다. 그리고 이러한 어려움을 극복하기 위해서는 이를 이겨내려는 의식적 노력이 요구되며 이를 반영하는 사회적 장치가 바로 윤리라는 형태로 나타나게 된다.

특히 남의 생명의 소중함이 자기 생명의 소중함과 원칙적으로 같다고 하는 것은 이러한 윤리의 바탕에 깔린 기본 윤리가 되지 않을 수 없으므로 '원칙적으로' 같다고 하는 점이 중요하다. 현실적으로는 이들의 소중함에 대한 상대적 차이를 심정적인 면에서까지 완전히 제거할 방법이 없기 때문이다. 그러나 내가 그의 입장에 서면 그가 느끼는 바와 같은 느낌을 가지게 될 것이라는 '이해'를 지니고 이 이해가 공유되는 바탕 위에 모든 사회의 행위 규범을 마련하는 것이 바로 이 윤리의 기본 정신이라 할 수 있다.

그런데 인간의 생명 가치에 대한 이러한 고찰이 인간이 아닌 여타의 생물이 지닌 생명에까지 확장되어야 하는지에 대해서는 아직까지 합의가 이루어지지 않고 있다. 동물과 식물, 박테리아의 생명까지를 모두 인간의 생명과 대등한 위치에 놓고 생각해야 할 것인지 혹은 이들의 생명 가치를 상대적으로 낮은 것으로 보아야 할 것인지, 그리고 낮다면 얼마나 낮은 것으로 보아야 할 것인지 하는 데에 이르면 문제가 그리 간단하지 않다. 사실 이러한 문제들은 지금까지 윤리학자들의 한가한 이론적 과제로만 치부되어온 측면이 없지 않았다. 우리에게는 인간 사회 안에 발생하는 윤리 문제를 다루는 것만으로도 벅찬 일이었기 때문이다.

그러나 이제는 상황이 크게 달라졌다. 이른바 환경문제에서 보듯 인간 이외의 생물이 지닌 생명 가치의 문제가 단순한 이론상의 관심사가 아닌 심각한 현실 문제로 대두되고 있으며, 이를 어떻게 보느냐에 따라 인류의 장래뿐 아니라 생명계 전체의 운명이 결정적으로 좌우될 상황에 놓여 있기 때문이다. 현재 진행되고 있는 환경윤리학자들의 논의를 보면 우선 윤리의 지평을 확대해야 된다는 점에는 모두가 동의하지만 이를 어디까지 확대해야 되는가, 예를 들면 박테리아나 바이러스에게까지도 생명 가치를 인정해야 하는가, 그리고 흔히 생명이 아니라고 간주되는 주변 환경에 대해서는 어떻게 보아야 할 것인가 하는 문제에 직면하면 논의는 아주 분분해진다.

환경문제를 보는 두 가지 시각

생명 가치에 대한 본격적인 논의에 들어가기 전에 환경문제와 관련된 기왕의 입장들에는 어떠한 것이 있는지 간략히 살펴보기로 하자. 환경문제와 관련하여 현재 거론되고 있는 여러 주장들을 크게 구분해본다면 대략 다음과 같은 두 가지 관점으로 대별할 수 있다. 그 하나는 종래의 계몽사상의 연장선에 서 있는 인간중심적 관점이며, 다른 하나는 새롭게 대두되는 생태 사상을 그 바탕에 둔 비인간중심적 관점이다. 앞의 것이 주로 '환경'을 문제 삼는다고 하면, 뒤의 것은 주로 '생태'를 문제 삼는다고 할 수 있다.

계몽사상은 본래 서구의 과학 사상과 함께 성장해온 것으로 각종 권위의 횡포와 착취로부터 인간을 보호하고 인간이 지닌 이성의 힘을 바탕으로 자연 속에서의 인간의 생활 여건을 향상시키려는 일종의 인간 해방 사상이다. 그러므로 여기서는 인간의 가치를 극대화하고 나머지 모든 가치를 이 가치 안에 종속시키려 한다. 따라서 오늘의 환경문제를 보는 시각에서도 그 문제의 근원을 기본적으로 인간의 장기적 생존을 위해 환경이 지니는 중요성을 제대로 인식하지 못했던 데서 찾으려 한다. 이에 따르면, 인간의 생존 여건 향상을 위한 최근의 노력들이 오히려 환경을 심각하게 훼손시키고 있음이 사실이나, 이는 우리의 무분별한 개발 정책과 방만한 생활 태도가 초래한 부작용에 해당하는 것일 뿐 인간을 중심에 둔 가치의 문제와는 무관한 것이라고 보는 것이다. 오히려 인간에 대한 가치를 더 한층 고양시키고 이를 위한 환경의 중요성을 일깨움으로써 우리의 생활 태도를 친환경적인 것으로 바꾸어나갈 수 있으리라는 것이다. 좀 더 구체적으로는 환경 파괴적인 생산 및 소비 양식을 지양하고 환경 기술과 환경 산업을 조장함으로써 이른바 '환경적으로 건전하고 지속 가능한 개발'을 도모해나가야 한다는 것이다.

이러한 인간중심적 관점에 비해 좀 더 깊은 생태 사상에 바탕을 둔 비인간중심적 관점에서는 바로 이러한 인간중심적인 개발 그 자체가 환경문제의 주범이므로 이러한 인간중심적 사고를 폐기하고 생태계에 내재적 가치를 부여하는 새로운 사고의 틀을 찾아나가야 한다는 입장을 취한다. 환경에 대해 인간을 위한 도구적 가치만을 인정할 경우 인간을 위한다는 명목에서 환경이 파괴되는 것은 불가피한 일이며, 따라서 장기적으로 보면 인간의 생존을 위해서도 위험한 결과가 도래하게 된다는 것이다. 이러한 관점은 물론 환경 보존의 차원에서 선호될 수 있을 관점임에 틀림없으나 실용적 측면을 떠나 환경 그 자체에 내재적 가치를 부여할 독자적 논변을 마련해야 하는 난점을 가지고 있다. 이 주장의 가장 강력한 논지가 바로 이러한 자세를 취하지 않을 경우 초래될 부정적 상황을 제시하는 것인데, 이것만으로는 이러한 상황을 방지하기 위한 방편적 가치, 즉 위장된 도구적 가치에 머무르고 마는 것이다. 달리 말해 엄격한 인간중심적 생명 가치를 취한다 하더라도 결국은 이 주장과 완전히 동일한 결론에 도달하리라는 것이다.

이 관점 자체가 지닌 한 가지 독자적 논변의 근거로 인간은 물론 인간 이외의 모든 자연물들도 동등한 내재적 가치를 지닌다고 하는 원칙을 설정해볼 수도 있겠으나, 이 경우 이러한 원칙이 얼마나 현실적 설득력을 지니느냐 하는 문제를 떠나서도 이 원칙을 수용할 경우 모든 것에 대한 경중을 배제하는 결과가 되어 실제로 행위를 위한 아무런 지침의 구실도 하지 못하게 된다. 좀 더 현실적 의미를 지닐 수 있는 관점으로는 인간을 포함한 모든 자연물에 대하여 '자연 그대로의 모습'이 최선의 가치를 지닌다고 하는 주장이 가능하다. 이는 이미 오래 전부터 존재해온 자연주의적 관점에 해당되나 이것 또한 '밀림의 법칙'을 인정하는 힘의 논리로 귀착할 위험을 지니고 있다.

인간중심주의에서 벗어나면서도 위의 주장들과 구분되는 한 가지 명백한 논지는 생명중심주의이다. 이는 인간뿐 아니라 모든 생명체에 대해 본원적 생명 가치를 부여할 수 있다는 주장이다. 인간이든 여타 생물체든 간에 모든 살아 있는 것은 일정한 내재적 가치를 가진다고 보는 것이다. 그러나 일견 타당해 보이는 이 주장 역시 적지 않은 문제점을 지닌다. 이미 위에서 지적한 바와 같이 모든 생명체들의 생명 가치는 모두 대등한 것인가, 만일 대등하다면 어디까지를 생명체로 인정해야 할 것인가, 그리고 만일 대등하지 않다고 본다면 그 차이는 어떻게 결정할 수 있는 것인가 하는 문제점들이 따라오는 것이다.[1]

이와 관련하여 제안될 수 있는 한 가지 가능한 구획은 이들이 이른바 '의식'을 지녔는가 그렇지 않은가 하는 점이다. 흔히 의식 중심주의라 불리는 이 관점에 의하면 의식을 지닌 생물들에 대해서는 그에 적합한 응분의 가치를 인정하자는 것이다. 이러한 관점은 기본적으로 인간과 그 어떤 심정적 공감대를 형성할 수 있는 것이므로 적어도 심정적 차원에서 상당한 호소력을 가진다. 그러나 인간 이외의 생물체들에 대해 그들의 의식을 어떻게 파악할 수 있으며 또 그 의식의 정도라는 것이 어째서 가치의 척도로 작용할 수 있는가 하는 문제에 다시 부딪히게 된다.

가령 의식이 없어 보이는 소나무 숲은 도구적 가치만을 가지는 것이며 이보다는 의식의 정도가 높아보이는 송충이들에게는 그 어떤 내재적 가치를 부여해야 할 것인가 하는 물음이 제기될 수 있다.

이러한 문제점들을 지니고 있음에도 불구하고 최소한 인간 중심주의의 한계를 벗어나기 위해서는 생명 가치에 대한 그 어떤 규정이 요청될 것이며, 이를 위해서는 다시 무엇이 생명이고 무엇이 생명이 아닌가, 그리고 더 나아가 생명이란 도대체 무엇인가 하는 근원적 문제를 살펴나가지 않을 수 없다. 그리고 다시 이러한 생명의 일부로서 인간은 무엇이며 이러한 인간은 생명의 세계 안에서 어떠한 위상을 지니는 존재인가 하는 문제를 살펴나가야 할 것이다.

온생명과 인간의 위치

우리는 이미 이 책의 앞의 몇 장章에서 생명이란 어떠한 것이며 또 그 생명의 일부로서 인간이란 어떠한 존재인가에 대해 충분한 논의를 하였다. 따라서 여기서는 그 논의의 주요 부분만을 간단히 요약한 후 이것이 우리가 추구하는 생명 가치의 문제에 대해 어떠한 함축을 지니는가를 생각하기로 한다.

앞의 논의를 따르면, 지구 상의 생명은 긴밀한 시공적 연계를 통해 구성되는 하나의 정합적 체계를 이루고 있으며, 우리가 기왕에 알고 있는 모든 개별 생명체들은 모두 이 하나의 정합적 체계를 이루는 부분들에 해당하는 것으로서, 본질적으로 이 안에서 한시적인 생존을 유지해가는 의존적 존재들이다. 한 편 이 모두를 포괄하는 정합적 체계로서의 전체 생명은 그 자체로 하나의 분명하고 특징적인 실체를 구성하고 있는데, 이를 이 안에 포함되어 의존적 한시적 생존을 유지하는 개별 생명체들과 구분하여 '온생명'이라 부를 수 있다.[2] 이는 태양과 지구 사이의 자유에너지 흐름을 모태로 대략 35억 년 전에 탄생했으며, 이후 지속적인 성장과 번영을 이룩하면서 최근에는 '인간'과 같은 영특한 존재까지도 발생시켜 이의 중요한 한 부분을 이루게 하고 있다.

온생명의 의미를 이렇게 규정할 경우 기왕에 우리가 생명의 단위라 생각해온 개체적 생명체들이 지니는 생명은 '온생명'에 대해 '낱생명'이라 불린다. 온생명의 한 부분으로서 온생명의 여타 부분에 의존해서만 생존할 수 있는 조건부적인 존재 단위들인 이들은 다른 한편에서는 제한된 범위 안에서 상대적인 자율성을 가지고 스스로의 생존을 지탱해 나가는 존재로 비교적 명확한 출생, 번식, 사멸의 모습을 보여주고 있다. 온생명은 그 구성에서 낱생명들로만 이루어진 것은 아니지만 최초의 낱생명과 함께 형성되고 이들의 연계와 함께 존속해 나가다가 이들의 소멸과 함께 소멸될 수 있는 성질을 지닌다. 이러한 점에서 낱생명을 위한 온생명의 중요성 못지않게 온생명 또한 낱생명들의 성공적 생존에 자신의 존재를 의존하게 된다.

생명이 지닌 이러한 특성으로 인하여 특히 생명의 성격을 논의함에 있어서 온생명과 낱생명 사이의 관계는 대단한 중요성을 지니게 된다. 하나의 낱생명을 기준으로 볼 때 그 낱생명의 생존은 온생명 안에서의 그 자신을 제외한 나머지 부분에 결정적으로 의존한다. 바로 이러한 점에서 하나의 낱생명에 대해 '온생명에서 그 자신을 제외한 나머지 부분'은 매우 중요한 의미를 지니게 되며, 이를 우리는 해당 낱생명에 대한 '보생명'이라 부른다.

이제 이러한 낱생명의 생존 양상을 살펴보면, 이들은 보생명과의 관계에서 개체 생존에 유리한 그 무엇을 얻어내어야 하는 동시에 이와의 원만한 공존 유지를 위한 생태적 배려도 함께해야 하는 이중적 성격을 지닌다. 그리고 생존에 필요한 이러한 성격은 긴 진화의 과정에 따라 이들의 본능 속에 부각되지 않을 수 없었을 것이며, 따라서 모든 개체들은 그 본능적 행위 성향 속에 개체 보존을 중시하는 개체 중심적 성향과 함께 생태적 배려를 중시하는 생태 중심적 성향을 가지지 않을 수 없게 된다. 이처럼 낱생명의 성공적 생존을 위해서는 일견 상충되는 듯한 이 두 성향의 균형과 조화가 요구되는 것이다.

이와 관련해 특히 흥미로운 점은 온생명 안에서 차지하고 있는 인간의 위치이다. 인간 역시 낱생명이 일반적으로 지니는 보편적 생존 양상에서 크게 벗어날 수 없는 존재이나, 그 생태계적 위상에서 여타 생물종들을 그 바탕에 깔고 있는 최상위에 속하게 됨으로써 여타 생물종이 마련한 매우 특별한 형태의 자유 에너지 공급에 의존하며 살아가는 특성을 지닌다. 이는 인간이 여타의 생물종보다도 더 깊고 광범위한 생태계적 의존성을 지니고 살아가게 되며, 그 보생명과의 종적 그리고 횡적 관계가 그만큼 더 깊고 광범위하게 얽어지고 있음을 의미하는 것이다. 인간의 이러한 광범위한 보생명 의존성은 이를 인지할 지적 능력의 요청으로 연결되며 이러한 지적 능력은 다시 그 생존 방식에서 더욱 광범위한 보생명에의 의존성으로 이끌어간다. 인간의 이러한 지적 능력은 생태계 안에서 인간의 여러 활동들을 가능하게 해주었을 뿐 아니라 전혀 다른 새로운 차원의 활동, 즉 정신문화를 이룰 바탕을 마련해주었다는 점에서 커다란 의의를 지닌다. 인간의 지적 능력은 주변 생태계와의 종적, 횡적 관계로 대표되는 물질적·사회적 차원의 삶을 변형시킬 뿐 아니라 또 하나의 삶, 즉 정신적 차원의 삶에 대한 가능성을 열어주는 것이다.

이제 인간은 자신이 속한 생명의 전모, 즉 온생명을 파악하는 최초의 존재가 되고 있다. 이러한 인간의 출현을 온생명의 입장에서 생각해본다면 이는 예사로운 일이 아니다. 자신의 내부로부터 자신을 파악하는 존재가 발생했다는 것은 곧 스스로를 의식할 수 있는 단계에 도달했다는 의미가 되기 때문이다. 마치 개개의 인간이 그 중추신경계를 이루는 신경세포들의 활동에 의해 몸 전체를 자신이라 여기는 하나의 의식 주체가 되어 있는 것과 같이, 집합적 의미의 인간은 다시 개개의 개체적 지능을 바탕으로 서로 사이의 관계를 정보적으로 연결하는 문화 공동체를 이루었으며, 이렇게 이루어진 집합적 지성知性에 의해 자신을 포함한 전체 생명의 모습을 시간·공간적으로 꿰뚫어 그 전모를 파악하기에 이른 것이다. 이제 만일 문화 공동체를 통해 파악한 이 전체를 확대된 자아의 의식 내용을 받아들일 수 있다면, 이는 인간이 온생명을 '나'로 의식하는 고차적 의식 단계에 이른 것을 의미하게 되며, 만일 온생명 안에서 온생명을 '나'로 의식하는 그어떤 집합적 지성이 형성된다면, 이는 곧 온생명 자신이 스스로를 의식하는 의식 주체가 되는 것이다.

이는 마치 신경세포들의 집합적 작용에 의해 인간의 의식이 마련되듯 인간의 집합적 활동에 의해 온생명의 의식이 마련되는 것이며, 이러한 의미에서 인간은 온생명 안의 신경세포적 기능을 지닌 존재라고 말할 수 있다. 인간의 자아는 개체로서의 인간, 즉 개인에 국한되지 않고 이의 연장인 인류로, 그리고 종국에는 온생명에로 확대되어 나가고 있다. 즉, 낱생명으로서의 자신과 한층 고차적 단위로서의 인류 그리고 전체 생명으로서의 온생명을 차례로 '나'라고 의식하는 다중적 주체가 되는 셈이다. 한편 우리는 여기서 인간과 신경세포 사이의 일정한 유사성과 함께 차이를 보게 된다. 인간이 자아를 의식하는 것이 신경세포들의 집합적 활동에 의한 것이라는 점은 분명하나 '신경세포들이 지니는 의식'의 집합이라고는 말하기 어렵다. 그러나 만일 온생명의 자아를 인정한다면 이는 불가피하게 개별 인간들이 느끼는 의식 속에서 찾아볼 수밖에 없다. 단지 이것이 개별 주체의 자아와 달라지는 점은 집합적 의미의 인간 활동, 즉 인간의 문화를 매개로 하여 온생명에 대한 포괄적 이해를 거침으로써 이에 이르게 된다는 점이다. 그러나 궁극적으로 이를 받아들이는 주체는 역시 개별 인간의 의식 작용이며, 이를 떠난 온생명 자체의 독립적 의식을 상정하기는 매우 어렵다. 바로 이점에서 온생명 자체의 중요성과 함께 이를 의식하는 존재인 인간의 상대적 중요성 또한 결코 가볍지 않음을 알게 된다.

낱생명 가치와 온생명 가치

생명과 인간에 대한 이러한 이해를 바탕으로 이제 생명 가치란 것이 어떠한 의미를 지니는지 좀 더 자세히 살펴보기로 하자. 앞서 살펴본 바와 같이 생명을 단순히 낱생명의 입장에서만 고려할 경우 낱생명들이 지닌 가치의 경중을 논한다는 것은 매우 어려운 과제가 된다. 사람의 생명에서 박테리아의 생명까지를 모두 대등한 가치를 지니는 것으로 볼 것인가 아니면 이들 사이에 그 어떤 경중을 부여할 것인가, 그리고 경중을 부여한다면 무엇을 기준으로 부여할 것인가 하는 점이 바로 생명중심주의가 부딪히고 있는 가장 큰 어려움임은 이미 언급한 바와 같다.

그러나 생명의 성격을 단지 낱생명 속에 담긴 내용으로만 보지 않고 온생명이라는 큰 틀을 통해 파악할 경우 사정은 크게 달라진다. 만일 우리가 자신의 생명, 즉 자신에게 부여된 낱생명을 그 어떤 절대적 의미를 지닌 기본 가치로 인정한다면 이를 포함하는 본원적 생명인 온생명은 최소한 이보다 상위의 가치를 지닌 것으로 인정하지 않을 수 없다. 온생명의 안위를 생각하지 않고 자신에게 주어진 낱생명의 가치만 내세운다는 것은 마치 온몸의 건강을 생각하지 않고 손가락 하나의 안위만을 염려하는 것과 같은 상황이 되는 것이다. 그러나 우리가 일단 온생명의 본원적 가치를 인정한다면 이를 구성하고 있는 모든 낱생명들이 집합적으로 그리고 개별적으로 지니는 가치를 인정할 수 있다. 이 경우에도 낱생명들이 지니는 가치는 결코 제삼의 어떤 가치를 위한 도구적 가치가 되거나 혹은 종속적 가치가 되는 것은 아니다. 그러나 그렇다고 하여 각각의 개별 생명들이 지니는 생존 가치가 모두 대등한 것은 아니다. 이들은 그 모두가 그 어떤 본원적 가치를 나누어 가지면서도 그 생사 및 생존의 방식에서 나름대로 위계와 질서가 지워지게 된다. 이는 그 어떤 힘의 서열에서 오는 것이 아니라 온생명이라는 전체 구도의 조화와 발전에 어떻게 관여되는가에 따른 구분에 의한 것이다.

이는 일견 모순된 상황처럼 보이기도 한다. 절대적 생명 가치를 나누어 가지는 존재로서 다시 그 가치에 대한 상대적 서열이 부과된다는 것은 쉽게 납득하기 어려운 일임에 틀림없다. 그러나 이를 위해서는 우리 사회 안에 나타나는 하나의 유비를 살펴봄이 도움을 줄 것이다. 오늘 우리 사회의 통념은 아직도 인간의 생명에 대해 그 절대적 가치를 인정한다. 그러나 우리는 예컨대, 살인 등의 극단적인 반사회적 행위자에 대해서는 그의 생명 자체를 제거하는 일이 불가피한 것이며 이러한 관례가 반드시 인간 생명 가치의 절대성 관념에 위배된다고 해석할 필요는 없다. 즉, 동일한 절대가치를 인정할 경우에라도 어떤 분명한 기준에 의하여 이를 공유하는 개별 개체들의 가치에 대해서는 일정한 상대적 경중이 설정될 수도 있다는 것이다.

그렇다면 이때 낱생명들이 지니는 가치는 하나의 절대적 가치, 예컨대 그 어떤 절대자를 위한 기여의 정도만으로 평가되는 도구적 성격의 가치와는 어떻게 구분되는가? 이는 낱생명의 가치를 온생명의 가치를 위한 도구적 가치라고 보는 관점과 무엇이 다른가? 이 물음에 대해 적어도 두 가지 측면에서 대답할 수 있다. 그 하나는 기여 중립의 상황에서 나타난다. 도구적 가치만이 인정될 경우 만일 이것이 기본적 가치에 대해 아무런 기여 또는 해악이 없는 기여 중립의 상황에 놓인다면 그 자체의 존재 가치를 인정받지 못함으로써 임의로운 처분의 대상이 될 수 있다. 반면 그 자체의 절대적 존재 가치가 인정되는 경우, 설혹 이러한 기여 중립의 상황에 놓이더라도 그 존재의 지속이 존중받게 되는 것이다. 그리고 다른 한 측면에서 보자면 절대가치를 나누어 가지는 낱생명으로서는 그 자신을 온생명과 분리된 별개의 객체로 보는 것이 아니라 더 큰 '나'의 일부로 인정한다는 점이다. 그러므로 이는 별개 가치 간의 가치 종속적 상황이 아니라 어디까지나 두 동일한 가치의 구성 양상 사이에 나타나는 가치 조정의 문제가 되는 것이다.

한편 이러한 상황을 좁은 의미의 인간중심주의적 관점과 비교해보면 그 차이를 더욱 뚜렷이 살펴볼 수 있다. 인간중심적 관점에 의하면 인간의 생존에는 무관한 혹은 인간과 결과적으로 경쟁 관계에 설 수도 있는 한 생물종의 존재를 말살하는 것이 아무런 '도덕적' 문제를 야기하지 않을 뿐 아니라 오히려 장려할 만한 일로 여겨질 수 있겠으나, 온생명을 중심에 둔 관점에서 보면 이는 중대한 죄악으로 규정될 수 있다. 이는 곧 온생명이 탄생시킬 수 있는 인간보다 더욱 놀라운 그 어떤 존재의 출현 가능성을 봉쇄하는 것으로 해석할 수 있기 때문이다. 그리고 만일 인간이 자신들만의 이기적 판단에 의해 온생명에 엄청난 위해를 가하는 상황이 발생할 경우, 인간중심적 관점에서는 이것이 장기적으로 인간 자신에게도 위해를 끼친다는 의미에서 어리석은 행동은 되겠으나 도덕적 책임을 제기할 문제가 되지는 않는다. 그러나 온생명 중심의 관점에서 본다면 이는 마치 자신의 이기적 목적을 수행하기 위해 이웃을 살해하는 것 이상의 엄청난 도덕적 과오에 해당하는 것이다.

생명 가치의 판단 기준

낱생명들이 지닌 가치를 그들 자체만으로 절대적인 어떤 것으로 보지 않으면서도 또한 온생명이란 그 어떤 절대자를 위한 종속적 개념으로 보지 않는다고 할 때 온생명에 비추어 낱생명들이 지닌 상대적 가치를 논의하는 것은 무척 어렵고 조심스런 일이 된다. 그러나 일을 손쉽게 시작하기 위하여 하나의 간단한 유비로서 한 유기체와 이를 구성하고 있는 세포들 사이의 관계를 생각해보자. 예컨대, 인체를 비롯한 한 유기체의 경우 이를 구성하는 세포들의 상대적 가치는 이들이 유기체의 정상적 기능 수행에 어떻게 기여하는가 하는 것이 좋은 기준으로 떠오를 것이다. 마찬가지로 온생명의 경우에도 각 낱생명들이 온생명의 '건강한' 전체 기능 수행에 어떻게 기여하는가 하는 것이 하나의 중요한 기준으로 제시될 수 있다. 만일 우리가 온생명의 건강한 존재 양상, 더 나아가 이것의 이상적인 존재 양상이 무엇인지를 알고 이를 위한 각 낱생명들의 기여도를 말할 수 있다면 이것이 곧 하나의 좋은 상대적 가치 척도가 될 것임에 틀림없다.

그러나 온생명에 어떤 이상적인 존재 양상이 존재하는가? 그리고 그러한 것이 존재한다면 이를 어떠한 방식으로 알아낼 수 있는가? 여기에 대해서는 그 어떤 선험적인 해답이 존재하지 않는다. 그리고 이것은 또한 과학 또는 인간의 이지적 노력에 의해 그 해답을 쉽게 추구할 수 있는 일도 아니다. 하지만 우리는 불완전하나마 그 어떤 최선의 추정을 시도해보지 않을 수 없다. 아마도 이를 위해서는 이것에 관해 우리가 찾아낼 수 있는 최선의 지식이 요청될 것이다. 특히 온생명의 역사적 성장 과정과 온생명의 생태적 존재 양상 등에 관한 지식들이 유용하게 활용될 수 있을 것이다.

우리는 지금 온생명이 무엇을 지향하고 있는지, 지향해야 하는지 알아낼 방법이 없다. 그러나 온생명은 풍요롭고 다채로운 생명 현상들을 지속적으로 펼쳐나가고 있으며, 특히 인간을 비롯한 영특한 지적 존재들을 빚어내어 그들을 통한 또 하나의 창조 작업을 이루어나가는 실로 경탄해 마지않을 그 어떤 존재임에는 틀림이 없다. 만일 우리가 온생명에 대한 이러한 이해에 바탕을 두고 생각해본다면 온생명의 바람직한 존재 양상이란 최소한 이러한 창조적 다양성을 지속시켜나가는 방향이 되어야 할 것이라는 점에 대해 이의를 제기하기는 어려울 것이다. 이와 함께 우리가 만일 온생명의 병적 상황을 생각해본다면 이는 바로 이러한 창조적 기능과 성과를 그 어떤 이유로 인해 상실하거나 상실해버릴 위험에 처하는 상황이라고 규정할 수 있다.

이러한 상황 규정은 물론 온생명의 어느 한 부분인 인간이 보는 관점이며 따라서 기본적으로 인간이라는 제약 아래 얻어지는 관점이라는 한계에서 벗어날 수 없다. 그러나 인간이 바로 온생명 안에서 사고와 판단의 능력을 지닌 유일한 존재라는 점에서 이것이 곧 온생명에 대해 기대할 수 있는 최선의 평가라 하지 않을 수 없으며, 특히 여기서의 인간은 온생명에 대한 이해가 결여된 자기중심적 인간을 의미하는 것이 아니라 온생명과 자신의 관계를 의식적으로 고려하고 있는 인간이라는 의미에서 이러한 상황적 제약을 어느 정도 보완해줄 가능성을 기대해볼 수 있다.

이 점과 관련하여 우리는 물리학을 통해 중요한 한 유비를 찾아볼 수 있다. 물리학에서 자연을 서술하는 관점 또한 특정 관측자가 특정한 기준계를 설정하여 서술할 수밖에 없는 본질적 제약을 지니고 있다. 그러나 물리학에서는 이러한 제약을 매우 정교한 방식으로 넘어서는 데 성공한다. 이른바 좌표 변환이라고 하는 것이 그것인데, 자연의 기본 법칙들은 모두 이 기준 좌표계 설정 방식과 무관하다는 원리를 전제하고 이 원리에 입각하여 좌표 변환의 방식을 마련함으로써 어느 관측자의 입장에서 보나 대등한 결과를 얻게 된다. 이것이 바로 아인슈타인의 상대성이론이 지닌 핵심적 내용인데, 이러한 정신에 맞는 이론적 구도를 생명 가치의 경우에도 마련해낼 수 있다면 이는 적어도 가치의 문제에 대한 보편적 이론을 구성한다는 면에서 커다란 진전을 줄 수 있을 것이다. 가령, 인간의 입장에서 온생명의 한 이상적 모습을 찾아냈다고 할 때, 여타 동식물의 입장에서

본 온생명의 이상적인 모습은 어떠할 것인지에 대한 의미 있는 변환 이론을 생각해볼 수 있는 것이다.[3]

일단 우리가 이러한 점을 인정한다면 우리는 낱생명들이 지닌 가치의 경중을 온생명의 이러한 이상적 존재 양상과 관련하여 설정해볼 수 있다. 이들 모든 낱생명들이 그 자체로서 본원적 가치의 일부를 모두 공유하고 있다 하더라도 이들이 현실적으로 온생명의 존재 양상에 대해 서로 다른 방식으로 관여할 수 있으며 경우에 따라서는 이에 역행하는 기능도 수행할 수 있기 때문이다. 예컨대, 그 어떤 고등 동물 또는 식물에 대해 질병만을 초래할 뿐 다른 어떤 긍정적 기여도 하지 않는 박테리아 종이 있다면 이것 또한 하나의 낱생명으로서 생명으로의 본원적 가치를 공유하고 있기는 하나 오히려 이를 퇴치하는 것이 온생명의 바람직한 존재 양상에 부합되는 일일 것이다. 이러한 결정은 물론 쉽지 않을 것이나, 최소한 하나의 분명한 기준, 즉 온생명의 이상적 존재양상 속에서의 낱생명의 존엄성이라는 기준이 설정되고, 이에 가장 적합한 가치판단을 위해 지속적인 노력을 해 나간다는 점에서 하나의 중요한 방향 제시는 가능해진 셈이다.

새로운 생명 가치관의 수용 문제

이러한 논의와 관련하여 우리가 고려해야 할 한 가지 중요한 사항은 설혹 우리가 합리적 차원에서 이러한 논의의 타당성을 인정한다고 하더라도 이것이 곧 우리 내부의 깊은 공감과 함께 심정적으로 수용되었음을 의미하는 것은 아니라는 점이다. 우리는 종종 객관적 당위성이 충분히 인정되는 사안임에도 불구하고 이를 심정적으로 수용하지 못하거나, 이에 대해 아무런 실천적 의지를 불러일으키지 못하는 경우를 경험하게 된다.

일반적으로 가치 의식이라는 것은 우리의 본능 속에 각인된 욕구와 이에 바탕을 둔 감성, 그리고 합리적 사고를 통해 의식해낸 의식의 내용이 서로 간에 자연스럽게 부합될 때 가장 강력한 호소력을 지니게 된다. 그러므로 그 어떤 당위의 근거를 지닌 사안이라 하더라도 이미 의식 내면에 각인된 이러한 선천적 바탕과 연결되지 않는다면 이를 내면화하여 실천으로 옮기는 데는 엄청난 어려움이 따를 것이다. 그렇다면 위에 논의한 온 생명 중심의 생명 가치는 어떠한 선천적 바탕과 연결될 수 있을 것인가? 여기서 우리는 다음과 같은 세 가지 사실에 주목하고자 한다.

첫째, 우리는 누구나 자신의 생존을 유지하려는 강한 생존 의지를 지니고 있다. 이미 언급한 바와 같이 자신의 생존 유지라고 하는 것은 모든 가치의 바탕을 이루는 것이며, 이것 자체가 우리의 선천적 의지와 감성에 연결되어 있다는 사실은 그 어떤 가치를 내면화하는 가장 기본적이고 원초적인 요인이 되는 것이다.

둘째, 우리는 부모 자식 간을 비롯한 가까운 사람들의 생존에 대해 거의 자신의 생존 의지에 버금가는 강한 보존 의지를 지니고 있다. 이는 물론 사람에 따라 일정한 차이가 있으나 적지 않은 경우 가까운 이웃은 물론이고 심지어 애완동물을 비롯한 동식물들에게조차도 그 생존을 보살피려는 강한 애착을 보이고 있다. 이것 또한 자신만의 생존에 대한 의지를 넘어서는 공생의 의지와 감성이 인간 내면 깊숙이 흐르고 있음을 말해주는 귀중한 단서가 되는 것이다.

셋째 흔히 스포츠 애호가들에게서 보이는 바와 같이 우리 인간은 극히 우연한 인연으로나마 어느 한 부류를 자신이 속하는, 혹은 자신과 관련이 되는 부류라고 보게 되는 일종의 연대 의식을 지닐 수 있으며, 일단 이러한 의식에 도달하면 이의 안위를 자신에 대한 안위와 일체화하려는 경향을 나타낸다. 여기서 특히 흥미로운 점은 특정 부류와의 이러한 일체화 경향이 자신과의 관련성에 대한 매우 피상적이고 인위적인 연결 고리만을 통해서도 가능하다는 점이다. 한 프로야구 팀의 열렬한 팬이 되기 위해서는 자신이 그 팀과 어떤 실질적 이해관계로 얽혀 있어야 하는 것이 아니다. 이는 사실상 합리적 사고의 판단을 넘어서는 그 어떤 내면적 감성의 작용이라고 해야 할 것이다.

이제 우리가 만일 위의 세 가지 성향을 우리 대부분이 본능적으로 느끼고 있는 선천적 특질이라고 한다면, 그리고 우리가 만일 합리적 사고에 의해 온생명에 대한 그 어떤 객관적 인식에 도달할 수 있다고 한다면, 바로 이러한 선천적 특질을 바탕으로 하여 이 인식의 내용을 우리의 의지와 감성 속에 담아내는 것이 가능하리라고 생각된다. 우리는 한편으로 친족과 이웃 그리고 인근 동식물에 대한 애호의 심정을 확장시켜나감과 동시에 자신과 온생명 사이에 존재하는 명확한 관계를 이해함으로써 선천적으로 주어진 연대 의식의 작용을 통해 온생명과의 일체화 의식에 어렵지 않게 도달할 수 있을 것이다. 이것이 곧 작은 '나'에 국한되지 않고 좀 더 큰 '나', 곧 온생명으로의 '나'에까지 이를 수 있는 심정적 바탕이라고 말할 수 있다. 특히 여기서 나와의 일체성을 말해줄 논거가 분명하다면 분명할수록 큰 '나'로의 일체감은 더욱 확고할 수 있을 것이다. 일단 이러한 보다 큰 '나'에 이르게 되면 다시 자신에 대한 생존 의지, 즉 자신이 내면에 간직한 본연적 가치를 통해 온생명 중심의 가치관을 단순한 지적 인식의 기준이 아닌 의지적, 감성적 수준으로까지 내면화함으로써 이를 결과적으로 주체적 의지 속에 담아낼 수 있으리라 생각된다.

사실상 이러한 성향은 온생명 안에서 긴 진화 과정을 거치면서 얻어진 개체 보존 성향과 생태 보존 성향 그리고 동류 개체 간의 협동을 통한 상위 개체 형성 성향에서 이미 일반적으로 나타나고 있다. 오직 인간에게서는 그의 지적 이해력에 힘입어 최상위의 생명 단위, 즉 온생명까지 이를 확대함으로써 위에 제시한 온생명 중심의 가치관에 도달하게 된다는 것뿐이다.

특히 흥미로운 점은 온생명에 대한 과학적 이해의 도움 없이 그 어떤 깊은 직관에 의해 이미 이러한 가치관에 도달한 선례들이 있다는 사실이다. 동서양의 성현들이 이룩한 깨달음과 가르침에는 이러한 가치관의 내용들이 적지 않게 함유되어 있음을 볼 수 있다. 그리고 이러한 가르침을 받아들이고 전수해온 심정 또한 같은 맥락에서 이해할 수 있다. 설혹 현대와 같은 과학적 이해에는 도달하지 못했다 하더라도 전해지는 가르침의 합리적인 내용이 그들의 의지와 감성에 깊은 공명을 일으킬 때 이는 이들의 내적 확신과 의지로 살아날 수 있었던 것이다.

온생명 중심 가치관이 함축하는 현실적 내용

일단 어떤 생명 가치관이 수용된다고 하면 우리는 원칙적으로 이를 통해 구체적 사안들에 대한 의미 있는 가치판단을 할 수 있어야 한다. 그러나 생명 가치관의 관념적 수용과 이의 현실적 적용 사이에는 작지 않은 간극이 존재할 수 있다. 어떤 가치관의 현실적 적용을 위해서는 원천적 가치에 대한 수용과 확신 이외에도 이를 적용할 현실에 대한 구체적이고 합리적인 이해가 함께해야 할 것이기 때문이다.

특히 온생명 중심의 가치관을 의미 있게 적용하기 위해서는 이미 언급한 바와 같이 온생명의 이상적 존재 양상에 대한 구체적 이해가 선행되어야 할 것이나 우리는 아직 이에 대한 명확한 해답을 가지고 있지 못하다. 우리가 할 수 있는 것은 오직 현재 우리가 지닌 최선의 지식을 동원하고 최선의 지혜를 짜내어 가능한 최선의 판단을 시도하는 노력을 기울이는 것뿐이다. 이것 또한 대단히 복잡하고 어려운 작업이 될 것이므로 여기서는 오직 몇 개의 사례를 통해 이것이 여타의 관점과 어떻게 구분되는가 하는 점만을 살피기로 한다.

그 하나의 예로서 1992년 리우 환경회의 이래 많은 사람들에 의해 제창된 이른바 '환경적으로 건전하고 지속 가능한 개발'의 문제를 생각해보자.[4] 우리는 온생명의 관점에서 이것이 과연 구체적으로 무엇을 의미하는지를 검토해볼 필요가 있다. 우선 그 표현 자체만 놓고 보더라도 설혹 "환경적으로 건전하고 지속 가능한 성격을 지닌다"는 조건을 전제로 달아놓기는 하였으나 이러한 조건 아래 허용되는 최선의 개발을 취하겠다고 하는 다분히 인간중심적인 사고가 도사리고 있다. 여기에서 분명하지 않은 점은 이것이 어느 규모의 생태계에 대해 건전하며 어느 규모의 시간에 대한 지속성을 염두에 두고 있는가 하는 점이다. 우리가 만일 온생명의 역사적 존재 양상을 바탕에 두고 생각한다면 전 지구적 규모의 생태계와 우주사적 규모의 지속성을 생각해야 한다. 만일 리우에서 채택된 이 주장이 이러한 규모의 통찰을 전제로 하는 것이라면 여기서 말하는 개발 그 자체가 별로 문제 될 것이 없다. 그러나 만일 이것이 인간의 생존 및 인간의 편의를 중심에 둔 관례적인 시각에서의 지속 가능한 개발의 논리로 읽히게 된다면 이 주장은 분명히 온생명 중심적 관점과는 구분되는 인간중심적 관점에 놓이는 결과를 줄 것이다.

흔히 인간중심적 관점을 선호하는 사람들은 '현명한 이기적 행위'가 최선의 결과를 초래하리라는 논의를 편다. 만일 우리가 충분히 현명하기만 하다면 오직 이기적 동기만으로도 이타적 혹은 온생명 중심적 가치관에 입각한 행위의 결과와 동일한 결과를 얻을 수 있으리라는 것이다. 그리고 이 주장은 다시 인간은 자신의 목표를 향한 최선의 판단과 행위를 추구하게 되므로 자의에서 우러나오는 동기 이외에 어떠한 행위 지침이나 제약도 가하지 않는 것이 결과적으로 가장 좋은 결과를 얻을 수 있다는 자유방임주의와 맥을 같이한다.

그러나 이러한 주장 속에는 간과하고 있는 몇 가지 문제가 존재한다. 그 첫째는 인간의 이해 관계가 지니는 필연적 제약성이며, 둘째는 현실에 대처한 이지적 판단의 실질적 한계, 그리고 셋째는 이른바 '죄수의 딜레마prisoner's dilemma'가 말해주는 상대적 불신의 문제이다.[5] 이해관계의 제약성이란 말은, 예컨대 미래 세대의 안위 문제는 현 세대의 안위에 비해 그 이해利害의 강도가 필연적으로 약해진다고 하는 점이며, 현실에 대처한 이지적 판단의 실질적 한계라 함은 우리가 매사에 충분한 통찰력을 가지고 사태를 정확히 그리고 현명하게 판단해낼 수 없다는 뜻이다. 이러한 때에 우리는 상대적으로 멀고 불확실한 사항에 대해서는 자신의 단기적 이해에 더 잘 부합되는 방향으로 결정을 내릴 수밖에 없는 것이다. 그리고 '죄수의 딜레마'가 말해주는 바와 같이, 서로 간의 이해가 상반되는 경우 약간씩 양보를 통해 전체적으로 더 큰 이익(예컨대 생태계 보존)이 가능함이 분명함에도 불구하고 상대방에 대한 불신에 의해 개인의 상대적 이익을 우선적으로 취함으로써 전체에 대한 불이익(예컨대 생태계 파괴)을 초래하게 된다는 점이다.

인간이 지닌 이러한 성향들을 고려해볼 때 자유 방임에 맡기려는 인간중심주의는 말할 것도 없고 온생명 개념을 중심에 놓지 않은 '환경적으로 건전하고 지속 가능한 개발'의 모토도 그 현실적 효용의 면에서 의문의 여지가 적지 않다. 예컨대, 지구 생태계의 중요한 일부를 이루는 지표면에 대한 변형 문제에서 이들은 흔히 몇몇 희귀 생물종을 중심으로 한 생태계 교란 정도에 우려를 표시하고 있으나 온생명의 관점에서 보자면 온생명 '신체'의 한 부분을 영구적으로 변형시킨다는 형태로 해석하게 된다. 이러한 측면에서 볼 때, 예를 들어 도로망의 설치는 극도로 자제하는 것이 좋겠으나 부득이 필요한 경우라면 에너지의 소모를 극소화하고 생태계 교란을 최대한으로 줄이기 위해 지하 깊숙이 수평으로 설치하는 방안이 제안될 수 있을 것이다.

인간중심적 사고와 온생명 중심적 사고에 커다란 차이가 발생할 또 한 가지 사례는 살상에 관한 문제이다. 우리는 인명의 살상을 최대의 범죄로 인정하고 이를 법으로 처단하고 있다. 이는 물론 인간중심적 관점에서뿐 아니라 온생명을 중심에 둔 생명 가치의 관점에서도 극히 타당한 일이다. 이에 비해 우리는 여타 생명의 살상에 대해서는 상대적으로 훨씬 가볍게 여긴다. 이것 또한 온생명의 관점에서 상당 부분 허용할 수 있는 일이다. 그러나 온생명의 관점에 입각해 본다면 온생명의 주요 기관에 해당하는 생물의 '종'과 이 안에 속하는 단일 개체, 즉 단일 '유기체'는 그 중요성에서 차원을 달리하는 존재이다. 그러므로 종의 존속에 무관한 범위에서 단일 유기체를 살상하는 것과 하나의 종을 말살시킬 위험을 지닌 살상 행위는 엄격히 구분해야 한다. 이러한 점에서 한 주요 생물종을 멸절에 이르게 하는 살상 행위는 한 유기체에 해당하는 인간의 살해에 비해 훨씬 더 무거운 범죄로 규정하지 않으면 안 된다. 예를 들어, 멸종 위기에 처한 지리산의 반달곰을 밀렵하는 행위는 당연히 살인 행위보다 무거운 형벌의 대상이 되어야 하겠으나, 엄청난 인식의 전환이 이루어지지 않는 한 이러한 입법의 가능성은 기대하기 어려운 것이 오늘의 실정이다.

기존 사상과의 연관성

온생명 중심의 생명 가치관은 기존의 여러 생명 가치관과 큰 차이를 가지는 것이 사실이지만 이미 언급한 바와 같이 우리의 전통 사상 속에는 모종의 직관에 의해 이것의 핵심적 내용을 파악하고 이를 전수해온 사례들이 적지 않다. 그러므로 이제 우리가 이러한 전통 사상들을 온생명적 관점을 통해 재조명함으로써 전통 사상의 주요 내용을 재인식할 수 있을 뿐 아니라, 새로운 생명 가치관을 기존의 문화적 전통과 발전적으로 융합시켜나갈 수 있을 것이다. 기존의 가치관들이 우리의 문화 속에 하나의 가치로 종착되기까지에는 분명 그럴 만한 이유가 있었을 것이며, 이 이유들이야말로 우리가 이제 이해하고 활용해야 할 성질의 것이다. 특히 오늘의 관점과 비교하여 이들이 어떠한 점에서 불완전하며 또 어떠한 점에서 개선의 여지를 지니는지를 함께 살펴 나간다면 이러한 귀중한 전통을 오늘의 문화 속에 되살려내는 데도 중요한 기여를 하게 될 것이다. 그리고 만일 이러한 작업이 가능하다면 우리는 굳이 가치관의 근원적 전환이라는 어려운 과제를 안고 고심할 것이 아니라 기존 가치관의 보완이라고 하는 훨씬 용이한 과제로 이를 대신할 수 있을 것이다.[6]

이러한 점에서 먼저 온생명 중심 가치관을 동양적 가치관과 비교해보면 우리는 놀랍게도 이들 사이에 적지 않은 친화성이 있음을 발견할 수 있다. 이는 어쩌면 동양적 사고 그 자체가 온 생명 안에서 이루어지는 인간 삶의 방식에 그 초점을 맞추어온 데에 기인하는 것이 아닌가 생각된다. 그러나 서구적 사고, 특히 서구 과학적 사고와는 달리 이를 면밀한 사실 추구와 정교한 법칙적 연관 속에서 재구성해낸 것이 아니라 보다 직접적인 그 어떤 직관적 인식을 통해 이루어냄으로써 그 의미의 선명성과 논의의 치밀성에 일정한 한계를 드러내고 있다.

예를 들어, 중국을 중심으로 한 동양의 전통 사상에서는 우리가 살고 있는 이 우주를 흔히 천지天地라는 말로 개념화하고 있는데, 이는 단순히 하늘과 땅이라는 물리적 실체를 뜻하는 것이 아니라 이 안에 존재하는 모든 생명붙이들이 삶을 이루어나가게 되는 '삶의 장'이라는 의미가 강하게 함축되어 있다. 이 천지 안에는 삶의 원동력이 되는 각종 기氣가 순환되면서 인간을 비롯한 만물이 이 기를 받아 그 어떤 질서, 즉 이理에 따른 삶을 영위해가는 것이다. 이때 태극太極 또는 태극의 이理로 대표되는 그 어떤 전체적 가치 아래 각각의 물物, 즉 개체들은 그 각각 품수받은 특정한 위상에 따라 이를 나누어 함유하게 되는 것이다. 즉, 동양의 가치 체제는 한마디로 이일분수理一分殊라 하여 동일한 보편적 가치와 위상에 따라 이를 나누어 지니는 개별적 존재 가치의 체제를 이룬다고 말할 수 있다. 이들은 물론 생태계라든가 온생명에 해당하는 구체적 체계에 대한 명시적 개념을 설정하지는 않고 있으나 적어도 그 기능적 측면에 관한 한 상당한 직관에 도달했으며 자신들 나름의 개념 체계를 통해 이를 구체화하고 있다고 말할 수 있다.

이와 함께 불교를 통해 우리에게 잘 알려진 인도 사상 또한 인간은 포함한 삼라만상 모든 생명붙이의 일체성을 강조하며, 이를 자비라는 심성을 통해 내면화하고 있다. 특히 인도 사상의 브라흐마Brāhma, 梵 속에는 온생명과 유사한 개념이 짙게 깔려 있으며 이를 하나의 커다란 그물망으로 이해하는 화엄 사상은 온생명의 생태적 성격을 잘 반영한다고 볼 수 있다. 그리고 이를 다시 동북아시아 사상으로 승화시킨 대승기신론大乘起信論과 이에 바탕을 둔 여러 해석에서 낱생명과 온생명의 관계에 대한 깊은 직관을 읽을 수 있다.

동양 사상들에 대한 이러한 해석들은 물론 다분히 임의적인 것이며 동양 사상의 본령을 짚어내는 것이 아니라는 비판을 받을 수 있다. 그러나 여기서 말하고자 하는 것은 부분적으로나마 온생명 중심적 생명 사상과의 공통점을 짚어내려고 하는 것이며 동양 사상 그 자체에 대한 원형적 해석을 시도하는 것은 아니다. 동양 사상은 온생명적 시각을 넘어서는 형이상학적 측면을 분명히 지니고 있으며 이를 어떻게 해석해내어야 할 것인가는 여기서의 논의와 직결된 문제는 아니다. 그러나 이러한 초월적 측면과 관련하여 두 가지 점만은 지적할 필요가 있다.

첫째로 이러한 관심사는 파울 틸리히Paul Tillich가 말하는 종교적 특성, 즉 "궁극적 관심The ultimate concern"을 내포하는 것으로서 우리 모두에게 요구되는 새로운 차원의 문제와 관련된다는 점이다. 우리가 삶 그 자체에 대한 궁극적 정향을 지니기 위해서는 온생명을 다시 넘어서는 또는 온생명의 목적을 말해줄 그 어떤 정향을 지녀야 할 것이며 이는 여전히 남겨진 문제의 한 부분을 이룬다. 그리고 두번째로는 온생명 개념과 이러한 궁극적 관심사를 구분 없이 일체화하는 데서 오는 문제점이다. 온생명이 아무리 크고 존귀하다 하더라도 이는 한정된 하나의 자족적 생명일 뿐이며 무제한의 위력을 가지거나 무한히 확대되는 신적인 존재가 아니다. 이것이 무제한의 존속 가능성을 지니는 것이 사실이나 이는 곧 사멸하거나 치명적 위해를 입을 수도 있는 매우 섬약한 존재인 것 또한 사실이다. 그리고 우리가 온생명을 귀히 여기는 것은 바로 이러한 사멸 또는 위해 가능성을 지녔기 때문이다. 그럼에도 불구하고 이를 마치 무궁한 능력을 지닌 신적인 존재로 보아 이를 섬긴다든가 이에 기탁하여 그 어떤 안위를 희구하는 일은 온생명 개념과는 배치되는 일일 뿐 아니라 온생명의 안위를 보살피기 위해서도 오히려 위험스런 상황일 수 있다.

이러한 동양적 관점에 견주어볼 때 서구적 사상에는 또 다른 특징이 있다. 우선 서구에서는 우리 삶의 터전인 우주를 직접적인 삶의 장 또는 생명의 체계로 보는 대신에 정신과 물질의 이분화를 통해 인간과 인간, 인간과 신의 관계를 위주로 하는 정신의 세계와 물질적 질서, 특히 물리법칙이 지배하는 물질의 세계로 구분하여 그 각각에 대한 독자적 이해 추구를 시도해왔다. 이는 물론 물질과 정신의 분리, 사실과 가치의 분리 등을 통해 세계를 파편화시켜 보는 문제를 낳기도 하였으나 궁극적으로 물질세계에 대한 정교한 합법칙적 이해에 성공함으로써 이들을 통합하여 새로운 전체를 인식할 수 있는 방법론적 기반을 마련했다는 점에서 중요한 기여를 하고 있다. 특히 과학적 이해의 진전에 따라 물질과 정신의 관계가 다시 강구되고 있으며, 인간과 인간, 인간과 절대자 사이의 윤리적 강령들이 다시 자연의 세계에까지 확대됨으로써 새로운 방향의 융합이 시도되고 있는 것이다. 이제 자연과 인간 그리고 절대자로서의 신 사이에 이루어진 삼자 관계가 온생명 내에서의 인간, 그리고 온생명의 주체로서의 인간이 신과 맺게 될 관계에 의해 새롭게 조명되어야 할 과제가 남았다고 말할 수 있다.[7]

10장
온생명은 어째서 진정한 '생명의 단위'인가
—동서양 학문의 연원적 특성

이 책에서 논의하는 '온생명' 개념은 많은 사람들에게 상당한 공감과 함께 적지 않은 의혹을 불러일으키고 있는 듯하다. 이 점은 이 개념에 관련된 필자의 글에 대한 여러 사람들의 반응에서 확인할 수 있다. 그러한 반응 가운데 하나가 《과학사상》지에 공개된 김남두 교수의 글이며, 여기에 대하여 필자는 역시 같은 매체를 통해 일정한 답변을 제시한 바 있다.[1] 그러나 이러한 의문은 비단 김남두 교수만의 것이 아닐 것이다. 사실상 필자는 이와 비슷한 물음을 다른 이들로부터도 종종 받아왔고 또한 이 책의 독자들 가운데도 비슷한 의문을 가질 사람이 있을 듯하여 이를 다소 일반화한 형태로 물음을 정리하고 그 답변을 마련해보고자 한다.

이러한 내용은 물론 이 책의 몇몇 글 속에 대부분 포함되어 있으나, 이 가운데는 구체적 질문이 제기되기 전까지는 필자가 미처 생각하지 못한 것들이 있고 또 설혹 제시된 내용이라 하더라도 이러한 질의에 답하는 형식으로 내용을 보완 및 정리하는 것이 독자의 이해를 돕고 문제의 초점을 분명히 하는 데 기여할 수 있을 것으로 보아 따로 또 하나의 글을 마련하는 것이다.

성장의 문제

김남두 교수는 먼저 생명의 성격에 대한 하나의 기본적인 물음을 제기한다. 즉, 그는 온생명론에 나타난 생명 규정 속에는 자체 유지와 성장이라고 하는 두 성격이 포함되어 있는데, 이 두 개념이 생명의 규정에서 어떻게 연결되는지를 설명해야 한다는 것이다. 좀 더 구체적으로는 그는 자기복제를 통한 질서의 유지·저장은 생명의 본질적 측면인 것이 분명하나 발전이나 성장이라고 하는 것은 생명 정의의 핵심적 요인이 아니지 않은가 하는 의혹을 표명한다.

　이는 매우 흥미로운 문제 제기라 생각되며, 생명의 본질을 추구함에 있어서 한번 깊이 생각해보아야 할 점임에 틀림없다. 아마도 생명의 가장 단순한 형태, 즉 기본적인 유전인자만을 전수받아 생존하다가 그 기본적인 유전인자만을 전수하고 사멸해버리는 원초적 형태의 낱생명을 상정할 경우 자기복제 이외에 그 어떤 성장도 고려할 필요가 없을 것이다. 그러나 좀 더 고차적인 개체, 특히 인간을 비롯한 고등 동물로 갈수록 개체의 발생 과정을 통해 질서의 증가가 이루어지며 이는 틀림없이 성장이라는 현상에 해당된다. 문제는 어느 것이 생명의 본질적 측면이냐 하는 점이다. 김 교수의 의문은 가장 단순한 개체조차도 그것이 완전한 생명인 이상 이것이 지니지 않은 특성을 생명의 본질적 성격에 포함시킬 수 없지 않겠느냐 하는 것이다. 그러나 온생명론에서 생각하는 생명의 개념은 단순히 낱생명들을 하나하나의 완전한 생명으로 보고 이들이 공통적으로 지닌 성격만을 추상하여 얻은 개념이 아니다. 오히려 생명 현상 전체를 하나로 보고 이것이 지닌 특성을 살피는 입장이며, 이러한 점에서 성장은 오히려 그 본질적 성격에 해당한다. 즉, 낱생명은 생명의 개체화 전략에 의해 나타나는 생명의 한 국면이며, 생명의 본질은 이들을 포함한 전체 생명이 지닌 성격 속에서 찾아야 한다는 입장이다. 이러한 점에 대해서는 뒤에 온생명을 과연 생명으로 보아야 할 것인가를 논의하면서 다시 언급하기로 한다.

자족성의 문제

그다음으로 김 교수는 생명의 단위 문제와 관련하여, 자족성을 지닌 단위로 주장되는 온생명이 과연 자족적인가를 물으면서 온생명이 자족적인 것이기 위해서는 이것의 자유에너지원인 태양마저도 포함하는 개념이어야 함을 언급한다. 이것은 올바른 지적이며 사실상 온생명 개념 속에는 태양에 해당하는 항성과 지구에 해당하는 행성이 함께 포함되어 있다. 이것은 이미 온생명과 관련된 기왕의 글들 속에서 여러 차례 강조된 바 있다. 즉, 온생명은 단순히 낱생명들의 집합체가 아니라 항성-행성계를 포함한 생명 형성의 물리적 필요조건들을 아울러 포함하고 있는 개념이다. 단지 여기서 분명히 해두어야 할 점은 온

생명 개념은 '생명'의 특성을 나타내는 개념이라는 것이며 생명
이 생명 아닌 것과 어떻게 구분되는가 하는 데에 그 개념 설정
의 초점을 두고 있다는 것이다.

우주 내에는 '생명인 것'과 '생명 아닌 것'이 있으며 이러한
'것'들의 일반적 존재 양상 가운데 '생명인 것'의 자족적 존재
양상을 나타내는 개념이 온생명이다. 좀 더 구체적으로 말하면
온생명으로 정의된 한 단위의 존재는 우주 내의 어느 시기 어
느 위치에 놓인다 하더라도 생명으로서 정체가 유지되는 최소
단위의 존재인 것이다.[2] 그렇기에 온생명 개념 속에는 우주 전
체가 포함되지는 않는다. 이는 오직 행성-항성계를 비롯한 우
주의 물질계 일부를 포함하나 그 필요한 최소 부분 이상을 포
함하지는 않는다. 이러한 점에서 온생명은 하나의 보통명사이
다. 우주 내에는 다수의 온생명들이 존재할 수 있으며, 또 실제
로 있을 가능성이 그리 작지도 않다.

여기서 강조되어야 할 점은 온생명은 전체론적 관념의 산물
이 아니라 과학적 고찰의 결과물이며 관측적으로 구획되는 실
체적 개념이라는 사실이다. 물론 우리는 생명 개념을 연장하여
전 우주에 연결된 보다 포괄적인 개념으로 확장할 수도 있다.
그리고 이를 자신의 몸으로 느끼는 것도 자유이다. 이렇게 전
우주적으로 연장된 생명 개념이 어쩌면 삶의 더 큰 의미를 파악
하기 위해 필요한 것일 수도 있을 것이다. 그러나 이는 적어도
과학적 논의에서 유용성을 상실할 것이며, 여기서 제시하는 의
미의 온생명과는 다른 개념이 된다.

온생명이 과연 생명인가

일단 이러한 '온생명' 개념을 인정한다 하더라도 굳이 이를 하나의 '생명'으로 간주하는 데 대해 강한 의혹을 나타내는 사람이 적지 않다. 김남두 교수의 논의가 이를 잘 말해주고 있다. 이제 그의 논의를 따라 과연 어떤 점에 의혹이 있는지 좀 더 자세히 살펴보자. 김 교수는 온생명을 생명의 단위로 인정하기 어려운 이유로 대략 다음과 같은 네 가지를 언급하고 있다.[3]

1. (온생명이라고 지칭되는) 이 전체적인 유기적 체계를 통해 유지되어가는 것은 생명이며, 이 생명은 추상적인 형태로가 아니라 개별적인 구체 생명을 통해 유지되어간다. 존재하는 것은 구체적 개별 생명체이며, 이 구체적 생명체가 자기복제를 통해 생명을 유지해간다. 유기적 체계를 통해 유지되어가는 것이 통합적 단일체로서의 생명체가 아니라 생명 일반이며, 이 생명 일반은 그 자체가 실체화된 어떤 것으로서 지속된다기보다는 개별 생명의 형태로 지속된다고 보는 것이 타당하다면, (……) 온생명은 그 위치가 애매해진다.

2. 개별 생명과 온생명의 관계를 개별 세포와 개별 세포들의 유기적 체계로서의 유기체 사이의 관계로 보고 있는데, (……) 유기체가 독립적 개체로서 자기복제를 하면서 생명을 이어가는 독자적 단위임에 비해, 온생명의 경우는 유기체의 경우처럼 독자적 개체로서 자기복제를 하지 않는다.

3. 온생명이 유지되어야 한다고 할 때 장 교수가 의미하는 바가 온생명'체'가 유지되어야 한다는 것이기보다는 인간을 포함한 여러 생명체들의 생명이 유지되어야 한다는 의미로 이해될 수 있다면, (……) 온생명을 생명의 진정한 단위로 설정하는 데는 문제가 없지 않은 것으로 보인다.

4. 인간 사회의 문화를 비롯하여 낱생명 차원을 넘어 전달되는 정보 체계가 생존의 조건이 되는 경우를 볼 수 있을 만큼 낱생명의 생명 유지를 위해 이 같은 정보가 필수조건이 됨을 부인할 필요는 없을 것이다. 그러나 이것들이 낱생명의 유지를 위해 필수조건이 된다는 점을 넘어, 이것을 포함하는 전체 체계를 하나의 독립된 실체적 단위로 설정하는 데는 무리가 따르는 것으로 보인다.

위의 네 가지 견해 가운데 처음의 두 가지는 온생명 개념이 기존의 생명 개념과 일치하지 않으므로 이를 '생명'의 범주에 포함시키는 것이 적절하지 않다는 의미가 내포되어 있으며, 세 번째 것은 생명체 보존의 당위성이 기왕에 생명으로 인정된 낱생명들의 보존을 기반으로 해야 하지 않는가 하는 의혹이고, 마지막 네 번째 것은 낱생명의 유지를 위해 필수조건이 된다는 것이 새로운 실체적 단위를 설정해야 할 충분한 이유가 되지 못한다는 점이다.

이러한 견해들과 관련하여 먼저 지적해야 할 점은 우리의 기존 생명 개념에 관한 것이다. 김남두 교수는 위의 인용문에서 "개별적인 구체 생명(체)를 통해 유지되어가는" '생명'의 존재를 상정하고 있으며, 이것 이외에 '생명'이라고 할 다른 무엇이 없다고 하는 일상적 관념을 전제하고 있다. 우리가 만일 생명에 관한 이러한 관념에서 벗어나지 않는다면 온생명 개념을 받아들이기는 매우 어려울 것이다. 그런데 온생명론에서 주장하는 바는 생명에 관한 이러한 관념이 바로 허상에 불과하다는 점이다. 예를 들어, 사람 속에 유지되고 있는 '생명'이라는 것은 사람 세포들 속에 유지되고 있는 수십조 개의 생명을 말함인가, 혹은 한 유기체로서의 사람 속에 유지되고 있는 한 생명을 말함인가? 그리고 이러한 생명은 박테리아 속에 유지되고 있는 생명과 본질적으로 같은 것인가, 혹은 다른 것인가? 바이러스 속의 생명과는 어떻게 비교되는가? 꺾여 말라가는 나뭇가지 속에는 생명이 유지되고 있는가, 아닌가? 이런 몇 가지 생각만 해보더라도 이 관념이 얼마나 허약한 기반 위에 놓인 것인가를 알 수 있다. 굳이 이야기하자면 이러한 종류의 '생명'은 온생명론에서 말하는 '낱생명'들이며 이들은 이를 지속시키는 보생명과의 연관 아래서만 의미 있게 개념화될 수 있는 내용을 지닌다. 그럼에도 불구하고 몹시 불완전한 이러한 기존 생명 개념만이 생명이라는 입장을 고수할 경우 '생명 현상'에 대한 보다 일반적인 통찰에 의해 마련된 새 개념을 담아내기 어려울 것임은 쉽게 이해할 수 있다.

이 책의 몇몇 글에 이미 언급된 바와 같이 우리의 기존 생명 개념은 우리의 경험 영역 안에 놓인 각종 낱생명들을 접하는 가운데 이들 사이의 공통점을 추상하여 얻은 것이므로, 이 생명 개념이 여기서 새로 도입하는 온생명 개념을 함축하고 있는 것은 아니다. 따라서 위의 첫째와 둘째 견해에서 말하는 바와 같이 온생명은 이러한 좁은 의미의 생명이 아닐 수 있으며 또 이 생명체가 지니는 중요한 특성의 하나인 자기복제의 기능을 지니지 않을 수도 있다. 오히려 온생명론이 취하고 있는 자세는 생명의 정의를 확대하여 온생명까지를 포괄토록 하는 것이 적절하다는 것이다.

이와 관련하여 김 교수가 말하는 바와 같이 좀 더 추상적인 '생명'과 구체적인 '생명체'를 구분할 때, 온생명은 이 가운데 어느 것인가를 물을 수 있다. 여기서 온생명은 '개체성'만을 제외한 모든 포괄적 의미의 '생명'을 함축하면서 하나의 자족적이고 온전한 단위로서의 '생명체'를 나타낸다고 말할 수 있다.

문제는 어떠한 사유 때문에 기존 생명 개념에 대한 이러한 확장이 필요한 것인가 하는 점인데, 김 교수는 이 점에 대해 위의 네 번째 항목에서 보이는 바와 같이 온생명이 이러한 낱생명들의 유지를 위한 필수조건이 된다는 것이 그 주된 사유인 것으로 해석하고 있다. 그리고 그는 이러한 해석에 입각하여, 이것만으로는 새로운 실체를 인정하기에 충분하지 않다는 점을 지적한다. 그러나 온생명론에서 주장하는 사유는 이것이 아니다. 온생명론에서는 생명이 생명 아닌 것과 구분되는 그 어떤 특성을 밝히려 했으며, 이를 위해 "생명이라고 하는 특정의 존재 양상이 사물의 보편적 존재 양상 위에 어떤 특징적 조건이 부가될 때 나타나는지"를 살펴보려 한 것이다. 즉, "사물의 다양한 존재 양상 가운데 생명이라 불릴 특수한 존재 양상은 그렇지 않은 존재 양상과 어떻게 다른가"를 찾으려 한 것이다.

이렇게 하여 그 어떤 특정의 존재 양상이 발견된다면 이 존재 양상을 공유하는 그 모든 대상에 생명 개념을 적용하는 것이 당연해지는 것이다. 그러나 이러한 개념의 확장 또는 정비는 일상적 경험을 통해 형성된 기존 개념과 일치하지 않을 수 있다. 예컨대, 바닷속에 피어나는 산호초는 일상적 개념에 의하면 식물로 인정되기 쉬우나 학문적으로 보다 의미 있는 존재 양상을 기준으로 분류할 경우 동물로 보는 것이 적절하다는 결론을 얻게 된다. 마찬가지로 생명에 대해서도 보다 본질적인 특성을 설정하고 이에 맞추어 개념을 재규정할 경우 일상적 경험을 통해 구성된 생명 개념과는 다른 내용을 함축할 수 있게 되는 것이다.

그렇다면 이제 우리는 어떠한 연유로 인해 온생명이라는 개념을 설정하게 되었는지를 좀 더 자세히 살펴보자. 이는 기존의 생명 이해를 넘어서는 두 가지 고찰에 바탕을 두고 있다. 그 하나는 생명의 단위 문제이다. 이미 다른 책에 실린 글[4]에서 논의한 바와 같이 생명 단위를 설정함에 있어서 주변의 여건에 필수적으로 의존하지 않는 단위가 존재하는가, 그리고 이것이 존재한다면 이는 어떠한 형태를 지닐 것인가 하는 문제를 생각해볼 수 있다. 이렇게 생각해나갈 때 우리가 얻는 결론은 이것이 존재하며 그 형태가 바로 우리가 여기서 말하는 온생명이라는 것이다. 그러나 이것은 지금까지 우리에게 경험적으로 익숙한 단위인 낱생명들과는 달리 항성-행성계를 포함하는 우주적 규모를 지니게 되며, 따라서 이는 오직 현대 과학이 보여주는 거시적 시각을 통해서만 감지될 수 있는 새로운 실체가 된다. 이러한 점에서 이는 기존 낱생명 개념의 연장선에서 파악할 수 있는 또 하나의 낱생명 단위는 아니나, 적어도 생명의 자족적 전모를 총체적으로 나타내는 매우 중요한 새로운 존재 단위가 됨에는 틀림이 없다.

그리고 기존의 생명 이해를 넘어서게 하는 또 하나의 문제는 생명이 생명 아닌 것과 구분되는 본질적 내용이 무엇인가 하는 점이다. 잘 알려진 바와 같이 이는 아직도 광범위한 합의에 이르지 못하고 있는 문제이다. 그러나 이것은 적어도 오늘의 생명 현상이 보여주는 풍부한 여러 속성들을 발현할 어떤 가능성을 지니고 있는 그 무엇임을 인정하지 않을 수 없으며, 만일 이 점을 인정한다면 우리는 이것이 '생명의 개체화 전략'에 따른 장기적 진화의 과정을 포함하는 것으로 보지 않을 수 없게 된다. 이렇게 될 때 이 전체를 함축적으로 포함하는 하나의 새로운 개념이 요청되며, 이를 나타내주는 것이 바로 온생명 개념이다. 생명이 지닌 이러한 전체적인 모습은 우리 개개인의 일상적 경험 속에서는 잘 확인될 수 없으므로 단지 이러한 개념이 우리에게 별로 친숙하지 않을 뿐이다. 이미 언급한 바와 같이 우리에게 친숙한 것은 오로지 이 전체 생명의 특정한 존재 양식들인 각 단계의 낱생명들뿐이다. 그러나 마치 외형적으로 나타나는 학생들과 교사들의 활동을 잘 관찰하면서 그 활동의 정체가 무엇인가 추구해 들어가다 보면 드디어 '학교'라는 정체를 파악할 수 있듯이 우리가 이러한 낱생명들과 그 존재 양상을 잘 살펴 나가다 보면 결국 온생명이라는 개념에 도달하지 않을 수 없는 것이다.

그러므로 생명의 '단위'와 함께 그 본질을 추궁해 나갈 경우,

우리는 불가피하게 '온생명'이라 지칭할 수 있는 그 어떤 '정체'에 이르게 되며, '온생명'이란 바로 이 정체를 지칭하는 명칭이라고 말한다면, 여기에 대해 그 어떤 이의를 제기할 이유는 없다. 문제는 이러한 '온생명'에 과연 '생명'이라는 성격을 부여해도 될 것이냐 하는 점이 될 것이다. 이는 본질적으로 '생명'의 개념을 어느 수준에 머무르게 할 것이냐 하는 문제와 관련된다. 생명의 개념을 우리가 일상적 경험을 통해 얻어낸 수준에 굳이 머무르게 하겠다면 이를 생명이라 하지 않고 다른 이름을 부여할 수도 있다. 그러나 이것이야말로 생명의 본질을 추구하는 가운데 얻어진 가장 핵심적이고 포괄적인 모습이라고 할 때 굳이 여기에 생명이라는 명칭을 부여하지 않을 이유는 없는 것이다. 이것이 기존 생명 개념과 달라 보인다면 기존 생명 개념의 개념화가 불완전한 데서 오는 것이지, 온생명 개념이 생명이 지닌 특성을 잘못 포착하고 있는 데서 오는 것은 아니다. 그리고 사실상 온생명론에서 주장하는 것은 '생명'의 개념을 '온생명' 개념으로 송두리째 대치하자는 것이 아니다. '생명' 개념은 생명 개념대로 존치하면서 생명의 주요 핵심 부분과 함께 이의 가장 넓은 자족적 단위로서 '온생명' 개념을 추가로 설정하자는 것이다. 그리고 이렇게 설정된 '온생명' 개념이 '생명'의 한 하위 개념으로 들어감으로써, 생명의 개념 그 자체가 그만큼 더 넓고 풍부해지는 것이다.

다음에는 위에 열거한 김 교수 견해의 세 번째 항목인 존속의 당위성 문제에 대해 잠시 살펴보자. 김 교수의 입론은 우리가 소중히 여겨야 할 대상이 인간을 비롯한 낱생명체들이지 온생명'체'는 아니지 않은가 하는 점이다. 그런데 여기서 문제는 우리가 낱생명체들을 소중히 여기게 되는 근거는 무엇인가 하는 점이다. 이는 결국 타고난 자기 보존 본능의 바탕 위에 삶의 경험과 교육을 통해 형성된 도덕적 자각일 것이다. 여타 동식물의 생명은 말할 것도 없고 심지어 인간의 생명을 얼마나 소중히 여겨야 하느냐 하는 점도 경험과 교육을 통한 도덕적 각성에 의한 것이지 선험적 당위에 의한 것이 아니다. 그러므로 어떤 대상이 소중히 여겨야 할 대상이고 어떤 대상이 그렇지 않은 대상인가 하는 것은 자기 자신과 전체 생명의 모습을 어떻게 이해하느냐에 따라 크게 달라질 수 있다. 당연히 온생명을 미처 인식하지 않은 상태에서 온생명이 소중히 여겨야 할 대상이라고 하는 도덕적 당위를 '느끼는' 것은 불가능하다. 더구나 이러한 도덕적 당위를 느낄 수 없기에 생명의 단위로 볼 수 없다는 것은 그 순서가 뒤바뀐 주장이다. 그러나 일단 온생명의 존재를 의식하고 그 성격을 이해하게 되면 이를 확대된 '나'로 보는 것이 가능해지며, 그렇게 될 경우에는 소중히 여겨야 할 일차적인 존재가 바로 온생명이라고 하는 '느낌'에까지 이를 수 있다. 사실상 온생명론의 논의는 바로 이 점의 중요성을 강조하고 있으며, 이것이 바로 온생명 개념에 대한 이해가 왜 그토록 중요한 것인가를 말해주는 측면이기도 하다. 결론적으로 말해, 무엇이 소중한가 그렇지 않은가 하는 문제는 그 무엇 자체에 대한 이해에 따라 결정될 문제이지, 기왕에 어떤 것을 소중히 여기느냐 아니냐에 따라 그 무엇의 성격이 결정될 문제가 아니다. 그리고 우리가 무엇을 소중히 여길 것이냐 하는 당위성의 관념이 인간의 행위에 결정적인 영향을 미치는 것이 사실이므로, 실제로 온생명 개념을 어떻게 이해하느냐 하는 것은 특히 생태적 위기를 맞고 있는 우리에게 막중한 의미를 지닌다는 것이 바로 온생명론의 입장이다.

낱생명들의 가치론적 위상

온생명의 '생명성'에 대한 이러한 물음과 함께 김 교수는 온생명 개념이 지닌 윤리적이고 정치 철학적인 함축에 관한 또 하나의 물음을 제기한다. 즉, 그는 온생명 개념을 인정할 때 그것의 한 부분으로 전락해버리는 개별 생명들의 존재 의의, 특히 그 자발성과 귀함이 확보될 수 있을 것인가를 우려한다. 이는 바로 '국가'라고 하는 상위 개체를 구실로 개인들의 자유 또는 권익에 막대한 희생을 강요하는 전체주의적 사회의 악몽을 떠올리게 하는 대목이기도 하다. 이는 자칫 엄청난 위험을 내포하는 부분이며 그의 주장대로 전체와 개체의 관계에 대해 보다 깊은 검토가 필요한 것이 사실이다.

그러나 이 점에 관련하여 우선 두 가지 점을 지적할 수 있다. 첫째는 국가와 온생명의 차이이다. 국가는 하나의 상위 개체적 성격을 지니기는 하였으나 개인의 생존을 위한 필수적, 확정적 상위 개체는 아니다. 이는 어느 의미에서 역사의 한 시점에 나타난 시험적 상위 개체이며 따라서 그 구성원의 생존에 필수적이거나 또는 그 자체의 독자적 존재 의의가 확정되어 있는 존재가 아니다. 그러므로 이는 아직 개별적 또는 집합적 의미의 구성원들의 안위를 넘어서는 어떤 존재 의의를 주장할 단계에 있지 않다. 둘째는 전체주의 국가적 상황을 상위 개체와 하위 개체 간의 이상적인 관계로 보아서는 안 된다는 것이다. 이보다는 오히려 개인과 가정 사이의 관계가 좀 더 나은 유비를 제공할 것이다. 예컨대, 남녀 개인이 결합하여 정상적인 한 가정을 이룰 경우, 이것이 구태여 각 개인의 존재 의의를 상실한다거나 혹은 약화시킨다는 말을 하기는 어려울 것이다. 그러므로 만일 상위 개체와 하위 개체 사이의 그 어떤 이상적 관계가 이루어진다면 이는 반드시 하위 개체의 존재 의의에 손상을 주는 것이 아니라 오히려 이러한 관계를 이루지 못한 경우보다 더욱 고양될 수도 있으라는 주장이 가능하다. 그러므로 그 어떤 낱생명이 온생명에 속한다고 하는 사실이 곧 그 존재 의의에 손상을 가져오는 것으로 속단할 필요는 없다. 오직 중요한 것은 이들 사이에 어떠한 관계가 형성되는 것이 가장 바람직한 일인가를 찾아내는 길이다.

온생명의 이해에서 특히 중요한 점은 이러한 온생명을 '나' 자신이 아닌 '나'를 지배하는 제삼의 존재로 잘못 파악해서는 안 된다는 점이다. '나' 자신은 온생명 안에서 개체적 지위를 보장받음과 동시에 온생명 전체를 자기화함으로써 보다 큰 '나'로서의 존재 의의를 부여받게 되는 것이다. 특히 이 점과 관련하여 '의식'을 지닌 존재인 인간은 자신의 의식이 바로 온생명의 의식에 연결된다는 사실을 접하게 되며, 이러한 점에서 그 의의와 책임이 크게 증대되는 것이다.

과학 지식에 대한 우려

김 교수는 마지막으로 '과학 지식'에 대한 우려를 표명하고 있다. 온생명론에서는 신경세포 구실을 해야 할 인간이 암세포의 구실을 하고 있음을 우려하고 있으나, 김 교수는 이러한 상황이 오히려 '과학 지식'에 해당될 문제가 아닌가 하는 견해를 표명한다. 최소한 외형적으로 볼 때, 과학 지식은 마치 암세포가 성장하듯 급속한 자기 증식 과정을 거듭하고 있으며, 그 결과 인간 그리고 온생명이 감당할 수 없는 위기를 초래했음이 사실이다. "그렇다면 이것이 바로 암적인 상황이 아니고 무엇인가" 하는 물음이 현실적으로 가능하다. 특히 현대 문명의 암적 상황이 과학을 바탕에 둔 기술 문명에 근거한다는 점에서 이 물음은 적지 않은 심각성을 지닌다.

사실상 과학 지식의 자기 증식적 성장은 놀라운 일이다. 마치 태아의 신경세포가 급속한 자기 증식 과정을 거쳐 태아의 두뇌를 형성하듯이 과학 지식의 자기 증식 과정은 결국 온생명의 자기 의식을 가능하게 할 만한 지적 향상을 가져다주었다. 태아의 두뇌 성장 과정을 암적 증세라 부르지 않는 바와 같이 이것만으로는 암적인 상황이라 불러야 할 이유가 결코 되지 않는다. 그러나 설혹 두뇌 세포라 하더라도 개체의 생존에 위해가 될 만큼 지속적인 증식만 취하면서 전체의 조화를 깨트린다면 이는 분명 암적인 상황이라 하지 않을 수 없다. 마찬가지로 무분별한 과학적 지식의 증식은 문제가 되지 않을 수 없다. 그러나 여기서 한 가지 분명한 점은, 우리의 암적 상황을 자각하여 이에서 벗어날 길을 찾아야 할 지적 반성 역시 과학 지식의 바탕 위에 이루어져야 한다는 사실이다. 이러한 점에서 자기 반성 없는 과학 지식이 대단한 위험성을 지니는 반면, 자기 반성을 동반한 과학 지식이야말로 현재 그 무엇보다도 절실한 요청 사항이 아닐 수 없다.

한 가지 예를 들어 말해보기로 하자. 필자가 여기서 '온생명'에 관해 아무리 정교한 논의를 편다 하더라도 많은 사람들에게 이것이 가슴에 와 닿지 않을 것이다. 그 어떤 새 개념이 하나의 실체로 자신에게 느껴지기 위해서는 이것이 자신의 지적 시각 안에 분명히 포착되어야 한다. 그런데 여기서 말하는 '온생명'이라는 개념은 과학 이론이라고 하는 특수한 안경을 걸치지 않고는 그 전모를 파악하기 어려운 성격을 지닌다. 그러므로 최소한 이 경우를 위해서라도 현재 우리가 지니고 있는 과학 지식 혹은 그 이상의 과학적 지식이 우리의 선명한 시각을 위해 결정적인 중요성을 지닌다고 말하지 않을 수 없다.

이러한 상황을 인정할 때, 필자로서는 온생명에 대한 논의 과정에서 과학 이론을 좀 더 이해 가능한 형태로 정리함으로써 독자들에게 좀 더 선명한 모습으로 온생명을 제시했어야 옳았으리라는 반성에 직면한다. 그리고 이를 위해 앞으로 좀 더 많은 노력을 기울여야겠다는 결의를 다짐한다. 그러나 이 시점에서 한 가지 분명히 말할 수 있는 것은, 그간 과학의 눈을 거쳐 사물을 보려고 노력해온 필자의 눈에는 '온생명'의 정체가 그 무엇 못지않게 선명한 것으로 느껴지며, 이를 소중히 여겨야 할 당위 또한 인간을 포함한 그 어떤 낱생명의 소중함을 넘어서는 막중한 무게로 다가온다는 사실이다. 필자가 만일 이 점을 선명한 논의를 통해 분명히 전달하지 못했다면, 최소한 필자 자신의 이러한 체험적 내용이 존재한다는 사실만이라도 독자에게 분명히 전하고 싶은 것이 현재의 심정이다.[5]

3부

쟁점과 전망:
새로운 융합의 모색

11장
과학문화, 재앙인가 구원인가

우선 이 글의 요지를 명백히 하기 위해 여기서 던질 질문은 무엇이며 그 대답은 무엇인지에 대해 간단히 말하고자 한다. 여기서의 질문은 "과학문화는 재앙인가, 구원인가" 하는 것이며, 이에 대한 대답은 "양쪽 다", 즉 "재앙이기도 하고 구원이기도 하다"는 것이다. 간단히 말해 값싸게 만들어지는 과학문화는 재앙이며, 힘겹게 이루어내야 할 과학문화는 구원이라는 것이다.

과학문화에 대한 몇 가지 견해

그렇다면 도대체 과학문화란 무엇인가? 이에 대한 대답을 직접적으로 시도하기 전에 "과학문화"라 불릴 주제와 관련된 기왕의 논쟁 몇 가지를 먼저 살펴보자. 리처드 올슨Richard Olson이라는 사람은 별로 알려지지 않은 그의 책 『신격화된 과학과 비난받는 과학Science Deified and Science Defied』[1]에서 이 주제에 대해 재미있는 논의를 펴고 있다.

올슨의 주장에 따르면, 과학의 문화적 측면에 대해 두 가지의 상반된 견해가 형성되어왔다. 그 하나는 찰스 퍼시 스노Charles Percy Snow[2]와 자크 모노Jacques Monod[3]로 대표되는 과학 지향적 성향의 견해이며, 다른 하나는 허버트 마르쿠제Herbert Marcuse[4]와 자크 엘륄Jacques Ellul[5]이 주로 내세우는 인문 지향적 성향의 견해이다.

잘 알려진 바와 같이 스노는 1963년에 그의 저서 『두 문화The Two Culltures』에서 적어도, 현대 영국과 미국에 관한 한, 과학자들과 인문학자들이 서로 너무도 다른 전통 아래 양성되고 있어서 그들의 가치관이나 지향하는 목표에서 공통점이라고는 거의 찾아볼 수 없다고 주장하였다. 스노에 따르면 물리과학자들을 그 대표로 내세우고 있는 과학문화가 따로 있고, 문인들이 그 주축이 되고 있는 인문 문화가 따로 있다는 것이다. 과학문화 속에는 과학적 정신 즉 과학적 자세라든가 탐구 정신 등이 포함된다. 그런데 이 과학문화가 지닌 문제점은 이것이 과학자 사회라는 좁은 테두리를 벗어나서는 전혀 통용되지 않는다는 점이다. 스노의 말에 따르면, 인문계의 사람에게 "열역학 제2법칙을 한번 설명해주시겠습니까?" 하고 묻는다면 아마 무척 냉담한 반응을 얻게 되리라는 것이다. 그런데 과학계에서 본다면 이 질문은 마치 인문계에서 "셰익스피어의 작품을 읽으신 일이 있습니까?"라고 묻는 정도에 해당한다는 것이다. 그리고 좀 더 간단한 질문으로, 가령 "질량이 무엇이지요, 혹은 가속도는요?"라고 묻는다면, 이것이야말로 "글을 읽을 줄 아시는지요?" 정도에 해당하는 질문인데, 아마 교육받은 사람 열에서 아홉은 도대체 저 사람이 자기와 같은 나라 말을 하고 있는가 하고 생각하리라는 것이다.

스노의 이러한 주장은 그 후 폭넓은 반향을 일으켰으며 이와 관련된 찬반 논란이 격렬하게 지속되었다. 여기서 이에 대한 논의는 더 이상 진행하지 않겠으나, 요컨대 스노가 지적한 이러한 상황은 그 후 40여 년이 지난 지금까지도 크게 달라지지 않았을 것이며, 이는 또한 영국이나 미국에서뿐 아니라 한국이나 일본에서도 역시 더하면 더했지 덜하지는 않은 상황일 것이라는 점만 지적하기로 한다.

한편 모노는 현대 사회가 과학이 맺은 과일은 열심히 따 먹으려고 하면서도 과학이 말하는 메시지에는 귀를 기울이려 하지 않음을 지적한다. 모노의 말에 따르면 "인간 사회의 윤리적 기반을 구축하는 고래로부터의 전통적 개념들은 우주의 시원에 관한 상상적 관념에 바탕을 두고 있는데, 이러한 관념들은 모두 과학적 검토에 의해 그 설 자리를 잃고 말았으므로, 이제 만일 가치 체계를 위한 완전히 다른 새 기반이 마련되지 않는다면 이 사회는 엄청난 혼란 속에 붕괴되지 않을 수 없으리라"고 한다.[6]

모노가 보는 문제의 해결 방식은 직선적이다. 과학이 알아낸 사실과 과학적 태도에 부합하는 새로운 가치 체계를 합리적으로 구축해내어야 하며, 그리하여 사회적 불안정을 초래할 모든 문화적 마찰의 소지를 제거해야 한다는 것이다. 그리고 이 과정에서 가치 체계의 모순을 불러일으키는 모든 신화적·종교적 요인들을 과학을 통해 제거해야 한다는 것이다.

올슨은 이러한 과학 선호적 관점, 즉 과학의 전문성을 현대 사회에 융합시키는 문제에 관한 스노의 자세와 과학의 틀에 맞추어 문화를 재구성해야 한다는 모노의 제안을 이와 반대 극단에 서 있는 것으로 보이는 시각, 즉 마르쿠제의 『일차원적 인간One Dimensional Man』과 엘륄의 『기술 문명 사회The Technological Society』로 상 징되는 사회 비판적 전통에 나타난 관점과 대비시키고 있다.

이러한 사회 비판적 관점에 의하면 과학의 가치관, 자세, 산 물, 방법 등은 이미 현대 산업사회 안에 너무도 철저히 침투되 어 있어서 이들과 경쟁적 위치에 서게 될 다른 모든 요인들을 말 살시켜버릴 상황에 이르렀다는 것이다. 과학적 합리성, 즉 '기 술성technique'[7]이 지배적 위치를 점유하는 데서 나타나게 되는 단 선적인 문화는 결국 사회의 안정에 기여할 것인데, 이러한 안정 이야말로 개탄스러운 상황이 아닐 수 없다는 것이다. 즉, 이러 한 사회에서는 일상적 욕구가 거의 완전히 만족될 수준으로 물 질적 안락이 향상됨으로써 과학의 가치와 자세에 대한 모든 비 판의 근거가 아예 소멸되어버릴는지도 모른다는 것이다. 엘륄 과 마르쿠제에 따르면, 이렇게 하여 출현할 사회는 단순히 정체 된다는 점에서만 문제가 되는 것이 아니라, 인문적 가치들이 아 예 제압 또는 말소되어 본질적으로 대단히 혐오스러운 전체주 의적 성격을 띠게 되리라는 것이다. 이들은 과학적 합리성 그리 고 이것의 소산인 기술적 합리성을 인간에 의한 인간의 지배를 조장하는 장치로 보거나(마르쿠제), 인간 자신이 고삐 풀린 '과학- 기술적 심성scientific-technological mentality'의 희생물이 되어간다고 보 고 있는데(엘륄), 이러한 심성은 자체 지속성을 가지는 것으로 그 어떤 인간적 목표에도 기여함이 없이 맹목적 그리고 비인격적 으로 인간을 지배해간다는 것이다.

사실상 이것은 비단 마르쿠제나 엘륄만의 견해는 아니다. 오늘날 과학 문명의 '비인간적'인 성격을 우려하는 많은 사람들, 특히 섬세한 인문적 감각을 지닌 사람들이 대부분 공감할 내용들을 담고 있다.

어느 견해가 옳은가

그렇다면 과연 어느 쪽의 견해가 옳은가? 스노가 말하는 바와 같이 과학과 인문적 관심 사이의 격차가 너무도 벌어져서 문화적 적응에 위협이 되는 심각한 장애가 발생하고 있는가? 모노가 주장하는 바와 같이 과학자들의 발견에 어긋나는 윤리 체계로 인하여 우리 사회는 파멸로 지향하게 되는 것인가? 마르쿠제와 엘륄이 우려하는 바와 같이 현대 문화가 너무도 과학화되어서 과학-기술적 합리성의 단선적이면서도 다분히 전체주의적 성격으로 특징지어지는 일종의 정체성으로 치닫게 될 것인가? 아니면 이들 모두가 불완전하지만 기본적으로는 건전한 그리고 적절히 유연한 우리의 문화적 상황에 대한 하나의 왜곡된 신경과민적 대응인가?

이러한 질문들을 스스로 제기한 올슨은 여기에 대해 다음과 같은 자신의 견해를 표명한다. 즉, 과학이 우리 문화 속에 너무 적게 또는 너무 많이 융합된다고 우려하는 관점들이 기본적으로는 모두 옳게 본 측면들을 가진 것이 사실이나, 양측 주장에는 또한 다소간의 과장이 있다는 것이다. 그의 견해에 의하면,

우리의 과학적 자세와 활동에 대해 우려할 만한 측면이 있는 것은 사실이지만 두려워할 정도는 아니며, 외견상 서로 모순되는 듯이 보이는 이러한 주장들도 우리 문화 속에 담긴 다양한 여러 사항들을 고려하고 본다면 결국 충분히 서로 화해될 수 있는 성격의 것이라는 것이다.

그의 견해에 따르면, 과학적 가치와 태도, 개념, 용어 및 방법이 보이지 않게 우리의 일상 생활 속으로 침투해 들어온 것은 사실이지만, 이는 예컨대 중세의 생활에서 신학이 차지했던 만큼 지배적인 것도 아니며 또 일부 과학과 인문학의 지식인들이 떠들어대는 만큼 심각한 것도 아니라는 것이다. 그러면서 그는 현대 산업사회의 대다수 사람들이, 설혹 그 이유를 잘 대지는 못하더라도, 어쨌든 과학을 물질적 풍요의 요인으로 그리고 지적 확실성의 요인으로 보아 매우 중요시하고 우러러보고 있음이 사실이라고 말한다. 과학은 현대 사회에서 폭넓은 지지를 받고 있으며, 과학자들 또한 전문인으로서 신뢰를 받고 있을 뿐 아니라 사회의 중요한 결정 과정에서 그 영향력을 넓혀나가고 있다는 것이다.

올슨이 우려하는 것은 오히려 이러한 방식에 의해 과학적 가치가 실제로 우리 생활에 중요한 직접적 영향을 미치고 있음에도 불구하고, 우리 대부분이 현대 문화가 과학적 태도와 관념에 어느 정도까지 동화되어 있는가에 대해서는 모르고 있다는 점이다. 그가 경고하는 것은 우리가 이를 알지 못하고 있는 사이에, 그리하여 주된 문화적 경향을 맹목적으로 수용하고 있는 사이에, 가치에 대한 우리의 책임은 그만큼 방기되고 있으며, 현대 문화가 보이고 있는 주된 경향은 그것이 옳든 그르든 무제한으로 지속될 수밖에 없다는 것이다. 따라서 우리는 마땅히 과학적 지식이 우리 문화에 어떻게 영향을 주는지 그리고 어떤 대안이 가능한지에 대한 이해를 추구함으로써 최소한 그 어떤 의식적 선택의 가능성은 남겨놓아야 한다는 것이다.

결국 올슨은 우리가 처한 문화적 상황은 불완전하기는 하지만 기본적으로 건전하고 유연하다는 조심스런 낙관론을 펴면서, 그러나 우리 모두가 이에 대한 비판적이고 의식적인 관심을 견지함으로써 사태의 추이를 예의 주시해야 한다는 결론에 도달한다.

정말로 위험한 것

한 가지 중요한 사항만 고려하지 않는다면, 올슨의 이러한 결론은 별로 탓할 것이 없다. 과학적 합리성이 사람에 의한 사람의 지배를 조장하는 기구로 활용된다든가, 과학-기술적 심성이 스스로를 영속화하면서 인간을 맹목적 그리고 비인격적으로 지배하고 있다는 사실에 대해 우려의 여지가 충분히 있음이 사실이다. 그러나 인간에게는 물질적 만족 외에도 사회적 정의와 인간적 가치를 희구하는 또 하나의 욕구가 본능 깊숙이 자리하고 있어서, 과학-기술적 심성의 이러한 일방적 지배를 그대로 두고 보고만 있지는 않을 가능성이 충분히 있다. 그러므로 올슨이 충고하듯이 우리가 감시의 눈길만 멀리하지 않는다면 크게 우려하지 않아도 될 상황이라 할 수 있다.

그런데 현존 문화와 관련하여 정말로 우려되는 점은 이것이 인간 존재 그 자체를 말살시킬 현실적 위험을 안고 있다는 사실이다. 인간의 문화가 지녀야 할 한 가지 필수적인 요건은 지구상에서 인간이 지속적으로 생존해나갈 것을 보장해주어야 한다는 것이다. 그런데 바로 이 요건 자체가 지금 역사상 전례를 찾아볼 수 없을 정도의 심각한 위협을 받고 있는 것이다.

우리는 여기서 무엇이 이러한 위험을 초래하고 있는지에 대해 좀 더 깊이 살펴보기로 하자. 이를 위해서 앞에 언급한 '과학문화'들을 조금 다른 각도에서 다시 한 번 살펴볼 필요가 있다. 이들의 주장이 외견상 서로 상반되는 듯이 보이는 것은 사실상 서로 다른 '과학문화'를 놓고 말하고 있기 때문이다. 한마디로 말해 우리가 극복해야 할 '과학문화'가 있고, 우리가 추구해야 할 '과학문화'가 있는 것이다. 이 두 개의 '과학문화'는 물론 일정한 외견상의 유사점을 지니고 있으며, 또 현대 과학의 강력한 영향 아래 형성되는 것이라는 점에서 일정한 공통점을 가지고 있다. 그러나 그 본질적 성격에서는 이 둘이 그 내용 면이나 성격 면에서 서로 완전히 다르다. 마르쿠제와 엘륄이 우려하는바 과학-기술적 심성에 의해 지배되는 현재의 과학문화는 바로 극복되어야 할 과학문화이며, 반면 모노가 주장하는 과학문화는 앞으로 성취시켜나가야 할 과학문화인 것이다.

그러나 이러한 두 과학문화 외에도 스노가 생각하고 있는 또 하나의 과학문화가 있다. 이것은 폐쇄된 과학자 사회 안에서만 주로 기능하는 다소 제한된 의미의 과학문화인데, 이것 또한 상황을 이해하는 데 나름대로 유용한 개념의 구실을 한다. 즉, 이 것은 바람직한 과학문화를 지향하는 과정의 한 중간 지점에 해 당하는 것으로서 진정한 과학문화를 이루어 나가는 일이 얼마 나 어려운 것인가를 알려주는 구실을 한다. 진정한 과학문화로 향한 하나의 중간 형태로서 이것은 긍정적 측면과 부정적 측면 을 함께 보여주고 있다. 긍정적 측면은 우주와 인간에 대한 새 로운 시각을 마련해준다는 것인데, 진정한 과학문화 속에는 이 러한 요소가 반드시 함유되어야 한다. 반면 부정적 측면은 이것 이 다분히 폐쇄적이며 좁은 시야 안에 갇혀 있을 뿐 아니라 좀 더 넓은 맥락의 일반 문화와 쉽게 융합되지 않는다는 점이다.

현대 문화가 당면하고 있는 진정한 문제점은 바로 엘륄이 말 하는 의미의 '기술성'에 의해 문화 전체가 지배당하고 있다는 데서 찾을 수 있다. 그러나 인간 진화의 긴 역사를 고려해본다 면, 그리고 이 긴 기간 동안 인간 생존의 성패를 판가름하는 결 정적 요인이 언제나 물질적 요건의 확보에 있었다는 점을 감안 한다면, 놀랄 만큼 향상된 '기술'이 현재의 문화적 상황을 지배 하고 있는 것은 그리 놀라운 일은 아니다. 문제는 이러한 요건 의 확보가 인간 생존을 위한 결정적 요인으로 더 이상 작용하지 않게 된 오늘의 상황에서도 이 '기술'의 지배에서 벗어날 효과 적 방법을 찾지 못했다는 데 있는 것이다. 이렇게 된 이유는 물 론 인간이 겪어온 긴 진화의 과정을 통해 물질적 요건의 확보를 지향하는 욕구가 하나의 본능으로 인간 본성 속에 너무도 깊이 각인되어서, 이러한 현실적 필요성이 사라져버린 상황 아래서 도 이를 합리적으로 관리할 수 없다는 데 있는 것이다. 인간은 현재 생존에 필요한 것 이상의 식품을 소모하며, 생존에 필요한 것 이상의 옷을 마련하며, 생존에 필요한 것 이상 지구 환경 여건을 개조하여 인간의 본능적 욕구를 과잉 충족시키고 있다. 더구나 인간은 최소한 이 점에서 인간 출현 이래 최악의 제도인 시장경제 체제라는 것을 마련하여 이러한 욕구를 전 지구적으로 끝없이 서로 충동질하고 있는 것이다.

유사 과학문화와 진정한 과학문화

이제 이러한 지배에서 벗어날 수 있는 방법이 있다면 그것은 오직 이러한 상황 자체에 대한 투철한 과학적 이해를 통하는 길이라고 생각된다. 모노가 말했듯이 우리 우주와 인간의 상황에 대한 전前 과학적 이해 및 이에 기반을 둔 윤리와 가치관만으로는 그것을 해내기에 불충분하다. 그 이유는 첫째로 이들이 이미 인간의 장래를 이끌 길잡이로서의 신뢰를 상실했다는 점이며, 둘째로는, 이 점이 좀 더 중요한 것인데, 이들은 크게 변모된 인간의 생존 환경 안에서 인간의 행위를 지시할 만한 상황 이해를 갖추지 못했다는 점이다. 인간이 자신을 옥죄고 있는 본능의 사슬에서 벗어나는 데 가장 효과적일 수 있는 방법은 자신의 진화 과정 속에서 어떠한 상황이 이러한 본능을 가질 수밖에 없게 만들었는가 하는 점에 대한 역사적 경위를 의식적으로 파악하는 것인데, 이러한 일은 오직 높은 수준의 과학문화 안에서만 이루어질 수 있다.

현대 문화 속에는 가령 양적 관념이라든가 객관적 사고 등의 일정한 과학적 태도와 일정한 수준의 기초적 과학 지식이 융합되어 있으며, 이들이 종종 가치판단에서 지배적 역할을 하고 있는 것 또한 사실이다. 그러나 문화 속에 나타나는 이러한 과학의 기능은 주로 '기술'이 좀 더 효과적으로 지배할 수 있게 해주는 역할의 범위를 벗어나지 못한다. 엘륄이 바로 지적했듯이 이러한 의미의 과학은 곧 기술의 시녀에 해당하는 것이며, 이를 통해 이루어지는 문화는 이를 설혹 여전히 '과학문화'라 부른다 하더라도 진정한 과학문화가 아닌 단선적인 '유사類似 과학문화'에 불과한 것이다. 그럼에도 불구하고 이 문화는 인간의 물질적 욕구를 충족시키는 데는 매우 성공적으로 기능하고 있으며, 그 결과 모든 가치의 기준을 물질적 풍요라고 하는 단일 기준으로 몰고 가는 성향을 가진다. 그러나 이제 세기말에 이르러 우리는 물질적 풍요라는 것이 단순한 축복만이 아니라 생태적 재앙이라는 엄청난 대가가 요구되는 것임을 알게 되었다. 우리가 번영을 누리면 누릴수록 우리 삶의 가장 기본적인 바탕에서 그만큼 더 큰 위험을 감수하는 결과가 되는 것이다.

그렇다면 우리의 상황은 얼마나 위급한가? 그리고 번영의 한계는 어디까지인가? 이러한 질문에 대한 해답은 오직 가장 높은 수준의 과학적 이해를 동반한 우리 상황에 대한 넓고도 깊은 통찰에 의해서만 얻어질 수 있을 것이다. 그러나 여기서 주시해야 할 중요한 점은 이러한 점에 대한 깊은 통찰이 어느 뛰어난 한 개인이나 또는 몇몇 개인들의 집단에 의해 이루어진다고 해서 해결되는 것은 아니라는 것이다. 그 어떤 가시적 변화는 언제나 사회적 합의나 사회적 세력을 통해서만 발생할 수 있다. 따라서 우리에게 요구되는 것은 개인적 차원에서가 아니라 사회적 혹은 전 지구적 차원에서 가장 높은 수준의 과학적 이해를 함축하는 진정한 의미의 과학문화이다.

그렇다면 이러한 과학문화는 어떻게 이루어낼 수 있는가? 이것은 아무래도 건전한 문화적 전통과 폭넓은 과학적 이해 사이의 진정한 융합에 의해서만 가능한 것이 아닌가 생각된다. 그러나 이러한 융합은 쉽게 이루어지지 않는다. 건전한 문화적 토대의 구축을 위해 요구되는 과학의 존재론적, 인식론적 기반을 마련할 작업은 그 자체로서 결코 쉬운 일이 아닐뿐더러 현재의 유사 과학문화 속에서 그리 중요한 일로 인식되고 있지도 않다. 스노와 모노가 개탄해온 바와 같이, 일반 대중은 고사하고 지식인들조차도 현대 과학이 말하는 우주와 인간의 새로운 양상들에 대해 진지하게 이해하려는 마음의 자세를 지니고 있지 않다. 이 점에서는 과학자들 역시 크게 다르지 않다. 이들은 자신들의 좁은 전문 영역에 안주하여 그곳에만 관심을 집중시킬 뿐, 과학이 제시하는 전체적인 모습을 포괄적으로 조망해보려는 데는 관심조차 가지지 않는다. 반면 전통문화에 관심을 가지는 사람들은 자신들에게 미치고 있는 과학의 영향에 대해 점점 더 짙은 의혹의 눈길을 보내고 있다. 이들은 이미 그간 자신들의 입장을 지탱해주던 형이상학적 지지 기반의 상당 부분을 근대 과학의 조명 아래 상실해야 하는 아픔을 겪어왔기에 이제는 더 이상 이러한 유사 과학문화에 의한 피해를 허용할 수 없다는 자세를 굳혀가고 있는 것이다.

이와 관련하여 우리가 유의하지 않으면 안 될 가장 중요한 점은 진정한 과학문화가 아니라 유사 과학문화를 지향하게 하는 그 어떤 거역하기 어려운 경향이 우리 안에 잠재하고 있다는 사실이다. 이미 언급한 바와 같이 이러한 경향은 인간의 본능 깊숙한 곳에 뿌리를 박고 있는 것이어서 웬만한 의식적 결단을 지니지 않고서는 이를 거역하여 행동하기가 매우 어려운 것이다. 그러나 다른 도리는 없다. 인간과 그리고 인간이 그 일부를 이루고 있는 온생명 전체 위에 지금까지 있어본 일이 없는 엄청난 재앙이 내려질 것을 우리가 허용하지 않는다면, 아무리 어렵다 하더라도 이를 거슬러 진정한 과학문화를 이루려는 노력을 하지 않을 수 없는 것이다. 여기에 바로 진정한 과학문화 추구의 어려움과 함께 불가피성이 있는 것이다.

몇 가지 현실적 실천 방안

상황이 아무리 어렵고 위급하다 하더라도 항상 작은 한 걸음부터 시작하지 않을 수 없다. 그리하여 여기서는 이러한 한 걸음을 옮기기에 도움을 줄 몇 가지 구체적 방안을 제시하기로 한다.

첫째로 과학의 문화적 차원을 주된 관심사로 하는 학문적 연구를 장려하고 이를 학문의 한 주요 영역으로 인정해야 한다. 이상적으로는 모든 과학자가 여기에 관심을 기울일 수 있고 또 기울여야 할 것이나, 이러한 작업에 전적으로 몰두할 개인적, 혹은 집합적 인력이 요구되는 것 또한 사실이다. 그리고 과제의 중요성에 비추어 이러한 분야에 대한 훨씬 너그러운 사회적 지원이 요청된다.

둘째로 일반 대중을 위한 과학문화 프로그램을 크게 고양시킬 필요가 있다. 이 점에서는 현대 대중매체나 시청각 장치들이 큰 도움이 될 수 있다. 그리고 이를 위한 훨씬 수준 높은 전문가의 양성이 요청된다. 이와 함께 과학문화를 진작시키고 과학기술의 활용을 감시·협의하는 시민의 자발적 활동을 진작시킬 필요가 있다. 결국 시민의 의식이 고양되지 않고는 의미 있는 과학문화를 창출해낼 수 없을 것이기 때문이다.

셋째로 과학 교육 프로그램이 전적으로 개혁되어야 한다. 지금까지는 과학 교육의 주된 목표를 과학의 기술적 활용력을 높이는 데 두어왔으나, 이제부터는 그 강조점을 자연에 대한 포괄적 이해를 도모하는 데 둠으로써 자연과의 조화로운 공존에 기여하도록 해야 할 것이다.

마지막으로 과학과 인문학을 비롯한 여타 학문들 사이의 학제적 연구를 장려해야 할 것이다. 위에 언급된 바와 같이 이미 40여 년 전에 스노가 그렇게도 개탄했던 과학자와 인문학자 사이의 간극은 여전히 좁혀지지 않고 있다. 이러한 우스꽝스런 간극부터 메워나가는 것이 보다 건전하고 견고한 과학문화를 이루어내는 첫 단계가 될 것이다. 특히 과학과는 전혀 다른 전통문화를 전수받는 비서구권의 나라들에서는 극히 이질적으로 보이는 이러한 두 문화 요소를 조화시키는 데 각별한 노력을 기울여야 할 것이다.

결론적으로 우리가 앞에서 제기했던 질문을 다시 던져본다.

"과학문화는 재앙인가 구원인가?" 그리고 지금 여기에 대한 대답은 여전히 "양쪽 다"라는 것이다. 그러나 우리는 이 양쪽의 의미에 계속 세심한 주의를 기울여 나가야 할 것이다.[8]

12장
현대 과학과 정신세계

현대 과학은 두 가지 측면을 지니고 있다. 그 하나는 기술 개발의 능력이며, 다른 하나는 정신문화적 가치이다. 누구나 잘 아는 바와 같이 현대 과학의 기술 개발 능력은 널리 활용되고 있으며, 이로 인하여 좋든 싫든 무서운 위력을 지닌 과학기술 문명이 그 전성기를 맞이하고 있다. 반면에 과학이 지닌 정신문화적 가치를 이해하고 있는 사람은 많지 않다. 오히려 과학이 정신문화적으로 역기능을 지닌 것으로 오인되고 있다. 편협한 전통적 관념에 사로잡힌 사람들이 자신들의 신조에 위해가 오지 않을까 하는 두려움에서 과학의 정신적 영향을 혐오하는 경우는 말할 것도 없고, 비교적 진보적인 시각을 가진 사람들조차도 과학의 정신문화적 기여에 대해서는 회의적인 자세를 보이는 경우가 많다. 이는 아마도 과학은 물질세계를 연구하는 학문이어서 정신세계에 대해서는 어떤 주장도 할 수 없을 것이라거나 혹은 정신적인 것조차 물질적인 것으로 환원시킴으로써 정신적 가치를 훼손시키리라는 우려 때문인 것으로 생각된다.

그러나 현대 과학을 통해 우리는 생명의 탄생 이래 처음으로 우리가 어떠한 세계 안에 놓인 어떠한 존재인가를 자각하게 되었으며, 또 우리의 생존이 어떠한 방식으로 가능하게 되었는가를 보다 깊이 이해하게 되었다. 물론 현대 과학 이전에도 우리가 어떠한 존재인가에 대해 전혀 무관심했거나 아무런 이해가 없었던 것은 아니다. 그러나 이것은 일상적 경험 수준에서 파악한 자기 이해이며, 합리성과 실증성이 결여된 사변과 상상에 의존한 자기 이해였다. 그러나 이제는 합리성과 실증성에 근거한 체계적 지식이라는 거울을 통해 자신의 모습을 들여다볼 수 있게 되었으며, 이를 바탕으로 한층 높은 수준의 정신문화를 이룩할 수 있게 된 것이다.

한편 현대 인류는 지금까지 이뤄온 기술 문명에 버금가는 높은 수준의 새 정신문화를 시급히 이룩하지 않는다면 머지않아 자멸이라는 상황에 처하게 될지도 모를 무서운 가능성을 안게 되었다. 지금까지는 과학기술이라는 막강한 도구를 손에 들지 않았기에 자신에 대한 불완전한 이해에도 불구하고 스스로 자신을 절멸시키는 상황까지 이끌어갈 수가 없었다. 그러나 과학기술이라는 도구를 손에 잡은 인류가 만일 자신이 누구인지를 모른다면, 마치 실성한 사람이 무기를 잡은 것과 다를 바가 없게 되는 것이다. 더욱 안타까운 것은 현대 과학기술을 가능케 한 바로 그 과학이 기술적 활용에 관한 지식만이 아니라 우리들 자신과 우리가 마땅히 취해야 할 방향에 대해서도 의미 있는 내용들을 전해주고 있음에도 불구하고 우리는 오직 그 한쪽만을 취하고 있다는 사실이다. 자크 모노가 한탄한 바와 같이 현대인은 과학이 가져다준 열매는 즐겨 따 먹으면서도 과학이 말해주는 메시지에는 귀를 기울이지 않고 있는 듯하다.

'나'와 우주의 모습

그렇다면 현대 과학이 말해주는 '나'의 모습은 어떠한가? 우리가 이미 이 책 2부에서 자세히 살폈듯이 현대 과학은 오늘 이 자리에 서 있는 '나' 자신이 이미 약 35억 년 전에 출생했다는 사실을 말해준다. 더욱 놀라운 점은 이러한 내가 출생한 지 35억 년이 지난 바로 이 시점에 이르러서야 비로소 자신이 어떠한 존재이며, 자신의 나이가 얼마나 되는지를 대략 의식할 단계에 이르렀다는 사실이다. 우리가 만일 과학이 말해주는 이러한 사실을 인정한다면, 이는 어느 모로 보나 놀라운 우주적 사건이 아닐 수 없으며, 우리 자신이 바로 이 현장의 주인공이 되고 있다는 사실에 대해 경이로움을 느끼지 않을 수 없다.

그러면 우리는 어째서 지금까지 현대 과학이 말해주는 이러한 새로운 '나'를 의식하지 못하고 하나의 개체에 속박된 관례적인 '나'에 머물러 있었던 것인가? 이를 이해하기 위하여 관례적인 '나'에 대한 이해의 틀이 무엇이었던가를 먼저 살펴보지 않을 수 없다.

인간을 이해하는 가장 단순한 한 모형은 모태로부터의 출생과 함께 하나의 몸과 하나의 영혼이 결합하여 현세의 삶을 살아가고, 임종과 함께 이 둘이 갈라져 하나는 흙으로 돌아가고 다른 하나는 영계로 돌아간다는 생각이다. 굳이 데카르트를 들먹이지 않더라도 이것이 매우 큰 설득력을 지닌 상식적 모형임은 이것이 예부터 오늘까지 동양과 서양을 막론하고 그 어디에나 널리 유포되어온 것으로 보아 알 수 있다. 이는 특히 사람의 정신적 실체라는 것이 너무도 생생하여 이것이 신체 기능의 종료와 함께 말살되리라는 것이 좀처럼 믿기지 않을 뿐 아니라, 인간의 생존 본능이 이를 받아들이고 싶지 않은 데서 기인한 믿음이 아닌가 생각된다. 더구나 살아 있는 동안 한 일에 대해 사후에 심판을 받게 된다고까지 해두면 불공평한 삶에 대한 해원의 수단이 될 수 있을 뿐 아니라 사람의 도덕적 방종을 규제할 통제 수단으로도 활용될 이점이 있다.

그러나 모형이 단순한 만큼 문제도 많다. 가령 유아 때 사망한 사람의 영혼은 어떠한 대접을 받는가? 정신적 질환에 의해 실성한 경우 책임이 있는가 없는가? 노환으로 망령이 드는 경우는? 유전적으로 고약한 성품을 물려받은 사람의 책임은? 도덕적 기준이 필요 없었거나 확립되지 않았던 원시인들에게도 영혼이 있었는가, 있었다면 그들은 무엇을 기준으로 심판을 받는가? 좀 더 나아가 생명의 진화 과정을 인정한다면, 어느 시기부터 영혼이라는 것이 개체에 부여되기 시작했는가? 다른 동식물에게도 영혼이 있는가? 박테리아에는? 사람의 세포 하나하나에도? 등등이다.

설혹 신체-영혼에 대한 이러한 이원론적 입장을 취하지 않는다 하더라도 한 사람의 생명은 그의 출생과 함께 시작되며 그의 사망과 함께 끝나는 것이라는 생각은 널리 받아들여지고 있다. 그러나 이것 또한 많은 문제를 지니고 있다. 가령 개인의 생명이 출생과 함께 시작된다고 하면 출생 이전 모체에 있을 때에는 생명이 아니었는가, 그리고 만일 독자적 의식의 출현과 함께 생명이 시작된 것으로 본다면 아직 의식이 분명치 않은 유아기는 어떻게 보아야 하는가 하는 의문들이 속출하는 것이다.

이와 같은 문제점들에도 불구하고 하나의 생명이 한 개체에 속한다는 생각이 거의 아무런 의심도 없이 받아들여지고 있는 것은 한 사람의 의식이 흔히 자신이라 불리는 한 신체와 밀접히 연루되어 있는 반면 다른 사람의 신체와는 생리적으로 거의 완전히 단절되어 있기 때문이다. 우리의 의식은 일차적으로 한 개체 내의 신경세포들로 구성된 중추신경망에 의하여 이루어지며, 이러한 중추신경망 하나마다 하나씩의 독자적 의식 주체가 형성된다. 그리하여 이 의식 주체는 자신의 의식 및 이를 지탱하는 신체를 들어 남과 구분되는 '나'로 규정하게 되는 것이다.

정신세계와 물질세계

이제 이러한 개체적 '나'가 현대 과학이 말해주는 새로운 '나'와 어떻게 관련되는가를 논하기 전에, 우리의 정신 또는 영혼이란 무엇이며 신체와는 어떻게 관련되는지에 관해 잠시 생각해보자. 먼저 주체 의식, 즉 정신이라는 것은 인간 두뇌 안에 구성된 정보 체계의 총체로서, 이를 주체적으로 느낄 때 나타나는 존재라고 할 수 있다. 그리고 정신세계라고 하는 것은 이러한 의식의 주체를 통해 인식되고 의식되는 내용의 총체라고 규정할 수 있다. 즉, 정신세계란 근본적으로 정보 체계의 내적 측면이며, 그 속에서 자생적으로 발현된 인식의 기능과 의식의 기능이 그 내용물들을 엮어나가는 세계이다.

그러나 이러한 정신세계가 물질적 바탕에 무관하게 존재하는 것이 아님은 분명하다. 적어도 지금까지 과학적으로 확인된 바에 의하면 물질적 바탕을 지니지 않고 독자적으로 펼쳐지는 정신세계란 존재하지 않는다. 따라서 우리는 정신세계가 물질적 조직을 바탕으로 해서만 이루어질 수 있는 것이며, 물질적 바탕에 의해 제약될 뿐 아니라 물질적 바탕의 붕괴와 함께 소멸될 수밖에 없는 존재임을 인정해야 한다.[1]

그렇다면 정신세계의 속성이라 할 수 있는 이른바 주체성과 자주성은 어떻게 가능한가? 이들은 이러한 물질세계의 질서와 상충되지는 않는가? 이 점이야말로 이른바 '마음-신체 문제mind-body problem'의 핵심적인 내용이다. 그러나 적어도 현대 과학의 지식과 상충되지 않는 범위의 해답은 마이클 폴라니Michael Polanyi[2]나 로저 스페리Roger W. Sperry[3]의 관점과 크게 다를 수 없으리라 생각된다. 이들의 관점을 참고로 하여 필자가 정리해본 내용은 대략 다음과 같다.

의식 주체가 느끼는 자주성 그 자체도 이를 가능케 할 물질적 바탕 위에서만 존재하는 현상이다. 즉, 인간이 느끼는 만큼의 자주성에 해당하는 물리적 여건이 이미 확보된 경우에 한하여 이러한 느낌이 가능하게 된다. 그렇다면 이를 가능케 할 물리적 여건이란 무엇인가? 이를 이해하기 위하여 여러 선택지option를 포함한 컴퓨터 프로그램을 생각해보는 것이 편리할 것이다. 프로그램으로 대표되는 연성기제software의 입장에서는 많은 선택 여지가 허용되어 있으므로, 만일 이를 주체적으로 느끼는 입장에 설 수 있다면 이러한 선택지들을 살펴볼 수 있는 상당한 자주성이 허용된 것으로 해석될 수 있겠으나, 컴퓨터의 견성기제hardware의 입장에서 본다면 완전히 물리적 법칙을 따라 동작하는 것일 뿐 그 이상의 어떤 자유도 허용되지 않는다. 즉, 이때 의식 주체가 자주적이라고 느끼게 되는 상황은 이미 그 물리적 바탕 속에 그 주체가 자주적이라 느끼면서 행동하는 것과 실질적으로 일치할 물리적 현상이 계속 진행되어 나가게 될 여건이 이루어져 있음을 의미하는 것이다.

이러한 상황이 이루어졌다고 할 때, 이를 주체적 관점, 즉 프로그램을 수행하는 관점에서 보면 의식의 주체가 마치 자신 아래 깔린 물질적 바탕을 통제하는 것으로 느끼게 된다. 반대로 이를 객체적 관점, 즉 밖에서 들여다보는 입장에서 본다면 물리적 바탕의 이러한 구성 때문에 그 주체가 그러한 느낌까지를 향유하게 되는 것으로 이해된다. 그러나 이것을 정신 현상에 대한 물질 현상으로의 환원이라 봄은 적절하지 않다. 이것이야말로 단순한 물질적 차원에서는 예상할 수 없는 신비에 가까운 '발현emergence'의 대표적 사례라고 보아야 할 것이기 때문이다. 여기서 말하는 '발현'은 물질세계와 동일한 차원에서 이와 상호작용을 하게 되는 그 어떤 것의 발생을 의미하는 것이 아니다. 물리적 상황에서는 그 어떤 특정 조직을 이루었다는 것 이외에 아무것도 달라진 것이 없다. 단지 이러한 물리적 조직을 바탕으로 발현된 주체의 내적 의식 상황에서 볼 때 의식 가능한 새로운 자주적 세계가 열리는 것이다.

그러므로 물리적 차원에 나타나는 인과관계와 의식의 차원에서 생각하는 인과관계는 동일한 것이 아니다. 의식의 차원에서는 물리적 차원에 의해 마련된 물질적 바탕 상황 전체를 자신의 주체로 느끼면서 그 상황이 연출해내는 결과들을 스스로의 의지적 행위로 의식하게 되는 것이다. 이때에 그 의식 주체는 이러한 물질적 상황에 의해 마련된 심적 작용의 일부로서 어떤 원인 행위를 수행할 수 있으며, 그 결과에 의해 사물이 실제로 영향을 받게 된다. 즉, 의미 있는 주체적 삶이 가능해지는 것이다. 이 점이 바로 스페리가 말하고 있는 '위로부터 아래로의 인과성top-down causation'에 해당하는 것이다.[4] 그러나 이를 물리적 차원에서 본다면, 인식 주체가 의식적인 원인 행위를 수행하고 하지 않고에 무관하게 모든 선행 물질적 상황이 모든 후속 물질적 상황의 원인이 된다. 그러므로 '위로부터 아래로의 인과성'이라 함은 이러한 물리적 인과성의 바탕 위에 의식 주체가 이를 느끼는 한 특수 양상으로서의 심적 현상을 의미하는 것이며, 이 두 가지 인과성 사이에는 아무런 모순이 발생하지 않는다.

공동 주체로서의 의식

그런데 우리에게 정말로 중요한 점은 이러한 의식 주체들이 개체로서의 의식에만 머물지 않고 서로 결합하여 하나의 공동 주체 혹은 고차적 주체라 불릴 어떤 것을 형성할 수 있다는 점이다. 위에서 주체 의식, 즉 정신이라고 하는 것은 인간 두뇌 안에 구성된 정보 체계의 총체로서 이를 주체적으로 느끼게 되는 그 어떤 새로운 차원의 존재라고 규정하였다. 그런데 흥미로운 점은 이러한 의식을 지닌 개체는 체외로 향한 정보망을 통해서 체외로부터 정보를 꾸준히 섭취할 뿐 아니라 체외로 정보를 내보내기도 한다는 사실이다. 즉, 신경세포들이 서로 사이에 연결망을 형성하는 것과 같이 이것과는 또 다른 방식으로 의식 주체간의 연결망이 형성되어 서로 사이에 정보를 교환한다는 것이다.

이러한 개체 간의 연결은 설혹 신경세포 간의 생리적 연결은 아닐지라도 정보를 주고받는다는 점에서는 신경세포망의 연결과 기능적으로 다를 것이 없다. 즉, 의식이라는 것을 주체적으로 느껴지는 정보 체계의 총체라고 한다면, 이것은 일종의 확대된 의식을 가능하게 하는 기구로 해석될 수 있으며, 이에 부응하는 고차적 의식의 상태도 우리는 충분히 상정할 수 있게 된다. 우리는 사실상 이러한 확대된 의식을 일상적으로 경험하고 있다. 가령 우리와 체외 정보적으로 연결된 한 대상이 그 어떤 어려움에 처할 때 우리에게 '아픔'이 느껴질 수 있다. 이는 비단 그 대상이 내 가까운 혈육과 같은 친근한 사이에만 한정되는 것은 아니다. 내가 거기에 충분한 의미만 부여할 수 있다면 심지어 의식 주체가 아닌 대상에조차 해당할 수 있다. 가령 내가 소중히 여기던 그 무엇이 상해를 입을 때 느끼는 괴로움 같은 것이 그것이다.

우리는 이러한 방식의 정보적 연계와 느낌의 교감을 통해 은연중에 '나'의 범위를 확대해나가고 있다. 우리는 생리적으로 연결된 단일 개체의 신경망을 넘어 좀 더 폭넓은 정보 체계를 구축해나가고 있으며, 이것이 그 성격에서 체내의 신경망과 본질적인 차이를 지니지 않는 경우, 당연히 이에 부응되는 확대된 주체로서의 좀 더 큰 '나'를 형성해나가게 된다. 이리하여 우리의 인식과 활동의 범위가 넓어짐에 따라 의식되는 '나'의 범위도 점점 넓어진다. 즉 '나'는 가족 공동체, 부족 공동체, 민족 공동체, 인류 공동체로 점점 확대되어나가는 것이다. 그러나 여기서 주의해야 할 것은 정보적 연계를 지닌 대상이라고 하여 반드시 '나'의 범위 안에 들어오는 것은 아니라는 점이다. 특히 정보적으로 확인하여 내게 유해한 것으로 판정되는 것은 오히려 제거 혹은 기피의 대상으로 처리된다. 오직 이것이 기왕의 '나'를 포함한 좀 더 큰 틀 안에서 유기적 조화 아래 연결될 수 있는 것일 때, 그리고 나의 의식 범위가 거기까지 미칠 수 있을 때, 확대된 '나'의 범주 안에 들어오게 되는 것이다.

그렇다면 이러한 '나'의 범위는 어디까지 뻗칠 수 있는가? 이론상으로 보자면 이는 전 우주를 포괄할 수도 있다. 우주 전체를 하나의 유기체로 보아 이를 큰 '나'로 보는 것이 가능하며, 사실상 종교적 혹은 시적 직관을 지닌 사상가들 가운데는 이러한 자세를 취하는 사람들이 적지 않은 것으로 보인다. 그러나 현대 과학이 말해주는 바에 따르면 이보다는 훨씬 구체적이면서도 의미 있는 내용을 전부 포괄하는 한 제한된 범위를 설정할 수 있다. 이것은 이 작은 '나'의 유전적 근원이 되며 이 작은 '나'의 생존에 생태적으로 연결되어 있는 전체 범위, 그리고 이 전체가 임의로운 물체로 존재하는 것이 아니라 하나의 삶을 이룰 모든 현실적 여건을 구비하고 있는 체계이다. 이렇게 설정될 수 있는 체계가 바로 이 책의 2부에서 논의한 '온생명'이며, 따라서 이 확대된 '나'를 이루게 될 과학적으로 의미 있는 범위는 내가 속해 있는 이 '온생명'이 되는 것이다.

이미 앞에서 논의한 바와 같이, 우리의 확대된 주체가 여기에까지 이를 때 우리의 '온생명'이 비로소 의식을 지닌 존재로 깨어나게 되는 것이며, 이 새로운 의식 주체를 바탕으로 한 새로운 정신세계가 펼쳐지게 된다. 이러한 새 정신세계 속에서는 우리 개별 인간의 의식들이 하나의 큰 '나'를 중심으로 협동적으로 연결됨으로써 개별적으로는 이룰 수 없는 새로운 문화적 성취가 이루어질 것이며, 이를 수행하는 데는 이미 인류 공동의 지적 소산인 현대 과학은 물론 사고의 강력한 보조 기구인 새 시대의 컴퓨터 및 통신망이 중요한 기여를 하게 되리라 전망된다.

인식의 주체와 느낌의 주체

일반적으로 의식의 주체가 된다고 하는 것은 그 안에 두 가지 의미를 함유하게 된다. 하나는 지적 작업을 위한 인식의 주체가 된다는 것이며, 다른 하나는 지향성을 나타내는 느낌의 주체가 된다는 것이다. 즉, 어떤 통합적 주체가 되어 있다고 하는 말은 곧 그가 사실의 인식 및 판단에서 일의적인 결론을 내리게 되며, 가치의 의식 및 각성에서 일의적인 느낌을 지니게 됨을 의미하게 된다. 이는 공동 주체로서의 의식에 이르는 경우에도 마찬가지이다. 물론 아직 형성 단계에 있는 느슨한 공동 주체의 경우에는 이 모든 것이 명확하지 않을 수 있다. 그러나 주체로서의 성격이 명확할수록 그리고 주체로서의 기능이 성숙될수록 이러한 점은 더욱 뚜렷해질 수밖에 없다. 수많은 신경세포들의 집합적 기능에 의해 이루어지는 인간의 의식에서 한 단일 주체로서의 이러한 성격이 얼마나 뚜렷이 나타나는가 하는 전만 보더라도 이를 잘 알 수 있다.

그러므로 개별 인간을 넘어서는 공동 주체를 형성하는 경우에도 이 주체의 성격과 기능을 성숙되어 나감에 따라 인식과 느낌의 주체로서의 이러한 성격이 명료하게 나타날 것으로 기대할 수 있다. 이는 특히 온생명으로서의 주체가 가지게 될 성격으로서 기대되는 바가 매우 크다. 인식 주체로서의 온생명은 최소한 그 원초적 형태에서 활동을 개시한 지가 이미 오래이다. 인류가 협동적 학문 활동을 개시한 이래 점차 인류 공동의 지적 자산을 이루어온 일이 바로 그것이다. 그러나 이것은 아직 시작에 불과하며 하나의 성숙한 인식 주체로서 본격적인 지적 활동을 전개해나갈 것은 이제부터라고 할 수 있다.

그런데 이와 관련하여 한 가지 매우 흥미로운 사실은 과학에서의 인식 주체가 바로 이러한 집합적 의식 주체의 성격을 가지지 않을 수 없다는 점이다. 잘 알려진 바와 같이 현대 양자 이론에서는 이른바 '측정의 문제'와 관련하여 서술 대상과 인식 주체 사이의 관계가 오랫동안 많은 논란의 대상이 되어왔다. 양자역학에서는 흔히 "관측 전후에 대상의 상태가 달라진다"는 것을 하나의 공리로 삼게 되는데, 이 말이 의미를 지니기 위해서는 우선 어떻게 된 상황을 '관측이 된 것'으로 볼 것인가 하는 문제가 발생하며, 이는 다시 어떠한 존재를 인식 주체로 볼 것인가 하는 문제와 연관된다. 우리가 만일 인식 주체를 '과학을 이해하는 그 어떤 자연인'이라고 규정한다면, "그는 과학에 대해 '어떤 정도의 이해'를 지닌 사람이어야 하는가?", 그리고 "그가 관측했다는 것은 '어떤 정도의 인식 단계'에 도달했음을 의미하는가?" 하는 것 등의 새로운 문제에 부딪히게 된다. 이는 양자역학의 해석 문제와 관련하여 오랫동안 부딪혀온 난제인데, 이것이 결정되지 않고서는 관측 전후에 대상의 상태가 달라진다고 하는 위의 공리가 지닌 의미가 매우 모호해진다. 사실 양자역학적 서술 대상의 상태가 자연인으로 규정되는 인식 주체의 인식 정도에 따라 달라진다고 하는 것은, 적어도 대상의 입장에서 볼 때 지극히 불만족스러운 관점이 되며, 최소한 필자가 생각하기에 이에 대한 유일한 대안은 양자역학에서의 인식 주체를 앞에 논의한 집합적 의미의 공동 주체로 해석하는 경우이다.[5] 사실상 양자역학의 해석과 관련된 많은 문제가 바로 이 인식 주체에 대한 성격을 명확히 구명하지 못한 데서 오는 것이라 말할 수 있다.

과학에서의 인식 주체가 지닌 이러한 성격은 물론 양자역학에만 국한되는 것은 아니다. 고전역학을 비롯한 많은 과학 이론들이 사실상 이러한 인식 주체를 전제하고 있었지만, 양자역학 이전에는 '측정'이라는 것이 이론 안에서 오직 수동적 역할만 하는 것이었기에 그 성격에 대한 명백한 규정이 큰 의미를 가지지 않는 것뿐이었다. 이는 물론 양자역학을 비롯한 과학에서 전제하고 있는 집합적 의미의 인식 주체가 반드시 의식 주체로서의 '온생명'과 일치해야 함을 의미하는 것은 아니다. 이들 두 주체 사이에는 많은 공통점이 있으면서도 약간의 성격상의 차이가 있는 것 또한 사실이며 이 점에 대해서는 앞으로 좀 더 많은 연구가 필요하리라 생각된다. 오직 여기서 중요한 것은 인식 주체 혹은 의식의 주체가 개별 자연인에 국한될 필요가 없으며, 경우에 따라서는, 예컨대 과학에서의 경우와 같이 불가피하게 개체로서의 인간을 넘어서는 집합적 주체가 되어야 한다는 사실이다.

한편 느낌의 주체로서의 온생명은 더욱더 절실한 의미를 가진다. 이는 간단히 말해 온생명으로서의 내 몸이 훼손당할 때 얼마나 큰 아픔을 느끼는가 하는 문제와 연결되는 것인데, 이것이야말로 생명으로서의 온생명을 지켜내는 가장 중요한 기능이 아닐 수 없다. 만일 우리가 느낌의 주체로서 온생명과 일체화된다면, 이 '몸'의 어느 부분이 위해를 받을 때 거기에 적합한 '아픔'을 느끼게 될 것이며, 만일 그러지 못한다면 아직도 우리는 의식의 주체로서의 온생명을 받아들이지 못한 것이 된다. 예를 들어, 우리가 만일 좀 더 안락한 생활을 누려보자는 사소한 목적으로 원시림을 남벌하여 그 속에 살아가는 몇몇 소중한 생물종들을 멸종시키면서도 아무런 아픔도 느끼지 못한다면, 이는 예컨대 사소한 유희를 위해 발가락을 몇 개씩 자르면서도 아무런 통증을 느끼지 못하는 경우에 해당하는 것인데, 이러한 상황에서 내가 내 몸에 대한 느낌의 주체라고 말할 수는 없는 일이다.

그러므로 만일 우리가 온생명에 대한 의식의 주체, 특히 그 느낌의 주체에까지 이를 수 있다면, 생태 위기를 비롯한 오늘날 우리가 당면한 많은 문제들을 쉽게 풀 수 있지 않을까 생각된다. 단지 남아 있는 문제는 우리의 정신적 차원을 어떻게 고양시켜 여기에 이를 것인가 하는 점이다.[6]

13장
과학과 종교 사이의 갈등과 융합

현대인은 대체로 과학의 내용을 수용하고 있으며 동시에 많은 경우 어떤 특정 종교의 신자가 되어 신앙 생활을 하고 있다. 그런데 종교가 신조로 삼고 있는 내용 가운데는 과학이 말하는 내용과 상치되는 경우가 적지 않게 발생한다. 이러한 경우 과학과 종교 양자를 함께 수용하려는 신앙의 당사자가 커다란 심적 갈등을 겪게 됨은 물론, 해당 종교 자체가 이를 적절히 해결하지 않으면 안 될 어려운 부담을 지게 된다.

이제 이러한 문제에 당면하여 개인적으로나 또는 종교 자체로서 이에 반응하는 몇 가지 전형적 유형을 생각해볼 수 있다. 그 한 가지 전형적인 경우로 이러한 모순 자체를 긍정하면서 오히려 이를 적극적으로 끌어안는 입장이 있다. 즉, 신앙이라는 것 자체가 바로 이러한 '모순에도 불구하고' 믿는 데에 있다고 하는 입장으로서, 오히려 모순이 크면 클수록 이를 받아들이는 자세를 '믿음이 좋다'는 말로 칭송하게 된다. 또 한 가지 대표적인 경우로 이러한 모순을 되도록 가볍게 보려는 입장이 있다. 말하자면, 과학을 생각할 때는 과학의 논리를 따르고 예배를 드릴 때는 머리를 180도 전환하여 종교의 주장을 또한 그대로 수용하면서 이들 사이에 놓인 논리적 모순을 애써 외면하는 입장이다. 그리고 굳이 이것이 문제로 등장할 때는 이를 오히려 우리 인식 능력의 한계 쪽으로 돌려버린다. "우리가 어떻게 모든 것을 다 알겠는가?" 라든가 "그럴 수도 있지 않겠는가?" 하는 자세를 취하는 것이다. 이는 아마도 대부분의 신도들이 의식 또는 무의식적으로 취하고 있는 태도인 듯이 보인다. 그런데 이 상황은 불가피하게 신앙의 강도를 낮추는 효과를 줄 것이며, 특히 제도 종교로서 공식적으로 취할 입장은 못 된다. 신도들 가운데는 이러한 점에 의문을 제기하고 해명을 요청해올 사람들이 있기 때문이다.

대부분의 제도 종교에서는 부득이 과학과 종교의 주장을 대부분 그대로 수용하면서도 이들의 주장을 다소 확대 혹은 축소 해석함으로써 이들 사이에 놓인 논리적 모순을 현실적으로 극복하려는 노력을 보이게 된다. 보수적인 입장에서는 대체로 종교가 말하는 전통적 주장을 사실적factual으로 인정하면서 이에 대한 무리 없는 과학적 설명을 시도하고 있으며, 반대로 진보적인 입장에서는 과학의 주장에 좀 더 많은 무게를 싣고 종교에서의 주장을 많은 부분 상징적 의미로 돌리는 경향을 보인다.

종교와 과학 사이에 나타나는 갈등을 해소해보려는 이러한 여러 노력들은 종교와 과학을 일단 동일한 평면 위에 놓고 이들 사이에 존재하는 불일치를 단순히 제거하려는 데에 일차적인 관심을 가지는 소극적 자세라고 볼 수 있다. 그러나 우리가 한 걸음 더 나아가 전진적 자세를 가진다면 이를 오히려 종교와 과학의 내적 성장을 촉진시킬 자극제로 보아 자체의 미비점을 점검하고 한층 높은 단계로 도약할 계기로 삼을 수도 있을 것이다. 즉, 서로가 서로에게 비추어 봄으로써 종교와 과학 각각에 안주해서는 찾을 수 없었던 문제점과 발전을 위한 새로운 가능성의 소지를 발견하고 이를 메꾸어 나갈 전향적 노력을 기울여 볼 수 있다는 것이다.

이 글에서는 바로 이러한 점에 착안하여 종교와 과학 사이의 한층 고양된 융합의 가능성을 추구하고자 한다. 이러한 추구는 물론 종교와 과학에 대한 평면적 고찰만으로는 어려우며 한층 심화된 메타적 고찰을 통해 이들 사이의 관계를 입체적으로 규명해낼 때 가능한 것이라 생각된다. 이러한 맥락에서 이 글에서는 종교와 과학의 구조적 특성을 밝혀보고 이를 통해 이들 사이에 존재하는 듯한 갈등의 성격을 규명하고 한층 높은 차원의 조화와 융합이 가능한지를 살펴나가기로 한다.

과학과 종교의 구조적 특성

과학과 종교는 각각 어떠한 성격을 가졌는가 하는 물음에 대해서 누구나 나름대로의 견해를 가지고 있다. 또한 여기에 대한 구체적인 대답은 사람에 따라 크게 다르다. 우선 과학에 대해서만 보더라도 과학인이 생각하는 과학의 모습과 일상인이 생각하는 과학의 모습 사이에는 상당한 차이가 있으며, 과학사가나 과학철학자가 보는 견해는 이들과 또 다르다. 심지어 같은 과학철학자들이라 하더라도 각자가 취하는 입장에 따라 과학을 보는 관점에 엄청난 차이가 있음을 우리는 잘 알고 있다.

그러나 과학에 대한 이러한 시각의 차이는 종교를 보는 우리 시각의 차이에 비하면 오히려 미미한 것이라고 말할 수 있다. 특정종교를 신봉하는 사람이 보는 자신의 종교에 대한 견해와 이를 신봉하지 않는 사람이 보는 그 종교에 대한 견해 사이에는 극과 극에 해당하는 차이가 있을 수 있다. 한 사람에게는 그것이 절대 진리임에 반하여 다른 사람에게는 그것이 세상을 현혹시키는 혹세무민의 술수로 여겨질 수도 있기 때문이다.

동일한 대상에 대해 서로 다른 견해를 지닐 수 있다는 것은 한편으로 지적 추구의 다양성을 말해준다는 점에서 환영할 만한 일이기도 하나 다른 한편으로는 완고한 대립과 분쟁의 원인이 될 수 있으므로 되도록 이를 줄여나가도록 애쓰지 않으면 안 된다. 견해의 차이를 허용한다는 열린 자세를 취하는 것과 이를 줄여나가기 위해 애쓴다는 것은 서로 모순된 일이 아니다. 견해의 차이를 최대한 허용하면서도 이해와 설득을 통해 이를 줄여나가는 방법이야말로 바람직한 탐구의 길인 것이다.

이러한 의미에서 우리는 과학과 종교에 관한 여러 견해 또는 이론들을 가능한 한 객관적으로 조명해보기로 하며, 이를 위해 한 단계 높은 차원에서 조망할 수 있는 메타이론적 관점을 추구해보기로 한다. 메타이론적 관점 그 자체의 중립성에 대해서도 논란의 여지는 있겠지만 일반적으로 견해의 차이를 해소하는 가장 효과적인 방식은 그 견해들을 담고 있는 근거 논리들을 다시 하나의 통일된 시각에서 검토하는 방식이라 할 수 있으며,

이렇게 함으로써 각각의 주장이 담고 있는 상대적 정당성을 객관화하여 살펴나갈 수 있을 것으로 생각한다.

그렇다면 과학과 종교에 대한 메타이론적 관점은 구체적으로 어떻게 마련할 것인가? 이에 관해서는 독자적인 새 이론을 모색하기보다 이언 바버Ian Barbour의 모형을 다소 수정하여 채택하기로 한다. 바버는 그의 책 『과학 시대의 종교Religion in an Age of Science』에서 과학과 종교의 구조를 다음과 같은 도식을 통해 설명하고 있다.[1]

과학

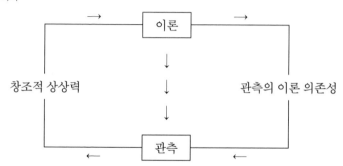

종교

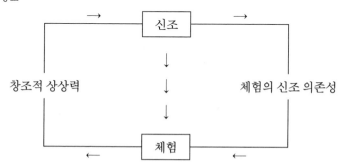

일단 이 도식을 인정하면 우리는 이를 통해 과학과 종교의 구조적 성격 사이에 흥미로운 유사성이 존재함을 알게 된다. 즉, 과학은 '관측'과 '이론'이라는 두 요소를 기본 골격으로 하고 있으며, 종교 역시 '체험'과 '신조'라는 두 요소를 기본 골격으로 한다. 그리고 이들 골격을 이루는 두 요소 가운데 어느 것이 더 기본적이라거나 혹은 앞선다고 하는 주장을 하지 않으며, 오직 서로가 서로를 규정해가며 하나의 유기적 구조를 이루는 것으로 본다.

먼저 과학의 경우를 보자. 가령 우리가 어떤 관측을 수행했다고 할 때 우리는 이 관측 소재를 출발점으로 하여 여기에 창조적 상상력을 동원함으로써 새로운 이론에 도달할 수 있다. 반대로 기왕에 지닌 이론에서 출발한다고 하면 이를 통해 하나의 관측 결과가 예측되며, 이를 바탕으로 실제 관측을 통해 새로운 관측 데이터를 얻을 수 있게 된다. 여기서 고려해야 할 점은 관측 자체가 완전히 이론에 무관하게 이루어지는 것이 아니라 다분히 이론에 의존하는 측면을 지닌다는 점이다.

이와 매우 흡사하게 종교에서도, 가령 어떤 종교적 체험에서 일단 출발한다고 하면 여기에 창조적 상상력을 활용하여 그 어떤 종교적 신조에 도달할 수 있으며, 반대로 기왕에 어떤 신조를 소유한 경우, 이것에 의해 규제되는 특정의 종교적 체험을 얻을 수 있다는 것이다. 단지 과학에서는 이론이 주어지면 이것에 의해 관측 가능한 어떤 사실이 비교적 엄격한 논리적 과정에 따라 예측되므로 이를 통해 이론의 적실성適實性, adequacy을 검증하는 기능이 강하게 나타나나, 종교에서는 그 어떤 신조가 주어지더라도 이로부터 도출되는 체험의 가능성이 엄격한 논리적 과정에 의해 마련되는 것이 아니어서 신조의 적실성을 이러한 방식으로 직접 검증해내기가 쉽지 않다는 차이를 지닌다. 그러나 좀 더 큰 테두리에서 보면 종교에서도 신조 그 자체의 적실성이 총체적인 체험에 의해 정당화되지 않으면 안 될 성격을 지니는 것이다. 결국 과학이 이론과 관측 사이의 상호 부합성을 지향하며 발전해나가고 있는 것처럼, 종교 역시 넓은 의미에서 신조와 체험 사이의 상호 부합성을 이루지 않고는 성립할 수 없음을 말해주고 있다.

여기서 우리는 과학의 이론이나 종교의 신조에 대해 그 '진리성'을 말하지 않고 오직 관찰 또는 체험에 대한 '적실성'만을 이야기하기로 한다. 적실성이라 함은 이론이 경험 사실들을 얼마나 적절하게 예측 또는 설명해주는가 하는 정도를 말하는 것으로서 그 이론의 타당성 여부를 가려주는 기준으로 활용될 수 있는 개념이다.[2] 이는 종교적 신조의 경우에도 이 신조가 종교적 체험을 비롯한 경험 일반에 대하여 얼마나 합당한 설명력을 지니는가 하는 의미로 사용될 수 있다. 이렇게 함으로써 우리는 해당 과학의 지식 또는 종교적 신앙의 내용이 과연 '진리'인가 '허구'인가에 대한 번삽한 논의의 수렁에서 벗어날 수 있게 된다.

물론 여기서 말하는 이론 혹은 신조는 하나의 단편적 이론 혹은 신조만을 말하는 것은 아니다. 오히려 이는 하나의 포괄적인 이론 체계 그리고 신조 체계를 의미하는 것으로 보는 것이 옳다. 과학이나 종교에서 받아들여지고 있는 이론 그리고 신조는 대체로 하나의 체계화된 전체로서의 이론이고 신조임을 말하며, 이것은 따라서 되도록 넓은 범위의 관측 사실이나 체험 내용에 부합되는 것이기를 요구받는다. 그러므로 만일 서로 다른 여러 개의 이론 체계 혹은 신조 체계가 있다면, 이들 가운데 이에 부합되는 관측 그리고 체험의 범위가 넓은 것일수록, 즉 그 적실성의 폭이 큰 것일수록, 더욱 선호되며 더욱 쉽게 수용된다.

한편 이론이나 신조가 이러한 체계로서의 성격을 가진다는 말은 이 안에 포함된 단편적 이론 혹은 신조 요소들 사이에 모순 없는 유기적 관계, 즉 정합성整合性이 성립되어야 함을 의미한다. 만일 모순되는 두 요소가 나타난다면 이는 이미 하나의 체계를 이루는 것이 아니라 모순되는 두 체계의 병존을 의미하게 된다. 그리고 서로 모순되지는 않는다 하더라도 서로 간에 아무런 유기적 관련이 없는 요소들끼리의 단순한 모임을 이루는 경우보다는 되도록 단단한 유기적 관련을 지니는 요소들의 짜임으로 이루어지는 경우가 더욱 체계적이며 따라서 더욱 선호될 것이다.

흔히 성공적 과학 이론이 지녀야 할 한 요건으로 그것의 생산성 여부를 말하게 된다. 일반적으로 이론이 함축하는 논리적 추론을 통해 새로운 사실이 예측되거나 또는 기왕에 설명할 수 없었던 사실이 새롭게 설명될 경우 이 이론은 생산성을 지니는 것으로 인정된다. 종교의 경우에는 과학에서와 같이 명확한 의미의 생산성을 말하기가 어렵겠으나 역시 하나의 신조가 넓은 의미에서 새로운 종교적 체험의 길을 열어주거나 기왕의 체험에 대한 새로운 의미를 부여해줄 경우, 이를 생산성이 있는 신조로 지칭해도 무난할 것이다. 특히 이를 통해 좀 더 만족스런 삶을 영위하게 되고 또 삶의 의미가 새롭게 부여되거나 보다 높은 경지의 도덕성에 이르게 된다면 이를 가능케 한 종교가 생산성 있는 종교로 인정될 수 있을 것이다.

이러한 의미에서 과학 이론뿐 아니라 종교적 신조의 경우에도 보다 선호할 만한 형태의 신조와 그렇지 못한 신조가 존재할 수 있으며, 이러한 점에서 신조 역시 사람들의 집합적 경험의 증가와 함께 취사 선택되며 발전적 형태로 변형되어나간다고 할 수 있다. 이렇게 볼 경우 우리는 서로 모순되는 두 신조 사이에서 그 진리성 여부를 놓고 소모적인 논쟁을 벌일 것이 아니라 이들을 삶의 현장에 노출시켜 그 결과로 나타나는 적실성과 생산성 여부에 따라 그 선택 혹은 폐기의 기준을 삼을 수 있을 것이다. 이러한 신조 가운데는 자신의 신조가 현재의 모습 그대로 진리여야 한다고 하는 믿음 그 자체도 물론 포함된다.

과학과 종교의 구조적 관련성

과학과 종교 사이에는 이러한 구조적 유사성 외에도 다른 좀 더 직접적인 관련성이 존재한다. 사실 이러한 구조 속에 이미 이들 사이의 필연적 관련성이 숨어 있다. 즉, 이론과 신조가 각각 하나의 체계를 형성한다고 할 때 그 체계라 함은 그 어떤 개념의 틀 위에서 이루어지지 않을 수 없는 것인데, 과학과 종교가 기반을 두고 있는 이 개념의 틀 자체가 서로 독립적일 수 없다는 점이다. 과학과 종교가 각각 기반을 두고 있는 이 개념의 틀은 물론 많은 점에서 서로 독립적인 영역에 속하는 것이 사실이지만 이들이 각각 의미 있는 포괄적 체계가 되기 위해서는 그 어떤 공통 영역을 공유하지 않을 수 없게 되는 것이다. 설혹 공통된 영역을 전혀 지니지 않는 형태의 그 어떤 종교와 과학이 마련되었다 하더라도 이들 내용 상호 간에 그 어떤 논리적 함축을 지닌 관련성을 가질 수 있으며, 따라서 이들 간의 정합성 여부는 여전히 중요한 관심의 대상이 될 수 있다.

잘 알려진 바와 같이 인간의 정신 활동으로서의 과학과 종교는 그 지향하는 바에서 서로 일치하지 않는다. 과학에서는 당위성보다는 사실성을 추구하게 되며, 삶의 문제보다는 앎 자체를 추구하려 하며, 의미의 세계를 살피기 전에 사실의 세계 그 자체에 관심을 가진다. 반면 종교에서는 사실성보다는 당위성을 추구하고, 그 속에 내재하는 의미의 세계를 추구하려 한다. 그러나 그들 지향점의 체계는 우주와 인간의 본원적 모습에 관한 관념 위에 바탕을 두게 되며, 이러한 관념, 즉 세계관은 과학과 종교에서 서로 크게 다른 것일 수 없게 되는 것이다.

바버에 의하면 종교적 체험의 내용은 대체로 신령한 존재와의 대면numinous encounter이라든가 신비적 합일mystical union 또는 새로운 우주 질서나 창조성을 접하는 전율과 같은 신성한 그 무엇에 관련된 체험과, 또 새사람이 되었다는 느낌이나 생사를 초월할 용기의 획득 또는 고도의 도덕적 각성과 같은 자기 변신의 체험이라고 한다.[3] 그런데 이러한 체험들이 의미 있게 이루어지기 위해서는 이를 해석해낼 세계관이 필요하며 이 세계관에 따라 그 경험의 종류도 크게 달라짐이 잘 알려져 있다. 예컨대, 다 같이 신성한 그 무엇에 관련된 체험을 하는 경우에도 서구 기독 교적 세계관을 가진 사람에게는 신령한 존재와의 대면이라는 형태의 경험이 주로 이루어지며, 동양적 세계관을 지닌 사람에 게는 대체로 신비적 합일이라는 형태의 체험이 더 많이 이루어 지게 된다. 이와는 달리 예컨대, 아인슈타인이나 스피노자와 같 이 자연을 합법칙적 질서 속에서 파악하는 관점을 가진 경우에 는 우주의 기본 질서나 창조성는 접하는 전율을 느끼는 방식의 체험이 가능할 것이다.

종교적 체험의 바탕에 이러한 세계관이 놓여 있다면, 과학 이 론의 바탕에도 역시 일정한 형태의 세계관이 놓이게 마련이다. 물론 이들 두 세계관은 그 외형에서 다분히 상이한 모습을 띨 수도 있다. 그러나 이들이 그 설명력과 설득력을 넓혀감에 따라 보다 넓은 존재론적 주장을 담지 않을 수 없으며, 이는 다시 이 들 간의 본질적인 중첩에 이르지 않을 수 없게 한다. 결국 과학 과 종교는 그 구조에서 유사할 뿐 아니라 그 바탕이 되는 세계 관도 일정 정도 공유하게 됨으로써 서로 분리될 수 없는 하나의 공동 기반을 가지게 되는 것이다.

과학과 종교 사이에는 이러한 세계관의 중첩뿐 아니라 때때 로 특정된 현상에 대한 사실적事實的 주장을 하게 된다는 점에서 서로 공통된 관심 영역을 지니게 된다. 이는 특히 과거에 발생 했던 역사적 사건이나 앞으로 다가올 미래의 상황에 대해 이들 각각이 서로 다른 사실적 주장을 하는 경우에 잘 나타나게 되는 데, 이것이 바로 과학과 종교 사이의 갈등을 빚는 일차적 원인

이 되기도 한다. 어쨌든 과학과 종교 사이에는 관념 체계의 유사성뿐 아니라 세계관에서의 중첩성 그리고 자연 및 역사 현상에 대한 사실적 관심 등 적지 않은 공통된 지적 영역이 존재하게 된다. 이제 이러한 상황의 개요를 하나의 도식으로 나타내보면 다음과 같다.

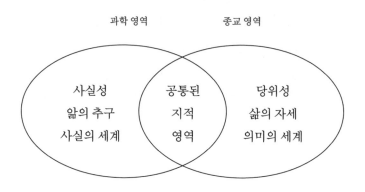

과학 영역　　　　　종교 영역

| 사실성
앎의 추구
사실의 세계 | 공통된
지적
영역 | 당위성
삶의 자세
의미의 세계 |

　그렇다면 이러한 공통된 지적 영역의 내용은 어떻게 채워지고 있는가? 이는 본질적으로 과학과 종교를 포함한 삶의 총체적 경험을 통해 그리고 이 경험을 뒷받침하기 위해 만들어져 내려온 역사적 산물이라 할 수 있다. 그러므로 이것을 형성하는 데는 과학과 종교가 다 함께 기여해온 것이 사실이다. 과학과 종교가 각각 의미 있는 이론 혹은 신조의 체계를 이루기 위해서는 이를 지탱해줄 세계관과 내용 서술의 소재가 될 사실事實의 설정이 필요하였으며, 기존의 소박한 세계관과 사실적 지식이 여기에 적절하지 않을 경우 이를 서서히 수정하고 보완해가면서 좀 더 정교한 세계관과 사실적 지식의 내용으로 다듬어

져온 것이다.

역사적으로 살펴보면 초기에 과학과 종교는 분화되어 있지 않았으며, 대체로 동일한 세계관과 사실적 지식의 기반 위에 놓여 있었다고 말할 수 있다. 그러나 과학은 그 성격상 사실 추구를 주된 과제로 하므로 그 과정에서 여러 차례 세계관과 사실적 지식의 혁명적 전환에 해당하는 과정을 거치게 되었으며, 현대에 이르러서는 고대의 세계관과 지식 내용에 비해 엄청난 차이를 지닌 새로운 세계관과 지식 내용을 가지게 되었다. 반면 종교에서는 전수된 세계관이나 지식 내용에 대해 이들 자체를 의식적으로 검토하는 일은 거의 없으며 오직 종교적 경험의 증진에 따라 전체 신조에 대한 완만한 조정만이 이루어져왔다고 말할 수 있다. 따라서 특히 근대 과학 이후 이들 각각이 기반으로 하고 있는 세계관이나 사실적 주장에서 현격한 격차가 나타나게 된 것은 오히려 당연한 일이라 할 수 있다.

과학과 종교의 갈등·병존·융합

우리가 만일 과학과 종교에 대한 이러한 관점에 입각하여 이들 사이의 공통된 지적 영역을 추출해내고 이것이 지닌 내용에 대한 단순 비교를 통해 그 우열을 가린다고 한다면 당연히 과학 쪽이 우세할 수밖에 없다. 이것은 특히 지난 수 세기 동안 서구 과학과 기독교 사이에 있었던 여러 갈등의 사례와 그 종결이 잘 말해주고 있는 점이기도 하다.[4] 그러나 이것만으로 종교와 과학 사이의 우열을 비교한다든가 종교가 그 신뢰성을 크게 상실했다고 간단히 규정할 수는 없다. 과학과 종교 사이에 공유되는 이러한 지적 영역은 특히 종교에서는 반드시 결정적인 중요성을 지니는 부분이 아닐 수도 있기 때문이다.

사실 종교에서 지니는 이 영역의 역할은 해당 종교의 신조를 표현해내기 위한 소재와 언어의 역할에 가깝다고 보아야 한다. 종교에서 신앙의 내용을 구성하고 이를 설득력 있는 형태로 표현하기 위해서는 이를 담론의 형태로 표현할 적절한 소재와 함께 적절한 언어가 필요한데, 이러한 소재와 언어는 해당 시점에서의 사실적 지식과 공유된 관념 체계를 활용하지 않고는 마련될 수 없는 것이다. 그러나 하나의 종교적 담론이 일단 어떤 소재나 언어로 표현되고 나면 이는 앞에 제시한 신조와 체험의 연계로 구성된 종교의 개념 틀 안에서 그 나름의 유의미한 기능을 지니게 되는데, 이러한 개념 틀의 종교적 기능은 이미 이를 표현하기 위해 사용된 언어의 제약을 넘어서는 것이라 할 수 있다. 즉, 담론을 구성하는 소재 및 언어 자체의 비사실성非事實性에도 불구하고 이것이 전달하는 종교적 메시지의 내용은 적실성(진리성)을 지닐 수도 있다는 것이다.

우리가 앞에서 살펴보았듯이 종교의 구조적 특성은 '신조'와 '체험'이라는 하나의 폐회로를 형성하면서 사실상 '이론'과 '관측'이라는 또 하나의 폐회로를 지닌 과학의 활동과는 일차적으로 독립된 성격을 지닌다. 오직 이들 사이의 '공통된 지적 영역'을 통해 이들 두 폐회로가 서로 연계를 가지게 되며. 이것이 바로 이들 사이에서 갈등의 소지를 제공하는 것인데, 이는 단지 이차적인 기능만 하게 될 뿐이다. 그러므로 신조와 체험이 서로서로를 거듭 확인해나가게 되는 종교적 경험의 회로 안에서는 그어떤 사소한 논리적 모순은 커다란 문제를 일으키지 않는다. 예컨대, 인격신人格神의 개념이 지닌 모순성을 아무리 이야기해보아야 바로 그 인격신과의 대화를 '체험'하고 있는 신도에게는 아무런 거리낌이 될 수가 없는 것이다. 이러한 경우 과학과 종교사이의 갈등은 부차적인 것으로 밀려나고 일종의 실질적인 '병존' 상태가 지속될 수 있으며, 이것이 오늘날 우리가 보고 있는다수의 경우에 해당한다.

이러한 점에서 적어도 종교의 입장에서 본다면 '공통된 지적영역' 안에 속하는 내용은 본질적인 종교적 신조를 표현해주기위한 담론의 소재인 동시에 이를 담아낼 언어의 구실을 하며, 이것이 설혹 다소 부적절하더라도 종교 본연의 기능에는 아무런 문제가 없다는 이야기를 할 수 있게 된다.

그러나 종교인의 관념 세계를 이러한 개념 요소들로 구분하여 그 본질적 내용과 부수적 상황으로 나누는 것은 어디까지나하나의 이상적 모형에 해당하는 것이며 현실에서는 이 두 가지가 하나의 개념 틀 안에 묶여 어디까지가 본질적인 종교적 메시지이며 어디까지가 소재와 언어인지를 구분해내기가 쉽지 않다. 따라서 종교적 신조의 표현이 현재 통용되는 사실적 지식과 현재 인정되는 주도적인 세계관(이는 대체로 과학의 주장하는 내용과 일치한다고 볼 수 있다)에 어긋나는 소재와 언어로 구성된 경우 이를 통해 종교 본연의 내용을 찾아 수용하기란 대단히 어려운 것이다. 그러므로 우리가 이를 단지 소재와 언어의 문제로만 덮어두

기 이전에, 최소한 새로운 언어로 이를 재구성해내는 노력을 시도해볼 수 있다. 즉, 새로운 소재와 새로운 언어로 의미 있게 재구성되는 경우 이는 분명한 종교적 메시지를 담고 있는 것이라 말할 수 있으며 그렇지 못한 경우 이것이 오도된 사실과 관념에 의해 잘못 구성된 미망迷妄에 불과할 수도 있다는 의혹을 면치 못할 것이다. 따라서 새 언어로의 재해석을 추구하는 이러한 노력은 한편으로 무엇이 보다 본질적인 것이고 무엇이 상대적으로 덜 중요한 것인가를 구분함과 동시에 다른 한편으로 이미 의미 있는 기능을 상실한 종교적 관행을 도려내는 효과도 가져올 수 있는 것이다.

이와 함께 우리는 현대 과학에 바탕을 두지 않은 세계관에 근거한 신앙의 위험성을 지적하지 않을 수 없다. 현대 인류가 지닌 기술적 행위 능력은 지구 생태계의 생멸에 영향을 미칠만큼 엄청난 것이다. 그러므로 그 행위의 지향성에 결정적 영향을 미칠 종교적 신앙이 이에 준하는 사실적 이해에 바탕을 두지 않을 때 매우 위험한 결과를 초래할 수 있다. 아직도 대부분의 전통 종교들은 고대적 자연 이해에 바탕을 둔 신화적 세계관에 머물러 있음이 사실이며, 이는 현대 문명과 같은 막중한 변화의 와중에서 올바른 행위 규범으로 기능하기에 부족한 측면이 적지 않음을 의미하는 것이다.

이러한 점에서 종교와 과학 사이의 갈등을 오직 이차적인 것으로 제쳐두고 이들간의 불안정한 병존을 도모하기보다는 오히려 이를 표면에 드러내면서 이에 대한 적극적인 해결을 모색하는 것이 오늘의 종교가 지향해야 할 한층 건강한 자세라 하지 않을 수 없다. 오늘의 종교가 현대 사회에서 삶의 올바른 지침을 제시한다는 종교 본연의 기능을 다할 수 있기 위해서는 지금까지 지녀온 낡은 세계관을 최소한 과학적 이해에 비추어 무리 없는 그 어떤 것으로 전환시켜나가야 할 것은 물론 현대 과학이 말해주는 세계상을 적극적으로 반영함으로써 가장 만족스럽고 보람된 삶이 무엇인가를 찾아나가도록 도와야 할 것이다.[5]

과학이 보여주는 세계상

그렇다면 현대 과학은 오늘날 우리에게 어떠한 세계상을 제공하고 있는가? 사실상 현대 과학은 많은 과학적 지식의 축적에도 불구하고 이를 하나의 통합적인 구조로 엮어 그 어떤 의미 있는 세계상을 제시하는 일에 충분한 노력을 기울이지 못하고 있다. 이는 많은 과학자들이 "어떻게 하면 과학을 통해 자연에 대한 예측력과 활용력을 키워 나갈 것인가?" 하는 데 일차적 목표를 두고 있으며, "우리가 어떠한 세계 안에 살고 있으며, 이 세계는 우리에게 어떠한 의미를 지니고 있는가?" 하는 데는 충분한 주의를 기울이지 않고 있기 때문이다. 사실상 후자의 물음은 그 성격상 종교의 관심사에 가까운 것인데, 이러한 의미에서 우리의 과학은 종교적 관심사로부터 지나치게 격리되어 있다고 말할 수 있다. 이와 더불어 오늘의 과학자들은 각자 자신이 속한 좁은 분야의 지식 추구에 몰두하지 않을 수 없으므로 이를 종합하여 하나의 전체적 모습을 찾아내는 일에 힘과 관심을 쏟

기 어려운 상황에 있다. 바로 이러한 점에서 오늘의 과학은 그 목표하는 바에서 삶의 의미와 바람직한 지향을 추구하기 위해 필요로 하는 지식을 마련한다는 면에 좀 더 큰 관심을 돌려야 할 것이며, 오늘의 종교는 과학으로 하여금 이러한 관심을 가지도록 촉구하는 일에 좀 더 크게 기여해야 할 것이다.

그러나 현대 과학이 이러한 점에 관한 그 어떤 잠정적 해답에조차 이르지 못하고 있는 것은 아니다. 아직 구체적 형태로 정리된 세계상을 말하기는 어렵지만 과학이 말하는 주요 내용들을 중심으로 하여 이것이 보여주는 세계의 모습을 몇 가지 측면에서 정리해보는 것은 현재로서도 가능한 일이며, 여기서는 그 몇 가지 특징적 면모를 주로 필자 자신의 관점에 따라 간략히 정리해보기로 한다.

근대 과학이 등장한 이래 이해된 자연의 가장 중요한 측면은 이것이 기본적으로 합법칙적인 질서 안에 존재한다는 사실이다. 오늘날 극히 당연한 것으로 받아들여지는 이러한 사실은 신화적 세계관 아래서는 쉽게 상상하기 어려운 것이었음이 틀림없다. 그러나 일단 이러한 합법칙적 질서의 존재를 상정하고 그 구체적 내용을 추궁할 때 엄격한 논리적 구조를 지닌 정교한 새 형태의 지식이 얻어지며, 이를 통해 과거에는 상상도 할 수 없었던 우주의 새 모습을 찾아볼 수 있게 되었다.

우리의 일상적 인식 능력만으로 파악할 수 있는 우주는 대체로 수백 혹은 수천 년의 시간 규모와 수천 킬로미터 범위의 공간 규모 안에 속하는 것이며, 이를 넘어서는 세계에 대해 말해 온 여러 이야기들은 대체로 근거 없는 상상의 소산이었다고 볼 수 있다. 그러나 자연의 합법칙적 질서를 파악하고 이를 바탕으로 근거 있는 사실적 정보를 확보한 후 다시 이들을 토대로 우주를 재해석해낼 때, 이러한 규모를 크게 벗어나는 새로운 우주를 이해할 수 있게 된다. 이제 이렇게 밝혀낸 새 우주의 모습은 150억 내지 200억 년의 시간 규모와 다시 100억 광년 이상의 공간 규모를 지닌 것으로, 우리는 이 안에 속하는 많은 거시적 세계에 대해 의미 있는 탐색을 하는 동시에 과거에는 상상도 하기 힘들었던 미시 세계의 현상까지 아울러 파악하게 되었다. 더구나 우리의 육안으로 감별되는 일상 세계의 표피적 현상 내부에서 발견되는 여러 겹의 내적 현상과 질서는 단순한 규모의 차이에서 오는 경이를 크게 넘어서는 새로운 차원의 세계로 안내해주는 것이다.

현대 과학에서 특히 놀라운 사실은 일상적 개념을 초월한 고차적 개념 구조를 통해서만 이해될 수 있는 경이로운 세계를 보여준다는 점이다. 4차원적 개념을 통하지 않고는 이해할 수 없는 자연의 시공적 성격이라든가 우리의 통상적인 실재 개념을 통해서는 이해할 수 없는 양자역학의 세계가 바로 그러한 것이다. 그러나 그렇다고 하여 이러한 세계가 자연에 대한 합법칙적 질서 자체를 초월하여 존재하는 것은 아니다. 오직 우리가 종래에 이해하고 있던 단순한 형태의 개념들이나 법칙성만으로는 감당할 수 없는 새로운 이해의 방식을 요구하는 것이다.

현대 과학이 말해주는 이러한 여러 경이로운 내용들 가운데서도 각별히 주목해보아야 할 점은 이것을 통해 생명과 정신에 대해 새로운 이해가 가능하리라고 하는 사실이다. 우리는 생명 현상의 바탕에 깔린 물리적 질서를 파악하고 다시 정신 현상의 바탕에 깔린 생리적 질서를 파악함으로써 생명 현상과 정신 현상을 단순히 외적으로 드러나는 표면적 모습으로서가 아니라 우주사적 과정을 통해 이루어진 중층적 내용을 지닌 현상으로 이해할 수 있게 된다.

이러한 고찰을 통해 우리는 생명의 긴 역사를 추적할 수 있으며 이와 아울러 생명을 가능하게 해주는 우주적 조건을 이해하게 된다. 특히 주체적 의식을 지닌 인간의 역사적 그리고 생태적 존재 양상을 살핌으로써 우리들 자신에 대한 한층 객관적인 시각을 확보할 수 있게 되고, 이를 통해 다시 우리 삶의 의미 파악을 위한 중요한 새 단서들을 찾아보게 된다.

그렇다면 현대 과학이 보여주는 생명 그리고 인간의 모습이란 구체적으로 어떠한 것인가? 이를 살피기 위해서 생명의 단위를 어떻게 설정할 수 있는가 하는 문제를 생각해봄이 유용하다. 얼핏 생각하기에 이는 매우 단순한 물음 같으나 사실은 그렇지 않다. 우리는 사람 하나하나 또는 고양이 한 마리 한 마리와 같은 '유기체organism'를 가장 자연스런 생명의 단위로 생각하고 있으나, 이는 곧 생물학자들에 의해 반대에 부딪힌다. 대부분의 생물학자들은 이보다는 이들을 구성하는 세포를 단위로 삼아야 한다고 주장한다. 인간의 의식과 같은 '의식의 단위'로 볼 때는 물론 유기체가 세포보다 선호될 것이나, 유전 정보를 비롯한 생체 현상의 많은 주요 기능들이 이미 세포 단위로 이루어진다는 의미에서 세포를 선호하는 데도 부정하기 어려운 이유가 있다. 생명체 가운데는 단세포생물들이 얼마든지 있으며 이들을 모두 생명의 범주에 넣는다면 세포를 기본 단위로 삼지 않을 수 없다는 것이다.

그렇다면 한걸음 더 나가 유전자를 기본 단위로 삼으면 어떠한가? 사실상 바이러스는 거의 하나의 유전자만을 지닌 존재라고 할 수 있는데, 이것이 생명이 아니라는 강력한 반론을 제기하기는 어렵다. 실제로 리처드 도킨스Richard Dawkins와 같은 학자는 유전자의 정체성을 생명의 가장 기본적인 단위체로 보는 데 주저하지 않는다.[6]

그러나 이러한 주장을 그대로 수용하기에는 주저되는 측면이 없지 않다. 유전자란 하나의 복잡한 대형 분자에 지나지 않으며, 이것이 세포라는 특정한 주변 환경 안에 놓이지 않는다면 사실상 아무런 기능도 하지 못하는 것이다. 그렇다고 세포 안에 유전자 이외에 생명의 본질을 대표하는 다른 무엇이 들어 있는 것도 아니다. 결국 유전자가 세포 안에서 가장 핵심적인 구실을 하는 것은 사실이나 이는 그 자신과 세포의 나머지 부분이 만나 함께 존재할 때라야 의미 있는 생명 구실을 하게 된다. 즉, 이들의 '만남' 또는 '모임'에 의해 생명은 이루어지는 것이다.

여기에 중요한 깨달음이 있다. 생명이란 그 본질을 담고 있는 어떤 기본 요소나 궁극적 물질 속에 들어 있는 것이 아니라 몇 가지 중요한 요인들의 모임으로 이루어진다는 사실이다. 그렇다면 생명이라 불리기에 필요 충분한 모임의 구성은 어디까지인가? 유전자와 세포 내의 나머지 부분이 결합된 하나의 '세포'가 생명의 본질적 단위를 이루기에 필요 충분하다고 할 것인가? 그러나 이것으로 충분하지 않음이 곧 확인된다. 다세포 생물이라 하더라도 이들이 적정한 생존 환경 안에 놓이지 않으면 생명으로서의 기능을 할 수 없는 것이다. 예컨대, 우주 내의 대표적 천체인 태양 속에서 박테리아 세포가 생존할 수 없음은 물론 천체와 천체 사이에 놓인 광막한 공간 내의 어느 지점에서도 박테리아가 제대로 생명 구실을 해낼 수 없다. 이러한 점은 다세포 생명체를 이루는 유기체, 즉 개체로서의 사람이라든가 여타 동식물의 경우도 마찬가지이다. 뿐만 아니라 한층 높은 생명의 단위인 생물종species의 경우에도 사정은 크게 다르지 않다. 그렇다면 필요한 모든 요인들이 모여 생명을 이루게 될 자족적 단위로서의 생명은 어떠한 존재인가? 그 어떤 특수한 외적 상황에 의존하지 않고 우주 내의 그 어느 곳에 갖다 놓더라도 살아나갈 수 있는 존재로서의 생명, 즉 자족적 단위로서의 생명의 모습은 무엇인가?

일반적으로 태양에 해당하는 어떤 항성과 그 주위 적정한 거리에 위치하는 지구와 같은 행성이 존재하고, 그 안에 다시 몇 가지 주요 여건들이 충족되는 경우 비로소 자족적인 생명이 형성되고 유지·발전될 수 있다고 말할 수 있다. 즉, 생명이란 본질적으로 이러한 '구성'에 의해서 발현되는 하나의 '비평형 준안정 상태'로서, 항성과 행성 사이의 높은 온도 차이에 의해 발생되는 자유에너지의 흐름을 정교하게 활용함으로써 높은 동적 질서를 구현해나가는 존재라고 규정할 수 있다.[7]

그러나 흥미롭게도 이러한 생명은 상대적 자율성과 독자성을 지닌 여러 층의 '낱생명'들을 부분적인 단위 형태로 자체 안에 품으면서 유지·발전해 나간다. 이러한 부분적인 단위 하나

하나는 전체 생명 안에서 적정한 위치를 점유하지 않고는 잠시도 존속할 수 없는 조건부적인 정체성identity밖에 인정받을 수 없으나, 실제 생명 활동 가운데서는 상당히 많은 점에서 독자적 존재로 행동하게 된다. 특히 이들은 예컨대, DNA 분자 형태로 자신의 생존 유지를 위한 프로그램의 많은 부분을 스스로 품고 있어서 적어도 개체로서의 자신의 생존에 대한 일정한 책임을 지게 된다.

그러므로 생명은 이러한 낱생명과 전체 생명 그리고 이들 상호 간의 관계로서 적지 않은 내적 복잡성을 지니며 존재하게 된다. 우리는 이러한 상황을 정리하기 위하여 생명의 본질적 단위를 이루는 이 큰 생명을 '온생명global life'이라 부르며, 한 '낱생명'을 기준으로 했을 때 이를 제외한 '온생명'의 나머지 부분을 이것의 '보생명'이라 부르기로 했다.[8]

이러한 관점에 입각하여 우리는 하나의 새로운 '나'를 인식하게 된다. 지금까지 흔히 '나'라고 인식되었던 한 개체 인간으로서의 자신은 불충분한 자아 인식이었음을 알 수 있다. 즉, 하나의 본원적 단위로서의 생명이 아니라 그 가운데 상대적 자율성과 독자성만을 지닌 존재로서, '나'라는 지위를 지니게 됨으로써 진정한 '나'를 이루기 위해 함께해야 할 '보생명'을 '나'의 개념으로부터 배제해왔던 것이다. 이제 다시 찾게 된 '나', 즉 개체로서의 내가 속해 있는 이 '온생명'은 지금으로부터 대략 35억 년 전에 출생했으며 이후 다양한 경험을 거치며 살아왔을 뿐 아니라, 이 경험 가운데 중요한 요소들은 특히 유전 정보의 형태로 우리의 신체 속에 기록되어 우리의 지속적 생존을 위한 유용한 지혜가 되어주고 있다.

상황이 이러함에도 불구하고 우리는 지금까지 온생명을 의식하지 않는 낱생명 중심의 생명 이해로 일관해왔으며 이러한 이해를 바탕으로 문명의 방향을 이끌어왔다. 그러나 이러한 생명 이해는 불완전한 것일 뿐 아니라 오늘날과 같이 인간의 기술적 조작 능력이 온생명의 생존을 위협할 수 있는 상황에서는 몹시 위태로운 일이기도 하다.

인류는 물론 오랜 기간 동안 온생명에 대한 이러한 이해와 의식이 없이도 성공적으로 생존을 유지해온 것이 사실이다. 어쩌면 뛰어난 종교적 통찰력을 지닌 성인聖人들 가운데에는 높은 수준의 직관을 통해 여기에 대한 그 어떤 이해에 도달한 이들이 있었는지도 모른다. 그러나 적어도 그 구체적 형태로서의 온생명에 대한 이해는 현대 과학의 성과라고 부르지 않을 수 없다. 그런데 이러한 이해와 의식 없이도 인류 및 지구 온생명이 지금까지 생존의 위협을 받지 않고 생존해올 수 있었던 것은 지금까지 이들이 지닌 사물 조작 능력이 온생명의 생존에 위해를 줄 만큼 위협적 규모에 이르지 못했던 데 기인한다고 말할 수 있다.

그러나 이제는 사정이 크게 달라졌다. 인간은 '과학'이라는 집합적 지혜의 도움을 얻어 온생명 탄생 이래 처음으로 온생명으로서 자신을 의식하게 되었을 뿐 아니라, 이것이 제공하는 기술의 활용을 통해 온생명 자체를 위해할 가능성을 지니게 된 것이다. 그러므로 만일 이러한 의식과 기술이 적정한 조화를 이루어 온생명을 자기 '몸'으로 옳게 이해하고 이를 보존·발전시켜 나가는 데 기술을 활용한다면 35억 년의 긴 생존 역정 이래 처음 보는 경이로운 새로운 펼침이 이루어질 것이나, 그렇지 못하고 낮은 개체 수준의 자아 의식에 머물러 인간만의 안위를 위해 기술을 활용할 경우에는 막중한 위험이 발생하지 않을 수 없다. 이는 마치 하나의 조화된 신체 내에서 암 세포들이 자라나 자신들의 안위만을 위해 번성함으로써 신체 자체를 사멸시키는 상황과 흡사한 일이다.

결국 온생명의 입장에서 본다면, 오늘의 인간은 온생명의 마음에 해당하는 기능과 함께 암세포의 위험을 동시에 지닌 매우 중요하면서도 위험스런 존재이며, 이 가운데 그 어느 쪽의 역할을 선택해야 할 것인가 하는 점 자체가 바로 자신의 결정 여부에 달려 있는 매우 특이한 존재인 것이다.

과학적 세계상에 대한 기존 종교의 관점

이러한 과학적 세계상이 물론 기존 제도 종교들의 바탕 세계관과 무리 없이 부합되는 것은 아니다. 특히 서구 기독교는 동일 문화권 안에서 과학과 함께 성장해오면서 과학과의 사이에 적지 않은 내적 조정의 과정을 거쳐왔음에도 불구하고 그 세계관과 기타 여러 사실적 주장들에서 과학과 상치되는 면을 적지 않게 담고 있다. 그러므로 기독교 신학에서는 전통적으로 이러한 과학적 세계상을 적극 수용하여 한층 고양된 종교적 이해에 이르기 위해 노력하기보다는 어떻게 하면 이러한 불일치로부터 자신을 변호할 것인가에 더 많은 노력을 기울여왔다. 이러한 상황은 기독교 내에서 중도적 입장을 취하고 있는 한 대표적 신학자 로버트 러셀Robert J. Russell의 경우에도 여전히 나타나고 있다.[9]

일반적으로 기독교 신학이 겪게 되는 가장 큰 어려움은 자연의 합법칙적 질서 속에서 신의 의지가 어떻게 발현될 수 있는가 하는 점이다. 이 점에서 러셀은 현대 과학이 말하는 '불확정성' 속에 신의 의지가 숨어 있을 틈이 있지 않을까 하는 강한 암시를 내보이고 있다. 그런데 이것은 한 문제를 풀기 위해 또 다른 문제를 일으키는 것에 다름 아니다. 만일 신이 '불확정성'이란 틈을 비집고 '순수한 불확정성'이 나타낼 결과와는 다른 결과를 그의 의지에 따라 나타내는 것으로 해석한다면 다음과 같은 새로운 문제가 발생한다. 즉, '불확정성'의 결과는 순수한 불확정성이 아니라 신의 의지나 목적을 읽는 계시록의 역할을 한다는 것인데, 이는 다시 과학의 기본 법칙인 열역학 제2법칙에 어긋난다. 열역학 제2법칙은 간단히 말해 "미시적 우연이 쌓여 나타나는 거시적 필연"을 말해주는 것인데, 만일 미시적 우연이 우연이 아닌 '정보'(신의 의지)의 표현이 된다고 한다면, 이는 곧 이 법칙의 위배를 말하는 주장일 뿐이다.

러셀은 물론 이러한 문제뿐 아니라 자신의 말대로 과학과 종교 사이에 나타나는 모든 어려운 문제들을 회피하지 않고 정면으로 돌파하려 시도한다. 그 가운데 하나가 삶의 과정에 나타나는 죽음과 병과 고통의 문제이다. 이 문제를 그는 구속redemption의 신학과 연결시킨다. 진화 과정에서 나타나는 죽음과 병과 고통은 신의 전반적 구속이라는 큰 목적을 향한 한 과정으로 궁극적으로는 신의 승리 속에 합류하는 것이라고 보면서, 이것이 곧

"그리스도의 십자가 고난과 항구적 기쁨으로의 전환"이 의미하는 바라고 해석한다. 이는 물론 매우 흥미로운 해석이나, 이러한 해석은 독자적 개체를 생명의 단위로 보는 개체 중심적 사고로는 수용하기 어려운 일이다. 전체가 하나이며 전체가 곧 '나'라는 의식이 성립할 때에야 가능할 것인데, 개인의 구원을 강조하는 기독교적 신앙에서는 이것이 발현되기 어려울 것으로 보인다. 오직 그가 암시하고 있듯이 '그리스도와의 일체'라는 신앙이 이를 가능하게 해줄 여지가 있으나, 이때도 다시 그리스도에 대한 우주론적 해석이 요청된다.

한편 삶의 과정에 나타나는 죽음과 병과 고통의 문제를 현대 과학의 생명 이해에 좀 더 적극적으로 연결시켜본다면 한 차원 높은 신학적 이해에 도달할 가능성이 있지 않을까 생각된다. 즉, 진화의 과정을 낱생명들 간의 경쟁의 장으로만 볼 것이 아니라 온생명의 성장 및 발현 과정으로 보고 이에 대한 신학적 이해를 추구한다면 신의 전반적 구속 및 최후적 승리라는 기독교적 이상을 현실 세계와 좀 더 가까이 연결지을 수도 있으리라는 것이다. 러셀이 풀고자 고심하는 우주적 희생의 문제는 결국 낱생명과 온생명의 관계 속에서 재조명될 수 있으며, 생명의 지속적인 발현과 궁극적 성취라는 것도 아직은 그 목표를 알기 어려운 온생명의 성장과 성취라는 점에서 새롭게 이해될 수 있을 것이다. 그렇게 된다면 온생명이 이러한 성장 및 궁극적 성취가 결국 최종의 오메가Ω 점을 지향한다는 테야르 드 샤르댕의 관점을 통해 기독교의 이상에 접근할 수도 있을 것이다.[10]

그러나 이러한 해석들은 아직 서구 기독교의 입장에서는 매우 생소한 것이 사실이다. 우선 서구에서는 이 책의 1장에서 논의한 바와 같이 대인 지식과 대물 지식의 이원적 구도하에 사물을 보려는 관념이 그 사고의 저변에 깊이 깔려 있으며, 따라서 인성人性의 연장선에서 본 신神과 개체로서의 인간 관념을 넘어서기가 매우 어려운 상황이라 말할 수 있다. 이와 동시에 인간이 아닌 자연계의 어느 부분에 인간과 결합해 하나될 수 있는 그 어떤 요소를 인정하기 어려운 것 또한 사실이다. 그러나 이제는 개체로서의 인간과 절대자로서의 신 사이의 관계 속에서 맺어진 기존의 이해 구도 안에 안주할 것이 아니라 온생명 내에서의 인간, 그리고 온생명의 주체로서의 인간이 신과 맺게 될 새로운 관계에 대한 이해에 대한 모색을 시작해야 할 것이다.

그러므로 현대 기독교의 한 중요한 과제는 바로 이러한 것들에 대한 수용의 길을 열어주는 것이며, 과학이 보여주는 이러한 세계상에 대해 의미 있는 새로운 신학적 해석을 부여하는 일이다. 예컨대, 현대 신학은 온생명이 지니는 신학적 위상이 무엇인가 하는 물음에 대한 해답을 추구해볼 수 있다. 가령 "이웃을 몸과 같이 사랑하라"는 계율은 우리가 일단 이웃 모두를 포함한 온생명을 좀 더 큰 '나'로 인정하는 데 이르면 "네 몸을 사랑하라"는 말 이상의 의미를 가질 필요가 없을 만큼 자명해진다. 그리고 만일 구원의 대상이 낱생명 단위에만 머무르는 것이 아니라 온생명의 구원에까지 이르러야 한다고 보면, 이는 그간 기독교가 선포해온 구원의 메시지를 한층 심화시켜 읽는 것이 아닌지 깊이 생각해볼 일이다.

기독교 신학이 지닌 이러한 문제들에 비해 동양의 전통 사상은 오히려 현대 과학이 제시하는 세계상에 좀 더 자연스럽게 부합되는 측면이 있다. 그러나 우리는 아직 이러한 측면에 관한 체계적인 연구에 대해 별로 알지 못하며, 또 많은 피상적인 주장들이 난무하고 있으므로 이에 대한 적지 않은 주의가 필요하다.

그 하나의 예로서 최근에 이르러 상대성이론이나 양자역학과 같은 현대 과학의 새로운 자연 이해 방식이 특히 동양의 고전적 사고방식과 어떤 공통점을 지닌 것이 아닌가 하는 견해들이 종종 표명됨을 보게 된다. 이 점에 대해서는 아직 확실한 결론을 내리기 어렵겠으나, 대체로 외적 형태에서는 유사점이 없지 않은 반면 내적 논리에서는 그 어떤 공통점도 찾아보기 어렵다.[11] 한쪽(현대 과학)에서는 매우 정교한 논리 체계를 통해 관측 가능한 개념들과 연결시킴으로써 현상에 대한 엄격한 설명력과 예측력을 확보하고 있는 반면, 다른 한쪽(동양 사상)에서는 모호한 개념 규정으로 인해 설명력이나 예측력을 거의 지니지 못하고 있는 점에 주목하지 않으면 안 된다. 그러므로 현재로서는 이러한 견해들이 대체로 외형적 유사성만을 지나치게 강조하면서 내적 구조에는 관심을 돌리지 않는 피상적 판단으로 그칠 가능성이 크다.

그러나 동양적 사고는 오히려 생명의 이해라는 측면에서 온생명적 관점과 적지 않은 공통점을 지닌다고 할 수 있다. 온생명 중심의 생명관은 기존의 여러 생명관과 큰 차이가 있지만 이것의 핵심적 내용이 특히 동양의 전통 사상 속에서 모종의 직관에 의해 파악되고 전수되어오지 않았는가 하는 생각을 해볼 수 있다. 이는 근본적으로 대생 지식對生知識에 바탕을 둔 동양적 사고가 스스로도 의식하지 못하는 가운데 이미 온생명 안에서의 삶이라고 하는 커다란 틀에 대한 어떤 직관에 도달했던 것이 아닌가 생각된다.[12] 그러나 서구적 사고, 특히 서구 과학적 사고와는 달리 이를 엄격한 사실적 기반과 명료한 법칙적 연관 속에서 이루어내지 못하고 지극히 모호한 개념의 틀 속에서 그 어떤 직관적 인식을 통해 얻어낸 것이어서 최소한 현대적 의미에서의 설득력을 크게 결여하고 있다.

더구나 근대 과학과는 크게 유리된 문화 속에서 전수되어온 동양의 전통 종교 속에는 불가피하게 잡다한 비과학적 신앙 내용들이 담겨 있다. 이들은 물론 그 종교의 본령에서 볼 때 대부분 지엽적인 신조들에 불과한 것이기는 하나 이러한 것들이 현대 사회의 지도적 이념으로서의 종교를 형성하는 데 커다란 걸림돌이 되는 것 또한 사실이다. 그리고 특히 서구 기독교의 경우와 비교해보자면 동양의 종교들이 일반적으로 현대 과학과 무리 없이 융합될 측면이 많이 있음에도 불구하고 이러한 접합을 위한 노력을 너무도 기울이지 않는 경향이 있다. 오직 자신들의 종교가 이러저러한 점에서 현대 과학과 부합된다든가 혹은 이러저러한 점에서 이를 앞서고 있다는 호교적인 주장만 남발할 뿐 진지한 의미에서 자성적인 고찰을 하는 모습은 보기 어렵다.

그리고 온생명 사상의 종교적 수용과 관련하여 한두 가지 지적해야 할 점이 있다. 첫째로 온생명적 관심사는 삶의 모습과 지향에 대한 궁극적 관심으로부터 태동하여 얻어진 것으로서,

다분히 종교적 관심사와 직결되는 측면이 있으나, 이것은 어디까지나 삶 자체의 모습을 그 전체적 연관 아래 사실적으로 보여주는 것일 뿐 우리의 삶이 궁극적으로 지향할 어떠한 목표를 말해주는 것은 아니라는 점이다. 이를 말하기 위해서는 온생명을 넘어서서 온생명 자체의 목적을 말해줄 그 무엇이 있어야 할 것이고 이것이 바로 종교의 영역에 속하는 것이다. 그리고 두 번째로는 온생명이 아무리 크고 존귀하다 하더라도 이는 한정된 하나의 자족적 생명일 뿐이며 무제한의 위력을 가지거나 무한히 확대되는 신적인 존재가 아니라는 점이다. 이것이 무제한의 존속 가능성을 지니는 것이 사실이나, 이는 곧 사멸하거나 치명적 위해를 입을 수도 있는 매우 섬약한 존재인 것 또한 사실이다. 그리고 우리가 온생명을 귀히 여기는 것은 바로 이러한 사멸 또는 위해 가능성을 지녔기 때문이다. 그럼에도 불구하고 이를 마치 무궁한 능력을 지닌 신적인 존재로 보아 이를 섬긴다든가 이에 기탁하여 그 어떤 안위를 희구하는 일은 온생명 개념과는 완전히 배치되는 일이다. 그러므로 예컨대 동양적 사고, 특히 샤머니즘적 사고의 '천지신명'과 같은 존재를 온생명적 관점과 연관짓는 일에는 각별한 주의가 필요하다.

맺는 말

과학은 분명히 하나의 구체적인 세계상을 보여주며 이 속에 나타난 생명의 모습 그리고 그 안에 존재하는 우리 자신의 모습을 잘 보여준다. 이제 만일 과학이 보여주는 이러한 세계상, 특히 온생명이 처해 있는 오늘의 모습을 인정할 경우, 현대 문명은 새로운 도약의 계기를 마련하느냐 혹은 암적 사멸을 자초하느냐 하는 중대한 갈림길에 서 있다고 할 수 있다. 이러한 상황에 당면하여 오늘의 종교는 두 가지 커다란 과제를 지니게 된다. 그 하나는 기왕의 신조 체계가 이러한 새 과학적 상황에 비추어 여전히 유효하다고 말할 수 있는가를 검토하여 과학에 대해 정합적인 새로운 언어로 자신의 신조를 엮어내는 과제가 될 것이며, 다른 하나는 이러한 선택의 기로에 서 있는 인류 문명에 대해 결정적인 도움을 줌으로써 이 역사적 위기를 성공적으로 헤쳐 나가는 데에 기여해야 하리라는 점이다. 그리고 이러한 기여는 단순히 과학과 종교 사이의 갈등을 해소해보려는 소극적 차원에서가 아니라 이 둘을 적극적으로 융합하여 새로운 힘을 발휘함으로서 가능한 것이다.

그러나 이 두 과제가 모두 이론적으로는 가능하나 현실적으로는 매우 어려운 일임에 틀림없다. 과학의 메시지가 곧바로 종교적 언어로 바뀌고 이것이 다시 종교적 신앙의 한 요소로 편입되어 종교적 실천력을 지니게 되는 것은 아니기 때문이다. 이미 언급한 바와 같이 종교적 신앙은 그 자체가 하나의 관념의 틀 안에서만 기능할 수 있으며, 이러한 관념의 틀은 오직 이것의 기능을 손상시키지 않는 범위 안에서만 발전적으로 변형될 수 있다. 그러므로 지나치게 많은 변형을 요구할 경우 이 틀 자체의 기능을 마비 또는 손상시킬 수 있으며, 반대로 현상을 유지하는 데만 치우칠 경우 새로운 변신을 이루어내지 못하여 결국은 낙후된 종교로 고착되고 말 것이다.

이러한 위험과 어려움에도 불구하고 오늘의 종교가 맞이한 이러한 도전과 도약의 계기는 소중한 것이다. 오늘의 종교는 우선 이러한 도전에 성공적으로 대처함으로써 오히려 기왕에 지녀왔던 불완전한 세계관과 부주의한 사실적 주장들의 사슬에서 벗어나 종교 본연의 진정한 메시지가 무엇인가를 확인하고 전파할 계기를 가지게 되며, 아울러 현대 문명이 당면한 어려운 과제를 해결하는 데 결정적인 기여를 할 수 있는 것이다. 과학 문명이라고 하는 하나의 커다란 물결 앞에 오늘의 종교는 조심스럽게 문호를 개방하여 자신의 신조와 정체성을 재검증해나가면서 다시 과학이 다할 수 없는 구원의 기능을 맡아주어야 한다. 만일 이러한 도전에 성공적으로 대처하지 못하는 종교가 있다면, 이는 어쩌면 깨어진 유물이나 살아 있는 화석 이상의 존재 가치를 인정받기 어려운 시기를 곧 맞이하게 될는지도 모른다.[13]

14장
과학과 동양 사상의 융합은 가능한가

동양은 서구 못지않게 오랜 문화적 전통을 지녀왔으며 그 문화의 내용에서도 서구의 전통문화에 비해 결코 손색이 없다. 그러나 근세에 이르러 동양의 문화권은 서구의 과학과 기술에 압도되어 문화적, 정치적으로 적지 않은 수모와 수난을 당해왔다. 물론 초기에는 이른바 동도서기東道西器라 하여 정신적 긍지나마 살려보려는 가냘픈 목소리도 없지 않았으나, 결국은 이 모든 것을 깨끗이 쓸어버리고 이른바 근대화라는 명목으로 어떻게 하면 더 빨리 서구화할 것인가 하는 데 온갖 힘을 기울여온 것이 사실이다.

그러던 가운데 1960년대 후반에 들어서 미국과 프랑스 등 서구 문명 중심권의 젊은 세대들 사이에 서구 문명 자체에 대한 비판과 함께 그 대안으로 동양 문화에 대한 관심이 일기 시작하였고, 그 후 이러한 경향은 점차 학문적 관심으로 뻗어나갔다. 특히 1970년대 중반에는 프리초프 카프라Fritjof Capra라는 한 젊은 서구 과학자가 현대 과학의 정수라고 할 만한 현대물리학의 기본 사상이 바로 그동안 경시되어왔던 동양 사상과 매우 유사하다는 이색적 주장을 자신의 저서 『현대물리학과 동양 사상The Tao of Physics』[1]을 통해 내놓았다. 물론 카프라 이전에도 이와 흡사한 주장이 없었던 것은 아니나 제대로 훈련받은 물리학자의 입장에서 누구나 쉽게 읽을 수 있도록 재치 있게 서술해냈다는 점에서 이 책이 새로운 계기를 마련한 것이 틀림없다.

이 책은 때마침 서구 과학 문명에 염증을 느끼던 젊은 저항 문명층에서 선풍적인 인기를 얻어 순식간에 세계적 베스트셀러의 목록에 올랐고, 또 당연한 일이지만 동양권에서 많은 흥미와 관심을 끌어 이른바 '신과학'이라는 운동의 한 계기를 이루게 되었다. 한편 카프라의 주장은 그 자신 전문적인 물리학자였음에도 불구하고 물리학계에서는 오직 단순한 호기심 이상의 관심을 끌지 못하였으며, 더욱이 어떤 과학철학자에게서도 의미 있는 지지를 얻지 못했다. 그러나 그가 전하는 메시지는 전문적인 과학이나 철학에서 비교적 먼 거리의 사람들에게서 적지 않은 호응을 받아왔으며, 그에 대한 이러한 대중적 관심은 여전히 줄어들지 않고 있다. 카프라는 그 후 『새로운 과학과 문명의 전환The Turning Point』[2] 등의 책을 내어 물리학뿐 아니라 여러 학문 분야에서 특히 동양 사상과 관련한 새 패러다임 추구에 힘을 기울였다.

그런데 정작 동양 문화권에서 태어났으면서도 동양의 전통 문화를 제대로 계승하지 못한 채 서구 문명의 홍수 속에 정신을 가다듬지 못하고 살아온 오늘의 동양인들은 이러한 현상 앞에 어리둥절할 수밖에 없다. 정말로 카프라가 주장하듯이 현대물리학은 동양의 전통 사상으로 돌아왔는가? 동양 문화의 뿌리와 현대 과학 문명은 하나의 산 문명으로 접목될 수 있는가? 그리고 이것이 가능하다면 어떠한 방법으로 성취될 수 있는가? 등등의 의문이 떠오르는 것이다.

동양 사상의 검토

이러한 의문들을 풀어나가기 위하여 우리는 동양의 전통문화 속에 함축된 사상의 내용과 성격을 특히 현대 과학의 개념 및 성격과 관련하여 살펴볼 필요가 있다. 이러한 고찰의 과정에서 우리는 우리가 지니고 있는 이른바 동양 사상이 과연 과학을 수용할 수 있는지, 그리고 한 걸음 더 나아가 현대 과학 문명의 병폐들을 치유하는 데에 어떠한 기여를 할 수 있는지 살펴볼 수 있을 것이다. 그러나 이러한 고찰에 앞서 여기서 우리가 논하려고 하는 동양 사상이 구체적으로 무엇인가에 대한 개략적인 윤곽을 먼저 설정할 필요가 있다.

사실상 우리가 동양 사상이라고 말할 때, 그 폭이 너무나 넓고 또 그 안에 담길 내용 또한 매우 다양하다. 그리하여 동양 전통사상 가운데서도 우리는 특히 우리에게 가장 큰 영향을 미쳐온 동아시아권의 전통 사상을 중심으로 고찰해나갈 필요가 있다. 그리고 이러한 동아시아권의 전통 사상 가운데에서도 우리의 관심을 일단 근세에 우리에게 직접적인 영향을 끼쳐온 성리학性理學에 모아보기로 한다.[3] 대체로 11~12세기경 유교 전통의 뼈대 위에 불교와 도교의 사상을 포섭하여 체계화했다고 일컬어지는 신유학新儒學, 즉 성리학은 근세 동아시아 지역에서 지배적인 사상으로 군림해왔을 뿐 아니라 고려 말 이후 우리의 역사에도 막대한 영향을 남긴 바 있다. 특히 성리학을 지배 이념으로 받아들였던 조선왕조 500년에 걸쳐 이 사상은 우리의 정치, 사회, 문화에 깊이 침투하여 사실상 우리 생활의 일부를 이루고 있다고 말해도 무리가 없다.

여기서 관심의 영역을 대략 성리학을 중심으로 한정하려는 것은 물론 우리 문화와의 사이에 나타나는 이러한 친근성에도 원인이 있지만, 그것 외에도 성리학이 비교적 합리적 이론이어서 과학과의 연계성을 가장 손쉽게 찾아볼 수 있으리라는 점 때문이기도 하다. 성리학이란 본래 "성명의리지학性命義理之學"의 준말로서,[4] 사람과 사물의 본성 그리고 자연과 규범의 법칙 등을 합리적인 이론 구성을 통해 파악해나가려는 학문을 의미한다. 이러한 의미에서 성리학은 그 자체 내에 이미 심성과 윤리, 그리고 자연과 물리를 그 대상으로 함축하는 학문이며, 따라서 오늘날의 자연과학이 다루고 있는 대상 또한 성리학적 관심 영역의 일부가 되지 않을 수 없는 것이다.[5]

사실상 초기 성리학에는 우주론적 관심이 심성적, 도덕적 관심 못지않게 중요한 요소로 등장하고 있으며, 이후 점차로 심성적, 도덕적 경향이 우세한 쪽으로 진행되기는 하였으나, 그러한 경우에도 그 기본적인 바탕에는 넓은 의미의 물리적 우주관이 폭넓게 깔려 있음을 간과해서는 안 된다. 흔히 "천도론天道論"과 "인성론人性論"이라 불리는 이 두 가지 문제는 유가儒家 철학의 각기 분리해서 다룰 수 없는 본질적 연관성을 가지는 것이다.[6] 유가 철학의 기본 정신은 인간의 마땅한 생존 방식(人道)이 궁극적으로 자연(天道)을 본받아야 한다고 보는 것이므로[7] 인성론은 천도론의 한 논리적 귀결의 형태를 지녀야 하며, 반대로 천도론 자체도 그로부터 의미 있는 인성론이 도출될 수 있을 때 비로소 그 본연의 의미를 가지게 된다. 그런데 유가 철학에서 이러한 인성론과 천도론을 하나의 이론 체계 속에 최초로 결합시킨 것이 바로 성리학의 기반을 이룬 주돈이와 소옹 등의 작업이라 할 수 있다. 주돈이의 「태극도설太極圖說」과 소옹의 「선천도先天圖」 및 「관물觀物」 편은 도교道教의 짙은 영향 아래 멀리 주역에 바탕을 두고 만들어진 것이기는 하나, 유가 철학에서의 최초의 체계적 우주론이며 이후 유가철학의 전개에 막대한 영향을 미쳤다.[8]

이 글에서는 먼저 이러한 동양 사상이 어째서 근대적 의미의 과학으로 연결되지 못했는지, 그리고 그럼에도 불구하고 동양 사상이 현대 문명 속에서 의미 있는 기여를 할 어떤 내용을 지니고 있는지, 그리고 이를 위하여 우리는 구체적으로 어떠한 작업을 수행할 수 있는지를 살펴 나가기로 한다.

소옹과 정자의 대화

신유학 그리고 더 나아가 동양 사상의 특성을 나타내는 일화로서 신유학 창시자의 한 사람으로 손꼽히는 정자程子[9]와 그보다 약 20년 선배인 역시 당시의 대사상가 소옹 사이의 다음과 같은 대화가 전해 내려온다. 정자의 언행을 기록한 『하남정씨유

서『河南程氏遺書』를 보면,

　　소요부昭堯夫(요부는 소옹의 자字)가 정자에게 말하기를, "그대가
비록 총명하기는 하지만 천하에는 또한 많은 일들이 있네. 그
대는 이를 모두 알 수 있는가?"라고 하니, 정자가 대답하기를
"천하에는 제가 알지 못하는 일이 무척 많습니다. 그런데 요
부께서 말씀하시는 모를 일이라는 것은 무엇인지요?"라고 하
였다.

　　때마침 천둥이 일어나니 요부가 말하기를 "그대는 천둥이
일어나는 곳을 아는가?" 하였다. 이에 정자가 말하기를 "저는
압니다만, 요부께서는 모르고 계십니다" 하였다. 요부가 몹
시 놀라 "그게 무슨 말인가?" 하니, 정자가 대답하기를 "이미
알고 있는데 수數를 사용하여 추리할 것이 무엇이 있습니까?
모르시니 추리 결과를 기다려 알려고 하는 것이지요" 하였다.

　　이에 요부가 다시 묻기를 "그대는 그러면 어느 곳에서 천둥
이 일어난다고 생각하는가?" 하니, 정자는 "일어나는 곳에서
일어나지요" 하고 대답했다. 요부는 깜짝 놀라며 이를 훌륭하
다고 칭찬했다.[10]

라고 하는 기록이 있다. 이 이야기는 『송원학안宋元學案』이라는
책에도 나온다고 하는데, 거기서는 위의 마지막 문장 대신에 "선
생은 허허 웃으며 그렇다고 여겼다"로 되어 있다고 한다. 이 두
기록 가운데 어느 것이 더 진실에 가까운지 우리로서는 헤아릴
길이 없다. 그러나 여기서 중요한 점은 이때 소옹은 마음속에 어

떠한 해답을 지니고 이를 정이에게 물어보려 했던 것인가 하는 점이다. 여기에는 두 가지 가능성이 있다. 그 하나는 소옹이 다른 많은 논의에서 해왔듯 이른바 그의 '상수학象數學'에 따라 이상스런 해답을 가지고 있었을 가능성이며, 다른 하나는 소옹은 이 문제의 과학적 해답을 알고 있으면서 이를 정이에게 가르쳐볼 양으로 물었을 가능성이다.[11] 그러나 안타깝게도 정이는 소옹에게 생각을 개진할 기회를 주지 않았다. 아마도 정이는 소옹이 틀림없이 요상한 상수학적 해답을 요구할 것이라 생각하여 이를 회피했을 가능성이 크다. 그러나 만일 소옹이 그 어떤 과학적 해답을 염두에 두고 물었을 경우에는 정이의 자세는 처음부터 과학적 해답에 관심이 없었을 뿐 아니라 오히려 그러한 것을 추구하는 일 자체를 조롱하는 입장이었다고 해석할 수 있다.

상황이 어떠했든 정이의 이러한 자세가 『하남정씨유서』에서 미화되어 대대로 전해지고 있으며 이는 곧 동양 사상, 특히 신유학에서는 과학적 탐구 자체에 대해 중요한 비중을 두지 않았음을 말해주는 사례라 생각된다.

주희의 과학 사상

그러나 흔히 주자朱子라 일컬어지는 신유학의 대성자 주희는 사물의 과학적 이해에 대해 적대적이 아니었을 뿐 아니라 그 자신 하나의 자연학자라 할 만큼 많은 관심을 표명하고 이해를 도모하기 위해 애썼다.[12] 특히 그는 자신보다 한 세기 전에 살았던 북

송北宋의 박물학자 심괄沈括, 1031~1093의 영향을 크게 받았던 것으로 알려지고 있다.

동양의 레오나르도 다 빈치라고 불리기도 하는 심괄은 낮은 관직을 지낸 박학다식한 학자로서 자연과학에 대해 뛰어난 직관을 가졌던 사람이다. 그는 달빛이 햇빛의 반사광이라든가 자침이 남쪽만 가리키는 현상 등에 대해 객관적으로 서술하였고, 깎인 지형을 보고 물에 의한 침식 작용으로 이루어진 것이라고 해석하는 등 자연현상에 대한 많은 합리적 설명을 독창적으로 해낸 사람이다. 현존하는 그의 저술 가운데 대표적인 것이 『몽계필담夢溪筆談』인데, 여기에는 소라 껍데기 화석에 대한 언급과 함께 이러한 자연과학적 논의들이 실려 있다.[13]

그의 기록에 의하면 하북河北의 변경에 관리로 갈 때 태행산太行山을 넘게 되었는데 산의 절벽 틈에 소라 껍데기과 새알 같은 돌멩이들이 띠를 이루며 박혀 있는 것을 보았다고 한다. 이에 설명하기를, 소라는 바닷가에 사는 동물이며 이 위치는 바다에서 천 리 가까이 떨어진 곳이니 이는 분명히 대륙이 그동안 변한 증거라고 하였다. 그리고 대륙이라는 것은 바다 위에 흙이 쌓인 것이니 서에서 동으로 흐르는 커다란 강들이 흙을 실어다 바다를 메꾼 결과일 것이라고 해석하고 있다. 물론 이는 현대적 관점으로 보아 정확한 해석은 아니다. 그러나 오로지 자연현상과 법칙들만으로 설명해보려는 시도는 대단히 합리적이며 근대 과학적 설명의 전형적 형태를 지니고 있다.[14]

이러한 심괄의 사상이 주희에게 영향을 미쳤다는 사실은 주희 역시 소라 껍데기 화석에 대한 이러한 설명을 수용하고 있음에서도 알 수 있다. 주희는 높은 산 위에서 발견되는 소라 껍데기 화석을 언급하면서 낮은 것이 위로 올라갈 수 있으며 연한 것이 굳어질 수 있다는 말을 하고 있다.[15] 자연현상에 대한 주희의 이러한 관심은 그가 정자의 학문을 계승하면서도 소옹을 여전히 높이 평가한 자세에서도 나타난다.

물론 주희 자신은 근대 과학적인 의미에서의 자연에 대한 지식 그 자체를 추구하기 위해 자연에 대한 관심을 가졌던 것은 아니다. 오히려 그는 자연에 대한 이러한 이해가 삶의 바른 이치를 파악하기 위해 요청되는 한 중요한 과정으로 보았기에 이에 대한 관심을 가졌다고 보는 것이 옳다. 그 또한 『대학大學』에 나오는 격물이치지格物而致知, 즉 사물을 궁구하여 깊은 앎에 이른다는 말을 이렇게 해석하여 깊은 앎에 이르는 한 단계로서 사물에 대한 자연학적 이해를 추구하였던 것이다.

특히 동양 사상의 현대적 의의를 추구하는 의미에서 주희의 이 점은 대단히 중요하다. 그 어떤 형태에 앎이라 하더라도 이것이 바른 삶의 길을 유도하는 것이 아니라면 그 의미는 그만큼 약해진다는 것인데, 이는 물론 오늘날에도 어김없는 진리이며 현대인 특히 깊이 되새겨야 할 점이다. 그러나 이러한 자세만으로 과연 자연에 대한 바른 이해에 도달할 수 있을까 하는 것은 여전히 별개의 문제로 남는다. 이 점에 대한 일반적 논의에 앞서 우리는 특히 주희 이후에 전개된 역사적 사실에 주목할 필요가 있다.

왕수인의 격물 7일

주희를 통해 이룩된 자연에 대한 학문적 관심은 다시 왕수인王
守仁, 1472~1528으로 넘어가면서 또 한 번의 굴절을 겪는다. 후일에
왕수인은 주희와는 다른 학문 성향을 가진 학자로 인정받았으
나 그 출발은 격물이치지를 강조하는 주희의 학문에서 시작되
었다. 그가 주희의 학문을 떠나 신유학의 새로운 한 줄기인 양
명학陽明學을 창시하게 된 경위에 대해서는 다음과 같은 이야기
가 전해진다.

주희를 거의 열광적으로 신봉하였던 그는 성현의 경지에 이
르기 위하여 본격적으로 격물格物을 행하기로 결심하고 한 친구
와 함께 뜰에 서 있던 대나무를 '격格'하기 시작하였다. 밤낮없
이 대나무만 바라보고 명상하던 끝에 친구는 3일 만에 정신이
이상해져 중도에서 포기했고, 좀 더 오래 버티던 그도 또한 7일
만에 나가떨어지고 말았다. 그리하여 급기야 사물을 궁구하는
일格物, 즉 외적 자연을 깊이 이해하는 것이 바른 앎에 이르는 길
이라는 주희의 학설과 결별하고, 오히려 자신의 내적 성정性情을
통해 도道를 구하는 것이 옳다고 하는 새로운 학통을 창시했던
것이다.

여기서 우리는 다시 격물이치지에서 말하는 격물이 지닌 의
의와 한계를 살펴볼 수 있다. 주희가 이해한 격물, 즉 자연에 대
한 이해를 통해 동양 사상이 추구하는 치지, 즉 바른 앎에 도달
한다는 것은 주희가 생각했던 것만큼 그렇게 간단한 일이 아니
었음을 알 수 있다. 자연계의 어떤 사물에 대해 며칠간 관심을

집중시킴으로써 삶의 바른길을 찾아낼 수 있으리라는 것은 어이없는 착각일 수 있다. 그러나 그렇다고 이 길을 떠나서 찾는다는 것도 결국 허망에 도달할 수 있다. 그러므로 결국 바른길을 찾으려는 관심과 노력을 지속하면서도 일회적이 아닌 지속적인 격물을 쌓아가고 이러한 노력을 대를 이어 누적시켜나감으로써 궁극적으로는 집합적 의미로서의 인간이 그 언젠가는 역사적 성취로서의 치지에 이를 수 있을 것이라고 생각을 넓혀봄이 옳을는지도 모른다.

이러한 점에서 주희의 격물이 좀 더 넓게 이해되었더라면 하는 아쉬움이 남는다. 예컨대, 당장 치지에는 이르지 못하더라도 의미 있는 격물의 결과를 남겨 후대에 이를 더 계승, 발전시킬 전기를 삼는 것이 그 한 단계일 것이며, 다음에는 이러한 격물들의 결과를 활용해 참된 치지를 모색해나가는 것이 또 하나의 단계가 될 것이다. 이것은 비단 단순한 상상만이 아니라 다음과 같은 구체적 가상 상황을 설정해볼 수가 있다. 즉, 위의 왕수인의 만일 대나무만을 바라보고 격물할 것이 아니라 단진자單振子의 흔들림을 보고 격물을 하였더라면, 어쩌면 갈릴레이보다 한 세기 전에 진동의 주기성을 발견했을지도 모르며 다시 이러한 격물의 전통을 후대에 물려주었더라면 서구와는 독립적으로 동양의 이론과학이 창시되었을 가능성 또한 없지 않다는 것이다. 이는 단순한 사상이나 희망 사항만은 아니다.

신유학의 최고 경전이라고도 할 만한 주돈이의 「태극도설」을 보면 그 첫머리에 "태극太極이 동動하여 양陽을 낳고, 동動이 극極하면 정靜하여지며 정靜하여지면 음陰을 낳는다. 정靜이 극하면 다시 동動하고 이와 같이 한 번 동動하고 한 번 정靜하는 것이 서로 원인이 된다"고 하는 말이 있다. 이 말을 굳이 단진자의 흔들림에서 암시를 받아 쓴 것이라고 해석할 필요는 없겠으나, 적어도 이 말의 뜻을 염두에 두고 격물을 하려 했다면 단진자를 대상으로 그 동動과 정靜, 즉 그 주기운동을 궁구해보는 것은 매우 있음 직한 일이다.

만일 이렇게 하여 단진동의 주기성을 발견하고 이것의 에너지가 운동에너지, 즉 동動의 기氣와 위치에너지, 즉 정靜의 기氣가 주기적으로 서로 순환되면서 이루어지는 일이라는 것이 알려졌더라면 서구에 비해 몇백 년 앞선 고전역학에 도달할 수도 있었을 것이다.

물론 단진자를 궁구하여 그 주기성을 발견하거나 또는 체계적인 이론과학을 수립했다고 해서 이들이 추구했던 '성인聖人의 도道'가 밝혀지는 것은 아니다. 그러나 적어도 현대의 관점에서 볼 때 그 '성인의 도'가 무엇이든 간에 이론과학을 통해 우주와 인간을 합리적으로 이해하지 않고 단순한 주관적 성찰만으로 이에 도달할 수 있다고 본 것은 역사적 결과가 말해주듯 지극히 성급한 일이었다고 생각된다.

왕수인이 만일 '격물7일'에 격물을 포기하지 않고 격물 7년 만에 어떤 자연법칙을 찾았거나 혹은 격물 500년의 전통을 남겨주었더라면 어떠했을 것인가? 서구에서는 적어도 갈릴레이 이래 격물 400년의 전통이 살아 있으며, 이것이 바로 현대 과학을 낳지 않았는가?

신유학은 왜 과학으로 이어지지 않았는가

우리나라에 들어온 신유학, 즉 성리학은 적어도 표면적으로는 주희의 학설을 정설로 인정하고 왕수인에서 비롯된 이러한 양명학의 경향은 심지어 이단이라 하여 배척하였다. 그러나 그 주된 논의의 경향을 보면 자연현상에 대한 객관적 이해를 도모하기보다는 인간의 심성론에 치중해왔으며 사실상 성리학에서 객관적 자연현상에 관심을 가진다는 사실조차 거의 잊혀질 정도였다. 그러나 이 책의 4장에서 논의한 율곡이 「천도책」이나 여헌旅軒의 「우주설宇宙說」과 같은 책을 가만히 들여다보면 그것이 전부가 아니었음을 알 수 있다.[16]

특히 「우주설」에서는 격물치지에 대해 문자 그대로의 철저한 해석을 통해 사물에 대한 직접적 관찰의 중요성을 강조하면서, 보다 구체적으로는 하늘을 관찰하여 하늘의 이理를 추궁하고, 땅을 관찰하여 땅의 이를 추궁해야 하며, 또한 자연계에서 이름 붙일 수 있는 거의 모든 사물들을 일일이 열거하면서(일日, 월月, 성星, 신辰, 수水, 화火, 토土, 석石, 한寒, 서暑, 주晝, 야夜, 풍風, 운雲, 뇌雷, 우雨, 산山, 악嶽, 천川, 독瀆, 비飛, 주走, 초草, 목木) 우리 눈이 닿을 수 있는 모든 것을 관찰하여 그 본 바에 의해 그 이를 궁진해야 한다고 말한다. 그리고 눈이 닿지 않는 것은 귀로 들어서 추궁해야 한다고 하면서 인식을 위한 일차적 감각소여의 중요성을 강조한다. 뿐만 아니라 합리적 추구를 통해 구체적 앎에 이르는 과정 및 그 한계에 대해서도 말해주고 있다. 즉, 구체적 관찰을 통해 밝혀진 오늘의 일을 바탕으로 추리해나감으로써 지나간 만고의 일과 앞으로 다가올 만세의 일을 알아낼 수 있다고 하는데, 이는 앞에서 언급한 바와 같이 뉴턴의 고전역학을 해석하여 라플라스가 한 이야기와 매우 흡사하다.[17]

그리고 「우주설」에서는 우리가 사물을 알거나 알지 못하게 되는 것은 우리 자신의 인식 구조에도 관계함을 인정한다. 현대적 의미로 보아 지각 기구에 해당하는 정신혼백精神魂魄이 통할 길이 열리느냐 그러지 않느냐에 따라 '알 수 있는 것'과 그렇지 못한 것이 구분되며, 이렇게 되는 것은 인간이 본질적으로 형기形氣에 국한되는 존재이기 때문이라 한다. 그러므로 설혹 성인聖人이라 하더라도 역시 사람이므로 사람이 지닌 형기의 통로가 차단된 그 어떤 사물에 대해서는 아무것도 알 수 없다고 주장한다. 바로 이 점은 서구 근대 과학의 창시자들조차도 신의 직접적 계시를 통한 또 하나의 지식 통로를 믿었던 것과 대조적이다.

우리가 「우주설」에서 발견되는 조선 성리학의 이러한 인식론을 고찰해볼 때 어째서 이러한 신유학이 곧 근대 자연과학으로 이어지지 않았는가 궁금해하지 않을 수 없다. 즉, 「우주설」에 나타난 방법론과 인식론은 추상적이 아니라 대단히 구체적이며 신비적이 아니라 매우 합리적이기 때문이다. 그러나 이것을 특히 근대 자연과학의 방법론에 비추어 가만히 검토해보면 그 속에는 근대적 자연과학으로 직접 이어지기 어려운 몇 가지 중대한 결함이 내포되어 있음을 알 수 있다.

앞서 말한 바와 같이 「우주설」에서는 각종 구체적 대상에 대해 격물할 것을 강조하고 있으나 그 어느 곳에서도 격물을 통해 알려진 내용 자체를 서술하고 있지는 않다. 특히 신유학자들은 현대의 관점에 의하면 자연법칙에 해당하는 이른바 '이理'의 중요성을 강조하면서도 그 구체적 내용을 말하지 않는다. 그러나 그 격물의 내용이 단순한 명상만으로 그치는 것은 아닌 듯하다. 그들은 어쩌면 자연의 합법칙성을 파악했을 뿐 아니라 그 법칙의 내용도 직감적으로 체득했을는지 모른다. 그러나 이러한 내용들이 언어의 형태로 서술될 수 있다는 가능성을 파악하지 못했거나 혹은 언어로 서술해서는 안 된다고 생각했음이 틀림없다. 이는 마치 기술 수준이 매우 높은 장인이 그 기술 내용을 서술할 방법을 알지 못하여 전혀 기록으로 남기지 못하고 만 경우와 흡사하다고 할 것이다.

이러한 '이理', 즉 사물의 법칙을 언어적으로 서술할 수 없다거나 서술해서는 안 된다고 본 것이 동양 사상의 중요한 특징이다.[18] 그리고 설혹 이러한 내용을 말로 서술하려 했더라도 동양에서는 자연 그 자체의 성격을 적실히 표상할 수 있는 언어를 갖추기가 매우 어려웠으리라 생각된다. 왜냐하면 이 책의 제1장에서 언급한 바와 같이 동양 학문의 주요 개념들은 모두 '삶' 자체를 지향하는 대생 지식對生知識의 바탕 위에 형성되고 있기 때문이다. 예를 들어, 성리학에서 말하는 '이理'의 개념 속에는 자연의 원리 혹은 법칙이라는 의미보다도 인간의 도덕 혹은 윤리법칙이라는 의미가 보다 짙게 함축되어 있는 것이다. 그러므로 이러한 개념 및 이를 바탕에 둔 언어로서는 자연법칙을 적절히 서술하는 데 큰 어려움을 겪을 것이라는 것이 거의 틀림없다. 그런데 이러한 점들은 적어도 근대적 의미의 체계적 과학 형성이란 관점에서 볼 때 결정적인 약점이 아닐 수 없다. 이것이 바로 불완전하면 불완전한 대로 자연의 모든 원리와 법칙 내용을 언어적으로 명확히 서술해나가려 하는 근대 서구 과학의 방법론과 커다란 대조를 이루는 측면이다.

동양 사상이 지닌 또 하나의 중대한 약점은 이미 알려진 지식에 대한 실험적 검증 방식을 채택하지 않았다는 점이다. 예를 들어, 앞에서 언급한 소옹은 매우 독특한 시간 구조론을 제시한 바 있으나, 이를 어느 누구도 실험적으로 검증해보려는 자세를 취하지 않았다. 만일 그 어떤 실험적 검증의 방법이 있었더라면 소옹의 시간 구조론 자체는 곧 반증되고 말았을 것이고 이를 대신할 보다 현실적인 과학 이론이 대두될 수 있었을 것임이 틀림없다. 물론 이러한 실험적 또는 경험적 검증 방식이 무의식적 차원에서조차 활용되지 않았다고 말하기는 어렵다. 이것은 학문의 본질상 어느 학문에서도 채용되지 않을 수 없는 것이기 때문이다. 그러나 이것을 의식적으로 채택하느냐 하지 않느냐에 따라 학문 발전에 미치는 영향은 지대한 것이며, 이 점에서 동양 사상은 현대적 의미의 과학을 잉태하는 데 실패한 것이다.

그러나 동양 학문이 근대 과학으로 이어지지 못한 가장 중요한 이유는 역시 학문의 목표 그 자체에서 찾아야 할 것으로 보인다. 동양에서는 어떤 학문이든 일단 치지에 이르지 않으면 아무런 가치가 없다. 그러므로 미처 치지에 이르지 못한 중간 과정의 격물 내용이나 불완전하나마 경과적인 의미를 지니는 치지의 내용은 발을 붙이지 못한다. 즉, 100년 200년 대를 이어가는 격물이나 치지의 모색이 이루어지지 못했던 것이다.

현대 과학과 동양 사상

이러한 고찰을 해나가면서 동양 사상이 현대 과학, 그것도 특히 그 첨단에 놓인 현대물리학과 흡사하다고 하는 언급에 놀라지 않을 수 없다. 도대체 카프라는 어떠한 점에서 동양 사상이 현대물리학과 흡사하다는 것인가? 이는 대체로 말하여 상대성이론과 양자이론에 나타나는 여러 개념들이 동양 사상, 특히 그 가운데서도 신비성이 짙은 힌두교, 불교, 도교의 여러 개념들과 유사하다는 데 근거한다. 특히 동양의 '기氣' 개념이나 불교의 '시공' 개념 등이 양자이론에서의 '장場'이나 '상태' 개념, 그리고 상대성이론의 '시공' 개념 등과 유사점을 지닌다는 것이다. 물론 이러한 개념들이 지니는 추상화의 정도에서나 그 내용이 보여주는 외형적 모습에서 흥미로운 유사점이 나타나는 것은 사실이다. 그러나 여기서 우리가 유의하지 않으면 안 될 점은 하나의 개념이 지니는 의미는 그 개념 자체의 내용보다도 그 개념이 정의되는 전체 이론 체계에 의해 규정된다고 하는 사실이다. 사실상 우리는 얼마든지 기묘하고 신기한 개념들을 만들어낼 수 있다. 문제는 그것이 어떠한 이론 속에서 어떠한 기여를 하게 되느냐 하는 점이다. 이 점을 간과하고 개념들 사이에 나타나는 외형상의 유사성을 논의하는 것은 치기 어린 지적 유희 이외에 아무런 의미가 없다.

만일 개념들 사이에 진정으로 의미 있는 유사성이 존재한다면 한쪽 개념에 익숙한 사람이 다른 쪽의 내용을 이해하는 데에 그만큼의 도움을 받을 수 있어야 할 것이다. 그러나 현대물리학과 동양 사상 사이에 이러한 이해 가능성은 많지 않다. 아무리 불교의 시공 개념이 시간과 공간을 뒤섞어놓는다 하더라도 여기에서 물리학으로서의 상대성이론이 이해될 수는 없으며, 반대로 아무리 상대성이론에 밝은 물리학자라 하더라도 불교에서 말하는 열반의 세계를 곧바로 파악할 수 없다. 양자이론의 서술 방식이 비일상적인 개념들에 바탕을 두고 있으며 또 그 해석이 아직 미궁으로부터 빠져나오지 못하고 있다 하더라도 이들은 이들대로 분명히 정의된 개념 체계를 바탕으로 하고 있을 뿐 그 어떤 신비주의의 세계에 머물러 있는 것은 아니다. 양자이론의 해석 문제가 우리의 일상적 사물 이해를 크게 넘어서고 있는 것은 사실이나 적어도 필자의 이해에 따르면 이것은 동양적 사물 이해 방식과 어떠한 유사점도 지니지 않는다.[19] 굳이 이야기하자면 동양의 '기氣' 개념과 '음양' 개념 등은 현대물리학의 개념들과 유사한 것만이 아니라 오히려 에너지, 엔트로피 등 고전물리학에서 알려진 개념들과 한층 더 가까운 측면이 있다. 이러한 점들을 생각할 때 단순히 개념 간의 외형적 유사성에 근거한 카프라의 논의들은 많은 오해와 헛된 기대를 불러일으킬 가능성이 있다.

한편 우리는 카프라가 말하는 현대물리학과 동양 사상 사이의 유사성을 조금 다른 차원에서 찾아볼 수 있다. 매우 흥미롭게도 그는 현대물리학의 관점을 통해 동양 사상이 말하는 신비적 세계를 '체험'할 수 있었다는 점을 거듭거듭 밝히고 있다. 만일 이것이 사실이라면 우리는 이 점에 대해 좀 더 주의를 기울여볼 필요가 있다. 어떻게 현대물리학자가 전통적 동양 사상가들이 체험했다고 하는 바로 그 세계를 함께 체험할 수 있는가? 이는 카프라가 오인하고 있듯이 동양 사상과 현대물리학 사이의 개념상의 유사성에 기인하는 것이 아니라, 우주 속에 내재하는 그 어떤 포괄적 질서와 전일적 형태의 생명을 서로 다른 이론적 구도를 통해 직관적으로 투시할 수 있었기 때문이라고 보는 것이 옳을 듯하다. 이를 앞에 언급한 신유학의 용어를 빌려 말하자면 서로 다른 방식을 통해 그 어떤 치지의 단계에 이르렀다는 이야기가 된다.[20]

동양 사상의 특성

이미 논의한 바와 같이 동양 사상은 과학으로 발전하기에 장애가 된 몇 가지 결정적인 약점을 지니고 있다. 그러나 이것은 동양 사상이 본연의 기능을 유지하기 위하여 불가피하게 지녔던 약점이라고 해석해야 한다. 즉, 동양 사상은 개별적이고 부분적인 이해보다도 전체를 한 묶음으로 파악하려는 자세를 지니고 있으며 앞서 소개한 일화에서 정이가 소옹의 질문을 가볍게 물리치고 만 것도 바로 이러한 맥락에서 이해될 수 있다. 전체에 대한 파악 없이 특정 부분만을 강조하는 어떤 지식을 가진다는 것은 전체의 상황을 왜곡시킬 가능성이 있음을 우려한 것이다. 같은 맥락에서 신유학에서 그들이 그렇게도 강조하는 '이理'를 굳이 언어로 나타내지 않으려 한 사실도 언어로 표현된 사물의 법칙은 불가피하게 부분적인 내용만을 담게 된다는 사실을 우려한 것이라 이해될 수 있다.

또 한 가지 동양의 전통 학문이 지녔던 중요한 특성은 자연의 이해를 통해 인간의 당위를 추구해왔다는 점이다. 아는 것을 힘에 비교하였던 베이컨 이후의 실용주의 지식관과는 달리 자연을 이해하고자 진지하게 노력하였던 대부분의 동양 학자들은 그 목적을 올바른 자연 이해를 통해 인간의 바른 삶의 길, 즉 인간의 도道를 찾으려는 데 두어왔다. 앞서 소개한 「우주설」을 보더라도, 인간이 어떠한 우주 안에 살고 있으며 이 안에서 인간이 지니는 위치는 무엇인가, 그리고 이러한 위치를 점유한 인간으로서 당연히 해야 할 일은 무엇인가 하는 형태의 논의를 진행시키고 있는데, 이는 물론 기존의 전통 윤리 강령들을 합리화하는 데 기여하는 측면이 있으며 또 이로 인해 비난을 받아 마땅한 것도 사실이나, 이들을 무조건적인 당위로서 강요하는 것이 아니라 우주론적인 논의를 통해 도출해내려 한다는 점에서 주목할 만한 일면이 있는 것이다.

예컨대, 「우주설」에서는 우주가 비록 크기는 하나 태극太極의 이理, 즉 어떤 보편적 질서 속에서 운행되며 이러한 보편적 질서를 그 전체로서 파악할 수 있는 존재는 오직 인간뿐이므로, 인간의 도道는 우주 만사에 참여하고 천지 고금을 파악하여 그 모든 것을 헤아리며 그 모든 것을 해내는 데 있다고 말한다. 인간은 만물 가운데 가장 존귀하고 신령하여 참찬화육參贊化育의 사업을 주도하는 존재이므로 맡은 바 사명이 지대하며, 이것이 바로 옛 성현들이 우주 간의 사업을 자신에게 부과된 책임으로 알고 능사能事를 다했던 소치라고 한다. 이는 아마도 우주와 그 안에서의 인간의 위치를 파악함으로써 우리에게 명백히 떠오르게 될 어떤 당위적 자각 내용을 말하는 듯하다. 좁게는 인간 사회 그리고 넓게는 전체 생태계 내에서 우리가 행해야 할 행위의 지침을 무조건적 당위에 의해서가 아니라 자연에 대한 이해를 통해 얻어내야 함을 강조하고 있는 것이다.

동양 학문이 지니는 이러한 특성은 서구 과학적 사고에 익숙한 사람들에게 이해하기 어려운 몇 가지 중요한 의문을 던져준다. 그 하나는 사실의 논리만을 채용하는 과학의 내용은 어떠한 형태의 당위와도 논리적으로 연결될 수 없음에도 불구하고 동양 학문은 도대체 어떤 근거 아래 이러한 주장을 이루어낼 수 있는가 하는 점이며, 다른 하나는 사실적 진리를 추구하는 과정에 어떤 형태로든 가치판단에 의한 편견이 개입되어서는 안 될 것인데 동양에서는 왜 이를 허용하고 있는가 하는 점이다.

이미 이 책의 1장에서 논의했듯이 우리는 여기서 동양 사상이 지닌 중요한 특징 한 가지를 보게 된다. 즉, 동양 사상은 자연을 단순한 사물 혹은 사건의 체계로 보는 것이 아니라 우리의 공통된 삶의 장으로 이해한다는 사실이다. 그러므로 그 개념들 자체 속에 이미 삶을 이루기 위한 기여의 내용이 함축되어 있다. 예컨대, 이理와 기氣 개념, 음陰과 양陽 개념 그리고 오행五行 개념들은 모두 삶을 위한 기여라고 하는 강한 함축을 지니고 있다. 그러므로 이러한 관점에서 자연을 깊이 이해하면 이해할수록 그 안에서 삶의 기본적 양식과 지혜를 터득하게 되며, 이는 곧 인간의 도道와 연결된다. 사실상 삶의 모습 자체는 인간들 각자의 개체로 고립되어 이루어지는 것이 아니라 적어도 태양과 지구 그리고 그 안에 존재하는 모든 사물에 밀접히 연관되어 있는 것이므로 삶의 바른 지혜를 이러한 관점의 자연 이해를 통해 추궁하는 것은 매우 타당하다고 보아야 할 측면이 있다.

그렇다면 동양 사상은 사실과 당위 사이에 존재하는 본질적인 논리적 장벽을 어떻게 넘어서는가?[21] 이는 결국 넘어서는 것이 아니라 학문 자체를 '삶'이라는 당위를 인정한 위에서 수행하는 것이라 해석할 수 있다. 결국 '삶' 속에 놓인 우리로서는 '삶' 자체를 부정하고는 아무것도 할 수가 없다. 이것이 바로 사실과 당위 사이에 '논리적 단절'이 존재함에도 불구하고 '살아가고 있는 사람'에게는 이들 사이에 '사실적 연관성'이 존재하는 것으로 이해되는 연유이다.[22] 만일 우리가 동양 학문이 지닌 이러한 암묵적 전제를 인정한다면, 동양 학문은 기본적으로 가치 의존성이라는 본질적 제약에서 벗어날 수 없는 상황에 놓이게 된다. 인간의 모든 학문이 본질적으로 가치 의존성에서 벗어날 수 있느냐 하는 보다 기본적인 문제를 떠나서 서구 과학은 최소한 형식적 가치 독립성을 유지하고 있음[23]에 반해 동양 학문은 이것조차 구비하지 않고 작업을 수행한다는 비판을 면할 수 없다.

여기서 우리는 사실 이해와 가치판단 사이에 존재하는 하나의 뚜렷한 비대칭성을 인정하게 된다. 즉, 사실 이해는 가치판단에 의한 편견이 없이 이루어져야 하나 가치판단 자체는 사실 이해, 즉 이렇게 하여 얻어진 객관적 상황에 관한 지식의 바탕 위에 이루어질 수밖에 없다는 점이다. 서구 과학이 전자, 즉 사실 이해가 가치판단에 의한 편견 없이 이루어져야 한다는 측면을 강조하고 이를 구현하는 방향으로 구축된 반면, 동양 학문은 후자, 즉 객관적 상황에 관한 지식의 바탕 위에서 이루어지는 가치판단에 강조점을 두고 있다.

서구 과학과 동양 학문이 지닌 이러한 기본적 특성을 인정한다면 이들이 지닌 상대적 강점과 약점을 곧 확인하게 된다. 예컨대, 동양의 전통 학문에서 굳이 사물의 실증적 검토를 의식적으로 강조하지 않는 것도 사실에 대한 이해가 일차적 관심사가 아니라 오직 올바른 당위를 추구하기 위한 보조적 기능에 그쳤기 때문이라고 할 수 있다. 격물을 하는 데서도 사실의 파악을 거쳐 당위적 원리까지 도출하는 것을 목표로 하였기에 그 중간 과정에 해당하는 자연법칙과 사실 파악을 상대적으로 소홀히 해왔던 것이다. 그러나 이는 역시 동양 사상이 지녔던 커다란 약점이라고 하지 않을 수 없다. 실증적 검토 없이 깊이 있는 사실적 지식에 도달할 수 없으며 깊이 있는 사실적 지식 없이 바른 삶의 길을 찾는 것은 무모한 일일 수밖에 없기 때문이다.

한편 가치판단을 끝없이 유보한 채 사실 파악에만 치중하는 것 또한 그 자체로 문제를 지닌다. 이는 지식의 모든 활용에 이미 가치판단이 적용되고 있는 현실을 외면하는 결과가 되기 때문이다. 즉, 본질적 가치판단이 유보되고 있는 가운데 기존의 가치판단이 불가피하게 작동하지 않을 수 없으며, 따라서 의식하지 못하는 가운데 이미 검증되지 않은 이러한 임시적 가치 체계 아래 복속되고 있는 상황을 피할 수 없는 것이다. 그러므로 올바른 가치판단과 당위 설정을 위해서는 기필코 사실에 대한 바른 이해가 선행되어야 하며 또한 자연의 객관적 이해를 비롯한 모든 사실의 이해가 궁극적으로는 바른 삶의 방향을 설정하는 일에 활용되어야 한다는 동양의 전통적 관점은 오늘날에도 여전히 유효하다.

서구 과학과 동양 사상의 융합 가능성

동양의 학문들이 지녔던 이러한 성격은 결국 객관적 사실 파악이라는 점에서 결정적인 약점을 노출하였으며 이로 인해 근대 과학의 형성이란 과제를 자체적으로 수행해내지 못하는 결과를 빚고 말았다. 뿐만 아니라 동양 사상의 드높은 이상에도 불구하고 이러한 방식으로 참된 진리에 도달하기란 지극히 어려운 일임이 점차 드러나게 되었다. 아마도 극히 뛰어난 소수의 직관적 사상가들만이 이러한 방식으로 독자적 깨달음의 단계에 도달할 것이며, 나머지 모두는 결국 그 깨달음의 허울만 쓰고 마는 것이 역사가 증명하는 바이기도 하다. 올바른 가치판단과 당위 설정을 위해서는 기필코 사실에 대한 바른 이해가 선행되어야 할 것이나, 여기에 대한 그 어떤 현실적 방안도 마련되어 있지 않았던 것이다. 반대로 서구 과학에서는 사실 파악에 대한 방법론적 장치가 마련되고 이를 통해 수많은 지식들이 누적되고 있지만 아직 이것을 통해 삶의 마땅한 방향을 찾아가는 학문적 자세를 마련해내는 데 별다른 관심을 쏟지 못하고 있다.

그렇다면 동양 학문의 특성을 살리면서도 과학을 수용하고 과학과 함께 의미 있는 융합의 길로 들어설 수 있는 방법은 무엇인가? 여기에 바로 동양 학문과 서구 과학 사이의 변증법적 지향점이 놓여 있다. 동양 학문의 입장에서는 자신의 기존 개념의 틀을 고수하지 말고 서구 과학적 이해의 틀을 과감히 도입하여 이해를 추구할 것이며 이를 바탕으로 다시 삶 본연의 의미를 추구해나가도록 하는 유연성을 발휘해야 할 것이며, 서구 과학의 경우에는 가치판단을 유보하고 끝없이 사실 파악의 문제에만 매달릴 것이 아니라 기왕에 파악된 사실들을 종합하여 의미있는 전체의 모습을 제시함으로써 그때그때의 가치판단을 위한 최선의 자료를 제공하도록 노력해야 할 것이다. 우리는 이제 최선의 과학적 성과를 통해 자연과 인간에 대한 종합적이고 객관적인 이해를 도모해야 할 것이며, 이러한 모든 지식의 탐구가 궁극적으로는 바른 삶의 방향을 설정하는 일에 활용되어야 한다는 동양의 학문 정신을 되살려내어야 하는 것이다.

이것은 물론 쉬운 일이 아니다. 굳이 토머스 쿤Thomes Kuhn의 패러다임 이론을 들추지 않더라도 전통적 동양 학문들과 서구 과학의 사고 체계는 너무도 다른 것이어서 어느 하나 속에 다른 하나를 흡수한다는 것은 가능한 일이 아니다. 그러나 그렇다고 하여 이를 오직 대립된 두 패러다임 사이의 경쟁으로 보아 어느 하나가 다른 하나를 밀어낼 수밖에 없는 상황으로 이해하는 것은 옳지 않다. 예컨대, 낡은 동양적 사고를 버리고 하루바삐 서구 과학 사상을 취해야 한다고 생각하거나 반대로 이제 서구 과학의 패러다임은 많은 문제를 노출하고 있으니 이를 폐기하고 동양적 사고로 되돌아와야 한다고 생각하는 관점들은 지나치게 편협할 뿐 아니라 문제 해결에 아무런 도움도 줄 수 없다. 오직 두 개의 사고 통로를 함께 열어놓고, 이들 각각이 서로 배타적인 사고의 방식이 아님을 인정하는 데서 문제의 실마리를 풀어나가야 할 것이다.

맺는 말

역대 동양인들은 그 엄청난 문화적 유산을 가지고서도 인류 문화에 별로 큰 기여를 하지 못했다. 이는 위에서 말한 대로 근대 이래 서구 과학문화에 완전히 압도되어버렸기 때문이다. 그러나 현대 기술 문명이 커다란 위기에 봉착함에 따라 장구한 문화적 유산을 지닌 동양인이 이제 결정적인 기여를 할 시기가 되지 않았나 생각된다. 즉, 동양의 문화적 유산 위에 현대 과학을 얹고 다시 변증법적인 도약의 법칙에 따라 새 문화를 창조해낼 수 있으리라는 것이다. 그렇다면, 우리 동양인의 좀 더 구체적으로 이 상황을 어떻게 대처해나갈 수 있을 것인가?

이를 위해 서구인들이 외치는 고전역학의 붕괴나 기계론적 세계관의 타파를 따라 외치는 것은 아무런 의미가 없다. 우리는 아직 우리 문화 속에 고전역학을 재창조해내지 못하고 있으며, 서구인들이 말하는 기계론적인 세계관은 지녀본 일조차 없다. 우리에게는 고전역학이나 기계론적 관점을 양자역학이나 유기체적 관점으로 대체하는 작업이 요구되는 것이 아니라, 이들을 동시에 수용해야 할 임무가 있으며, 이러한 작업은 당연히 서구인들이 현재 서두르고 있는 작업과는 다른 바탕 위에서 수행되지 않을 수 없다. 즉, 우리는 전체 과학과 전체 학문을 동시에 수용해야 하며, 이를 위해 이들을 담아낼 폭넓은 이론적 바탕을 마련해야 한다. 이는 기존 학문들을 단순히 종합하는 것이 아니라 이들을 새로운 구도에 따라 하나의 유기적 체계로 묶어냄으로써 우주와 인간에 대한 전일적인 이해를 가능하게 하고 이를 통해 동양 사상이 그동안 애써 찾으려 했던 바른 삶의 지혜를 획득할 수 있도록 해야 하는 것이다.

동양인들이 오직 명상에만 의지하여 전체를 파악하고 지혜를 찾으려 애쓰고 있을 때 서구인들은 자연현상을 개념화하여 자연과학을 이룩해내었다. 이제 서구인들이 자신들이 이룩한 과학의 중압에 파묻혀 헤어나지 못하고 있을 때 우리는 이들이 하기 어려운 새로운 작업을 해냄으로써 그동안 일방적으로 쌓여만 온 문화적 부채를 청산할 수 있을 것이다. 이는 곧 현대의 과학 이론을 한층 높은 차원에서 새로이 개념화함으로써 그 전모를 파악할 수 있게 하고 이를 통해 그 속에 담긴 과학의 참된 의미를 파악하여 문명의 바른 방향을 찾아나가자는 것이다. 굳이 이러한 작업의 한 사례를 이야기하자면 이 책의 2부에서 논의한 온생명적 관점을 말할 수 있을 것이다. 온생명이라는 것은 분명히 서구 과학적 이해의 바탕 위에서 이루어진 개념이며 온생명 자체의 생리와 건강을 논의하는 것도 서구 과학이 이룩해낸 최선의 성과를 활용함으로써만 가능해지는 것이다. 그러나 이러한 논의의 중요성을 지시해주는 것은 바로 동양적 학문 정신의 소치이며, 또 이를 통해 그 어떤 의미를 추구해나가는 것은 바로 동양적 학문이 그 동안 취해온 방식을 따르는 것이라고 말할 수 있다.[24]

이러한 우리의 작업은 종래의 과학을 붕괴시키고 새 과학을 모색하겠다고 나서는 이른바 '신과학'과는 달리, 종래의 과학을 보다 단단한 새 토대 위에 올려놓고 그 위에 한층 높은 새 구조를 엮어내는 작업이 되어야 할 것으로 생각된다. 이러한 의미에서 오늘의 동양인은 기왕에 전수받은 동양의 학문 정신을 바탕으로 올바른 사실적 진리를 지향하는 서구 과학적 개념과 방법을 수용하여 하나의 새로운 사상 체계로 재구성해내는 일에 성공할 때 위험스런 현대 문명으로 하여금 안정된 자리를 잡아가도록 도울 수 있을 것이다. 이것이 바로 그동안 높은 문화유산을 지니고서도 오히려 인류 문명 속에서 빚만 져오던 동양인이 결정적인 시기에 결정적인 방식으로 기여할 바른길이 아닌가 생각된다.[25]

주

1장 동서양의 학문 세계, 어떻게 서로 다른가

1. 키케로가 아홉 뮤즈에 붙인 해석은 각각 서사시(epic), 서정시(lyric), 희극 (comedy), 비극(tragedy), 수사학(rhetoric), 무용(dance), 음악(music), 역사 학(history), 천문학(astronomy)이다.

2. 플라톤과 아리스토텔레스 자연학이 지녔던 방법론상의 차이는 플라톤이 자연현상을 이해하는 데 지성에 의한 추상적 사고를 중시하고 수학의 적 용을 강조했던 반면 아리스토텔레스는 자연 속에 실재하는 현상 자체의 중 요성을 강조하고 관찰, 수집, 분류 등의 경험적 추구를 중시했다는 점이다.

3. 이 시기 대인 지식과 대물 지식을 근간으로 하는 서구 지성계의 양립 구도 를 보여주는 상징적 인물로 셰익스피어와 뉴턴이라는 두 사람을 제시할 수 있다.

4. G. E. Moore, *Principia Ethica*, Cambridge: Cambridge University Press, 1903, p. 10; W. S. Sahakian, *Ethics*, New York: Harper & Row, 1974, p. 42.

5. 여기서 최적의 여건이란 그 상황에 정지함이 최적이라는 의미가 아니다. 오 히려 그 상황을 중심으로 동적인 평형을 이루게 됨을 말하며, 이러한 점에 서 잠정적 변화를 나타내는 음과 양은 부정적 의미를 가지는 것이 아니다.

6. 바로 이것이 성리학의 경전이라고 할 유명한 주돈이의 『태극도설』 첫머리 에 나오는 말이다. 양이 극에 달하면 다시 음으로 움직여 가고 음이 극에 달 하면 다시 양으로 가면서, 이 최적의 조건을 중심으로 항상 움직이게 되는 것이다. 이러한 움직임이 없으면 생(生)이란 이루어지지 않는다. 이는 생의 특성을 말해주는 동시에 물리적 진동의 모습도 함께 서술하고 있는데, 대생 지식의 관점에서 대물 지식의 내용을 포섭하는 사례라고 할 수 있다.

7. 4장, 5장 참조.

8. 4장 참조.

9. 2장 참조.

10. 5장 참조.

11. 이 점에 대해서는 이 책의 14장에서 좀 더 자세히 고찰하고 있다.

12. 이 글은 학술진흥재단 지원의 연구 과제 '인문학의 인식론적 구조' 연구의

일환으로 1988년 작성된 것이며, 이에 대해 감사의 뜻을 표한다.

2장 주역과 양자역학의 비교 검토

1. 라플라스적 서술과 비라플라스적 서술이라는 표현은 결정론적 서술과 비결정론적 서술에 해당하는 의미를 지닌다. 자세한 내용은 장회익, 「양자역학과 실재성의 문제」(《과학사상》 제9호, 1994) 참조.

2. 장회익, 앞의 글, pp. 93~112.

3. 이 점에 대해서는 뒤에 나오는 '주역의 연시법과 그 해석' 절에 소개된 주희의 「서의」를 참조.

4. 여기서 '상황'과 '상태' 개념의 차이에 주의해야 한다. '상황'은 우리의 관념과 무관하게 현실 세계에서 대상이 처해 있다고 생각되는 정황을 지칭하며, '상태'는 이에 해당하는 우리의 관념적 표상을 의미한다. 특히 체계적 이론 안에서는 합법칙적 방식으로 다루기에 적합한 특정된 형태로 '상태'를 표상해내게 되므로 이러한 '상태'들이 일상적 개념들과는 다른 생소한 모습을 지닐 수도 있다.

5. 가오화이민, 『중국고대역학사』, 숭실대학교 동양철학연구실 옮김, 숭실대학교 출판부, 1990, pp. 22~31.

6. 양자역학에서는 상태 변화의 법칙으로 뉴턴의 운동방정식 대신 슈뢰딩거 방정식을 사용하며, 주어진 '상태'로부터 현실 '상황'을 해석해냄에 있어서 가능한 관측치들에 대한 확률을 부여하는 보른의 해석 규칙을 적용한다.

7. 「계사전」 상(上) 9장에 서술된 내용이 대체로 여기에 해당한다. 진징팡(金景芳)·뤼샤오강(呂紹綱), 『역(易)의 철학』(한국철학사상연구회 기철학분과 옮김, 예문지, 1993), pp. 97~110에 원문 및 자세한 해설이 있다.

8. 주희, 『역경집주(易經集註)』; 가오화이민, 앞의 책, pp. 148~152에 전문이 번역 소개되어 있다.

9. 가오화이민, 앞의 책, pp. 172~173.

10. 가오화이민, 앞의 책, pp. 174~175.

11. 聖人有以見天下之賾 而擬諸其形容 象其物宜 是故謂之象 聖人有以見天下之動 而觀其會通 而行其典禮 繫辭焉以斷其吉凶 是故謂之爻(「계사전」 상 8장).

12. 여기서 '감통', 즉 "感而遂通天下之故"의 의미를 두 가지로 해석할 수 있

다. 하나는 감통의 주어를 역(易) 또는 산가지로 보아 이것이 신통력을 나타내는 이유로 해석하는 경우로 진징팡·뤼샤오강(앞의 책, p. 117)이 이러한 입장을 취한다. 반대로 역을 수행하는 사람이 그 내면적 파악에 도달함을 의미하는 것으로 해석하는 입장이 있는데, 예를 들면 이완재, 「역학적 인식과 표현 방법에 관하여」(『주역의 현대적 조명』, 범양사출판부, 1992, p. 205)가 이러한 입장을 취한다. 여기서는 후자의 입장을 따른 것이라 할 수 있다.

13. 易无思也 无爲也 寂然不動 感以遂通天下之故(「계사전」상 10장).

14. 상태함수가 지니는 벡터적 성격은 선형대수학에서 말하는 벡터의 일반적 성질을 통해 이해할 수 있는데, 이 점에 대해서는 예를 들어 R. I. G. Hughes, *The Structure and Interpretation of Quantum Mechanics* (Cambridge, Massachusetts: Harvard University Preee, 1989)를 참조.

15. 가오화이민, 『상수역학』(신하령·김태완 옮김, 신지서원, 1994) 참조.

16. 장회익, 앞의 글; 장회익, 『과학과 메타과학』, 현암사, 2012, 6장.

17. '벨의 부등식'에 대해서는 장회익, 앞의 글 참조.

18. 곽신환, 「역학(易學)의 자연관」, 『주역의 현대적 조명』, p. 137.

19. 주역 해석에 나타나는 이러한 성향은 양자역학 해석에서 실재론적 사고를 고수할 경우 나타나는 '비국소성'이라는 신비적 해석 경향과 유사한 일면이 있다. 장회익, 앞의 글 참조.

20. 이러한 관심 아래 파악되는 우주의 실상을 흔히 '유기체적 세계관'이라 부르기도 하나 오히려 '생명 중심적 세계관'이 더 적절한 표현이다.

21. 여기서 굳이 서구 과학의 우주를 객관적 실재로서의 우주라 하지 않고 '사건 유발적 우주'라 지칭하는 것은 양자역학의 대상 서술이 객관적 실재에 대한 서술이라 말할 수 없으며, 오직 '사건 유발'(관측 장치에 나타나는 어떤 결과) 가능성의 총체로서만 의미를 지니기 때문이다. 그리고 양자역학 이전의 모든 객관적 실재라는 것들도 보다 엄밀하게 보면 모두 사건 유발적 성격의 총체라는 좀 더 넓은 범주 안에 포함시킬 수 있다.

22. 이는 물론 동양에서는 일상 생활에서 부딪히는 '사건'들 자체에 관심이 없었다는 것을 의미하지는 않는다. 일상의 세계에는 이 두 성격이 공존하고 있으나 이론의 심화 과정에서 동양에서는 '길흉 유발적' 성격에 초점을 맞추게 되었고 서구에서는 '사건 유발적' 성격에 초점을 맞추게 되었음을 의

미한다.

23. 이는 필자가 '온생명'의 개념을 도입하면서 생명의 본질적 요소로 강조하고 있는 태양과 지구의 역할을 함축한다는 점에서 흥미롭다. 이 책의 2부; 장회익, 앞의 책 9장 참조.

24. 여기서 사용한 '대대적'이란 용어는 음과 양이 지니는 상대적 성격을 포괄적으로 나타내는 것으로 주역 학자들 사이에 종종 사용되나 일상적으로 통용되는 용어는 아니다. 이 용어의 좀 더 명확한 규정에 대해서는 최영진, 「정신(精神)과 물질(物質)의 문제에 관한 역학적(易學的) 이해(理解)」,『주역의 현대적 조명』, pp. 393~397을 참조.

25. 1장 참조.

26. 이 글은 '주역의 현대 과학적 조명'이라는 제호로《과학과 철학》제5집(통나무, 1994)에 게재되었던 것이다.

3장 동양 사상에서의 시공 개념

1. 장회익,『과학과 메타과학』, 현암사, 2012, 5장.

2. M. Jammer, *Concepts of Space: The History of Theories of Space in Physics*, Cambridge, Massachusetts: Harvard University Press, 1954, pp. 5~6.

3. 이원섭 역주,『신역(新譯) 묵자』, 현암사, 1974.

4. 久 彌異時也(『묵자』「경」상).

5. 宇 彌異所也(『묵자』「경」상).

6. 久 古今旦莫(『묵자』「경설」상).

7. 宇 東西家南北(『묵자』「경설」상).

8. 行脩以久 說在先後(『묵자』「경」하).

9. 遠近脩也 先後久也 民行循必以久也(『묵자』「경설」하).

10. 宇或徒(『묵자』「경」하).

11. 이와 흡사한 현대적 개념의 하나로는 먼 은하계들로부터 오는 빛의 적색편의red shift 현상을 은하계들의 독자적 움직임에 의한 것으로 보는 대신 공간 자체의 팽창으로 보는 경우를 들 수 있다.

12. 宇進無近(『묵자』「경」하).

13. 知而不以五路 說在久(『묵자』「경」하).

14. 칸트는『순수 이성 비판(Kritik der reinen Vernunft)』에서 순수 감성의 형식

인 공간과 시간을 다시 외감(공간)과 내감(시간)으로 구분하고 있다.

15. 往古來今謂之宙 四方上下謂之宇(『회남자』「제속훈」).

16. 펑여우란(馮友蘭),『중국철학사』, 정인재 옮김, 형설출판사, 1977.

17. 推類者必本乎生 觀體者必由乎象 生則未來而逆推 象則旣成而順觀 (……)
    推此以往 物奚逃哉(『황극경세(皇極經世)』「관물외(觀物外)」).

18. 天覆地 地載天 天地相含 故天上有天 地上有天(『황극경세』「관물외」).

19. 樵者問漁者曰 天何依 曰 依乎地 地何附 曰 附乎天 曰 然則天何依何附
    曰 自相依附 天依形 地附氣(『어초문대(漁樵問對)』).

20. 知太虛卽氣 則無無(『정몽』「태화」).

21. 런지위(任繼愈) 편저,『중국철학사』, 전택원 옮김, 까치, 1990, p. 328.

22. 太虛無形 氣之本體 基聚基散 變化之容形爾(『정몽』「태화」).

23. 太虛不能無氣 氣不能不聚而爲萬物 萬物不能不散而爲太虛 循是出入 是皆
    不得已而然也(『정몽』「태화」).

24. 若謂虛能生氣 則虛無窮 氣有限 體用殊絶 (……) 不識所謂有無混一之常
    若謂萬象爲太虛中所見之物 則物與虛不相資 形自形 性自性 形性天人 不
    相待而有(『정몽』「태화」).

25. 야마다 게이지(山田慶兒),『주자의 자연학』, 김석근 옮김, 통나무, 1991,
    p. 142.

26. 야마다 게이지, 앞의 책, p. 143.

27. 이 말이 무극으로부터 태극이 생겼다는 것을 뜻하는지 태극의 성격이 무
    극이라는 것을 뜻하는지에 대해 육구연과 주희 사이의 격렬한 논쟁이 있
    었으나(라오쓰광(勞思光),『중국철학사』송명편(宋明篇), 정인재 옮김, 탐
    구당, 1987, pp. 427~439), 여기서는 주희의 주장, 즉 태극의 성격이 무극
    이라는 의미를 따르기로 한다.

28. 無極而太極 太極動而生陽 動極而靜 靜而生陰 靜極復動 一動一靜 互爲其
    根(「태극도설」).

29. 고전역학의 기본 법칙 이해를 위한 가장 가까운 접근 방식이 바로 단진자
    운동의 이해를 통한 방식이라고 생각된다.

30. 某自五六歲 便煩惱道天地四邊之外 是什麽物事 見人說四方無邊 某思量也
    須有箇盡處 如這壁相似 壁後也須有 什麽物事 某時思量得幾乎成病 到而
    今也未知那壁後是何物(『주자어류(朱子語類)』권94).

31. 天積氣 上面勁 只中間空 爲日月來往 地在天中不甚大 四邊空(『주자어류』 권2).

32. 天地無外 所以其形有涯 而其氣無涯也 爲其氣極緊 故能扛得地住 不然 則 墜矣 氣外須有軀殼甚厚 所以固此氣也(『주자어류』 권100).

33. 地則氣之査滓 聚成形質者 但以其束於勁風施轉之中 故得以兀然浮空 甚久 而不墜耳(『초사집주(楚辭集注)』 권3).

34. 造化之運如磨 上面常轉而不止(『주자어류』 권1).

35. 某常言正如麵磨相似 其四邊只管層層撒出 正如天地之氣 運轉無已 只管層 層 生出人物 其中有麤有細 故人物有偏有正 有精有粗(『주자어류』 권98).

36. 야마다 게이지, 앞의 책, pp. 136~137.

37. 이는 『맹자(孟子)』 「공손축(公孫丑)」 상(上)에 나오는 말이다.

38. 問 塞乎天地之間 曰 天地之氣 無處不到 無處不到透 是也 氣剛 雖金石也 透過(『주자어류』 권52).

39. 야마다 게이지, 앞의 책, pp. 184~195.

40. 他日讀古書 至宇宙二字 解者曰 四方上下曰宇 往古今來曰宙 忽大省曰 宇 宙內事 乃己分內事 己分內事 乃宇宙內事(『상산전집(象山全集)』 권33).

41. 이 글은 《과학과철학》 제3집(통나무, 1992)에 실렸던 내용을 다소 수정한 것이다.

4장 조선 성리학의 자연관

1. 이 책은 현재 그의 다른 대표적 저술들인 「경위설(經緯說)」, 「태극설(太極 說)」 등과 함께 총8권 6책으로 이루어진 『여헌성리설(旅軒性理說)』에 수록 되어 있으며, 이것의 독립된 1책을 이룬 제8권이 바로 「우주설」이다. 「우주 설」은 대략 1만 5,000자에 해당하는 본문과 5,500자 정도의 답동문(答童問) 으로 구성되어 총 2만 자가 넘는다. 답동문은 아마도 「우주설」 본문을 보완 하기 위해 꾸며진 듯하며 10여 항목에 해당하는 동자(童子)의 질문에 대답 하는 형식을 취하고 있다. 이 책의 저술 연대에 관해서는 『여헌문집(旅軒文 集)』 부일(附一) 연보(年譜)에 수록되어 있다.

2. 유명종, 『한국유학연구』, 이문출판사, 1988, pp. 171~245. 이 밖에도 장현 광 사상에 대한 연구로 유명종, 『한국철학사』, 일신사, 1982, pp. 198~210; 김길환, 『조선조유학사상연구』, 일지사, 1980, pp. 352~380; 한국철학회

편, 『한국철학사』 중권, 동명사, 1987, pp. 294~322; 김필수, 「여헌의 생애와 성리설」, 《동대철학사상》 8, 1986; 「여헌 장현광의 역학도설(易學圖說) 연구」, 《동국대논문집》 5, 1986; 이완재, 「여헌 장현광의 철학사상」, 《동양문화국제학술회의논문집》 2, 1980; 박선정, 「여헌 장현광의 우주론」, 고려대학교 교육대학원 석사학위논문, 1980; 전용훈, 「조선중기 유학자의 천체와 우주에 대한 이해」, 서울대학교 과학사 및 과학철학 과정 석사학위논문, 1991; 장재우, 《한국사상》 18, 한국사상연구회, 1981, pp. 319~344 등이 있다.

3. 「천도책」은 당시 사대부들의 자연관이 비교적 잘 드러나 있는 문헌으로, 대략 250자의 질문 부분(問)과 대략 2,500자의 해답 부분(對)으로 구성된 전문 2,700여 자의 비교적 짧은 글이다. 「천도책」을 소개하고 본문 및 역문을 게재한 책으로 이준호 편역, 『율곡의 사상』, 현암사, 1973; 이상은 · 이병도 역, 『한국의 유학사상: 퇴계집/율곡집』, 삼성출판사, 1976(「천도책」 부분은 유정동이 옮기고 해제했다)이 있다.

4. 萬化之本一陰陽而已 是氣動則爲陽 靜則爲陰 一動一靜者氣也 動之靜之者理也(「천도책」).

5. 凡有象於兩間者 或鍾五行之正氣焉 或受天地之乖氣焉 或生於陰陽之相激 或生於二氣之發散 是故 日月星辰之麗乎天 雨雪霜露之降于地(「천도책」).

6. 風雲之起 雷電之作 莫非是氣 其所以麗乎天 其所以降于地 風雲所以起 雷電所以作 莫非是理也(「천도책」).

7. 二氣苟調 則彼麗乎天者 不失其度 降于地者 必順其時 風雲雷電 皆有於和氣矣 此則理之常也 二氣不調 則其行也失其度 其發也失其時 風雲雷電 皆出於乖氣矣 此則理之變也(「천도책」).

8. 然而 人者天地之心也 人之心正 則天地之心亦正 人之氣順 則天地之氣亦順矣 然則 理之常 理之變者 其可一委於天道乎(「천도책」).

9. 박성래, 「한국의 재이와 재이관」, 『전통사상』, 한양대학교 한국전통과학연구소, 1980.

10. 愚嘗求諸古昔 災異之作 不見於修德之治世 而薄蝕之變 咸出於叔季之衰政 則天人交與之際 斯可知矣(「천도책」).

11. 愚聞 人君正其心以正朝廷 正朝廷以正四方 四方正則天地之氣亦正矣 又聞 心和則形和 形和則氣和 氣和則天地之和應矣 天地之氣旣正 則日月安有薄

蝕 星辰安有失躔者哉 天地之氣旣和 則雷電霹靂豈洩其威 風雲霜雪豈失其
時 陰霾戾氣豈有作孽者哉(「천도책」).

12. 육구연 또한 우주의 이 정의에 크게 감동받은 바 있다. 이에 관해서는 3장
참조.

13. 上下四方曰宇 則上焉至于上之極 下焉至于下之極 四方焉至于東西南北
之極者 是宇也 古往今來曰宙 則從天地之始 盡天地之終者 是宙也(「우주
설」).

14. 天地亦有形之物也 (……) 而旣有形 則有形者豈無其際限乎 (……) 然則天
地之六極 皆當有外也 始亦有前也 終亦有後也(「우주설」1A).

15. 夫其所以有天有地 爲之宇 爲之宙 爲之宇宙之內 爲之宇宙之外 爲之宇宙
之前 爲之宇宙之後者 孰有以繼之孰有以包圍之歟 此卽所爲太極之理也
(「우주설」1A, B).

16. 理之所以爲太極者以其爲無極也 無極之中 自有許多大小變化之無窮焉者
所以爲之無極而太極也(「우주설」1B).

17. 「우주설」의 논의에는 주희를 비롯한 성리학자들의 학설과 개념 들이 많이
사용되고 있으나 이들에 대한 구체적 인용이나 언급은 거의 없다. 유일한
예외는 소옹에 대한 언급이 몇 번 있는데, 이는 아마도 저자 자신이 그의
학설, 특히 원회운세설을 완전히 소화하기 어려워 원주창자를 명시하고
있는 것이 아닌가 생각된다.

18. 盖陰生陽 陽生陰 故十二與三十互爲紀焉 (……) 元分爲會者旣爲十二 則一
會又分爲運者卽三十也 通十二會之運則三十其十二爲三百六十運也 會
分爲運者旣爲三十則一運又分爲世者卽十二也 (……) 運分爲世者旣爲
十二則一世又分爲歲者卽三十也 (……) 以至於歲月日辰刻分釐毫絲忽
妙沒 莫非此二數之互紀而流行者矣(「우주설」26A, B).

19. 元分爲會 會分爲運 運分爲世 世又分爲歲 以至爲月 爲日 爲辰 爲刻 爲分
爲釐 爲毫 爲絲 爲忽 爲妙 沒至於不可分焉(「우주설」14B).

20. 一元有十二會 (……) 自子會至亥會 卽其始終也 而十二會中 前六會爲陽
後六會爲陰 子爲陽之始 卽爲陽之中 巳爲陽之極 午爲陰之始 酉爲陰之中
亥爲陰之極(「우주설」2A, B).

21. 夫謂天地之外 又必有大元氣者 盖以大地之厚重其能悠久不墜者 以周天大
氣旋運不息 故扛得大地而能不墜也 其爲大氣之能常運不息者 又必有大殼

子盛載得大氣特住 然後當得堅固不散也(「우주설」3B).

22. 然則其大㲩子 又豈無所造爲而得成 又豈無所籍特而得存乎哉 故知天地之
外必有最大元氣 有以造得天地而使之始終於其中也(「우주설」3B).

23. 於是又欲推得其天地外大元氣之所極 則茫然邈然無從可究其端倪焉 故曰
無極太極之理中出也 此乃莫容探究之言也(「우주설」3B).

24. 然則其爲元氣也者 其積也幾何 其健也如何 而乃能扛得大地爲如許哉 性其
扛大地之元氣 其爲力量者如許也 而數周天之度者 旣曰三百六十五度四分
度之一(……) 則其積之厚亦必有一定自然之常度矣(「우주설」28B, 29A).

25. 又曰一元者 自開闢之閉闔之 謂如人物之自胎生至死亡之間也 卽天地之壽
也 謂之一元者(「우주설」14A).

26. 此一元之前 必有已往無窮之元 此一元之後 又必有未來無窮之元(……)
元固不得爲一元而止 則安知此天地之外 復有他天地者(「우주설」15B).

27. 有曰 天開於子 地闢於丑 人生於寅(「우주설」4A).

28. 大明洪武 甲子初八 午會之第十一運(「우주설」12B).

29. 今日亦此一元之中矣 以康節之數許之 盖在午會也(「우주설」29B).

30. 第未知當初 肇紀之時 何以知夫 所當之會 所當之運 所當之世 與所當之歲
月日辰 各値何干支 而因此推上推下得不有紊 於已往之世與將來之世 而罔
不符合歟 聖人盖必有契會諧得之妙法 而今不可據識矣(「우주설」8B).

31. 唐虞以上 卽一元之上半也 三代以後 已屬一元之下半也(……) 一元如一
歲也 上半以上爲方進之氣也 下半以下爲方退之氣也(……) 此所以後人後
世之漸不及古者也(「우주설」10B, 11A).

32. 有氣 然後氣聚而成質 故天開 然後地得以闢焉 二氣分形兩儀相配 然後遊
氣儲造化行 而萬物生焉(「우주설」5A).

33. 得天地之正氣者爲人 得其餘氣者爲物也 氣無不周 化無不遍 故淸濁粹雜
精粗厚薄 咸具畢備 而物不得不萬焉 唯人也稟其淸粹精厚 而生爲萬物之首
故萬物莫不爲人之用焉 聖人則又得夫最淸最粹最精最厚 而又以首乎首萬
物之人焉(「우주설」5A).

34. 이 책의 14장 참조.

35. 童子曰 然則所謂高山石中之螺蚌殼 卽何時所有之物歟 (余) 曰此固不可必
知其某時物也 以理料之則(……) 方其水土未分之際 先得水土之氣 而化
生於其間者 是螺蚌之屬乎 及其水土旣分 石之泥滓堅凝高出者爲山 則螺蚌

之昔在水中者 有或爲石中之殼耶(「우주설」답동문 41A, B).

36. 童子曰 螺蚌方生於水土則是造化行矣 其時也血氣之類亦有竝生者 而吾
人者亦生乎未生乎 (余) 曰凡品彙之生有什百千萬之不齊 (……) 水中之物
得水便生 陸上之物得陸便生 皆不須同時而生矣 (……) 得偏氣而生者 天
地未成之前 而或有焉 (……) 若吾人則異於偏氣之物矣 必得天地定位(「우
주설」41B).

37. 日月星三光 自何時而勝乎 風雨雷霆 自何時而行乎 草木衆植 從何世而萌
生乎(「우주설」4A).

38. 禽獸蟲魚 與人同時而生乎 抑先人而生 以得人出而爲其用乎(「우주설」
5A).

39. 卽吾一身一心之中 而天地古今萬物萬事之理畢具焉 體而會之 察而由之 無
不通焉(「우주설」5A).

40. 或曰理之無極氣之無窮者 人則何從而知得其爲無極無窮之歟 曰以吾心之知
覺而可以能究極其無極無窮到其無窮也 曰人心之知覺有以能通乎無極無窮者
何歟 曰理自是一定公共之理也 有物之所同得也 而人則氣淸而秀 故能不爲
情慾之所蔽 則其明也當無所不通 而無極太極之理自無碍於心目之間矣(「우
주설」16A).

41. 凡所謂窮理者不是遊心馳意於曠蕩虛無之域 認取無形之形無象之象 而謂
之窮理也 大學曰致知在格物 若不從有物而格之 其何因而知可致乎(「우주
설」답동문 33B).

42. 仰觀有天 故據是蒼蒼者而可窮其爲天之理 俯觀有地 故據是膴膴者而可窮
其爲地之理 至於日月星辰水火土石寒署晝夜風雲雷雨山嶽川瀆飛走草木
莫不因吾目力之所及 而窮盡其理 其於目所未及者 則有耳無所不聞 故卽可
因其所聞而事無不可窮者矣(「우주설」답동문 33B).

43. 以此而推諸旣往 則前萬古可以今而知之 以此而推諸將來 則後萬世亦以今
而知之(「우주설」답동문 33B, 34A).

44. M. P. Laplace, *Mécanique Céleste*, 1825.

45. 事有必可知者焉 又有必不可知者焉 其必可知者在我之精神魂魄有可通之
路也 其必不可知者精神魂魄無可通之路也(「우주설」답동문 35A).

46. 特以人之精神魂魄局於形氣之中 故乃有所不通也 凡窮理者以在我之理 照
彼天地萬物之理 卽可以認會得無餘蘊也 其所以隨照便會者 理之在此在彼

爲一本原也(「우주설」답동문 35A).

47. 聖人亦人也　人之精神魂魄所不可通者　則雖聖人亦何得以知哉(「우주설」
답동문 35A).

48. 輕淸而上者　必爲天也　重濁而下者　必爲地也　生於兩間而爲萬物者　亦必如
此元中萬物也（……）其爲人所生長之地方　所生死之年歲　所稟受之貌象
未知其果與此元之一一相似也(「우주설」30A, B).

49. 人若曰我能知此　乃非狂則妄也　今余所謂其道理其人物其事變之必如此元
無異云者　惟以此理爲一太極者而推之也(「우주설」31B).

50. 土石則形質而已　草木有生氣而全無知覺　禽獸血氣之類也而知覺莫通於義
理　人則最靈也　而衆人之知覺偏滯而莫遍　惟聖人爲能知得其盡行得其全　然
而聖人亦不出乎天地萬物之理而已（……）理果不免隨形氣而廣狹也　形氣
之所隔　理亦莫得以行焉(「우주설」답동문 35B).

51. 然則宇宙雖大　亦圍於太極之中矣　惟吾人者得此理之全體　中立於天地之間
其受形　不過爲七尺之軀（……）則可謂小矣　而其爲道也　乃得以參三才
首萬物　擔當宇宙　把握天地　通古今　達事變　視於無形　聽於無聲　思慮無所不
及　力量無所不能　則宇宙間模範之大者　孰有過吾人之道哉(「우주설」1B).

52. 二氣五行之流行於宇宙間者　未嘗有刻分之或息　而頭緖條脈不容相亂（……）
其序必順　其行必信焉　惟吾人事在於其間　必須順承而趨就之　然後萬事惟則
參贊化育之業立矣(「우주설」7B, 8A).

53. 人者物中之最貴最靈　而參天地一萬物主參贊化育之事業者也　然則太極之
有以致用　陰陽之有以成功者　到於人而極矣（……）宇宙間之事業都萃於吾
人身上矣　此從古聖賢必以宇宙間事業爲己責　而要畢其能事者也　所謂能事
者何謂也（……）家有家之道　國有國之道　人盡人之性　物盡物之性　有以位
天地　有以貫古今者非能事乎(「우주설」9B, 10A).

54. 此又一元之間　否泰往來之無窮者也　大盈虛之中又有小盈虛　大消息之中又
有小消息　至於升降盛衰之相仍者莫不皆然　惟聖人爲能達其必然之理　而默
行其人事變通之權　不使之窮焉　若操人事之柄者　或不能隨時變通　有違於自
然相濟之理　則召災致禍之機　亦莫不在是矣　旣往治亂之跡可以鑑焉　然則處
一元之間　吾人事業不爲大乎(「우주설」15A).

55. 形而上者謂之道　形而下者謂之器(『역경』「계사전」상).

56. 宇宙以下卽所謂形而下者也　其道卽所謂形而上者也(「우주설」17A).

57. 分上下而號之曰天地 合覆載而稱之曰宇宙 不是天地之外別有宇宙 便是宇宙爲天地之統名也(「우주설」16B).

58. 理也者 形而上之道也 生物之本也 氣也者 形而下之器也 生物之具也(『주자전서(朱子全書)』권49, 5B;『주자문집(朱子文集)』권58 「답황도부서(答黃道夫書)」).

59. 夫所謂道乃是合理氣 兼體用 而常一常存者也(「우주설」18A).

60. 理之爲經也 而卽所謂無極太極者也 (……) 氣之爲緯也 而卽所謂二氣五行者也 其所以經之緯之合而成之者非道乎(「우주설」18A, B).

61. 盖理之爲理乃所以爲有物之理也 理之有氣乃所以爲造物之資也 (……) 旣有此理氣矣 於是不得不有天焉 旣有天矣 於是不得不有地焉 旣有天地矣於是不得不有萬物焉(「우주설」9A, B).

62. 도(道)가 보편적 법칙성의 의미로 사용된 경우의 예로는 "但以見在之常道言之……"(「우주설」답동문 36B) 등의 표현이 있다.

63. 이러한 경우의 예로는 오행(五行)이 그 궤도를 잃는다는 의미의 "五行廢其道矣"(「우주설」답동문 40A)와 같은 표현이 있다.

64. 天得此道而覆幬爲天 則資始萬物者其事也 地得此道而得載爲地 則資生萬物者其事也 人得此道而中立爲人 則性天地之德 會事物之理 窮理盡性 (……) 以之參贊天地 化育萬物 至於繼往聖開來學者其事也(「우주설」19B).

65. 주 54 참조.

66. 一草一木之妖 尙謂之異 一星一辰之差 亦謂之怪 況大陽之見食 誠怪戾之莫最 有友詰余而言 曰當食不食扶陽者誰 當避不避馴陰者誰 其食也旣有常度 何退逼之異時 余曰子不知天人之理乎 象垂乎天 道在于人 天之心曰人天與人非二眞也 象之理曰道 象與道乃一根也 人感而天應 道悖而象變(『여헌문집』권1「일식부」).

67. 「천도책」의 저자 이이(1536~1584)와 「우주설」의 저자 장현광(1554~1637) 사이에는 학문의 직접적인 승계 관계는 없으나, 학문 내용에서 상당한 유사점이 있는 것으로 알려지고 있다(유명종,『한국유학연구』, pp. 175~176). 그러나 대체로 이이가 주기론(主氣論)에 가깝다면 장현광은 주리론(主理論)에 가깝다.

68. 「천도책」의 경우 시험의 답안이라는 제한된 여건 아래 서술된 것이고, 「우주설」의 경우 노숙한 학자의 자재로운 상황에서 서술된 것임을 참고할 수

있다.

69. 이 글은 '조선 후기 초 지식 계층의 자연관'이라는 제목으로 《한국문화》 제 11호(1990)에 게재되었던 내용을 수정 보완한 것이다.

5장 조선 실학의 과학 사상

1. 다산의 과학 관련 업적에 대해서는 다음을 보라. 박성래, 「정약용의 과학 사상」, 『정약용』, 윤사순 편, 고려대학교 출판부, 1990, pp. 327~350; 리용태, 「자연과학 사상」, 『다산정약용』(탄생 200주년 기념론문집), 푸른숲, 1989, pp. 113~159.

2. 『여유당전서(與猶堂全書)』(경인문화사 판 영인본) II-93 위 오른쪽(이후 『여유당전서』는 책수(冊數)-면수(面數) 면에서의 상하좌우 표기 방식으로 인용).

3. 理者無形的也 物之所由然也 氣者有形的也 物之體質也(『여유당전서』 I-451 위 왼쪽).

4. 유초하, 「정약용 철학의 과학 지향과 그 한계」, 《과학과 철학》 제2집, 통나무, 1991, pp. 74~75.

5. 理者本是玉石之脈理(『여유당전서』 II-138 아래 오른쪽).

6. 랴오밍춘(廖名春)·캉쉬에웨이(康學偉)·량웨이시엔(梁韋弦), 『주역철학사』, 심경호 옮김, 예문서원, 1994, pp. 35~39.

7. 다산의 주역에 관한 연구는 우리 학계에서 이제 겨우 관심이 모아지기 시작하는 새로운 연구 과제이다. 이에 관한 기왕의 연구로는 이을호, 『다산의 역학』(민음사, 1993); 김왕연, 「다산의 역학사상」(『정약용』, 윤사순 편, 고려대학교 출판부, 1990) 등이 있다.

8. 주역에 관한 다산의 주요 저작들은 그가 유배 중에 쓴 『주역사전(周易四箋)』과 유배 후에 집필한 『주역서언(周易緒言)』이 있는데, 모두 『여유당전서』 III권에 수록되어 있다.

9. 여기서 말하는 다산의 『역론』은 『여유당전서』 두 곳에 수록되어 있다. 『여유당전서』 I-222에는 '역론이(易論二)'라는 제목으로 수록되어 있으며 『여유당전서』 III-376에는 단지 '역론(易論)'이라는 제목으로 수록되어 있다.

10. 『여유당전서』 III-376 위 오른쪽.

11. 『여유당전서』 III-376 위 왼쪽.

12. 『여유당전서』 III-376 위 왼쪽.

13. 吾道之載無出於六藝 六藝之品莫尊於周易(『여유당전서』 III-503 위 오른쪽).

14. 『여유당전서』 III-557 위 오른쪽.

15. 『여유당전서』 III-555 아래 왼쪽, III-556 위 오른쪽.

16. 당시 다산은 흑산도(玆山)에 유배되어 있던 중형 정약전에게 주역에 대한 자신의 글에 대한 논평을 받았는데 이를 「자산역간(玆山易柬)」이라 하여 자신의 책 속에 편집해두고 있다. 이 글은 『여유당전서』 III-558~559에 수록되어 있다.

17. 『여유당전서』 III-558 아래 왼쪽, III-559 위 오른쪽.

18. 이을호, 앞의 책, pp. 28~29.

19. 이 점에 관해서는 4장 참조.

20. M. P. Laplace, *Mécanique Céleste*, 1825.

21. 이 글은 《한국사 시민강좌》 제16집(1995)에 게재되었던 내용을 부분적으로 수정한 것이다.

6장 생명을 어떻게 볼 것인가

1. 이는 예컨대 1975년도 판 『브리태니커 백과사전』 Macropaedia 제10권 pp. 893~894에 나오는 'Life' 항목에서 찾아볼 수 있다.

2. 생물학자 오글(L. E. Orgel)은 이를 좀 더 정교화하여 생물체를 CITROENS (Complex Information Transmitting Reproducing Organisms that Evolved by Natural Selection), 즉 "자연선택에 의해 진화된 정보를 전달하고 증식해나가는 복잡한 유기체"라고 규정하기도 한다(L. E. Orgel, *The Origin of Life*, New York: John Wiley, 1974; 『생명의 기원』, 소현수 옮김, 전파과학사, p. 206).

3. 지구의 기후 시스템이 대표적인 예이다. 이것 외에 냉장고라든가 자동차 등도 그 예에 해당할 수 있다.

4. G. W. Rowe, *Theoretical Models in Biology*, Oxford University Press, 1994, p. 103.

5. 생명이 형성되는 데는 국소질서의 존재가 필수적인데 국소질서는 오직 일정한 온도 차이를 지닌 에너지 발산체와 에너지 흡수체 사이에서만 존재할 수 있다. 이 점에 대한 좀 더 깊이 있는 논의는 다음을 보라. H. J. Morowitz, *Energy*

Flow in Biology, New York: Academic Press, 1968, Chapter 1; 장회익, 『과학과 메타과학』, 현암사, 2012, 8장.

6. 부-엔트로피란 엔트로피에 부(負)의 부호('−')를 붙인 물리량을 의미하며, 통상 엔트로피가 '무질서'를 의미하므로 이는 반대로 '질서'를 나타내는 개념이 된다. 이런 의미의 부-엔트로피는 슈뢰딩거가 그의 책 『생명이란 무엇인가?』에서 최초로 도입했다(E. Schrödinger, *What is life?* Cambridge: Cambridge University Press, 1944).

7. 복제 생성률의 정확한 정의에 대해서는 7장 참조. 여기서 35억 년 전이라는 시기 설정은 오직 근사적 의미만을 지닌다. 최근의 논의에서는 이 시기를 훨씬 올려 잡는 경향이 있다. 따라서 대략 35억 년 내지 40억 년 전이라 보면 무난할 것이다. 그러나 이 글에서는 편의상 35억 년 전으로 쓰기로 한다.

8. 이 조건들에 대한 구체적 내용은 7장 참조.

9. 필자가 '온생명' 개념을 최초로 도입한 것은 1988년 4월 유고슬라비아 두브로브니크에서 열린 과학철학 모임에서의 발표("The Units of Life: Global and Individual")인데, 이때 영문으로 이를 'global life'로 표기했다. 같은 해 9월 서울올림픽 국제학술회의에서 같은 명칭으로 이 개념을 사용했으며, 그때의 글은 본 학술회의 논문집 영문판 그리고 이후 *Zygon* 제24호에 실려 해외에 소개되었다(H. I. Zhang, "Humanity in the World of Life", *Zygon: Journal of Religion and Science 24*, December 1989, pp. 447~456). 한편 이 개념에 대한 우리말 표현은 두브로브니크 논문을 《철학연구》 제23집(「생명의 단위에 대한 존재론적 고찰」, 1988, pp. 89~105)에 번역하여 게재하면서 '세계생명(global life)'이라고 사용한 것이 처음이며, 그 후 이를 다시 '우주적 생명'(장회익, 앞의 책) 또는 '우주생명'(장회익, 「우주생명과 현대인의 암세포적 기능」, 《녹색평론》 제2호, 1992, 6~24쪽) 등으로 표기해보기도 했으나 모두 적절한 표현이라고 할 수가 없었다. 그리하여 여러 가지로 고심하던 중 1992년 무렵 외람됨을 무릅쓰고 하나의 새 용어인 '온생명'이라는 말을 만들어내게 되었다(장회익, 「가이아 이론: 그 과학성과 신화성」, 《과학사상》 제4호, 1992, pp. 140~157 및 이후의 글들). 그러나 영문으로는 여전히 'global life'라는 표현이 무난할 듯하여 이 글에서는 '온생명(global life)'의 형태로 소개한다. 이 명칭과 관련해 그간 야기시킨 혼란에 대해, 그리고 새 용어를 만들어내야만 했던 경위에 대해 독자들의 양해를 구한다.

10. 생태계의 정의에 관해서는 예를 들어 표준 생물학 교재인 월리스(Robret A. Wallace) 등의 *Biology: The Science of Life*, Sanders and Ferl, 1991, pp. 1165~1178에서 찾아볼 수 있다.

11. 예컨대 Wallace, 앞의 책, pp. 1134~1138 참조.

12. 1995년에 나온 *Zygon* 제 30호는 샤르댕의 생애와 사상을 특집으로 다루었다. 특히 여기에 게재된 갈레니의 논문(Galleni, 1995)은 샤르댕의 생물권 개념을 재조명하고 이것과 러브록의 가이아 개념(Lovelock, 1979)의 관계에 대해 논의하고 있다.

13. Teilhard de Chardin, *The Future of Man*, Trans. Norman Denny, New York: Hanper & Low, 1964, p. 163.

14. L. Galleni, "How Does the Teilhardian Vision of Evolution Compare with Contemporary Theories?", *Zugon: Journal of Religion and Science 30*, March 1995, pp. 25~45.

15. Teilhard de Chardin, "The Antiquity and World Expansion of Human Culture" In *Man's Role in Changing the Face of the Earth*, ed. Jr. William Thomas, Chicago: University of Chicago Press, 1956(Galleni, 1995에 인용됨); Teilhard de Chardin, *The Future of Man*.

16. J. E. Lovelock, *Gaia: A New Look at Life on Earth*, Oxford: Oxford University Press, 1979; J. E. Lovelock, *The Ages of Gaia: A Biography of Our Living Earth*, London: W. W. Norton, 1988.

17. 장회익, 「가이아 이론: 그 과학성과 신화성」,《과학사상》 4호, 1992, pp. 140~157.

18. 장회익, 「생명의 단위와 존재론적 성격」, pp. 255~279; 장회익 『과학과 메타과학』 9장.

19. 8장; 장회익, 「온생명과 현대 문명」,《과학사상》 제12호, 1995, pp. 138~160 참조.

20. 7장; H. I. Zhang, "Humanity in the World of Life", *Zygon* 24, 1984, pp. 447~456 참조.

21. 이 글은 『해방 50년의 한국 철학』(철학과현실사, 1996)에 실렸던 내용을 부분적으로 수정한 것이다.

7장 생명과 인간

1. G. W. Rowe, *Theoretical Models in Biology*, Oxford: Oxford University Press, 1994, p. 103.

2. 최무영, 「혼돈과 질서」, 《과학과철학》 제6집, 1995, pp. 298~306; J. Gleick, *Chaos*, New York: Viking, 1987 참조.

3. I. Prigogine and I. Stengers, *Order out of Chaos*, New York: Bantam Books, 1984, Chapter 6.

4. 장회익, 『과학과 메타과학』, 현암사, 2012, 9장.

5. 앞에서 언급한 바와 같이 '온생명(global life)'이라는 개념은 필자가 1988년 이래 사용해오던 것이나, 1997년 6월에는 세계 환경의 날을 맞아 국제환경회의가 선포한 '환경 윤리에 관한 서울 선언'에서 '온생명 체계(whole life system)'라는 이름으로 사용된 일이 있다. 이 선언의 원칙 항목은 다음과 같은 말로 시작된다. "인간을 비롯한 지구 상의 모든 생물과 자연적 요소, 그리고 물리적 힘은 서로 뗄 수 없는 의존 관계를 맺고 있으며, 이 유기적 총체는 온생명 체계를 이루고 있다."

6. 예를 들어 백종현, 「이성, 인간 안에 있는가 위에 있는가」(명지대 동서철학연구소, 연세대 철학연구소 주최 '이성과 감성' 심포지엄, 1997) 참조.

7. 이 글은 《과학사상》 제22호(1997, 가을)에 게재되었던 내용을 부분적으로 수정한 것이다.

8장 온생명과 현대 사회

1. 1996년 8월 미국의 매케이 등은 화성에서 연유된 화석에서 생명의 흔적을 발견했다는 보고를 한 일이 있다(David S. Mckay, et al., "Search for Past Life on Mars: Possible Relic Biogenic Activity in Martian Meteorite ALH84001", *Science*, 16 August 1996). 만일 이 보고가 사실이라면 지구생명 이외에 또 다른 생명이 우주 내에 존재한다는 구체적 증거가 된다. 그러나 아직은 이를 지구생명과 독립적인 별개의 생명이라 판단하기에는 이르다.

2. 여기서 '정보적 질서'는 어떤 물리적 양상이 한 지정된 질서 내에서 그 질서로 인해 독특한 방향의 촉매적 기능을 하게 됨을 의미한다. 이러한 관계가 바로 '작용체'와 '보작용자'의 관계를 형성하며, 기왕에 형성된 질서 즉 '보작용자'를 바탕으로 정보 즉 '작용체'가 질서로서의 의미를 지니게 된다. 이때의

작용체가 '부호 기록을 지닌 자체촉매적 개체'에 해당하는 존재가 되는 것이다. 장회익, 『과학과 메타과학』, 현암사, 2012, pp. 259~274 참조.

3. 열역학 제2법칙이란 '고립된 계 안에서 엔트로피, 즉 무질서의 정도가 증가하는 방향으로만 변한다'는 것이며, 이러한 질서 파괴의 경향을 극복하기 위해서는 외부로부터 엔트로피 증가를 보상해줄 부-엔트로피, 또는 다른 표현으로 자유에너지를 공급받아야 한다.

4. 6장 참조.

5. 6장 참조.

6. 인류의 선조들은 본래 숲 속에서 과일을 따 먹으며 생존했다고 알려져 있다. 손발을 비롯한 신체 구조의 특징이 이를 말해준다. 그러나 지구 상의 물리적 여건 변화에 의해 숲의 면적이 급격히 줄어들자 숲을 떠나 보다 황량한 들로 나와 수렵 생활을 하게 되었으며, 이것이 새로운 방식의 생존을 강요한 외적 여건이었던 것으로 알려지고 있다.

7. 여기서 이것을 온생명의 주체로 해석할 것인지 여전히 개체 인간의 주체로 해석할 것인지에 대한 논란의 여지가 있다. 이를 개체 인간의 주체로 해석하는 입장에서는 적어도 개체 인간의 의식을 떠난 제3의 의식 주체를 상정하지 않는 한 이는 개체 인간의 확대된 의식일 수는 있어도 온생명의 의식으로 볼 수는 없다는 주장을 제시할 수 있다. 그리고 만일 이러한 의식을 지닌 다수의 개인이 존재한다면 과연 누구의 의식이 온생명의 의식인가 하는 문제가 발생한다. 이에 대해 온생명의 의식으로 보는 입장의 답변은 다음과 같다. 첫째로 특정 개인을 통해서라도 일단 온생명적 관심사에 이르게 되면 특정 개인으로서의 관심사는 상대적으로 왜소화되어 특정 개인의 의식이라는 특성이 탈색될 것이며, 둘째로 설혹 개체 인간에 속하는 독립된 의식 주체가 다수 존재하더라도 이들은 문화 공동체를 이룸으로써 적어도 온생명적 관심사에 대해서는 서로 간의 통신에 의해 동일 의식으로서 효과를 발휘할 것이다. 이 점에 관해서는 좌우 반구의 의식 중심체가 연결뇌에 의해 하나의 의식으로 통합되는 과정이 좋은 참고가 될 것이다.

8. 현대 문명을 논할 때 과학기술을 주된 변인으로 보고 사회체제라든가 여타의 정신문화를 종속 변수로 보는 것이 과연 타당한가 하는 데는 의문이 없지 않다. 이들 사이에는 당연히 단순한 주종 관계만 있는 것이 아니라 상호 규정적 성격도 존재한다. 그러나 현대 과학기술의 영향력이 너무도 강력하

여 사회적 또는 정신적으로 이를 규제하기가 대단히 어렵다는 것이 과학기술론자들 사이에서 찾아볼 수 있는 지배적 관점이다.

9. 이는 오직 상대적 의미에서만 타당한 주장이다. 좀 더 면밀한 역사적 고찰에 따르면, 인류 문명의 초기부터 인간은 적지 않은 생태계의 손상을 야기해왔다. 이 점에 대해서는 클라이브 폰팅(Clive Ponting), 『녹색세계사(A Green History of the World)』(이진아 옮김, 그물코, 2010)를 참조.

10. 태양 규모의 항성이 지니는 일반적인 수명에 비추어 보면 우리의 태양은 대략 50억 년 정도의 수명을 남겨놓고 있다. 그러므로 온생명의 자연스러운 수명을 이야기하자면 대략 50억 년이 남았다고 할 수 있다. 그러나 만일 지구 상의 온생명이 실제로 50억 년을 생존할 수만 있다면 최소한 태양계를 떠나 다른 천체 안에서 생존할 기술적 능력을 배양할 수 있을 것이 거의 확실하며 만일 그러하다면 온생명의 수명은 사실상 무제한에 가깝다.

11. 이 점에 관해서는 9장에서 좀 더 자세히 논의하고 있으므로 여기서는 간단한 개요만을 요약하기로 한다.

12. 이 점에 관해서는 9장에서 좀 더 자세히 논의한다.

13. 원리적으로 이야기한다면 이러한 문제들은 인간중심적 관점을 취하더라도 같은 결론에 이를 수 있다는 주장이 가능하다. 온생명의 손상은 결국 인간의 생존 자체도 불가능해지는 상황을 도래시키기 때문이다. 그러나 이를 극복하려는 마음의 자세는 우리가 어떤 입장에 서느냐에 따라 크게 달라진다. 주변 산 위에 자라는 나무를 환경의 일부라고 생각할 때와 내 몸의 일부라고 생각할 때 나에게 전해지는 느낌이 달라진다. 현실적 상황에서 이 점은 대단히 중요하다. 신체적인 나 또는 사회와 일체화된 나로서의 '나'는 비교적 느끼기 어렵지 않다. 이는 우리의 본능 또는 문화 속에 어느 정도 각인되어 있기 때문이다. 그러나 온생명으로서의 나는 무척 생소하다. 이는 우리의 본능 또는 직접적 경험을 통해 느끼기가 매우 어렵기 때문이다. 그런데 흥미로운 점은 동양의 문화 전통에는 이러한 일체감을 느끼게 해주는 요소가 담겨 있다는 사실이다. 이 점에 대해서는 9장에서 좀 더 자세히 논의한다.

14. 자유경제 체제가 바탕으로 삼고 있는 경쟁의 방식하에서는 개인 및 조직체가 개체 번영의 보상과 개체 생존의 위협 아래 놓임으로써 이를 뚫고 나갈 최선의 방식을 채용하게 되고, 여기에 항쟁의 수단이 없는 생태적 측면

이 필연적으로 희생을 당하게 된다. 그리고 여기에서 힘을 지닌 결정권자는 가장 철저하게 비생태적일 수밖에 없는 이러한 경쟁의 승자이며 그 또한 더 큰 경쟁을 눈앞에 두고 있다. 설혹 다수의 이해를 대변하는 정치기구라 하더라도 이러한 경쟁의 위협 아래 서 있는 개인들의 이해는 개체 중심적 관심의 집합일 수밖에 없다.

15. 기존의 사회주의 체제 자체는 어디까지나 인간중심적 사상에 기반을 둔 체제이며 결코 환경 친화적 성격을 지닌 것이라고 할 수 없다. 그러나 개인의 경쟁보다 협동을 중시하고 소비의 평등 및 재화의 사회적 통제를 중시한다는 점에서 상대적으로 온생명 중심적 사회와 상당한 친화성을 지녔다고 생각할 수도 있다. 따라서 만일 이 체제가 자본주의로의 복귀를 시도하지 않고 여기서 제시하는 미래 지향적 체제로의 발전을 시도한다면 긍정적 성과를 얻을 수도 있으리라고 생각하며, 이러한 점에서 기존 사회주의 체제의 몰락이 '경쟁적' 체제에 대한 '협동적' 체제의 상대적 취약성 때문이라면 이는 지구생명의 앞날에 어두운 그늘을 드리워주는 것이 아닐 수 없다. 그러나 만일 이러한 본질적 요인이 아닌 다른 요인들에 의해 붕괴된 것이라면 인류는 마땅히 이를 보완한 새로운 협동적 체제를 일으켜 세워야 할 것이다.

16. 이 글은 안택원·장회익·이호철·윤홍근 공저, 『제3천년의 논점과 한국』(한국정신문화연구원, 1997)에 '현대 사회와 과학, 그리고 환경—새로운 삶의 가능성을 향한 모색'이라는 제호로 실렸던 내용을 부분적으로 수정한 것이다.

9장 새로운 생명 가치관의 모색

1. 생명중심주의에 대한 좀 더 자세한 서술은 구승회, 『에코필로소피』(새길, 1995, p. 65)를 참조.

2. 이에 대한 좀 더 자세한 논의는 6장, 7장 참조.

3. 인간과 인간 사이의 입장 전환에 대해 생명 가치의 보편성을 가능하게 해주는 이론이 바로 생명 가치의 대등성을 말해주는 도덕의 '황금률'이라고 한다면, 인간과 여타 동식물 사이의 입장 전환에 대해 생명 가치의 보편성을 말해줄 이론이 무엇일지를 생각해야 한다. 이때, 전자가 특수상대성이론에 해당된다면 후자는 일반상대성이론에 해당될 것이다.

4. 1992년 리우데자네이루에서 개최되었던 유엔환경개발회의의 〈리우 지구 환경선언〉에서는 환경 정책 목표로 "환경적으로 건전하고 지속 가능한 개발(environmentally sound and sustainable development)"이라는 기치를 내걸었다.

5. '죄수의 딜레마'는 1950년 미국 RAND 회사의 플러드(Merril Flood)와 드레셔(Melvin Dresher)에 의해 게임 이론의 하나로 제기되었으며, 몇 개월 후 프린스턴 대학의 터커(Albert Tucker)에 의해 죄수들에 관한 일화 형태로 표현됨으로써 이렇게 불리게 되었다. 그 한 가지 표현으로는 "아무도 도둑질을 하지 않는다면 문단속을 하지 않아도 되므로 모든 사람에게 이익이 된다. 그러나 이때 도둑은 힘들이지 않고 혼자 더 큰 이득을 보게 된다. 그래서 도둑이 생기고 모든 사람은 불편을 겪어가며 문단속을 하게 된다"가 있다.

6. 이 글에서는 이러한 작업의 가능성만을 제시하며 본격적인 연구는 차후의 과제로 넘기기로 한다. 따라서 이와 관련된 내용은 대체로 필자의 주관적 판단에 기반을 둔 잠정적 성격을 지닌 것임을 미리 밝힌다.

7. 이 글은 새 환경 윤리의 모색에 관해 '바람과 물' 연구소가 지원한 공동 연구의 일환으로 작성된 것이며, 이에 대해 감사의 뜻을 표한다.

10장 온생명은 어째서 진정한 '생명의 단위'인가

1. 김남두, 「온생명과 생명의 단위」,《과학사상》제13호, 1995, pp. 116~124; 장회익, 「온생명은 왜 생명의 진정한 단위인가?」《과학사상》제13호, pp. 125~133.

2. 여기서 물론 '빅뱅'이라든가 '블랙홀'과 같은 특수 상황에 놓이는 경우는 제외한다. 이 경우에는 그 어떤 '것'들도 의미를 상실하기 때문이다.

3. 김남두, 앞의 글, pp. 121~122.

4. 장회익, 「생명의 단위와 존재론적 성격」,『과학과 메타과학』, 현암사, 2012, 9장.

5. 이 글은 1994년 10월 6일 서울대학교 문화관에서 개최된 서울대학교 민주화교수협의회 주최 제4회 학술토론회 '삶과 과학: 현대 사회와 기술 문명' 발표장에서 김남두 교수의 지정 토론에 답한 내용이며 곧이어 1995년 여름 지상 세미나 형식으로《과학사상》제13호에 게재되었던 것인데, 이 책의 출간과 함께 대폭 수정 보완했다.

11장 과학문화, 재앙인가 구원인가

1. Richard Olson, *Science Deified and Science Defied*, Berkeley: University of California Press, 1982.
2. C. P. Snow, *The Two Cultures: and a Second Look*, New York: Cambridge University Press, 1963.
3. Jacques Monod, *Chance and Necessity*, New York: Knoft, 1971.
4. Herbert Marcuse, *One Dimensional Man*, Boston: Beacon Press, 1964.
5. Jacques Ellul, *The Technological Society*, New York: Vintage Books, 1964.
6. Jacques Monod, 앞의 책: Jacques Monod, "On Values in an Age of Science" in *The Place of Values in a World of Facts: The Fourteenth Nobel Symposium*, Stockholm: Swedish Academy of Scieces, 1964.
7. 엘륄은 '기술성'이라는 말을 다소 강화된 포괄적 의미로 사용하고 있다. Jacques Ellul, 앞의 책, pp. 13~18 참조.
8. 이 글은 1996년 대전국제학술회의 '과학기술과 문화'에서 발표한 내용을 수정 보완한 것이다.

12장 현대 과학과 정신세계

1. 여기서 물질적 바탕의 붕괴와 함께 소멸된다는 것은 개별 신체에 의한 기능적 측면의 소멸을 의미할 뿐, 집합적 정신세계 안에 개인이 기여한 내용이 소멸됨을 의미하지는 않는다. 집합적 의미의 인간이 존속하는 한 정신세계 안에 편입된 내용은 그 기여자의 생존 여부에 무관하게 존속하는 것이다.
2. M. Polanyi, *Knowing and Being*, Chicago: University of Chicago Press, 1969.
3. R. W. Sperry, "Search for Beliefs to Live by Consistent with Science", *Zygon: Journal of Religion and Science 26*, 1991, pp. 237~258; 로저 스페리, 「과학과 일치하는 우리 삶의 신념을 찾아서」,《과학사상》제2호, 홍욱희 옮김, 1992, pp. 291~317.
4. R. W. Sperry, 앞의 책.
5. 장회익, 「인식 주체와 과학의 인식적 구조」,《과학철학》제1권 제1호, 1998, pp. 1~33 참조.
6. 이 글은《기독교사상》제409호(1992)에 게재되었던 내용을 수정 보완한 것이다.

13장 과학과 종교 사이의 갈등과 융합

1. Ian Barbour, *Religion in an Age of Science: The Gifford Lectures 1989~1991*, San Francisco: Harper Collins, 1990, Chapter 2. 종교에 관한 도식에서 바버는 '신앙(faith)'이라는 용어를 쓰고 있으나, 여기서는 '신조'라는 말로 바꾸었다.

2. 이러한 관점은 반 프라센으로 대표되는 현대 과학철학의 한 영향력 있는 흐름을 이루고 있다. B. C. van Fraassen, *The Scientific Image*, Clarendon Press, 1980 참조.

3. Ian Barbour, 앞의 책, pp. 36~37.

4. 이러한 논의에 대해 상대주의적 입장의 반론이 제기될 수 있다. 이는 기본적으로 세계관에 대한 우열을 논할 수 없다는 입장이다. 이는 다시 두 가지 형태를 취하는데 그 하나가 인식론적 상대주의이다. 어차피 우리는 절대진리는 알 수 없으며 그렇다면 적어도 인식론적 측면에서 세계관에 대한 우열을 가릴 수 없지 않느냐는 주장이다. 그러나 이 논리는 인식의 상대적 우열을 간과하는 과오를 범한다. 설혹 절대 진리에는 도달하지 못한다 하더라도 인식적 측면에서의 상대적 우열은 인정할 수 있으며 따라서 상대적으로 우월한 세계관은 얼마든지 있을 수 있는 것이다. 이와 흡사한 또 다른 형태의 상대주의는 존재론적 상대주의이다. 이는 기본적으로 우리의 세계를 우리 의식 속에서 구성되는 것으로 보고 객관적 실재를 인정하지 않음으로써 각자 자신들이 택하고 있는 세계관이 모두 대등한 타당성을 지닌다는 주장이다. 물론 우리의 세계관에는 이러한 요소가 다분히 함유될 수 있다. 그러나 세계관이 순수한 관념에 의해서 창작되는 것이라면 이는 환상의 세계이지 현실의 세계가 아니다. 과학과 종교가 현실의 세계 안에서 기능하는 것이라 생각할 때 이러한 세계관에 근거할 수 없음은 극히 당연하다.

5. 이는 물론 현대 과학적 자연 이해가 최종적 진리를 내포하고 있음을 의미하는 것은 아니다. 그러나 현대 과학은 우주와 인간에 대해 가장 넓고 깊은 이해를 하고 있으므로 최소한 우리 삶의 의미가 이러한 이해에 걸맞은 무엇이 되게 해야 할 것이라는 의미를 내포하고 있다.

6. Richard Dawkins, *The Selfish Gene*, Oxford: Oxford University Press, 1976.

7. 장회익, 『과학과 메타과학』, 현암사, 2012, 9장.

8. 2부 참조.

9. 미국의 '종교와 자연과학 연구소(The Center for Theology and the Natural

Science)' 소장으로 있는 러셀 교수는 성서에 대한 액면적인 해석을 고집하지 않는 비교적 중도적인 입장을 취하는데. 그의 이러한 견해는 그의 논문 "Cosmology from Alpha to Omega"에 잘 나타나 있다. 로버트 존 러셀, 「우주의 알파와 오메가」,《종교와 문화》제3호, 서울대학교 종교문제연구소, 1997, pp. 65~87 참조.

10. 샤르댕은 우주 진화의 최종점, 그리고 그리스도 구원의 완성점으로 오메가(Ω) 점이라는 것을 상정하고 있다. 이에 대해서는 예컨대 다음을 참조하라. Teilhard de Chardin, *Toward the Future*, New York: Harcourt Brace Jovanovich, 1975.

11. 14장 참조.

12. 이 점에 대해서는 9장의 내용을 참조.

13. 이 글은 '종교와 과학'이라는 주제의 대우재단 지원 공동 연구의 일환으로 작성된 것이며, 이에 대해 감사의 뜻을 표한다.

14장 과학과 동양 사상의 융합은 가능한가

1. Fritjof Capra, *The Tao of Physics*, Boulder: Shambhala, 1975; 프리초프 카프라, 『현대물리학과 동양사상』, 이성범·김용정 옮김, 범양사, 2010.

2. Fritjof Capra, *The Turning Point*, Toronto: Bantham Books, 1982, 프리초프 카프라, 『새로운 과학과 문명의 전환』, 이성범·구윤서 옮김, 범양사, 2007.

3. 여기서 말하는 성리학이란 11세기 중국의 주돈이, 소옹, 장재 등에 의해 바탕이 놓이고 정호(程顥), 정이(程頤) 형제를 거쳐 흔히 주자(朱子)라 불리는 주희에 의해 대략 1세기에 완성된 형태를 보이는, 일명 도학(道學) 또는 신유학(新儒學, Neo-confcianism)이라 불리는 학문을 의미한다. 이는 발흥된 시기를 따라 송학(宋學)이라 불리기도 하고 주창자들의 이름을 따서 정주학(程朱學)으로 불리기도 하며, 경우에 따라서는 그 후에 발전한 이른바 심학(心學) 계통의 분파와 구분하여 이학(理學)이라고도 불린다.

4. 윤사순, 『한국의 성리학과 실학』, 열음글밭, 1987, p. 9.

5. 이러한 점에서 성리학은 이미 1장에서 논의한 바와 같이 바른 '삶'을 이루어나가는 것을 학문의 대전제로 깔고 그 바탕 위에 개념과 내용을 채워나가는 동양 학문의 한 전형을 보여주는 것이라고 할 수 있다.

6. 김충렬, 『중국철학산고(中國哲學散稿) II』, 온누리, 1988, p. 257.

7. 『전한서(前漢書)』 권56 「동중서전(董仲舒傳)」, "道之大原出於天"(김충렬, 앞의 책에서 전제).

8. 주돈이의 「태극도설」은 불과 250자 정도의 짧은 문장 속에 천도론과 인성론을 종적으로 연결시킨 유가 최초의 이론이며, 성리학의 핵심적 내용을 집약적으로 표현한 글이라고 인정된다. 이는 주희와 그의 제자들이 『근사록(近思錄)』을 편저하면서 「태극도설」을 첫머리에 놓은 것이라든지 퇴계 이황이 성리학의 요체를 모은 『성학십도(聖學十圖)』를 지어 선조(宣祖)에게 진언할 때 역시 「태극도」와 「태극도설」을 첫째로 놓은 것에서도 잘 알 수 있다.

9. 흔히 정자라 하면 정호, 정이 형제를 구분 없이 지칭하나, 이 경우에는 정이를 말한다.

10. 邵堯夫謂程子曰 子雖聰明 然天下亦衆矣 子能盡知耶 子曰 天下之事 某所不知者固多 然堯夫所謂不知何事 是時適雷起 堯夫曰 子知雷起處乎 子曰 某知之 堯夫不知也 堯夫愕然曰 何謂也 子曰 旣知之 安用數推也 以其不知 故待推而後知 堯夫曰 子以爲起於何處 子曰 起於起處 堯夫瞿然稱善(『하남정씨유서』 21 상(上).

11. 사실상 소리의 속도와 천둥과 우레 사이의 시간 간격을 활용하여 천둥이 일어난 위치를 추정하는 일은 전혀 어려운 것이 아니며 소옹 정도의 사람이면 능히 할 수 있었으리라 생각된다.

12. 주희가 지녔던 자연에 대한 태도 및 관념에 대해서는 야마다 케이지, 『주자의 자연학』(김석근 옮김, 통나무, 1991)에 상세하게 논의되어 있다.

13. 과학 사상사적인 관점에서 보아 이 책은 대단히 중요한 문헌임에도 우리나라에서는 한 번도 출간된 일이 없는 듯하며, 따라서 역대의 우리 학자들 가운데 누가 이 책을 직접 접했을 가능성은 적다. 현재 서울대학교 도서관에 소장되어 있는 책은 금세기 초 중국에서 출간된 것이다. 이 책은 자연현상만이 아니라 인물, 풍토, 사회제도 등 다양한 내용을 다루고 있는데, 한 가지 흥미로운 점으로 중국에 표류된 제주도 선원들에 대한 상세한 묘사도 있다.

14. 사실상 소라 껍데기 화석을 비롯하여 많은 동식물의 화석들은 동서양에서 일찍부터 발견되어 여기에 대한 많은 이론들이 제기되어왔다. 그러나 기독교의 성서적 자연관에 깊이 젖어 있던 서구에서는 이들이 신이 흙을 빚어 생물들을 만드는 과정에서 실패해 내버린 흔적이라거나 자연이 인간의

눈을 속이며 장난을 치기 위해 만들어낸 모조품이라는 설 등으로 설명해 오다가 15세기 후반의 레오나르도 다빈치에 이르러서야 비로소 합리적인 설명이 시도되었다. 그런데 심괄은 이보다 몇 세기 앞서는 11세기에 이에 대한 합리적 해석을 시도하고 있는 것이다.

15. 常見高山有螺蚌殼或生石中 此石卽舊日之土 螺蚌卽水中之物 下者却變而 爲高 柔者變而爲剛(『주자어류』 49권 「주모록(周謨錄)」.

16. 이 점에 관해서는 4장 참조.

17. 18세기의 수리물리학자 라플라스는 고전역학에 대해 언급하면서, 현재의 상태, 즉 초기 조건을 완전히 관찰하고 이를 적용하여 운동방정식을 정확히 풀어낼 지능만 있으면 과거와 미래의 모든 일을 산출할 수 있다고 했다.

18. 여기서 우리는 노자의 유명한 말인 "道可道 非常道 名可名 非常名"을 떠올리게 된다. 즉 동양에서는 바른 진리는 말로 표현될 수 없다는 생각이 본질적으로 짙게 깔려 있다고 할 수 있다.

19. 장회익, 「인식 주체와 과학의 인식적 구조」, 《과학철학》 제1권 제1절, 1998, pp. 1-33 참조.

20. 이러한 주장을 하는 것은 필자 자신이 카프라와 같은 세대에 속하며 비슷한 시기에 비슷한 학문적 수련을 쌓았고, 또 카프라가 경험했다고 주장하는 것과 비슷한 '경험'을 실제로 해왔기 때문이다. 그러나 필자의 경험에 의하면 적어도 이러한 '신비적 체험'이 상대성이론이나 양자 이론의 '신비스러운 몇몇 개념들'을 통해서가 아니라 현대 과학의 전모를 통해 우주와 생명을 꿰뚫고 있는 자연의 보편적 질서를 파악함으로써 가능했던 것이며, 이러한 점은 카프라가 점차 경험의 범위를 넓혀나간 그의 두 번째 책의 내용들과 좀 더 부합된다고 할 수 있다.

21. 무어(Moore)의 사실성의 오류.

22. 장회익, 『과학과 메타과학』, 현암사, 2012, 11장, 12장.

23. 인간의 학문 추구 자체가 기본적으로 학문에 대한 가치를 인정하기에 이루어지는 활동이다. 그러나 학문 자체에 대한 가치 이외에 다른 가치를 전제하지 않는다면 이는 최소한 형식적 가치 독립성을 유지하는 것이라 인정할 수 있다.

24. 이와 관련하여 흥미로운 점은 전통적 동양 사상의 내용들이 이미 온생명적 상황을 직관적으로 파악하고 있다는 사실이다. 좀 더 구체적인 논의는

10장에 수록되어 있다.

25. 이 글은 '서양 과학과 동양 사상의 변증법'이라는 제호로 《말》 1991년 2월 호에 게재되었던 내용을 대폭 수정 보완한 것이다.

찾아보기